Deutscher Caritasverband (Hrsg.)

SGB II und III

Grundsicherung für Arbeitsuchende
und Arbeitsförderung

Einführung, Gesetzestexte mit gekennzeichneten
Änderungen durch die Reform
der arbeitsmarktpolitischen Instrumente,
Stellungnahmen

Stand: 1. Januar 2009

D1664680

Lambertus

Deutscher Caritasverband (Hrsg.)

SGB II und III

Grundsicherung für Arbeitsuchende und Arbeitsförderung

Einführung, Gesetzestexte mit gekennzeichneten
Änderungen durch die Reform
der arbeitsmarktpolitischen Instrumente,
Stellungnahmen

Stand: 1. Januar 2009

Lambertus

ISBN 978-3-7841-1864-2
Alle Rechte vorbehalten
©2009, Lambertus-Verlag, Freiburg im Breisgau
Redaktion: Dr. Clarita Schwengers
Umschlag: Nathalie Kupfermann, Bollschweil
Herstellung: Franz X. Stückle, Druck und Verlag, Ettenheim

Bibliographische Informationen Der Deutschen Bibliothek

Die Deutsche Bibliothek verzeichnet diese Publikation in der Deutschen Nationalbibliographie; detaillierte bibliographische Daten sind
im Internet über http://dnb.ddb.de abrufbar.

Inhalt

Vorwort .... S. 7

I. Überblick über die wesentlichen
   inhaltlichen Änderungen des
   SGB II und des SGB III.............. S. 9

II. SGB II – Gesetzestext
    mit gekennzeichneten
    Änderungen .... S. 14

III. SGB III – Gesetzestext
     mit gekennzeichneten
     Änderungen .... S. 72

IV. Stellungnahme des DCV .... S. 289

V. Stellungnahme der BAGFW...... S. 301

Vorwort

Mit dem Gesetz zur Neuausrichtung der arbeitsmarktpolitischen Instrumente vom 21.12.2008 (BGBl I, 2917) setzt der Gesetzgeber ein in der Koalitionsvereinbarung der großen Koalition im Jahr 2005 vereinbartes Vorhaben mit Wirkung zum 1.1.2009 um. Das Gesetz bringt zahlreiche Veränderungen nicht nur im Recht der Arbeitsförderung (SGB III), sondern auch im Bereich der Grundsicherung für Arbeitsuchende (SGB II), deren Leistungen von mehr als 7 Mio. Menschen bezogen werden. Durch die Neuausrichtung werden die Instrumente zur Eingliederung von Arbeitsuchenden im Bereich des SGB II und SGB III noch enger als bisher miteinander verzahnt. Mehrere Instrumente der Arbeitsförderung werden gebündelt oder fallen ersatzlos weg.

Der Deutsche Caritasverband (DCV) legt mit dem vorliegenden Band die aktuelle Fassung des Sozialgesetzbuches II (Grundsicherung für Arbeitsuchende) und des Sozialgesetzbuches III (Arbeitsförderung) vor. Wie in der Reihe üblich, sind auch im vorliegenden Band sowohl die durch die sog. Instrumentenreform bedingten als auch die durch andere Gesetze zum 1.1.2009 in Kraft tretenden Veränderungen des Gesetzestextes hervorgehoben. Das erleichtert dem Leser den schnellen Übergang vom alten zum neuen Recht.

Sofern im Zuge der Straffung der Instrumente bisherige Regelungen lediglich in neue Paragraphen verschoben wurden oder in einer neuen Regelung zusammengefasst wurden, wurde der bisherige Text der Neuregelung zugrunde gelegt, ggf. geändert und der Vorgang in einer Anmerkung erklärt. Treten einzelne Normen erst zu einem späteren Zeitpunkt in Kraft, wurden mitunter unterschiedliche Fassungen aufgenommen.

Dem Gesetzestext vorangestellt ist ein Überblick über die wesentlichen Änderungen durch das Gesetz zur Neuordnung der arbeitsmarktpolitischen Instrumente. Der DCV und die Bundesarbeitsgemeinschaft der freien Wohlfahrtspflege (BAGFW) haben im Rahmen des parlamentarischen Verfahrens zu den geplanten Gesetzesänderungen Stellung genommen. Der Text der Stellungnahmen ist im Anhang dokumentiert.

In der öffentlichen Diskussion ist das Gesetz stark kritisiert worden. Insbesondere die Frage, ob Arbeitsuchende im Rechtskreis des SGB II die gleichen oder andere arbeitsmarktpolitische Instrumente zu ihrer Eingliederung in den Arbeitsmarkt bedürfen als Arbeitslose im SGB III, wurde intensiv diskutiert. Mit einer engeren Anbindung des SGB II an das SGB III will der Gesetzgeber mehr Einheitlichkeit erreichen. Der DCV wird die Umsetzung des Gesetzes kritisch begleiten und gegebenenfalls auf weiteren Reformbedarf hinweisen.

Die Erstellung eines solchen Bandes ist eine Gemeinschaftsaufgabe. Wir möchten deshalb unseren Kolleginnen Sabine Bächle, Lucia Bucher und Hildegard Wiggert sehr herzlich danken. Ohne ihr großes Engagement hätte der Band nicht so kurz nach Inkrafttreten der Reform erscheinen können.

Dr. Thomas Becker
Abteilungsleiter
Sozialpolitik und Publizistik

RAin Dr. Clarita Schwengers
Referentin
Koordination Sozialpolitik

I. Überblick über die wesentlichen inhaltlichen Änderungen des SGB II und des SGB III

Aktivierungshilfen

Aktivierungshilfen waren bislang in § 241 Abs. 3 a SGB III alte Fassung (a. F.) normiert und beinhalteten niedrigschwellige Angebote im Vorfeld von Ausbildung, Qualifizierung und Beschäftigung, die Jugendliche, die auf andere Weise nicht erreicht werden können, für eine berufliche Qualifizierung motivieren. Zukünftig sollen diese Hilfen über § 46 SGB III gewährt werden.

Altenpflegeausbildung

Die betriebliche Altenpflegeausbildung kann in Zukunft auch mit der Berufsausbildungsbeihilfe (§§ 59, 60 SGB III), der betrieblichen Einstiegsqualifizierung (§ 235b SGB III) und dem Ausbildungsbonus (§ 421r SGB III) gefördert werden.

Arbeitsbeschaffungsmaßnahmen (ABM)

Arbeitsbeschaffungsmaßnahmen nach §§ 260 ff. SGB III konnten bislang sowohl Arbeitslosen im Rechtskreis des SGB III als auch über den entsprechenden Verweis in § 16 Abs. 1 SGB II a. F. Arbeitsuchenden gewährt werden, die Leistungen nach SGB II beziehen. In Zukunft stehen für Arbeitsuchende im SGB II nur noch die Arbeitsgelegenheiten in der Entgeltvariante und in der Variante mit Mehraufwandsentschädigung sowie die Leistungen zur Beschäftigungsförderung (JobPerspektive) zur Verfügung. Arbeitsbeschaffungsmaßnahmen können ihnen nicht mehr gewährt werden.

Arbeitsgelegenheiten in der Entgeltvariante

Arbeitsgelegenheiten in der Entgeltvariante unterliegen zukünftig nicht mehr der Versicherungspflicht in der Arbeitslosenversicherung.

Aufschiebende Wirkung von Widerspruch und Anfechtungsklage gegen Verwaltungsakte nach SGB II

Entfalten Widerspruch und Anfechtungsklage gegen einen belastenden Verwaltungsakt aufschiebende Wirkung, tritt die belastende Regelung zunächst vorläufig nicht in Kraft. Im SGB II war die aufschiebende Wirkung dieser Rechtsmittel bereits durch § 39 SGB II a. F. stark eingeschränkt, da sie auch bei Leistungskürzungen schon nicht eintrat. Zukünftig wird diese aufschiebende Wirkung der Rechtsmittel noch seltener eintreten: Durch die Ausweitung des § 39 SGB II entfaltet auch der Widerspruch gegen einen Verwaltungsakt, der z. B. Maßnahmen zur Eingliederung in Arbeit betrifft, keine aufschiebende Wirkung mehr. Der Rechtsschutz der Hilfebedürftigen wird damit weiter eingeschränkt.

Beauftragung Dritter mit der Vermittlung

Die bisher in § 37 a. F. geregelte Beauftragung Dritter mit der Vermittlung geht einschließlich der Möglichkeit der Nachbetreuung in § 46 SGB III auf.

Beauftragung von Trägern mit Eingliederungsmaßnahmen

Nach § 421i SGB III a. F. konnten Träger gefördert werden, die Maßnahmen zur Eingliederung von Arbeitslosen oder von Auszubildenden, die zu ihrer Berufsvorbereitung oder Ausbildung zusätzliche Hilfen bedurften, anbieten, sofern diese Maßnahmen bis 31.12.2007 begonnen haben. Zukünftig sollen entsprechende Maßnahmen über § 46 SGB III gefördert werden.

Berufsausbildung in außerbetrieblichen Einrichtung

Die Berufsausbildung in einer außerbetrieblichen Einrichtung ist förderfähig, wenn die Auszubildenden zuvor an einer berufsvorbereitenden Bildungsmaßnahme von mindestens sechs Monaten teilgenommen haben (§ 241 Abs. 2 SGB III). Von dieser Voraussetzung konnte bislang bei benachteiligten Jugendlichen nach § 421n SGB III a. F. abgewichen werden. Diese Möglichkeit entfällt zukünftig.

Beschäftigung begleitende Eingliederungshilfen

Die Beschäftigung begleitenden Eingliederungshilfen nach § 246a SGB III a. F. wurden mit der Begründung gestrichen, die Arbeitgeber bevorzugen den Eingliederungszuschuss.

Erprobung innovativer Ansätze

Anstelle der Projektförderung im Rahmen der Freien Förderung (§ 10 SGB III a. F.) soll nun die Erprobung innovativer Ansätze nach § 421h SGB III ermöglicht werden.

Freie Förderung

§ 16f SGB II ermöglicht bis zu einem Betrag von 10 % des Eingliederungstitels eine freie Förderung. Hierdurch sollen individuelle passgenaue Maßnahmen ermöglicht werden. Entsprechende Angebote wurden in der Praxis bislang auf Grundlage von § 16 Abs. 2 S. 1 SGB II a. F. gewährt. Regelmäßig besteht ein Aufstockungs- und Umgehungsverbot. Für Langzeitarbeitslose, bei denen regelmäßig innerhalb von sechs Monaten keine Förderung mit anderen gesetzlich geregelten Instrumenten Aussicht auf Erfolg hat, kann jedoch in den Voraussetzungen und der Höhe der Förderung von anderen Gesetzesregelungen abgewichen werden. Die Freie Förderung nach § 10 SGB III a. F. fällt zum 01.10.2010 weg; sie wird zum Teil durch § 421h SGB III aufgefangen.

Hauptschulabschluss nachträglich erwerben

Berufsvorbereitende Maßnahmen zum nachträglichen Erwerb des Hauptschulabschlusses konnten bislang auf Grundlage von § 61 Abs. 2 Nr. 2 SGB III sowohl Personen im SGB II als auch im SGB III gewährt werden. Die Leistung stand im Ermessen der Behörde. Zukünftig gibt es hierauf einen

Rechtsanspruch (§ 61a SGB III). Wegen der hohen Anforderungen des Fachkonzepts zu den berufsvorbereitenden Bildungsmaßnahmen wurden bislang für benachteiligte Jugendliche aus dem Rechtskreis des SGB II individuelle Angebote auf Grundlage von § 16 Abs. 2 S. 1 SGB II a. F. geschaffen, der nun abgeschafft worden ist.

Integrationskurs (s. Sprachförderung)

Jugendwohnheime
Jugendwohnheime konnten bislang nach §§ 252 f. SGB III a. F. institutionell gefördert werden. Unter Hinweis auf einen mangelnden Bedarf und die Ungeeignetheit der Beitragsfinanzierung im SGB III wird die Regelung abgeschafft.

Maßnahmen zur Aktivierung und beruflichen Eingliederung
Die Vorschrift des § 46 SGB III soll die positiven Elemente der Instrumente Beauftragung Dritter mit der Vermittlung (§ 37 SGB III a. F.), Personal-Service-Agenturen nach § 37 c SGB III a. F., Trainingsmaßnahmen nach §§ 48 ff. SGB III a. F., Maßnahmen nach § 421i SGB III a. F. und Aktivierungshilfen nach § 241 Abs. 3a SGB III a. F. übernehmen und in einer flexiblen Norm zusammenführen. Neben einer intensiven Betreuung und Unterstützung bei der Ausbildungs- und Arbeitsuche sind auch die Förderung von Bewerbungstrainings, Maßnahmen zur Erreichung von Integrationsfortschritten sowie die Nachbetreuung durch Dritte bei Aufnahme einer Beschäftigung möglich. Auch die sozialpädagogische Begleitung kann Bestandteil einer Maßnahme nach § 46 sein. Die Maßnahme darf allerdings die Dauer von vier Wochen nicht übersteigen, wenn sie oder Teile von ihr bei oder von einem Arbeitgeber durchgeführt werden. Bei der Vermittlung von beruflichen Kenntnissen gilt eine Frist von maximal acht Wochen für die Dauer der Maßnahme. Nach sechs Monaten Arbeitslosigkeit besteht ein Anspruch auf Maßnahmen zur Aktivierung und beruflichen Eingliederung. Das Vergaberecht findet Anwendung.

Mobilitätshilfen
Zur Aufnahme einer versicherungspflichtigen Beschäftigung, konnten Arbeitslose bislang durch Mobilitätshilfen (§§ 53 ff. SGB III a. F.) gefördert werden, die Übergangsbeihilfen für den Lebensunterhalt bis zur ersten Arbeitsentgeltzahlung, Ausrüstungsbeihilfen für Arbeitskleidung, Reise- und Fahrtkostenbeihilfen für Fahrten zur Arbeitsstelle, Trennungs- und Umzugskostenbeihilfen enthielten. Diese Leistungen werden in Zukunft aus dem Vermittlungsbudget (§ 45 SGB III) erbracht.

Personalservice-Agenturen
Die Regelung über die Personalservice-Agenturen (§ 37c SGB III a. F.) wird abgeschafft. Ihre positiven Elemente sollen in § 46 SGB III aufgenommen werden.

Qualifizierungszuschuss für jüngere Arbeitnehmer

Durch die Neuregelung wird der Qualifizierungszuschuss für jüngere Arbeitnehmer (§ 421o SGB III) auf Personen erweitert, die ihre sechsmonatige Arbeitslosigkeit vor Aufnahme der Beschäftigung aus bestimmten Gründen unterbrochen hatten. Hierzu zählen z. B. Zeiten der Krankheit, des Mutterschutzes, der Betreuung kleiner Kinder oder auch die Teilnahme an einer Maßnahme nach § 46 oder einer Arbeitsgelegenheit mit Mehraufwandsentschädigung.

Schulbedarfe

Mit der durch das Familienleistungsgesetz eingeführten Leistung für Schulbedarfe (§ 24a SGB II) wird Schülern, bei denen ein Elternteil im selben Haushalt Leistungen nach dem SGB II bezieht, ab August 2009 eine einmalige Beihilfe von 100 € je Schuljahresbeginn bis zum Abschluss der 10. Jahrgangsstufe gewährt.

Sonstige weitere Leistungen

In der Vergangenheit wurde die Rechtsgrundlage der sog. sonstigen weiteren Leistungen (§ 16 Abs. 2 S. 1 SGB II a. F.) intensiv genutzt, um individuelle passgenaue Angebote zur Eingliederung in Arbeit insbesondere für arbeitsmarktferne Personen, benachteiligte Jugendliche und Menschen mit Migrationshintergrund zu entwickeln. Ende 2007 hat das Bundesministerium für Arbeit und Soziales indes den Anwendungsbereich der Vorschrift in der Praxis massiv eingeschränkt und nur noch die Gewährung von Einzelfallhilfen zugelassen. Für einige Maßnahmen wurden bis Mitte 2008 Übergangsfristen gewährt. Zukünftig wird diese Rechtsgrundlage gänzlich entfallen. Entsprechende Angebote sollen zum großen Teil über § 16f SGB II, § 16 SGB II i. V. m. §§ 45, 46 SGB III gewährt werden können.

Sprachförderung

Nach der Neuregelung des § 3 Abs. 2b SGB II n. F. hat die Agentur zukünftig darauf hinzuwirken, dass Hilfebedürftige, die über deutsche Sprachkenntnisse auf einem bestimmten Niveau verfügen, an einem Integrationskurs des Bundesamts für Migration und Flüchtlinge teilnehmen. Die Verbände hatten kritisiert, dass die Vermittlung berufsbezogener Sprachkenntnisse zur Eingliederung in Arbeit besser geeignet ist als die Teilnahme an einem Integrationskurs.

Trainingsmaßnahmen

Trainingsmaßnahmen wurden bislang gefördert, wenn sie die Selbstsuche und Vermittlung des Arbeitslosen durch Bewerbungstraining oder Beratung unterstützen oder ihm Kenntnisse und Fähigkeiten vermittelten, die seine Vermittlung in Arbeit oder den erfolgreichen Abschluss einer beruflichen Aus- oder Weiterbildung erheblich erleichterten. Die Maßnahmedauer belief sich regelmäßig auf zwei bzw. acht Wochen. Zukünftig ist § 46 SGB III Rechtsgrundlage für Trainingsmaßnahmen. Betriebliche Trainingsmaßnahmen sind dann auf vier Wochen beschränkt.

Umlage für das Insolvenzgeld
Die Regelungen über die Umlage für das Insolvenzgeld (§§ 358 ff. SGB III) wurden grundlegend umstrukturiert.

Vergabe
Das Vergaberecht wird zukünftig bei Maßnahmen zur Eingliederung in Arbeit eine noch bedeutendere Rolle spielen. Die Anwendung des Vergaberechts ist z. B. neuerdings ausdrücklich vorgesehen bei Maßnahmen zur Aktivierung und beruflichen Eingliederung (§ 46 Abs. 4 SGB III) und Maßnahmen zur Unterstützung und Förderung der Berufsausbildung (§ 240 Abs. 3 SGB III).

Vermittlungsbudget
Aus dem neu eingeführten Vermittlungsbudget (§ 45 SGB III) werden Arbeitsuchende bei der Anbahnung oder Aufnahme einer versicherungspflichtigen Beschäftigung gefördert, soweit das notwendig ist. Die Norm fasst die Leistungen für Beratung, Vermittlung und Mobilitätshilfen zusammen und löst sich im Sinne der ehemals freien Förderung nach § 10 SGB III von deren engen Voraussetzungen und Grenzen. Allerdings dürfen diese individuellen Hilfen andere gesetzliche Regelungen nicht umgehen oder andere Instrumente aufstocken.

Zumutbarkeit der Aufnahme einer neuen Erwerbsarbeit trotz Notwendigkeit der Beendigung einer anderen Arbeit
In § 10 Abs. 2 Nr. 5 SGB II wird nun klargestellt, dass es grundsätzlich auch zumutbar ist, eine neue Arbeit aufzunehmen, wenn damit zugleich die bisherige Erwerbstätigkeit aufgegeben werden muss.

II. SGB II – Gesetzestext mit gekennzeichneten Änderungen

§§

Kapitel 1: Fördern und Fordern

Aufgabe und Ziel der Grundsicherung für Arbeitsuchende 1
Grundsatz des Forderns 2
Leistungsgrundsätze 3
Leistungsarten 4
Verhältnis zu anderen Leistungen 5
Träger der Grundsicherung für Arbeitsuchende 6
Experimentierklausel 6a
Rechtsstellung der zugelassenen kommunalen Träger 6b
Wirkungsforschung zur Experimentierklausel 6c

Kapitel 2: Anspruchsvoraussetzungen

Berechtigte 7
Altersgrenze 7a
Erwerbsfähigkeit 8
Hilfebedürftigkeit 9
Zumutbarkeit 10
Zu berücksichtigendes Einkommen 11
Zu berücksichtigendes Vermögen 12
Vorrangige Leistungen 12a
Verordnungsermächtigung 13

Kapitel 3: Leistungen

Abschnitt 1: Leistungen zur Eingliederung in Arbeit
Grundsatz des Förderns 14
Eingliederungsvereinbarung 15
Sofortangebot 15a
Leistungen zur Eingliederung 16
~~Leistungen zur Beschäftigungsförderungen~~ *Kommunale Eingliederungsleistungen* *16a*
Einstiegsgeld *16b*
Leistungen zur Eingliederung von Selbständigen *16c*
Arbeitsgelegenheiten *16d*
Leistungen zur Beschäftigungsförderung *16e*
Freie Förderung *16f*
Förderung bei Wegfall der Hilfebedürftigkeit *16g*
Einrichtungen und Dienste für Leistungen zur Eingliederung 17

Örtliche Zusammenarbeit 18
Zusammenarbeit mit den für die Arbeitsförderung zuständigen Stellen 18a

Abschnitt 2: Leistungen zur Sicherung des Lebensunterhalts
Unterabschnitt 1: Arbeitslosengeld II und befristeter Zuschlag
Arbeitslosengeld II...19
Regelleistung zur Sicherung des Lebensunterhalts 20
Leistungen für Mehrbedarfe beim Lebensunterhalt 21
Leistungen für Unterkunft und Heizung 22
Abweichende Erbringung von Leistungen.....................................23
Befristeter Zuschlag nach Bezug von Arbeitslosengeld...................24
Zusätzliche Leistung für die Schule *24a*
Leistungen bei medizinischer Rehabilitation der Rentenversicherung
und bei Anspruch auf Verletztengeld aus der Unfallversicherung.................25
Zuschuss zu Versicherungsbeiträgen 26
Verordnungsermächtigung...27
Unterabschnitt 2: Sozialgeld
Sozialgeld 28
Unterabschnitt 3: Anreize und Sanktionen
~~Einstiegsgeld~~ *(aufgehoben)*...29
Freibeträge bei Erwerbstätigkeit 30
Absenkung und Wegfall des Arbeitslosengeldes II und des befristeten
Zuschlages 31
Absenkung und Wegfall des Sozialgeldes 32
Unterabschnitt 4: Verpflichtungen anderer
Übergang von Ansprüchen 33
Ersatzansprüche..34
Ersatzansprüche der Träger der Grundsicherung für Arbeitsuchende
nach sonstigen Vorschriften...34a
Erbenhaftung 35

Kapitel 4: Gemeinsame Vorschriften für Leistungen

Abschnitt 1: Zuständigkeit und Verfahren
Örtliche Zuständigkeit 36
Kostenerstattung bei Aufenthalt im Frauenhaus 36a
Antragserfordernis..37
Vertretung der Bedarfsgemeinschaft 38
Sofortige Vollziehbarkeit..39
Anwendung von Verfahrensvorschriften 40
Berechnung der Leistungen 41
Auszahlung der Geldleistungen 42
Aufrechnung...43
Veränderung von Ansprüchen 44

Abschnitt 2: Einheitliche Entscheidung

Feststellung von Erwerbsfähigkeit und Hilfebedürftigkeit 44a
Arbeitsgemeinchaften 44b
Gemeinsame Einigungsstelle 45

Kapitel 5: Finanzierung und Aufsicht

Finanzierung aus Bundesmitteln 46
Aufsicht 47
Zielvereinbarungen 48
Innenrevision 49

Kapitel 6: Datenübermittlung und Datenschutz

Datenübermittlung 50
Erhebung, Verarbeitung und Nutzung von Sozialdaten durch nicht-
öffentliche Stellen 51
Kundennummer 51a
Datenerhebung und -verarbeitung durch die Träger der Grundsicherung
für Arbeitsuchende 51b
Verordnungsermächtigung 51c
Automatisierter Datenabgleich 52
Überprüfung von Daten 52a

Kapitel 7: Statistik und Forschung

Statistik und Übermittlung statistischer Daten.....................................53
Arbeitslose 53a
Eingliederungsbilanz 54
Wirkungsforschung 55

Kapitel 8: Mitwirkungspflichten

Anzeige- und Bescheinigungspflicht bei Arbeitsunfähigkeit...........................56
Auskunftspflicht von Arbeitgebern...57
Einkommensbescheinigung 58
Meldepflicht 59
Auskunftspflicht und Mitwirkungspflicht Dritter 60
Auskunftspflichten bei Leistungen zur Eingliederung in Arbeit......................61
Schadenersatz 62

Kapitel 9: Bußgeldvorschriften

Bußgeldvorschriften 63

Kapitel 10: Bekämpfung von Leistungsmissbrauch

Zuständigkeit 64

Kapitel 11: Übergangs- und Schlussvorschriften

Allgemeine Übergangsvorschriften 65
(aufgehoben)..65a
(aufgehoben)..65b
Übergang bei verminderter Leistungsfähigkeit............................65c
Übermittlung von Daten 65d
Übergangsregelung zur Aufrechnung...65e
~~(aufgehoben)~~ *Rechtsänderungen bei Leistungen zur Eingliederung in
Arbeit*...66
Freibetragsneuregelungsgesetz 67
Gesetz zur Änderung des Zweiten Buches Sozialgesetzbuch und
anderer Gesetze...68
Gesetz zur Fortentwicklung der Grundsicherung für Arbeitsuchende 69
Übergangsregelung zum Gesetz zur Umsetzung aufenthalts- und
asylrechtlicher Richtlinien der Europäischen Union 70
Zweites Gesetz zur Änderung des Zweiten Buches Sozialgesetz-
buch – Perspektiven für Langzeitarbeitslose mit besonderen Vermitt-
lungshemmnissen – JobPerspektive..71
Siebtes Gesetz zur Änderung des Dritten Buches Sozialgesetzbuch und
anderer Gesetze...72
Gesetz zur Neuausrichtung der arbeitsmarktpolitischen Instrumente............*73*
Anlage (aufgehoben)

Kapitel 1: Fördern und Fordern

§ 1 Aufgabe und Ziel der Grundsicherung für Arbeitsuchende

(1) Die Grundsicherung für Arbeitsuchende soll die Eigenverantwortung von erwerbsfähigen Hilfebedürftigen und Personen, die mit ihnen in einer Bedarfsgemeinschaft leben, stärken und dazu beitragen, dass sie ihren Lebensunterhalt unabhängig von der Grundsicherung aus eigenen Mitteln und Kräften bestreiten können. Sie soll erwerbsfähige Hilfebedürftige bei der Aufnahme oder Beibehaltung einer Erwerbstätigkeit unterstützen und den Lebensunterhalt sichern, soweit sie ihn nicht auf andere Weise bestreiten können. Die Gleichstellung von Männern und Frauen ist als durchgängiges Prinzip zu verfolgen. Die Leistungen der Grundsicherung sind insbesondere darauf auszurichten, dass

1. durch eine Erwerbstätigkeit Hilfebedürftigkeit vermieden oder beseitigt, die Dauer der Hilfebedürftigkeit verkürzt oder der Umfang der Hilfebedürftigkeit verringert wird,
2. die Erwerbsfähigkeit des Hilfebedürftigen erhalten, verbessert oder wieder hergestellt wird,
3. geschlechtsspezifischen Nachteilen von erwerbsfähigen Hilfebedürftigen entgegengewirkt wird,
4. die familienspezifischen Lebensverhältnisse von erwerbsfähigen Hilfebedürftigen, die Kinder erziehen oder pflegebedürftige Angehörige betreuen, berücksichtigt werden,
5. behindertenspezifische Nachteile überwunden werden.

(2) Die Grundsicherung für Arbeitsuchende umfasst Leistungen

1. zur Beendigung oder Verringerung der Hilfebedürftigkeit insbesondere durch Eingliederung in Arbeit und
2. zur Sicherung des Lebensunterhalts.

§ 2 Grundsatz des Forderns

(1) Erwerbsfähige Hilfebedürftige und die mit ihnen in einer Bedarfsgemeinschaft lebenden Personen müssen alle Möglichkeiten zur Beendigung oder Verringerung ihrer Hilfebedürftigkeit ausschöpfen. Der erwerbsfähige Hilfebedürftige muss aktiv an allen Maßnahmen zu seiner Eingliederung in Arbeit mitwirken, insbesondere eine Eingliederungsvereinbarung abschließen. Wenn eine Erwerbstätigkeit auf dem allgemeinen Arbeitsmarkt in absehbarer Zeit nicht möglich ist, hat der erwerbsfähige Hilfebedürftige eine ihm angebotene zumutbare Arbeitsgelegenheit zu übernehmen.

(2) Erwerbsfähige Hilfebedürftige und die mit ihnen in einer Bedarfsgemeinschaft lebenden Personen haben in eigener Verantwortung alle Möglichkeiten zu nutzen, ihren Lebensunterhalt aus eigenen Mitteln und Kräften zu bestreiten. Erwerbsfähige Hilfebedürftige müssen ihre Arbeitskraft zur Beschaffung des Lebensunterhalts für sich und die mit ihnen in einer Bedarfsgemeinschaft lebenden Personen einsetzen.

§ 3 Leistungsgrundsätze

(1) Leistungen zur Eingliederung in Arbeit können erbracht werden, soweit sie zur Vermeidung oder Beseitigung, Verkürzung oder Verminderung der Hilfebedürftigkeit für die Eingliederung erforderlich sind. Bei den Leistungen zur Eingliederung in Arbeit sind

1. die Eignung,
2. die individuelle Lebenssituation, insbesondere die familiäre Situation,
3. die voraussichtliche Dauer der Hilfebedürftigkeit und
4. die Dauerhaftigkeit der Eingliederung

der erwerbsfähigen Hilfebedürftigen zu berücksichtigen. Vorrangig sollen Maßnahmen eingesetzt werden, die die unmittelbare Aufnahme einer Erwerbstätigkeit ermöglichen. Bei der Leistungserbringung sind die Grundsätze von Wirtschaftlichkeit und Sparsamkeit zu beachten.

(2) Erwerbsfähige Hilfebedürftige, die das 25. Lebensjahr noch nicht vollendet haben, sind unverzüglich nach Antragstellung auf Leistungen nach diesem Buch in eine Arbeit, eine Ausbildung oder eine Arbeitsgelegenheit zu vermitteln. Können Hilfebedürftige ohne Berufsabschluss nicht in eine Ausbildung vermittelt werden, soll die Agentur für Arbeit darauf hinwirken, dass die vermittelte Arbeit oder Arbeitsgelegenheit auch zur Verbesserung ihrer beruflichen Kenntnisse und Fähigkeiten beiträgt.

(2a) Erwerbsfähige Hilfebedürftige, die das 58. Lebensjahr vollendet haben, sind unverzüglich in Arbeit oder in eine Arbeitsgelegenheit zu vermitteln.

(2b) Die Agentur für Arbeit hat darauf hinzuwirken, dass erwerbsfähige Hilfebedürftige, die nicht über deutsche Sprachkenntnisse entsprechend dem Niveau B1 des jetzt Gemeinsamen Europäischen Referenzrahmens für Sprachen verfügen und die

1. *zur Teilnahme an einem Integrationskurs nach § 44 des Aufenthaltsgesetzes berechtigt sind,*
2. *nach § 44a des Aufenthaltsgesetzes verpflichtet werden können oder*
3. *einen Anspruch nach § 9 Abs. 1 Satz 1 des Bundesvertriebenengesetzes haben,*

an einem Integrationskurs nach § 43 des Aufenthaltsgesetzes teilnehmen, sofern sie nicht unmittelbar in eine Ausbildung oder Arbeit vermittelt werden können und ihnen eine Teilnahme an einem Integrationskurs daneben nicht zumutbar ist. Eine Verpflichtung zur Teilnahme ist in die Eingliederungsvereinbarung als vorrangige Maßnahme aufzunehmen.

(3) Leistungen zur Sicherung des Lebensunterhalts dürfen nur erbracht werden, soweit die Hilfebedürftigkeit nicht anderweitig beseitigt werden kann; die nach diesem Buch vorgesehenen Leistungen decken den Bedarf der erwerbsfähigen Hilfebedürftigen und der mit ihnen in einer Bedarfsgemeinschaft lebenden Personen. Eine davon abweichende Festlegung der Bedarfe ist ausgeschlossen.

§ 4 Leistungsarten

(1) Die Leistungen der Grundsicherung für Arbeitsuchende werden in Form von

1. Dienstleistungen, insbesondere durch Information, Beratung und umfassende Unterstützung durch einen persönlichen Ansprechpartner mit dem Ziel der Eingliederung in Arbeit,
2. Geldleistungen, insbesondere zur Eingliederung der erwerbsfähigen Hilfebedürftigen in Arbeit und zur Sicherung des Lebensunterhalts der erwerbsfähigen Hilfebedürftigen und der mit ihnen in einer Bedarfsgemeinschaft lebenden Personen, und
3. Sachleistungen

erbracht.

(2) Die nach § 6 zuständigen Träger der Grundsicherung für Arbeitsuchende wirken darauf hin, dass erwerbsfähige Hilfebedürftige und die mit ihnen in einer Bedarfsgemeinschaft lebenden Personen die erforderliche Beratung und Hilfe anderer Träger, insbesondere der Kranken- und Rentenversicherung, erhalten.

§ 5 Verhältnis zu anderen Leistungen

(1) Auf Rechtsvorschriften beruhende Leistungen Anderer, insbesondere der Träger anderer Sozialleistungen, werden durch dieses Buch nicht berührt. Ermessensleistungen dürfen nicht deshalb versagt werden, weil dieses Buch entsprechende Leistungen vorsieht.

(2) Der Anspruch auf Leistungen zur Sicherung des Lebensunterhalts nach diesem Buch schließt Leistungen nach dem Dritten Kapitel des Zwölften Buches aus. Leistungen nach dem Vierten Kapitel des Zwölften Buches sind gegenüber dem Sozialgeld vorrangig.

(3) Stellen Hilfebedürftige trotz Aufforderung einen erforderlichen Antrag auf Leistungen eines anderen Trägers nicht, können die Leistungsträger nach diesem Buch den Antrag stellen sowie Rechtsbehelfe und Rechtsmittel einlegen. Der Ablauf von Fristen, die ohne Verschulden der Leistungsträger nach diesem Buch verstrichen sind, wirkt nicht gegen die Leistungsträger nach diesem Buch; dies gilt nicht für Verfahrensfristen, soweit die Leistungsträger nach diesem Buch das Verfahren selbst betreiben.

§ 6 Träger der Grundsicherung für Arbeitsuchende

(1) Träger der Leistungen nach diesem Buch sind:
1. die Bundesagentur für Arbeit (Bundesagentur), soweit Nummer 2 nichts Anderes bestimmt,
2. die kreisfreien Städte und Kreise für die Leistungen nach ~~§ 16 Abs. 2 Satz 2 Nr. 1 bis 4~~ *§ 16a*, §§ 22 und 23 Abs. 3, soweit durch Landesrecht nicht andere Träger bestimmt sind (kommunale Träger).

Zu ihrer Unterstützung können sie Dritte mit der Wahrnehmung von Aufgaben beauftragen; sie sollen einen Außendienst zur Bekämpfung von Leistungsmissbrauch einrichten.

(2) Die Länder können bestimmen, dass und inwieweit die Kreise ihnen zugehörige Gemeinden oder Gemeindeverbände zur Durchführung der in Absatz 1 Satz 1 Nr. 2 genannten Aufgaben nach diesem Gesetz heranziehen und ihnen dabei Weisungen erteilen können; in diesen Fällen erlassen die Kreise den

Widerspruchsbescheid nach dem Sozialgerichtsgesetz. § 44b Abs. 3 Satz 3 bleibt unberührt. Die Sätze 1 und 2 gelten auch in den Fällen des § 6a mit der Maßgabe, dass eine Heranziehung auch für die Aufgaben nach § 6b Abs. 1 Satz 1 erfolgen kann.

(3) Die Länder Berlin, Bremen und Hamburg werden ermächtigt, die Vorschriften dieses Gesetzes über die Zuständigkeit von Behörden für die Grundsicherung für Arbeitsuchende dem besonderen Verwaltungsaufbau ihrer Länder anzupassen.

§ 6a Experimentierklausel

(1) Zur Weiterentwicklung der Grundsicherung für Arbeitsuchende sollen an Stelle der Agenturen für Arbeit als Träger der Leistung nach § 6 Abs. 1 Satz 1 Nr. 1 im Wege der Erprobung kommunale Träger im Sinne des § 6 Abs. 1 Satz 1 Nr. 2 zugelassen werden können. Die Erprobung ist insbesondere auf alternative Modelle der Eingliederung von Arbeitsuchenden im Wettbewerb zu den Eingliederungsmaßnahmen der Agenturen für Arbeit ausgerichtet.

(2) Auf Antrag werden kommunale Träger vom Bundesministerium für Arbeit und Soziales als Träger im Sinne des § 6 Abs. 1 Satz 1 Nr. 1 durch Rechtsverordnung ohne Zustimmung des Bundesrates zugelassen, wenn sie sich zur Schaffung einer besonderen Einrichtung nach Absatz 6 und zur Mitwirkung an der Wirkungsforschung nach § 6c verpflichtet haben (zugelassene kommunale Träger). Für die Antragsberechtigung gilt § 6 Abs. 3 entsprechend.

(3) Die Zahl der zugelassenen kommunalen Träger beträgt höchstens 69. Zur Bestimmung der zuzulassenden kommunalen Träger werden zunächst bis zum Erreichen von Länderkontingenten, die sich aus der Stimmenverteilung im Bundesrat (Artikel 51 des Grundgesetzes) ergeben, die von den Ländern nach Absatz 4 benannten kommunalen Träger berücksichtigt. Nicht ausgeschöpfte Länderkontingente werden verteilt, indem die Länder nach ihrer Einwohnerzahl nach den Erhebungen des Statistischen Bundesamtes zum 31. Dezember 2002 in eine Reihenfolge gebracht werden. Entsprechend dieser Länderreihenfolge wird bei der Zulassung von kommunalen Trägern jeweils der in der Nennung des Landes nach Absatz 4 am höchsten gereihte kommunale Träger berücksichtigt, der bis dahin noch nicht für die Zulassung vorgesehen war.

(4) Der Antrag des kommunalen Trägers ist an die Zustimmung der zuständigen obersten Landesbehörde gebunden. Stellen in einem Land mehr kommunale Träger einen Antrag auf Zulassung als Träger im Sinne des § 6 Abs. 1 Satz 1 Nr. 1, als nach Absatz 3 zugelassen werden können, schlägt die oberste Landesbehörde dem Bundesministerium für Arbeit und Soziales vor, in welcher Reihenfolge die antragstellenden kommunalen Träger zugelassen werden sollen.

(5) Der Antrag kann bis zum 15. September 2004 mit Wirkung ab dem 1. Januar 2005 gestellt werden. Die Zulassung wird für einen Zeitraum von sechs Jahren erteilt. Die zugelassenen kommunalen Träger nehmen die Trägerschaft für diesen Zeitraum wahr.

(6) Zur Wahrnehmung der Aufgaben an Stelle der Bundesagentur errichten die zugelassenen kommunalen Träger besondere Einrichtungen für die Erfüllung der Aufgaben nach diesem Buch.

(7) Das Bundesministerium für Arbeit und Soziales kann mit Zustimmung der obersten Landesbehörde durch Rechtsverordnung ohne Zustimmung des Bundesrates die Zulassung widerrufen. Auf Antrag des zugelassenen kommunalen Trägers, der der Zustimmung der obersten Landesbehörde bedarf, widerruft das Bundesministerium für Arbeit und Soziales die Zulassung durch Rechtsverordnung ohne Zustimmung des Bundesrates. In den Fällen des Satzes 2 endet die Trägerschaft, wenn eine Arbeitsgemeinschaft mit der Agentur für Arbeit gebildet worden ist, im Übrigen ein Jahr nach der Antragstellung.

§ 6b Rechtsstellung der zugelassenen kommunalen Träger

(1) Die zugelassenen kommunalen Träger sind an Stelle der Bundesagentur im Rahmen ihrer örtlichen Zuständigkeit Träger der Aufgaben nach § 6 Abs. 1 Satz 1 Nr. 1 mit Ausnahme der sich aus den §§ 44b, 50, 51a, 51b, 53, 55 und 65d ergebenden Aufgaben. Sie haben insoweit die Rechte und Pflichten der Agentur für Arbeit.

(2) Der Bund trägt die Aufwendungen der Grundsicherung für Arbeitsuchende einschließlich der Verwaltungskosten mit Ausnahme der Aufwendungen für Aufgaben nach § 6 Abs. 1 Satz 1 Nr. 2. § 46 Abs. 1 Satz 4, Abs. 2 und 3 gilt entsprechend. § 46 Abs. 5 bis 8 bleibt unberührt.

(3) Der Bundesrechnungshof ist berechtigt, die Leistungsgewährung zu prüfen.

§ 6c Wirkungsforschung zur Experimentierklausel

Das Bundesministerium für Arbeit und Soziales untersucht die Wahrnehmung der Aufgaben durch die zugelassenen kommunalen Träger im Vergleich zur Aufgabenwahrnehmung durch die Agenturen für Arbeit und berichtet den gesetzgebenden Körperschaften des Bundes bis zum 31. Dezember 2008 über die Erfahrungen mit den Regelungen nach den §§ 6a und 6b. Die Länder sind bei der Entwicklung der Untersuchungsansätze und der Auswertung der Untersuchung zu beteiligen.

Kapitel 2: Anspruchsvoraussetzungen

§ 7 Berechtigte

(1) Leistungen nach diesem Buch erhalten Personen, die
1. das 15. Lebensjahr vollendet und die Altersgrenze nach § 7a noch nicht erreicht haben,
2. erwerbsfähig sind,
3. hilfebedürftig sind und
4. ihren gewöhnlichen Aufenthalt in der Bundesrepublik Deutschland haben

(erwerbsfähige Hilfebedürftige). Ausgenommen sind
1.   Ausländer, die weder in der Bundesrepublik Deutschland Arbeitnehmer oder Selbständige noch auf Grund des § 2 Abs. 3 des Freizügigkeitsgesetzes/EU freizügigkeitsberechtigt sind, und ihre Familienangehörigen für die ersten drei Monate ihres Aufenthalts,
2.   Ausländer, deren Aufenthaltsrecht sich allein aus dem Zweck der Arbeitsuche ergibt, und ihre Familienangehörigen,
3.   Leistungsberechtigte nach § 1 des Asylbewerberleistungsgesetzes.
Satz 2 Nr. 1 gilt nicht für Ausländer, die sich mit einem Aufenthaltstitel nach Kapitel 2 Abschnitt 5 des Aufenthaltsgesetzes in der Bundesrepublik Deutschland aufhalten. Aufenthaltsrechtliche Bestimmungen bleiben unberührt.

(2) Leistungen erhalten auch Personen, die mit erwerbsfähigen Hilfebedürftigen in einer Bedarfsgemeinschaft leben. Dienstleistungen und Sachleistungen werden ihnen nur erbracht, wenn dadurch
1.   die Hilfebedürftigkeit der Angehörigen der Bedarfsgemeinschaft beendet oder verringert,
2.   Hemmnisse bei der Eingliederung der erwerbsfähigen Hilfebedürftigen beseitigt oder vermindert
werden.

(3) Zur Bedarfsgemeinschaft gehören
1.   die erwerbsfähigen Hilfebedürftigen,
2.   die im Haushalt lebenden Eltern oder der im Haushalt lebende Elternteil eines unverheirateten erwerbsfähigen Kindes, welches das 25. Lebensjahr noch nicht vollendet hat, und der im Haushalt lebende Partner dieses Elternteils,
3.   als Partner der erwerbsfähigen Hilfebedürftigen
      a)   der nicht dauernd getrennt lebende Ehegatte,
      b)   der nicht dauernd getrennt lebende Lebenspartner,
      c)   eine Person, die mit dem erwerbsfähigen Hilfebedürftigen in einem gemeinsamen Haushalt so zusammenlebt, dass nach verständiger Würdigung der wechselseitige Wille anzunehmen ist, Verantwortung füreinander zu tragen und füreinander einzustehen,
4.   die dem Haushalt angehörenden unverheirateten Kinder der in den Nummern 1 bis 3 genannten Personen, wenn sie das 25. Lebensjahr noch nicht vollendet haben, soweit sie die Leistungen zur Sicherung ihres Lebensunterhalts nicht aus eigenem Einkommen oder Vermögen beschaffen können.

(3a) Ein wechselseitiger Wille, Verantwortung füreinander zu tragen und füreinander einzustehen, wird vermutet, wenn Partner
1.   länger als ein Jahr zusammenleben,
2.   mit einem gemeinsamen Kind zusammenleben,
3.   Kinder oder Angehörige im Haushalt versorgen oder
4.   befugt sind, über Einkommen oder Vermögen des anderen zu verfügen.

(4) Leistungen nach diesem Buch erhält nicht, wer in einer stationären Einrichtung untergebracht ist, Rente wegen Alters oder Knappschaftsausgleichsleistung oder ähnliche Leistungen öffentlich-rechtlicher Art bezieht. Dem

Aufenthalt in einer stationären Einrichtung ist der Aufenthalt in einer Einrichtung zum Vollzug richterlich angeordneter Freiheitsentziehung gleichgestellt. Abweichend von Satz 1 erhält Leistungen nach diesem Buch,

1. wer voraussichtlich für weniger als sechs Monate in einem Krankenhaus (§ 107 des Fünften Buches) untergebracht ist oder

2. wer in einer stationären Einrichtung untergebracht und unter den üblichen Bedingungen des allgemeinen Arbeitsmarktes mindestens 15 Stunden wöchentlich erwerbstätig ist.

(4a) Leistungen nach diesem Buch erhält nicht, wer sich ohne Zustimmung des persönlichen Ansprechpartners außerhalb des in der Erreichbarkeits-Anordnung vom 23. Oktober 1997 (ANBA 1997, 1685), geändert durch die Anordnung vom 16. November 2001 (ANBA 2001, 1476), definierten zeit- und ortsnahen Bereiches aufhält; die übrigen Bestimmungen dieser Anordnung gelten entsprechend.

(5) Auszubildende, deren Ausbildung im Rahmen des Bundesausbildungsförderungsgesetzes oder der §§ 60 bis 62 des Dritten Buches dem Grunde nach förderungsfähig ist, haben keinen Anspruch auf Leistungen zur Sicherung des Lebensunterhalts. In besonderen Härtefällen können Leistungen zur Sicherung des Lebensunterhalts als Darlehen geleistet werden.

(6) Absatz 5 findet keine Anwendung auf Auszubildende,

1. die auf Grund von § 2 Abs. 1a des Bundesausbildungsförderungsgesetzes keinen Anspruch auf Ausbildungsförderung oder auf Grund von § 64 Abs. 1 des Dritten Buches keinen Anspruch auf Berufsausbildungsbeihilfe haben oder

2. deren Bedarf sich nach § 12 Abs. 1 Nr. 1 des Bundesausbildungsförderungsgesetzes oder nach § 66 Abs. 1 Satz 1 des Dritten Buches bemisst oder

3. die eine Abendhauptschule, eine Abendrealschule oder ein Abendgymnasium besuchen, sofern sie aufgrund von § 10 Abs. 3 des Bundesausbildungsförderungsgesetzes keinen Anspruch auf Ausbildungsförderung haben.

§ 7a Altersgrenze

Personen, die vor dem 1. Januar 1947 geboren sind, erreichen die Altersgrenze mit Vollendung des 65. Lebensjahres. Für Personen, die nach dem 31. Dezember 1946 geboren sind, wird die Altersgrenze wie folgt angehoben:

für den Geburts- jahrgang	erfolgt eine Anhebung um Monate	auf Vollendung eines Lebensalters von
1947	1	65 Jahren und 1 Monat
1948	2	65 Jahren und 2 Monaten
1949	3	65 Jahren und 3 Monaten
1950	4	65 Jahren und 4 Monaten
1951	5	65 Jahren und 5 Monaten

für den Geburts-jahrgang	erfolgt eine Anhebung um Monate	auf Vollendung eines Lebensalters von
1952	6	65 Jahren und 6 Monaten
1953	7	65 Jahren und 7 Monaten
1954	8	65 Jahren und 8 Monaten
1955	9	65 Jahren und 9 Monaten
1956	10	65 Jahren und 10 Monaten
1957	11	65 Jahren und 11 Monaten
1958	12	66 Jahren
1959	14	66 Jahren und 2 Monaten
1960	16	66 Jahren und 4 Monaten
1961	18	66 Jahren und 6 Monaten
1962	20	66 Jahren und 8 Monaten
1963	22	66 Jahren und 10 Monaten
ab 1964	24	67 Jahren.

§ 8 Erwerbsfähigkeit

(1) Erwerbsfähig ist, wer nicht wegen Krankheit oder Behinderung auf absehbare Zeit außerstande ist, unter den üblichen Bedingungen des allgemeinen Arbeitsmarktes mindestens drei Stunden täglich erwerbstätig zu sein.

(2) Im Sinne von Absatz 1 können Ausländer nur erwerbstätig sein, wenn ihnen die Aufnahme einer Beschäftigung erlaubt ist oder erlaubt werden könnte.

§ 9 Hilfebedürftigkeit

(1) Hilfebedürftig ist, wer seinen Lebensunterhalt, seine Eingliederung in Arbeit und den Lebensunterhalt der mit ihm in einer Bedarfsgemeinschaft lebenden Personen nicht oder nicht ausreichend aus eigenen Kräften und Mitteln, vor allem nicht

1. durch Aufnahme einer zumutbaren Arbeit,
2. aus dem zu berücksichtigenden Einkommen oder Vermögen

sichern kann und die erforderliche Hilfe nicht von anderen, insbesondere von Angehörigen oder von Trägern anderer Sozialleistungen erhält.

(2) Bei Personen, die in einer Bedarfsgemeinschaft leben, sind auch das Einkommen und Vermögen des Partners zu berücksichtigen. Bei unverheirateten Kindern, die mit ihren Eltern oder einem Elternteil in einer Bedarfsgemeinschaft leben und die die Leistungen zur Sicherung ihres Lebensunterhalts nicht aus ihrem eigenen Einkommen oder Vermögen beschaffen können, sind auch das Einkommen und Vermögen der Eltern oder des Elternteils und dessen in Bedarfsgemeinschaft lebenden Partners zu berücksichtigen. Ist in einer Bedarfsgemeinschaft nicht der gesamte Bedarf aus eigenen Kräften und Mitteln gedeckt, gilt jede Person der Bedarfsgemeinschaft im Verhältnis des eigenen Bedarfs zum Gesamtbedarf als hilfebedürftig.

(3) Absatz 2 Satz 2 findet keine Anwendung auf ein Kind, das schwanger ist oder sein Kind bis zur Vollendung des sechsten Lebensjahres betreut.

(4) Hilfebedürftig ist auch derjenige, dem der sofortige Verbrauch oder die sofortige Verwertung von zu berücksichtigendem Vermögen nicht möglich ist oder für den dies eine besondere Härte bedeuten würde.

(5) Leben Hilfebedürftige in Haushaltsgemeinschaft mit Verwandten oder Verschwägerten, so wird vermutet, dass sie von ihnen Leistungen erhalten, soweit dies nach deren Einkommen und Vermögen erwartet werden kann.

§ 10 Zumutbarkeit

(1) Dem erwerbsfähigen Hilfebedürftigen ist jede Arbeit zumutbar, es sei denn, dass

1. er zu der bestimmten Arbeit körperlich, geistig oder seelisch nicht in der Lage ist,
2. die Ausübung der Arbeit ihm die künftige Ausübung seiner bisherigen überwiegenden Arbeit wesentlich erschweren würde, weil die bisherige Tätigkeit besondere körperliche Anforderungen stellt,
3. die Ausübung der Arbeit die Erziehung seines Kindes oder des Kindes seines Partners gefährden würde; die Erziehung eines Kindes, das das dritte Lebensjahr vollendet hat, ist in der Regel nicht gefährdet, soweit seine Betreuung in einer Tageseinrichtung oder in Tagespflege im Sinne der Vorschriften des Achten Buches oder auf sonstige Weise sichergestellt ist; die zuständigen kommunalen Träger sollen darauf hinwirken, dass erwerbsfähigen Erziehenden vorrangig ein Platz zur Tagesbetreuung des Kindes angeboten wird,
4. die Ausübung der Arbeit mit der Pflege eines Angehörigen nicht vereinbar wäre und die Pflege nicht auf andere Weise sichergestellt werden kann,
5. der Ausübung der Arbeit ein sonstiger wichtiger Grund entgegensteht.

(2) Eine Arbeit ist nicht allein deshalb unzumutbar, weil

1. sie nicht einer früheren beruflichen Tätigkeit des erwerbsfähigen Hilfebedürftigen entspricht, für die er ausgebildet ist oder die er ausgeübt hat,
2. sie im Hinblick auf die Ausbildung des erwerbsfähigen Hilfebedürftigen als geringerwertig anzusehen ist,
3. der Beschäftigungsort vom Wohnort des erwerbsfähigen Hilfebedürftigen weiter entfernt ist als ein früherer Beschäftigungs- oder Ausbildungsort,
4. die Arbeitsbedingungen ungünstiger sind als bei den bisherigen Beschäftigungen des erwerbsfähigen Hilfebedürftigen-,
5. *sie mit der Beendigung einer Erwerbstätigkeit verbunden ist, es sei denn, es liegen begründete Anhaltspunkte vor, dass durch die bisherige Tätigkeit künftig die Hilfebedürftigkeit beendet werden kann.*

(3) Die Absätze 1 und 2 gelten für die Teilnahme an Maßnahmen zur Eingliederung in Arbeit entsprechend.

§ 11 Zu berücksichtigendes Einkommen

(1) Als Einkommen zu berücksichtigen sind Einnahmen in Geld oder Geldeswert mit Ausnahme der Leistungen nach diesem Buch, der Grundrente nach dem Bundesversorgungsgesetz und nach den Gesetzen, die eine entsprechende Anwendung des Bundesversorgungsgesetzes vorsehen und der Renten oder Beihilfen, die nach dem Bundesentschädigungsgesetz für Schaden an Leben sowie an Körper oder Gesundheit erbracht werden, bis zur Höhe der vergleichbaren Grundrente nach dem Bundesversorgungsgesetz. Der Kinderzuschlag nach § 6a des Bundeskindergeldgesetzes ist als Einkommen dem jeweiligen Kind zuzurechnen. Dies gilt auch für das Kindergeld für zur Bedarfsgemeinschaft gehörende Kinder, soweit es bei dem jeweiligen Kind zur Sicherung des Lebensunterhalts benötigt wird.

(2) Vom Einkommen sind abzusetzen

1. auf das Einkommen entrichtete Steuern,
2. Pflichtbeiträge zur Sozialversicherung einschließlich der Beiträge zur Arbeitsförderung,
3. Beiträge zu öffentlichen oder privaten Versicherungen oder ähnlichen Einrichtungen, soweit diese Beiträge gesetzlich vorgeschrieben oder nach Grund und Höhe angemessen sind; hierzu gehören Beiträge
   a) zur Vorsorge für den Fall der Krankheit und der Pflegebedürftigkeit für Personen, die in der gesetzlichen Krankenversicherung nicht versicherungspflichtig sind,
   b) zur Altersvorsorge von Personen, die von der Versicherungspflicht in der gesetzlichen Rentenversicherung befreit sind,
   soweit die Beiträge nicht nach § 26 bezuschusst werden,
4. geförderte Altersvorsorgebeiträge nach § 82 des Einkommensteuergesetzes, soweit sie den Mindesteigenbeitrag nach § 86 des Einkommensteuergesetzes nicht überschreiten,
5. die mit der Erzielung des Einkommens verbundenen notwendigen Ausgaben,
6. für Erwerbstätige ferner ein Betrag nach § 30,
7. Aufwendungen zur Erfüllung gesetzlicher Unterhaltsverpflichtungen bis zu dem in einem Unterhaltstitel oder in einer notariell beurkundeten Unterhaltsvereinbarung festgelegten Betrag,
8. bei erwerbsfähigen Hilfebedürftigen, deren Einkommen nach dem Vierten Abschnitt des Bundesausbildungsförderungsgesetzes oder § 71 oder § 108 des Dritten Buches bei der Berechnung der Leistungen der Ausbildungsförderung für mindestens ein Kind berücksichtigt wird, der nach den Vorschriften der Ausbildungsförderung berücksichtigte Betrag.

Bei erwerbsfähigen Hilfebedürftigen, die erwerbstätig sind, ist an Stelle der Beträge nach Satz 1 Nr. 3 bis 5 ein Betrag von insgesamt 100 Euro monatlich abzusetzen. Beträgt das monatliche Einkommen mehr als 400 Euro, gilt Satz 2 nicht, wenn der erwerbsfähige Hilfebedürftige nachweist, dass die Summe der Beträge nach Satz 1 Nr. 3 bis 5 den Betrag von 100 Euro übersteigt.

(3) Nicht als Einkommen sind zu berücksichtigen
1. Einnahmen, soweit sie als
    a) zweckbestimmte Einnahmen,
    b) Zuwendungen der freien Wohlfahrtspflege
    einem anderen Zweck als die Leistungen nach diesem Buch dienen und
    die Lage des Empfängers nicht so günstig beeinflussen, dass daneben
    Leistungen nach diesem Buch nicht gerechtfertigt wären,
2. Entschädigungen, die wegen eines Schadens, der nicht Vermögensscha-
    den ist, nach § 253 Abs. 2 des Bürgerlichen Gesetzbuchs geleistet wer-
    den.
(3a) Abweichend von den Absätzen 1 bis 3 wird der Teil des Elterngeldes, der
die nach § 10 des Bundeselterngeld- und Elternzeitgesetzes anrechnungsfreien
Beträge übersteigt, in voller Höhe berücksichtigt.
(4) Abweichend von den Absätzen 1 bis 3 wird der Teil des Pflegegeldes nach
dem Achten Buch, der für den erzieherischen Einsatz gewährt wird,
1. für das erste und zweite Pflegekind nicht,
2. für das dritte Pflegekind zu 75 vom Hundert,
3. für das vierte und jedes weitere Pflegekind in voller Höhe
berücksichtigt.

§ 12 Zu berücksichtigendes Vermögen
(1) Als Vermögen sind alle verwertbaren Vermögensgegenstände zu berücksichtigen.
(2) Vom Vermögen sind abzusetzen
1. ein Grundfreibetrag in Höhe von 150 Euro je vollendetem Lebensjahr
    des volljährigen Hilfebedürftigen und seines Partners, mindestens aber
    jeweils 3.100 Euro; der Grundfreibetrag darf für den volljährigen Hilfe-
    bedürftigen und seinen Partner jeweils den nach Satz 2 maßgebenden
    Höchstbetrag nicht übersteigen,
1a. ein Grundfreibetrag in Höhe von 3.100 Euro für jedes hilfebedürftige
    minderjährige Kind,
2. Altersvorsorge in Höhe des nach Bundesrecht ausdrücklich als Alters-
    vorsorge geförderten Vermögens einschließlich seiner Erträge und der
    geförderten laufenden Altersvorsorgebeiträge, soweit der Inhaber das Al-
    tersvorsorgevermögen nicht vorzeitig verwendet,
3. geldwerte Ansprüche, die der Altersvorsorge dienen, soweit der Inhaber
    sie vor dem Eintritt in den Ruhestand auf Grund einer vertraglichen Ver-
    einbarung nicht verwerten kann und der Wert der geldwerten Ansprüche
    250 Euro je vollendetem Lebensjahr des erwerbsfähigen Hilfebedürfti-
    gen und seines Partners, höchstens jedoch jeweils den nach Satz 2 maß-
    gebenden Höchstbetrag nicht übersteigt,
4. ein Freibetrag für notwendige Anschaffungen in Höhe von 750 Euro für
    jeden in der Bedarfsgemeinschaft lebenden Hilfebedürftigen.

Bei Personen, die
1. vor dem 1. Januar 1958 geboren sind, darf der Grundfreibetrag nach Satz 1 Nr. 1 jeweils 9.750 Euro und der Wert der geldwerten Ansprüche nach Satz 1 Nr. 3 jeweils 16.250 Euro,
2. nach dem 31. Dezember 1957 und vor dem 1. Januar 1964 geboren sind, darf der Grundfreibetrag nach Satz 1 Nr. 1 jeweils 9.900 Euro und der Wert der geldwerten Ansprüche nach Satz 1 Nr. 3 jeweils 16.500 Euro,
3. nach dem 31. Dezember 1963 geboren sind, darf der Grundfreibetrag nach Satz 1 Nr. 1 jeweils 10.050 Euro und der Wert der geldwerten Ansprüche nach Satz 1 Nr. 3 jeweils 16.750 Euro

nicht übersteigen.

(3) Als Vermögen sind nicht zu berücksichtigen
1. angemessener Hausrat,
2. ein angemessenes Kraftfahrzeug für jeden in der Bedarfsgemeinschaft lebenden erwerbsfähigen Hilfebedürftigen,
3. vom Inhaber als für die Altersvorsorge bestimmt bezeichnete Vermögensgegenstände in angemessenem Umfang, wenn der erwerbsfähige Hilfebedürftige oder sein Partner von der Versicherungspflicht in der gesetzlichen Rentenversicherung befreit ist,
4. ein selbst genutztes Hausgrundstück von angemessener Größe oder eine entsprechende Eigentumswohnung,
5. Vermögen, solange es nachweislich zur baldigen Beschaffung oder Erhaltung eines Hausgrundstücks von angemessener Größe bestimmt ist, soweit dieses zu Wohnzwecken behinderter oder pflegebedürftiger Menschen dient oder dienen soll und dieser Zweck durch den Einsatz oder die Verwertung des Vermögens gefährdet würde,
6. Sachen und Rechte, soweit ihre Verwertung offensichtlich unwirtschaftlich ist oder für den Betroffenen eine besondere Härte bedeuten würde.

Für die Angemessenheit sind die Lebensumstände während des Bezugs der Leistungen zur Grundsicherung für Arbeitsuchende maßgebend.

(4) Das Vermögen ist mit seinem Verkehrswert zu berücksichtigen. Für die Bewertung ist der Zeitpunkt maßgebend, in dem der Antrag auf Bewilligung oder erneute Bewilligung der Leistungen der Grundsicherung für Arbeitsuchende gestellt wird, bei späterem Erwerb von Vermögen der Zeitpunkt des Erwerbs. Wesentliche Änderungen des Verkehrswertes sind zu berücksichtigen.

§ 12a Vorrangige Leistungen

Hilfebedürftige sind verpflichtet, Sozialleistungen anderer Träger in Anspruch zu nehmen und die dafür erforderlichen Anträge zu stellen, sofern dies zur Vermeidung, Beseitigung, Verkürzung oder Verminderung der Hilfebedürftigkeit erforderlich ist. Abweichend von Satz 1 sind Hilfebedürftige bis zur Vollendung des 63. Lebensjahres nicht verpflichtet, eine Rente wegen Alters vorzeitig in Anspruch zu nehmen.

§ 13 Verordnungsermächtigung

(1) Das Bundesministerium für Arbeit und Soziales wird ermächtigt, im Einvernehmen mit dem Bundesministerium der Finanzen ohne Zustimmung des Bundesrates durch Rechtsverordnung zu bestimmen,

1. welche weiteren Einnahmen nicht als Einkommen zu berücksichtigen sind und wie das Einkommen im Einzelnen zu berechnen ist,
2. welche weiteren Vermögensgegenstände nicht als Vermögen zu berücksichtigen sind und wie der Wert des Vermögens zu ermitteln ist,
3. welche Pauschbeträge für die von dem Einkommen abzusetzenden Beträge zu berücksichtigen sind.

(2) Das Bundesministerium für Arbeit und Soziales wird ermächtigt, ohne Zustimmung des Bundesrates durch Rechtsverordnung zu bestimmen, unter welchen Voraussetzungen und für welche Dauer Hilfebedürftige nach Vollendung des 63. Lebensjahres ausnahmsweise zur Vermeidung von Unbilligkeiten nicht verpflichtet sind, eine Rente wegen Alters vorzeitig in Anspruch zu nehmen.

Kapitel 3: Leistungen

Abschnitt 1: Leistungen zur Eingliederung in Arbeit

§ 14 Grundsatz des Förderns

Die Träger der Leistungen nach diesem Buch unterstützen erwerbsfähige Hilfebedürftige umfassend mit dem Ziel der Eingliederung in Arbeit. Die Agentur für Arbeit soll einen persönlichen Ansprechpartner für jeden erwerbsfähigen Hilfebedürftigen und die mit ihm in einer Bedarfsgemeinschaft Lebenden benennen. Die Träger der Leistungen nach diesem Buch erbringen unter Beachtung der Grundsätze von Wirtschaftlichkeit und Sparsamkeit alle im Einzelfall für die Eingliederung in Arbeit erforderlichen Leistungen.

§ 15 Eingliederungsvereinbarung

(1) Die Agentur für Arbeit soll im Einvernehmen mit dem kommunalen Träger mit jedem erwerbsfähigen Hilfebedürftigen die für seine Eingliederung erforderlichen Leistungen vereinbaren (Eingliederungsvereinbarung). Die Eingliederungsvereinbarung soll insbesondere bestimmen,

1. welche Leistungen der Erwerbsfähige zur Eingliederung in Arbeit erhält,
2. welche Bemühungen der erwerbsfähige Hilfebedürftige in welcher Häufigkeit zur Eingliederung in Arbeit mindestens unternehmen muss und in welcher Form er die Bemühungen nachzuweisen hat,
3. welche Leistungen Dritter, insbesondere Träger anderer Sozialleistungen, der erwerbsfähige Hilfebedürftige zu beantragen hat.

Die Eingliederungsvereinbarung soll für sechs Monate geschlossen werden. Danach soll eine neue Eingliederungsvereinbarung abgeschlossen werden. Bei jeder folgenden Eingliederungsvereinbarung sind die bisher gewonnenen Erfahrungen zu berücksichtigen. Kommt eine Eingliederungsvereinbarung nicht zustande, sollen die Regelungen nach Satz 2 durch Verwaltungsakt erfolgen.

(2) In der Eingliederungsvereinbarung kann auch vereinbart werden, welche Leistungen die Personen erhalten, die mit dem erwerbsfähigen Hilfebedürftigen in einer Bedarfsgemeinschaft leben. Diese Personen sind hierbei zu beteiligen.

(3) Wird in der Eingliederungsvereinbarung eine Bildungsmaßnahme vereinbart, ist auch zu regeln, in welchem Umfang und unter welchen Voraussetzungen der erwerbsfähige Hilfebedürftige schadenersatzpflichtig ist, wenn er die Maßnahme aus einem von ihm zu vertretenden Grund nicht zu Ende führt.

§ 15a Sofortangebot

Erwerbsfähigen Personen, die innerhalb der letzten zwei Jahre laufende Geldleistungen, die der Sicherung des Lebensunterhalts dienen, weder nach diesem Buch noch nach dem Dritten Buch bezogen haben, sollen bei der Beantragung von Leistungen nach diesem Buch unverzüglich Leistungen zur Eingliederung in Arbeit angeboten werden.

§ 16 Leistungen zur Eingliederung

(1) Zur Eingliederung in Arbeit erbringt die Agentur für Arbeit Leistungen nach § 35 des Dritten Buches. Sie kann die übrigen im Dritten Kapitel, im Ersten ~~bis Dritten~~ und Sechsten Abschnitt des Vierten Kapitels, im Fünften Kapitel, im Ersten~~, Fünften und Siebten~~ Abschnitt des Sechsten Kapitels und die in den §§ 417, 421f, 421g, ~~421i,~~ 421k, ~~421m, 421n,~~ 421o, 421p und 421q des Dritten Buches geregelten Leistungen erbringen. Für Eingliederungsleistungen an erwerbsfähige behinderte Hilfebedürftige nach diesem Buch gelten die §§ 97 bis 99, 100 Nr. 1 ~~bis 3~~ und 6~~4~~, § 101 Abs. 1, 2 und 5, die §§ 102, 103 Satz 1 Nr. 3, Satz 2~~, und~~ die §§ 109 und 111 des Dritten Buches entsprechend. *§ 1 Abs. 2 Nr. 4,* ~~D~~*d*ie §§ ~~8,~~ 36, ~~37 Abs. 4 und~~ § 41 Abs. 3 ~~Satz 4~~ *46 Abs. 3 und § 77 Abs. 3* des Dritten Buches sind entsprechend anzuwenden. ~~Aktivierungshilfen nach § 241 Abs. 3a und § 243 Abs. 2 des Dritten Buches können in Höhe der Gesamtkosten gefördert werden. Die Arbeitsgelegenheiten nach diesem Buch stehen den in § 421f Abs. 1 Nr. 1 des Dritten Buches genannten Maßnahmen der öffentlich geförderten Beschäftigung und den in § 421g Abs. 1 Satz 1 des Dritten Buches genannten Arbeitsbeschaffungs- und Strukturanpassungsmaßnahmen gleich.~~

~~(1a)~~ *(2)* Soweit dieses Buch nichts Abweichendes regelt, gelten für die Leistungen nach Absatz 1 die Voraussetzungen und Rechtsfolgen des Dritten Buches mit Ausnahme *der Verordnungsermächtigung nach § 47 des Dritten Buches sowie* der Anordnungsermächtigungen für die Bundesagentur und mit der Maßgabe, dass an die Stelle des Arbeitslosengeldes das Arbeitslosengeld II tritt. *§ 45 Abs. 3 Satz 3 des Dritten Buches gilt mit der Maßgabe, dass die Förderung aus dem Vermittlungsbudget auch die anderen Leistungen nach dem Zweiten Buch nicht aufstocken, ersetzen oder umgehen darf. Die Arbeitsgelegenheiten nach diesem Buch stehen den in § 421f Abs. 1 Nr. 1 des Dritten Buches genannten Maßnahmen der öffentlich geförderten Beschäftigung und* *den in § 421g Abs. 1 Satz 1 des Dritten Buches genannten Arbeitsbeschaffungs- und Strukturanpassungsmaßnahmen gleich.*

(3) Abweichend von § 45 Abs. 1 Satz 1 des Dritten Buches können Leistungen auch für die Anbahnung und Aufnahme einer schulischen Berufsausbildung erbracht werden.

~~(1b)~~ *(4)* Die Agentur für Arbeit als Träger der Grundsicherung für Arbeitsuchende kann die Ausbildungsvermittlung durch die für die Arbeitsförderung zuständigen Stellen der Bundesagentur wahrnehmen lassen. Das Bundesministerium für Arbeit und Soziales wird ermächtigt, durch Rechtsverordnung ohne Zustimmung des Bundesrates das Nähere über die Höhe, Möglichkeiten der Pauschalierung und den Zeitpunkt der Fälligkeit der Erstattung von Aufwendungen bei der Ausführung des Auftrags nach Satz 1 festzulegen.

(5) Die Entscheidung über Leistungen und Maßnahmen nach §§ 45, 46 des Dritten Buches trifft der nach § 6 Abs. 1 Satz 1 Nr. 1 oder der nach § 6b Abs. 1 zuständige Träger.

§ 16a Kommunale Eingliederungsleistungen

~~(2)~~[1] ~~Über die in Absatz 1 genannten Leistungen hinaus~~ *Zur Verwirklichung einer ganzheitlichen und umfassenden Betreuung und Unterstützung bei der Eingliederung in Arbeit* können ~~weitere~~ *die folgenden* Leistungen ~~erbracht werden~~, die für die Eingliederung des erwerbsfähigen Hilfebedürftigen in das Erwerbsleben erforderlich sind, *erbracht werden:* ~~; die weiteren Leistungen dürfen die Leistungen nach Absatz 1 nicht aufstocken. Zu den weiteren Leistungen gehören insbesondere~~

1. die Betreuung minderjähriger oder behinderter Kinder oder die häusliche Pflege von Angehörigen,
2. die Schuldnerberatung,
3. die psychosoziale Betreuung,
4. die Suchtberatung~~,~~.
5. ~~das Einstiegsgeld nach § 29,~~
6. ~~(aufgehoben)~~
7. ~~Leistungen zur Beschäftigungsförderung nach § 16a~~

§ 16b Einstiegsgeld[2]

(1) Zur Überwindung von Hilfebedürftigkeit kann erwerbsfähigen Hilfebedürftigen, die arbeitslos sind, bei Aufnahme einer sozialversicherungspflichtigen oder selbständigen Erwerbstätigkeit ein Einstiegsgeld erbracht werden, wenn dies zur Eingliederung in den allgemeinen Arbeitsmarkt erforderlich ist. Das Einstiegsgeld kann auch erbracht werden, wenn die Hilfebedürftigkeit durch oder nach Aufnahme der Erwerbstätigkeit entfällt.

(2) Das Einstiegsgeld wird, soweit für diesen Zeitraum eine Erwerbstätigkeit besteht, für höchstens 24 Monate erbracht. Bei der Bemessung der Höhe des Einstiegsgeldes soll*en* die vorherige Dauer der Arbeitslosigkeit sowie die

---

[1] Dem neuen § 16a wurde hier der Text des § 16 Abs. 2 a. F. zugrunde gelegt.
[2] Dem ganz neu eingefügten § 16b wurde hier der Text des § 29 a. F. zugrunde gelegt.

Größe der Bedarfsgemeinschaft berücksichtigt werden, in der der erwerbsfähige Hilfebedürftige lebt.

(3) Das Bundesministerium für Arbeit und Soziales wird ermächtigt, im Einvernehmen mit dem Bundesministerium der Finanzen ohne Zustimmung des Bundesrates durch Rechtsverordnung zu bestimmen, wie das Einstiegsgeld zu bemessen ist. Bei der Bemessung ist neben der Berücksichtigung der in Absatz 2 Satz 2 genannten Kriterien auch ein Bezug zu der für den erwerbsfähigen Hilfebedürftigen jeweils maßgebenden Regelleistung herzustellen.

§ 16c Leistungen zur Eingliederung von Selbständigen
(1) Leistungen zur Eingliederung von erwerbsfähigen Hilfebedürftigen, die eine selbständige, hauptberufliche Tätigkeit aufnehmen oder ausüben, können nur gewährt werden, wenn zu erwarten ist, dass die selbständige Tätigkeit wirtschaftlich tragfähig ist und die Hilfebedürftigkeit durch die selbständige Tätigkeit innerhalb eines angemessenen Zeitraums dauerhaft überwunden oder verringert wird. Zur Beurteilung der Tragfähigkeit der selbständigen Tätigkeit soll die Agentur für Arbeit die Stellungnahme einer fachkundigen Stelle verlangen.

(2) Erwerbsfähige Hilfebedürftige, die eine selbständige, hauptberufliche Tätigkeit aufnehmen oder ausüben, können Darlehen und Zuschüsse für die Beschaffung von Sachgütern erhalten, die für die Ausübung der selbständigen Tätigkeit notwendig und angemessen sind. Zuschüsse dürfen einen Betrag von 5.000 Euro nicht übersteigen.

§ 16d Arbeitsgelegenheiten
(3)[1] Für erwerbsfähige Hilfebedürftige, die keine Arbeit finden können, sollen Arbeitsgelegenheiten geschaffen werden. Werden Gelegenheiten für im öffentlichen Interesse liegende, zusätzliche Arbeiten ~~nicht nach Absatz 1 als Arbeitsbeschaffungsmaßnahmen~~ gefördert, ist den erwerbsfähigen Hilfebedürftigen zuzüglich zum Arbeitslosengeld II eine angemessene Entschädigung für Mehraufwendungen zu zahlen; diese Arbeiten begründen kein Arbeitsverhältnis im Sinne des Arbeitsrechts; die Vorschriften über den Arbeitsschutz und das Bundesurlaubsgesetz mit Ausnahme der Regelungen über das Urlaubsentgelt sind entsprechend anzuwenden; für Schäden bei der Ausübung ihrer Tätigkeit haften erwerbsfähige Hilfebedürftige nur wie Arbeitnehmerinnen und Arbeitnehmer.

(4)[2] ~~Entfällt die Hilfebedürftigkeit des Erwerbsfähigen während einer Maßnahme zur Eingliederung nach den Absätzen 1 bis 3, kann sie durch Darlehen weiter gefördert werden, wenn dies wirtschaftlich erscheint und der Erwerbsfähige die Maßnahme voraussichtlich erfolgreich abschließen wird.~~

---

[1] Dem ganz neu eingefügten § 16d wurde hier der Text des § 16 Abs. 3 a. F. zugrunde gelegt.

[2] Die Regelungen des bisherigen § 16 Abs. 4 und 5 befinden sich ab 01.01.2009 in veränderter Form in § 16g.

(5) Leistungen nach dem Dritten Kapitel des Dritten Buches oder nach Absatz 2 Satz 2 Nr. 1 bis 5 können auch für die Dauer einer Förderung des Arbeitgebers oder eines Trägers durch eine Geldleistung nach Absatz 1, Absatz 3 Satz 1 oder § 16a erbracht werden, wenn die Hilfebedürftigkeit des Erwerbsfähigen auf Grund des zu berücksichtigenden Einkommens entfallen ist. Während der Förderdauer nach Satz 1 gilt § 15 entsprechend.

§ 16ae Leistungen zur Beschäftigungsförderung

(1) Arbeitgeber können zur Eingliederung von erwerbsfähigen Hilfebedürftigen mit Vermittlungshemmnissen in Arbeit einen Beschäftigungszuschuss als Ausgleich der zu erwartenden Minderleistungen des Arbeitnehmers und einen Zuschuss zu sonstigen Kosten erhalten. Voraussetzung ist, dass

1. der erwerbsfähige Hilfebedürftige das 18. Lebensjahr vollendet hat, langzeitarbeitslos im Sinne des § 18 des Dritten Buches ist und in seinen Erwerbsmöglichkeiten durch mindestens zwei weitere in seiner Person liegende Vermittlungshemmnisse besonders schwer beeinträchtigt ist,

2. der erwerbsfähige Hilfebedürftige auf der Grundlage einer Eingliederungsvereinbarung für einen Zeitraum von mindestens sechs Monaten betreut wurde und Eingliederungsleistungen unter Einbeziehung der übrigen Leistungen nach diesem Buch erhalten hat,

3. eine Erwerbstätigkeit auf dem allgemeinen Arbeitsmarkt voraussichtlich innerhalb der nächsten 24 Monate ohne die Förderung nach Satz 1 nicht möglich ist und

4. zwischen dem Arbeitgeber und dem erwerbsfähigen Hilfebedürftigen ein Arbeitsverhältnis mit in der Regel voller Arbeitszeit unter Vereinbarung des tariflichen Arbeitsentgelts oder, wenn eine tarifliche Regelung keine Anwendung findet, des für vergleichbare Tätigkeiten ortsüblichen Arbeitsentgelts begründet wird. Die vereinbarte Arbeitszeit darf die Hälfte der vollen Arbeitszeit nicht unterschreiten.

(2) Die Höhe des Beschäftigungszuschusses richtet sich nach der Leistungsfähigkeit des erwerbsfähigen Hilfebedürftigen und kann bis zu 75 Prozent des berücksichtigungsfähigen Arbeitsentgelts betragen. Berücksichtigungsfähig sind

1. das zu zahlende tarifliche Arbeitsentgelt oder, wenn eine tarifliche Regelung keine Anwendung findet, das für vergleichbare Tätigkeiten ortsübliche zu zahlende Arbeitsentgelt und

2. der pauschalierte Anteil des Arbeitgebers am Gesamtsozialversicherungsbeitrag abzüglich des Beitrags zur Arbeitsförderung.

Wird dem Arbeitgeber auf Grund eines Ausgleichssystems Arbeitsentgelt erstattet, ist für den Zeitraum der Erstattung der Beschäftigungszuschuss entsprechend zu mindern.

(3) Ein Zuschuss zu sonstigen Kosten kann erbracht werden

1. für Kosten für eine begleitende Qualifizierung in pauschalierter Form bis zu einer Höhe von 200 Euro monatlich sowie

2. in besonders begründeten Einzelfällen einmalig für weitere notwendige Kosten des Arbeitgebers für besonderen Aufwand beim Aufbau von Be-

schäftigungsmöglichkeiten. Die Übernahme von Investitionskosten ist ausgeschlossen.

(4) Die Förderdauer beträgt
1. für den Beschäftigungszuschuss bis zu 24 Monate. Der Beschäftigungszuschuss soll anschließend ohne zeitliche Unterbrechung unbefristet erbracht werden, wenn eine Erwerbstätigkeit auf dem allgemeinen Arbeitsmarkt ohne die Förderung nach Absatz 1 Satz 1 voraussichtlich innerhalb der nächsten 24 Monate nicht möglich ist,
2. für die sonstigen Kosten nach Absatz 3 Nr. 1 bis zu zwölf Monate je Arbeitnehmer.

(5) Bei einer Fortführung der Förderung nach Absatz 4 Nr. 1 Satz 2 kann der Beschäftigungszuschuss gegenüber der bisherigen Förderhöhe um bis zu 10 Prozentpunkte vermindert werden, soweit die Leistungsfähigkeit des erwerbsfähigen Hilfebedürftigen zugenommen hat und sich die Vermittlungshemmnisse verringert haben.

(6) Wird ein erwerbsfähiger Hilfebedürftiger für die Dauer der Erbringung des Beschäftigungszuschusses eingestellt, liegt ein sachlicher Grund vor, der die Befristung des Arbeitsverhältnisses rechtfertigt.

(7) Die Förderung ist aufzuheben, wenn feststeht, dass der Arbeitnehmer in eine konkrete zumutbare Arbeit ohne eine Förderung nach Absatz 1 Satz 1 vermittelt werden kann. Die Förderung ist auch aufzuheben, wenn nach jeweils zwölf Monaten der Förderdauer feststeht, dass der Arbeitnehmer eine zumutbare Arbeit ohne eine Förderung nach Absatz 1 Satz 1 aufnehmen kann. Eine Förderung ist nur für die Dauer des Bestehens des Arbeitsverhältnisses möglich.

(8) Das Arbeitsverhältnis kann ohne Einhaltung einer Frist gekündigt werden
1. vom Arbeitnehmer, wenn er eine Erwerbstätigkeit auf dem allgemeinen Arbeitsmarkt aufnehmen kann,
2. vom Arbeitgeber zu dem Zeitpunkt, zu dem die Förderung nach Absatz 7 Satz 1 oder 2 aufgehoben wird.

(9) Eine Förderung ist ausgeschlossen, wenn zu vermuten ist, dass der Arbeitgeber
1. die Beendigung eines anderen Beschäftigungsverhältnisses veranlasst hat, um einen Beschäftigungszuschuss zu erhalten oder
2. eine bisher für das Beschäftigungsverhältnis erbrachte Förderung ohne besonderen Grund nicht mehr in Anspruch nimmt.

(10) Das Bundesministerium für Arbeit und Soziales untersucht die Auswirkungen auf die erwerbsfähigen Hilfebedürftigen mit besonderen Vermittlungshemmnissen, den Arbeitsmarkt und die öffentlichen Haushalte in den Jahren 2008 bis 2010 und berichtet dem Deutschen Bundestag hierüber bis zum 31. Dezember 2011.

§ 16f Freie Förderung
(1) Die Agentur für Arbeit kann bis zu 10 Prozent der nach § 46 Abs. 2 auf sie entfallenden Eingliederungsmittel für Leistungen zur Eingliederung in Arbeit einsetzen, um die Möglichkeiten der gesetzlich geregelten Eingliederungsleis-

tungen durch freie Leistungen zur Eingliederung in Arbeit zu erweitern. Die freien Leistungen müssen den Zielen und Grundsätzen dieses Buches entsprechen.
(2) Die Ziele der Maßnahmen sind vor Förderbeginn zu beschreiben. Eine Kombination oder Modularisierung von Maßnahmeeinheiten ist zulässig. Die Maßnahmen dürfen gesetzliche Leistungen nicht umgehen oder aufstocken. Ausgenommen hiervon sind Maßnahmen für Langzeitarbeitslose, bei denen in angemessener Zeit von in der Regel sechs Monaten nicht mit Aussicht auf Erfolg auf einzelne Gesetzesgrundlagen dieses Buches oder des Dritten Buches zurückgegriffen werden kann. In Fällen des Satzes 4 ist ein Abweichen von den Voraussetzungen und der Förderhöhe gesetzlich geregelter Maßnahmen zulässig. Bei Leistungen an Arbeitgeber ist darauf zu achten, Wettbewerbsverfälschungen zu vermeiden. Projektförderungen im Sinne von Zuwendungen sind nach Maßgabe der §§ 23 und 44 der Bundeshaushaltsordnung zulässig. Bei längerfristig angelegten Maßnahmen ist der Erfolg regelmäßig zu überprüfen und zu dokumentieren.

§ 16g Förderung bei Wegfall der Hilfebedürftigkeit [1]

(1) ~~(4)~~ Entfällt die Hilfebedürftigkeit des Erwerbsfähigen während einer Maßnahme zur Eingliederung ~~nach den Absätzen 1 bis 3~~, kann sie ~~durch Darlehen~~ weiter gefördert werden, wenn dies wirtschaftlich erscheint und der Erwerbsfähige die Maßnahme voraussichtlich erfolgreich abschließen wird. *Die Förderung soll als Darlehen erbracht werden.*

(2) ~~(5) Leistungen nach dem Dritten Kapitel des Dritten Buches oder nach Absatz 2 Satz 2 Nr. 1 bis 5 können auch f~~Für die Dauer einer Förderung des Arbeitgebers oder eines Trägers durch eine Geldleistung nach *§ 16 Abs.* ~~atz~~ *1,* ~~Absatz 3~~ *§ 16d Satz 1 oder § 16a*~~e~~ *können auch Leistungen nach dem Dritten Kapitel und § 46 Abs. 1 Satz 1 Nr. 5 des Dritten Buches oder nach § 16a Nr. 1 bis 4 und § 16b* erbracht werden, wenn die Hilfebedürftigkeit des Erwerbsfähigen auf Grund des zu berücksichtigenden Einkommens entfallen ist. Während der Förderdauer nach Satz 1 gilt § 15 entsprechend.

§ 17 Einrichtungen und Dienste für Leistungen zur Eingliederung

(1) Zur Erbringung von Leistungen zur Eingliederung in Arbeit sollen die zuständigen Träger der Leistungen nach diesem Buch eigene Einrichtungen und Dienste nicht neu schaffen, soweit geeignete Einrichtungen und Dienste Dritter vorhanden sind, ausgebaut oder in Kürze geschaffen werden können. Die zuständigen Träger der Leistungen nach diesem Buch sollen Träger der freien Wohlfahrtspflege in ihrer Tätigkeit auf dem Gebiet der Grundsicherung für Arbeitsuchende angemessen unterstützen.

(2) Wird die Leistung von einem Dritten erbracht und sind im Dritten Buch keine Anforderungen geregelt, denen die Leistung entsprechen muss, sind die Träger der Leistungen nach diesem Buch zur Vergütung für die Leistung nur

---

[1] Dem neuen § 16g wurde hier der Text des § 16 Abs. 4 und 5 a. F. zugrunde gelegt.

verpflichtet, wenn mit dem Dritten oder seinem Verband eine Vereinbarung insbesondere über

1. Inhalt, Umfang und Qualität der Leistungen,
2. die Vergütung, die sich aus Pauschalen und Beträgen für einzelne Leistungsbereiche zusammensetzen kann, und
3. die Prüfung der Wirtschaftlichkeit und Qualität der Leistungen

besteht. Die Vereinbarungen müssen den Grundsätzen der Wirtschaftlichkeit, Sparsamkeit und Leistungsfähigkeit entsprechen.

§ 18 Örtliche Zusammenarbeit

(1) Die Agenturen für Arbeit arbeiten bei der Erbringung von Leistungen zur Eingliederung in Arbeit unter Berücksichtigung ihrer Aufgaben nach dem Dritten Buch mit den Beteiligten des örtlichen Arbeitsmarktes, insbesondere den Gemeinden, den Kreisen und Bezirken, den Trägern der freien Wohlfahrtspflege, den Vertretern der Arbeitgeber und Arbeitnehmer sowie den Kammern und berufsständischen Organisationen zusammen, um die gleichmäßige oder gemeinsame Durchführung von Maßnahmen zu beraten oder zu sichern und Leistungsmissbrauch zu verhindern oder aufzudecken. Die örtlichen Träger der Sozialhilfe sind verpflichtet, mit den Agenturen für Arbeit zusammenzuarbeiten.

(1a) Absatz 1 gilt für die kommunalen Träger und die zugelassenen kommunalen Träger entsprechend.

(2) Die Leistungen nach diesem Buch sind in das regionale Arbeitsmarktmonitoring der Agenturen für Arbeit nach § 9 Abs. 2 des Dritten Buches einzubeziehen.

(3) Die Agenturen für Arbeit sollen mit Gemeinden, Kreisen und Bezirken auf deren Verlangen Vereinbarungen über das Erbringen von Leistungen zur Eingliederung nach diesem Gesetz mit Ausnahme der Leistungen nach § 16 Abs. 1 schließen, wenn sie den durch eine Rechtsverordnung festgelegten Mindestanforderungen entsprechen. Satz 1 gilt nicht für die zugelassenen kommunalen Träger.

(4) Das Bundesministerium für Arbeit und Soziales wird ermächtigt, ohne Zustimmung des Bundesrates durch Rechtsverordnung zu bestimmen, welchen Anforderungen eine Vereinbarung nach Absatz 3 mindestens genügen muss.

§ 18a Zusammenarbeit mit den für die Arbeitsförderung zuständigen Stellen

Beziehen erwerbsfähige Hilfebedürftige auch Leistungen der Arbeitsförderung, so sind die Agenturen für Arbeit, die zugelassenen kommunalen Träger und die Arbeitsgemeinschaften verpflichtet, bei der Wahrnehmung der Aufgaben nach diesem Buch mit den für die Arbeitsförderung zuständigen Dienststellen der Bundesagentur für Arbeit eng zusammenzuarbeiten. Sie unterrichten diese unverzüglich über die ihnen insoweit bekannten, für die Wahrnehmung der Aufgaben der Arbeitsförderung erforderlichen Tatsachen, insbesondere über

1. die für erwerbsfähige Hilfebedürftige, die auch Leistungen der Arbeitsförderung beziehen, vorgesehenen und erbrachten Leistungen zur Eingliederung in Arbeit,
2. den Wegfall der Hilfebedürftigkeit bei diesen Personen.

Abschnitt 2: Leistungen zur Sicherung des Lebensunterhalts

Unterabschnitt 1: Arbeitslosengeld II und befristeter Zuschlag

§ 19 Arbeitslosengeld II
Erwerbsfähige Hilfebedürftige erhalten als Arbeitslosengeld II Leistungen zur Sicherung des Lebensunterhalts einschließlich der angemessenen Kosten für Unterkunft und Heizung. Der Zuschuss nach § 22 Abs. 7 gilt nicht als Arbeitslosengeld II. Das zu berücksichtigende Einkommen und Vermögen mindert die Geldleistungen der Agentur für Arbeit; soweit Einkommen und Vermögen darüber hinaus zu berücksichtigen ist, mindert es die Geldleistungen der kommunalen Träger.´

§ 20 Regelleistung zur Sicherung des Lebensunterhalts
(1) Die Regelleistung zur Sicherung des Lebensunterhalts umfasst insbesondere Ernährung, Kleidung, Körperpflege, Hausrat, Haushaltsenergie ohne die auf die Heizung entfallenden Anteile, Bedarfe des täglichen Lebens sowie in vertretbarem Umfang auch Beziehungen zur Umwelt und eine Teilnahme am kulturellen Leben.
(2) Die monatliche Regelleistung beträgt für Personen, die allein stehend oder allein erziehend sind oder deren Partner minderjährig ist, 345 Euro. Die Regelleistung für sonstige erwerbsfähige Angehörige der Bedarfsgemeinschaft beträgt 80 vom Hundert der Regelleistung nach Satz 1.
(2a) Abweichend von Absatz 2 Satz 1 erhalten Personen, die das 25. Lebensjahr noch nicht vollendet haben und ohne Zusicherung des zuständigen kommunalen Trägers nach § 22 Abs. 2a umziehen, bis zur Vollendung des 25. Lebensjahres 80 vom Hundert der Regelleistung.
(3) Haben zwei Partner der Bedarfsgemeinschaft das 18. Lebensjahr vollendet, beträgt die Regelleistung jeweils 90 vom Hundert der Regelleistung nach Absatz 2.
(4) Die Regelleistung nach Absatz 2 Satz 1 wird jeweils zum 1. Juli eines Jahres um den Vomhundertsatz angepasst, um den sich der aktuelle Rentenwert in der gesetzlichen Rentenversicherung verändert. Für die Neubemessung der Regelleistung findet § 28 Abs. 3 Satz 5 des Zwölften Buches entsprechende Anwendung. Das Bundesministerium für Arbeit und Soziales gibt jeweils spätestens zum 30. Juni eines Kalenderjahres die Höhe der Regelleistung nach Absatz 2, die für die folgenden zwölf Monate maßgebend ist, im Bundesgesetzblatt bekannt. Bei der Anpassung nach Satz 1 sind Beträge, die nicht volle Euro ergeben, bis zu 0,49 Euro abzurunden und von 0,50 Euro an aufzurunden.

§ 21 Leistungen für Mehrbedarfe beim Lebensunterhalt

(1) Leistungen für Mehrbedarfe umfassen Bedarfe nach den Absätzen 2 bis 5, die nicht durch die Regelleistung abgedeckt sind.

(2) Werdende Mütter, die erwerbsfähig und hilfebedürftig sind, erhalten nach der 12. Schwangerschaftswoche einen Mehrbedarf von 17 vom Hundert der nach § 20 maßgebenden Regelleistung.

(3) Für Personen, die mit einem oder mehreren minderjährigen Kindern zusammen leben und allein für deren Pflege und Erziehung sorgen, ist ein Mehrbedarf anzuerkennen

1. in Höhe von 36 vom Hundert der nach § 20 Abs. 2 maßgebenden Regelleistung, wenn sie mit einem Kind unter sieben Jahren oder mit zwei oder drei Kindern unter sechzehn Jahren zusammen leben, oder

2. in Höhe von 12 vom Hundert der nach § 20 Abs. 2 maßgebenden Regelleistung für jedes Kind, wenn sich dadurch ein höherer Vomhundertsatz als nach der Nummer 1 ergibt, höchstens jedoch in Höhe von 60 vom Hundert der nach § 20 Abs. 2 maßgebenden Regelleistung.

(4) Erwerbsfähige behinderte Hilfebedürftige, denen Leistungen zur Teilhabe am Arbeitsleben nach § 33 des Neunten Buches sowie sonstige Hilfen zur Erlangung eines geeigneten Platzes im Arbeitsleben oder Eingliederungshilfen nach § 54 Abs. 1 Satz 1 Nr. 1 bis 3 des Zwölften Buches erbracht werden, erhalten einen Mehrbedarf von 35 vom Hundert der nach § 20 maßgebenden Regelleistung. Satz 1 kann auch nach Beendigung der dort genannten Maßnahmen während einer angemessenen Übergangszeit, vor allem einer Einarbeitungszeit, angewendet werden.

(5) Erwerbsfähige Hilfebedürftige, die aus medizinischen Gründen einer kostenaufwändigen Ernährung bedürfen, erhalten einen Mehrbedarf in angemessener Höhe.

(6) Die Summe des insgesamt gezahlten Mehrbedarfs darf die Höhe der für erwerbsfähige Hilfebedürftige maßgebenden Regelleistung nicht übersteigen.

§ 22 Leistungen für Unterkunft und Heizung

(1) Leistungen für Unterkunft und Heizung werden in Höhe der tatsächlichen Aufwendungen erbracht, soweit diese angemessen sind. Erhöhen sich nach einem nicht erforderlichen Umzug die angemessenen Aufwendungen für Unterkunft und Heizung, werden die Leistungen weiterhin nur in Höhe der bis dahin zu tragenden *angemessenen* Aufwendungen erbracht. Soweit die Aufwendungen für die Unterkunft den der Besonderheit des Einzelfalles angemessenen Umfang übersteigen, sind sie als Bedarf des allein stehenden Hilfebedürftigen oder der Bedarfsgemeinschaft so lange zu berücksichtigen, wie es dem allein stehenden Hilfebedürftigen oder der Bedarfsgemeinschaft nicht möglich oder nicht zuzumuten ist, durch einen Wohnungswechsel, durch Vermieten oder auf andere Weise die Aufwendungen zu senken, in der Regel jedoch längstens für sechs Monate. Rückzahlungen und Guthaben, die den Kosten für Unterkunft und Heizung zuzuordnen sind, mindern die nach dem Monat der Rückzahlung oder der Gutschrift entstehenden Aufwendungen;

Rückzahlungen, die sich auf die Kosten für Haushaltsenergie beziehen, bleiben insoweit außer Betracht.

(2) Vor Abschluss eines Vertrages über eine neue Unterkunft soll der erwerbsfähige Hilfebedürftige die Zusicherung des für die Leistungserbringung bisher örtlich zuständigen kommunalen Trägers zu den Aufwendungen für die neue Unterkunft einholen. Der kommunale Träger ist nur zur Zusicherung verpflichtet, wenn der Umzug erforderlich ist und die Aufwendungen für die neue Unterkunft angemessen sind; der für den Ort der neuen Unterkunft örtlich zuständige kommunale Träger ist zu beteiligen.

(2a) Sofern Personen, die das 25. Lebensjahr noch nicht vollendet haben, umziehen, werden ihnen Leistungen für Unterkunft und Heizung für die Zeit nach einem Umzug bis zur Vollendung des 25. Lebensjahres nur erbracht, wenn der kommunale Träger dies vor Abschluss des Vertrages über die Unterkunft zugesichert hat. Der kommunale Träger ist zur Zusicherung verpflichtet, wenn

1. der Betroffene aus schwerwiegenden sozialen Gründen nicht auf die Wohnung der Eltern oder eines Elternteils verwiesen werden kann,

2. der Bezug der Unterkunft zur Eingliederung in den Arbeitsmarkt erforderlich ist oder

3. ein sonstiger, ähnlich schwerwiegender Grund vorliegt.

Unter den Voraussetzungen des Satzes 2 kann vom Erfordernis der Zusicherung abgesehen werden, wenn es dem Betroffenen aus wichtigem Grund nicht zumutbar war, die Zusicherung einzuholen. Leistungen für Unterkunft und Heizung werden Personen, die das 25. Lebensjahr noch nicht vollendet haben, nicht erbracht, wenn diese vor der Beantragung von Leistungen in eine Unterkunft in der Absicht umziehen, die Voraussetzungen für die Gewährung der Leistungen herbeizuführen.

(3) Wohnungsbeschaffungskosten und Umzugskosten können bei vorheriger Zusicherung durch den bis zum Umzug örtlich zuständigen kommunalen Träger übernommen werden; eine Mietkaution kann bei vorheriger Zusicherung durch den am Ort der neuen Unterkunft zuständigen kommunalen Träger übernommen werden. Die Zusicherung soll erteilt werden, wenn der Umzug durch den kommunalen Träger veranlasst oder aus anderen Gründen notwendig ist und wenn ohne die Zusicherung eine Unterkunft in einem angemessenen Zeitraum nicht gefunden werden kann. Eine Mietkaution soll als Darlehen erbracht werden.

(4) Die Kosten für Unterkunft und Heizung sollen von dem kommunalen Träger an den Vermieter oder andere Empfangsberechtigte gezahlt werden, wenn die zweckentsprechende Verwendung durch den Hilfebedürftigen nicht sichergestellt ist.

(5) Sofern Leistungen für Unterkunft und Heizung erbracht werden, können auch Schulden übernommen werden, soweit dies zur Sicherung der Unterkunft oder zur Behebung einer vergleichbaren Notlage gerechtfertigt ist. Sie sollen übernommen werden, wenn dies gerechtfertigt und notwendig ist und sonst Wohnungslosigkeit einzutreten droht. Vermögen nach § 12 Abs. 2 Nr. 1 ist vorrangig einzusetzen. Geldleistungen sollen als Darlehen erbracht werden.

(6) Geht bei einem Gericht eine Klage auf Räumung von Wohnraum im Falle der Kündigung des Mietverhältnisses nach § 543 Abs. 1, 2 Satz 1 Nr. 3 in Verbindung mit § 569 Abs. 3 des Bürgerlichen Gesetzbuchs ein, teilt das Gericht dem örtlich zuständigen Träger der Grundsicherung für Arbeitsuchende oder der von diesem beauftragten Stelle zur Wahrnehmung der in Absatz 5 bestimmten Aufgaben unverzüglich

1. den Tag des Eingangs der Klage,
2. die Namen und die Anschriften der Parteien,
3. die Höhe der monatlich zu entrichtenden Miete,
4. die Höhe des geltend gemachten Mietrückstandes und der geltend gemachten Entschädigung und
5. den Termin zur mündlichen Verhandlung, sofern dieser bereits bestimmt ist,

mit. Außerdem kann der Tag der Rechtshängigkeit mitgeteilt werden. Die Übermittlung unterbleibt, wenn die Nichtzahlung der Miete nach dem Inhalt der Klageschrift offensichtlich nicht auf Zahlungsunfähigkeit des Mieters beruht.

(7) Abweichend von § 7 Abs. 5 erhalten Auszubildende, die Berufsausbildungsbeihilfe oder Ausbildungsgeld nach dem Dritten Buch oder Leistungen nach dem Bundesausbildungsförderungsgesetz erhalten und deren Bedarf sich nach § 65 Abs. 1, § 66 Abs. 3, § 101 Abs. 3, § 105 Abs. 1 Nr. 1, 4, § 106 Abs. 1 Nr. 2 des Dritten Buches oder nach § 12 Abs. 1 Nr. 2, Abs. 2 und 3, § 13 Abs. 1 in Verbindung mit Abs. 2 Nr. 1 des Bundesausbildungsförderungsgesetzes bemisst, einen Zuschuss zu ihren ungedeckten angemessenen Kosten für Unterkunft und Heizung (§ 22 Abs. 1 Satz 1). Satz 1 gilt nicht, wenn die Übernahme der Leistungen für Unterkunft und Heizung nach Absatz 2a ausgeschlossen ist.

§ 23 Abweichende Erbringung von Leistungen

(1) Kann im Einzelfall ein von den Regelleistungen umfasster und nach den Umständen unabweisbarer Bedarf zur Sicherung des Lebensunterhalts weder durch das Vermögen nach § 12 Abs. 2 Nr. 4 noch auf andere Weise gedeckt werden, erbringt die Agentur für Arbeit bei entsprechendem Nachweis den Bedarf als Sachleistung oder als Geldleistung und gewährt dem Hilfebedürftigen ein entsprechendes Darlehen. Bei Sachleistungen wird das Darlehen in Höhe des für die Agentur für Arbeit entstandenen Anschaffungswertes gewährt. Das Darlehen wird durch monatliche Aufrechnung in Höhe von bis zu 10 vom Hundert der an den erwerbsfähigen Hilfebedürftigen und die mit ihm in Bedarfsgemeinschaft lebenden Angehörigen jeweils zu zahlenden Regelleistung getilgt. Weitergehende Leistungen sind ausgeschlossen.

(2) Solange sich der Hilfebedürftige, insbesondere bei Drogen- oder Alkoholabhängigkeit sowie im Falle unwirtschaftlichen Verhaltens, als ungeeignet erweist, mit der Regelleistung nach § 20 seinen Bedarf zu decken, kann die Regelleistung in voller Höhe oder anteilig in Form von Sachleistungen erbracht werden.

(3) Leistungen für
1. Erstausstattungen für die Wohnung einschließlich Haushaltsgeräten,
2. Erstausstattungen für Bekleidung und Erstausstattungen bei Schwangerschaft und Geburt sowie
3. mehrtägige Klassenfahrten im Rahmen der schulrechtlichen Bestimmungen

sind nicht von der Regelleistung umfasst. Sie werden gesondert erbracht. Die Leistungen nach Satz 1 werden auch erbracht, wenn Hilfebedürftige keine Leistungen zur Sicherung des Lebensunterhalts einschließlich der angemessenen Kosten für Unterkunft und Heizung benötigen, den Bedarf nach Satz 1 jedoch aus eigenen Kräften und Mitteln nicht voll decken können. In diesem Falle kann das Einkommen berücksichtigt werden, das Hilfebedürftige innerhalb eines Zeitraumes von bis zu sechs Monaten nach Ablauf des Monats erwerben, in dem über die Leistung entschieden worden ist. Die Leistungen nach Satz 1 Nr. 1 und 2 können als Sachleistung oder Geldleistung, auch in Form von Pauschalbeträgen, erbracht werden. Bei der Bemessung der Pauschalbeträge sind geeignete Angaben über die erforderlichen Aufwendungen und nachvollziehbare Erfahrungswerte zu berücksichtigen.

(4) Leistungen zur Sicherung des Lebensunterhalts können als Darlehen erbracht werden, soweit in dem Monat, für den die Leistungen erbracht werden, voraussichtlich Einnahmen anfallen.

(5) Soweit Hilfebedürftigen der sofortige Verbrauch oder die sofortige Verwertung von zu berücksichtigendem Vermögen nicht möglich ist oder für sie eine besondere Härte bedeuten würde, sind Leistungen als Darlehen zu erbringen. Sie können davon abhängig gemacht werden, dass der Anspruch auf Rückzahlung dinglich oder in anderer Weise gesichert wird.

(6) In Fällen des § 22 Abs. 2a werden Leistungen für Erstausstattungen für die Wohnung nur erbracht, wenn der kommunale Träger die Übernahme der Leistungen für Unterkunft und Heizung zugesichert hat oder vom Erfordernis der Zusicherung abgesehen werden konnte.

§ 24 Befristeter Zuschlag nach Bezug von Arbeitslosengeld

(1) Soweit der erwerbsfähige Hilfebedürftige Arbeitslosengeld II innerhalb von zwei Jahren nach dem Ende des Bezugs von Arbeitslosengeld bezieht, erhält er in diesem Zeitraum einen monatlichen Zuschlag. Nach Ablauf des ersten Jahres wird der Zuschlag um 50 vom Hundert vermindert.

(2) Der Zuschlag beträgt zwei Drittel des Unterschiedsbetrages zwischen
1. dem von dem erwerbsfähigen Hilfebedürftigen zuletzt bezogenen Arbeitslosengeld und dem nach dem Wohngeldgesetz erhaltenen Wohngeld und
2. dem dem erwerbsfähigen Hilfebedürftigen und den mit ihm in Bedarfsgemeinschaft lebenden Angehörigen erstmalig nach dem Ende des Bezuges von Arbeitslosengeld zustehenden Arbeitslosengeld II nach § 19 oder Sozialgeld nach § 28; verlässt ein Partner die Bedarfsgemeinschaft, ist der Zuschlag neu festzusetzen.

(3) Der Zuschlag ist im ersten Jahr
1. bei erwerbsfähigen Hilfebedürftigen auf höchstens 160 Euro,
2. bei Partnern auf insgesamt höchstens 320 Euro und
3. für die mit dem Zuschlagsberechtigten in Bedarfsgemeinschaft zusammenlebenden Kinder auf höchstens 60 Euro pro Kind

begrenzt.

(4) Der Zuschlag ist im zweiten Jahr
1. bei erwerbsfähigen Hilfebedürftigen auf höchstens 80 Euro,
2. bei Partnern auf höchstens 160 Euro und
3. für die mit dem Zuschlagsberechtigten in Bedarfsgemeinschaft zusammenlebenden Kinder auf höchstens 30 Euro pro Kind

begrenzt.

(gültig ab 01.08.2009)
§ 24a Zusätzliche Leistung für die Schule[1]
Schüler, die das 25. Lebensjahr noch nicht vollendet haben und die eine allgemeinbildende oder eine andere Schule mit dem Ziel des Erwerbs eines allgemeinbildenden Schulabschlusses besuchen, erhalten bis zum Abschluss der Jahrgangsstufe 10 eine zusätzliche Leistung für die Schule in Höhe von 100 Euro, wenn mindestens ein im Haushalt lebender Elternteil am 1. August des jeweiligen Jahres Anspruch auf Leistungen zur Sicherung des Lebensunterhalts nach diesem Buch hat. Schüler, die nicht im Haushalt ihrer Eltern oder eines Elternteils leben, erhalten unter den Voraussetzungen des § 22 Abs. 2a die Leistung nach Satz 1, wenn sie am 1. August des jeweiligen Jahres Leistungen zur Sicherung des Lebensunterhalts nach diesem Buch erhalten. Der zuständige Träger der Grundsicherung für Arbeitsuchende kann im begründeten Einzelfall einen Nachweis über eine zweckentsprechende Verwendung der Leistung verlangen.

§ 25 Leistungen bei medizinischer Rehabilitation der Rentenversicherung und bei Anspruch auf Verletztengeld aus der Unfallversicherung

Hat ein Bezieher von Arbeitslosengeld II dem Grunde nach Anspruch auf Übergangsgeld bei medizinischen Leistungen der gesetzlichen Rentenversicherung, erbringen die Träger der Leistungen nach diesem Buch die bisherigen Leistungen als Vorschuss auf die Leistungen der Rentenversicherung weiter; dies gilt entsprechend bei einem Anspruch auf Verletztengeld aus der gesetzlichen Unfallversicherung. Werden Vorschüsse länger als einen Monat geleistet, erhalten die Träger der Leistungen nach diesem Buch von den zur Leistung verpflichteten Trägern monatliche Abschlagszahlungen in Höhe der Vorschüsse des jeweils abgelaufenen Monats. § 102 des Zehnten Buches gilt entsprechend.

---

[1] Die Norm wurde durch das Familienleistungsgesetz vom 22.12.2008 (BGBl I S. 2955) eingefügt.

§ 26 Zuschuss zu Versicherungsbeiträgen[1]

(1) Bezieher von Arbeitslosengeld II, die von der Versicherungspflicht in der gesetzlichen Rentenversicherung befreit sind (§ 6 Abs. 1b *des Sechsten Buches*), erhalten einen Zuschuss zu den Beiträgen, die für die Dauer des Leistungsbezugs freiwillig an die gesetzliche Rentenversicherung, eine berufsständische Versorgungseinrichtung oder für eine private Alterssicherung oder wegen einer Pflichtversicherung an die Alterssicherung der Landwirte gezahlt werden. Der Zuschuss ist auf die Höhe des Betrages begrenzt, der ohne die Befreiung von der Versicherungspflicht in der gesetzlichen Rentenversicherung zu zahlen wäre.

(2) ~~Bezieher von Arbeitslosengeld II, die~~

1. ~~nach § 8 Abs. 1 Nr. 1a des Fünften Buches von der Versicherungspflicht befreit sind,~~

2. ~~nach § 22 Abs. 1 des Elften Buches oder nach Artikel 42 des Pflege-Versicherungsgesetzes von der Versicherungspflicht in der sozialen Pflegeversicherung befreit oder nach § 23 Abs. 1 des Elften Buches bei einem privaten Krankenversicherungsunternehmen gegen das Risiko der Pflegebedürftigkeit versichert sind,~~

~~erhalten einen Zuschuss zu den Beiträgen, die für die Dauer des Leistungsbezugs für eine Versicherung gegen Krankheit oder Pflegebedürftigkeit an ein privates Krankenversicherungsunternehmen gezahlt werden. Der Zuschuss ist auf die Höhe des Betrages begrenzt, der ohne die Befreiung von der Versicherungspflicht in der gesetzlichen Krankenversicherung oder in der sozialen Pflegeversicherung zu zahlen wäre. Hierbei sind zugrunde zu legen:~~

1. ~~für die Beiträge zur gesetzlichen Krankenversicherung der durchschnittliche ermäßigte Beitragssatz der Krankenkassen (§ 246 des Fünften Buches); der zum 1. Oktober des Vorjahres festgestellte Beitragssatz gilt jeweils vom 1. Januar bis zum 31. Dezember des laufenden Kalenderjahres,~~

2. ~~für die Beiträge zu sozialen Pflegeversicherung der Beitragssatz nach § 55 Abs. 1 Satz 1 des Elften Buches.~~

Für Bezieher von Arbeitslosengeld II oder Sozialgeld, die in der gesetzlichen Krankenversicherung nicht versicherungspflichtig und nicht familienversichert sind und die für den Fall der Krankheit

1. *bei einem privaten Krankenversicherungsunternehmen versichert sind, gilt § 12 Abs. 1c Satz 5 und 6 des Versicherungsaufsichtsgesetzes,*

2. *freiwillig in der gesetzlichen Krankenversicherung versichert sind, wird für die Dauer des Leistungsbezugs der Beitrag übernommen; für Personen, die allein durch den Beitrag zur freiwilligen Versicherung hilfebedürftig würden, wird der Beitrag im notwendigen Umfang übernommen.*

---

[1] Die Änderungen der Absätze 2 und 3 und die Neueinführung des Abs. 4 erfolgen mit Wirkung zum 01.01.2009 durch das GKV-Wettbewerbsstärkungsgesetz (GKV-WSG) vom 26.03.2007 (BGBl I S. 378). Abs. 4 wurde zugleich durch das Gesetz zur Neuausrichtung der arbeitsmarktpolitischen Instrumente neu gefasst.

(3) ~~Die Bundesagentur übernimmt auf Antrag im erforderlichen Umfang die~~ ~~Aufwendungen für die angemessene Kranken- und Pflegeversicherung, soweit~~ ~~Personen allein durch diese Aufwendungen hilfebedürftig würden.~~ ~~Die Bun-~~ ~~desagentur soll die Aufwendungen unmittelbar an die Krankenkasse oder das~~ ~~Versicherungsunternehmen zahlen, wenn die zweckentsprechende Verwen-~~ ~~dung durch die betreffende Person nicht sichergestellt ist.~~ *Für Bezieher von Arbeitslosengeld II oder Sozialgeld, die in der sozialen Pflegeversicherung nicht versicherungspflichtig und nicht familienversichert sind, werden für die Dauer des Leistungsbezugs die Aufwendungen für eine angemessene private Pflegeversicherung im notwendigen Umfang übernommen. Satz 1 gilt entsprechend, soweit Personen allein durch diese Aufwendungen hilfebedürftig würden.*

(4) Die Bundesagentur kann den Zusatzbeitrag zur gesetzlichen Krankenversicherung nach § 242 des Fünften Buches für Bezieher von Arbeitslosengeld II oder Sozialgeld übernehmen, für die der Wechsel der Krankenkasse nach § 175 des Fünften Buches eine besondere Härte bedeuten würde. Satz 1 gilt entsprechend, soweit Personen allein durch diese Aufwendungen hilfebedürftig würden.

§ 27 Verordnungsermächtigung

Das Bundesministerium für Arbeit und Soziales wird ermächtigt, im Einvernehmen mit dem Bundesministerium der Finanzen durch Rechtsverordnung zu bestimmen,

1. welche Aufwendungen für Unterkunft und Heizung angemessen sind und unter welchen Voraussetzungen die Kosten für Unterkunft und Heizung pauschaliert werden können,
2. bis zu welcher Höhe Umzugskosten übernommen werden,
3. unter welchen Voraussetzungen und wie die Leistungen nach § 23 Abs. 3 Satz 1 Nr. 1 und 2 pauschaliert werden können.

Unterabschnitt 2: Sozialgeld

§ 28 Sozialgeld

(1) Nicht erwerbsfähige Angehörige, die mit erwerbsfähigen Hilfebedürftigen in Bedarfsgemeinschaft leben, erhalten Sozialgeld, soweit sie keinen Anspruch auf Leistungen nach dem Vierten Kapitel des Zwölften Buches haben. Das Sozialgeld umfasst die sich aus § 19 Satz 1 ~~Nr. 1~~ ergebenden Leistungen. Hierbei gelten ergänzend folgende Maßgaben:

1. Die Regelleistung beträgt bis zur Vollendung des 14. Lebensjahres 60 vom Hundert und im 15. Lebensjahr 80 vom Hundert der nach § 20 Abs. 2 maßgebenden Regelleistung;
2. Leistungen für Mehrbedarfe nach § 21 Abs. 4 werden auch an behinderte Menschen, die das 15. Lebensjahr vollendet haben, gezahlt, wenn Eingliederungshilfe nach § 54 Abs. 1 Nr. 1 und 2 des Zwölften Buches erbracht wird;

3. § 21 Abs. 4 Satz 2 gilt auch nach Beendigung der in § 54 Abs. 1 Nr. 1 und 2 des Zwölften Buches genannten Maßnahmen;
4. nichterwerbsfähige Personen, *die voll erwerbsgemindert nach dem Sechsten Buch sind,* erhalten einen Mehrbedarf von 17 vom Hundert der nach § 20 maßgebenden Regelleistung, wenn sie Inhaber eines Ausweises nach § 69 Abs. 5 des Neunten Buches mit dem Merkzeichen G sind; dies gilt nicht, wenn bereits ein Anspruch auf einen Mehrbedarf wegen Behinderung nach § 21 Abs. 4 oder § 28 Abs. 1 Nr. 2 oder 3 besteht.
(2) § 19 Satz 2 *3* gilt entsprechend.

Unterabschnitt 3: Anreize und Sanktionen

§ 29 ~~Einstiegsgeld~~ *(aufgehoben)*[1]

~~(1) Zur Überwindung von Hilfebedürftigkeit kann erwerbsfähigen Hilfebedürftigen, die arbeitslos sind, bei Aufnahme einer sozialversicherungspflichtigen oder selbständigen Erwerbstätigkeit ein Einstiegsgeld erbracht werden, wenn dies zur Eingliederung in den allgemeinen Arbeitsmarkt erforderlich ist. Das Einstiegsgeld kann auch erbracht werden, wenn die Hilfebedürftigkeit durch oder nach Aufnahme der Erwerbstätigkeit entfällt.~~

~~(2) Das Einstiegsgeld wird, soweit für diesen Zeitraum eine Erwerbstätigkeit besteht, für höchstens 24 Monate erbracht. Bei der Bemessung der Höhe des Einstiegsgeldes soll die vorherige Dauer der Arbeitslosigkeit sowie die Größe der Bedarfsgemeinschaft berücksichtigt werden, in der der erwerbsfähige Hilfebedürftige lebt.~~

~~(3) Das Bundesministerium für Arbeit und Soziales wird ermächtigt, im Einvernehmen mit dem Bundesministerium der Finanzen ohne Zustimmung des Bundesrates durch Rechtsverordnung zu bestimmen, wie das Einstiegsgeld zu bemessen ist. Bei der Bemessung ist neben der Berücksichtigung der in Absatz 2 Satz 2 genannten Kriterien auch ein Bezug zu der für den erwerbsfähigen Hilfebedürftigen jeweils maßgebenden Regelleistung herzustellen.~~

§ 30 Freibeträge bei Erwerbstätigkeit
Bei erwerbsfähigen Hilfebedürftigen, die erwerbstätig sind, ist von dem monatlichen Einkommen aus Erwerbstätigkeit ein weiterer Betrag abzusetzen. Dieser beläuft sich
1. für den Teil des monatlichen Einkommens, das 100 Euro übersteigt und nicht mehr als 800 Euro beträgt, auf 20 vom Hundert und
2. für den Teil des monatlichen Einkommens, das 800 Euro übersteigt und nicht mehr als 1.200 Euro beträgt, auf 10 vom Hundert.
An Stelle des Betrages von 1.200 Euro tritt für erwerbsfähige Hilfebedürftige, die entweder mit mindestens einem minderjährigen Kind in Bedarfsgemeinschaft leben oder die mindestens ein minderjähriges Kind haben, ein Betrag von 1.500 Euro.

---

[1] § 29 ist in seiner Fassung bis 31.12.2008 Grundlage für den neuen § 16g.

§ 31 Absenkung und Wegfall des Arbeitslosengeldes II und des befristeten Zuschlages

(1) Das Arbeitslosengeld II wird unter Wegfall des Zuschlags nach § 24 in einer ersten Stufe um 30 vom Hundert der für den erwerbsfähigen Hilfebedürftigen nach § 20 maßgebenden Regelleistung abgesenkt, wenn

1. der erwerbsfähige Hilfebedürftige sich trotz Belehrung über die Rechtsfolgen weigert,
    a) eine ihm angebotene Eingliederungsvereinbarung abzuschließen,
    b) in der Eingliederungsvereinbarung festgelegte Pflichten zu erfüllen, insbesondere in ausreichendem Umfang Eigenbemühungen nachzuweisen,
    c) eine zumutbare Arbeit, Ausbildung, Arbeitsgelegenheit, eine mit einem Beschäftigungszuschuss nach § 16a geförderte Arbeit, ein zumutbares Angebot nach § 15a oder eine sonstige in der Eingliederungsvereinbarung vereinbarte Maßnahme aufzunehmen oder fortzuführen, oder
    d) zumutbare Arbeit nach § 16 Abs. 3 Satz 2 auszuführen,
2. der erwerbsfähige Hilfebedürftige trotz Belehrung über die Rechtsfolgen eine zumutbare Maßnahme zur Eingliederung in Arbeit abgebrochen oder Anlass für den Abbruch gegeben hat.

Dies gilt nicht, wenn der erwerbsfähige Hilfebedürftige einen wichtigen Grund für sein Verhalten nachweist.

(2) Kommt der erwerbsfähige Hilfebedürftige trotz schriftlicher Belehrung über die Rechtsfolgen einer Aufforderung des zuständigen Trägers, sich bei ihr zu melden oder bei einem ärztlichen oder psychologischen Untersuchungstermin zu erscheinen, nicht nach und weist er keinen wichtigen Grund für sein Verhalten nach, wird das Arbeitslosengeld II unter Wegfall des Zuschlags nach § 24 in einer ersten Stufe um 10 vom Hundert der für den erwerbsfähigen Hilfebedürftigen nach § 20 maßgebenden Regelleistung abgesenkt.

(3) Bei der ersten wiederholten Pflichtverletzung nach Absatz 1 wird das Arbeitslosengeld II um 60 vom Hundert der für den erwerbsfähigen Hilfebedürftigen nach § 20 maßgebenden Regelleistung gemindert. Bei jeder weiteren wiederholten Pflichtverletzung nach Absatz 1 wird das Arbeitslosengeld II um 100 vom Hundert gemindert. Bei wiederholter Pflichtverletzung nach Absatz 2 wird das Arbeitslosengeld II um den Vomhundertsatz gemindert, der sich aus der Summe des in Absatz 2 genannten Vomhundertsatzes und dem der jeweils vorangegangenen Absenkung nach Absatz 2 zugrunde liegenden Vomhundertsatz ergibt. Eine wiederholte Pflichtverletzung liegt nicht vor, wenn der Beginn des vorangegangenen Sanktionszeitraums länger als ein Jahr zurückliegt. Bei Minderung des Arbeitslosengeldes II nach Satz 2 kann der Träger unter Berücksichtigung aller Umstände des Einzelfalls die Minderung auf 60 vom Hundert der für den erwerbsfähigen Hilfebedürftigen nach § 20 maßgebenden Regelleistung begrenzen, wenn der erwerbsfähige Hilfebedürftige sich nachträglich bereit erklärt, seinen Pflichten nachzukommen. Bei einer Minderung des Arbeitslosengeldes II um mehr als 30 vom Hundert der nach § 20 maßgebenden Regelleistung kann der zuständige Träger in ange-

messenem Umfang ergänzende Sachleistungen oder geldwerte Leistungen erbringen. Der zuständige Träger soll Leistungen nach Satz 6 erbringen, wenn der Hilfebedürftige mit minderjährigen Kindern in Bedarfsgemeinschaft lebt.

(4) Die Absätze 1 bis 3 gelten entsprechend

1. bei einem erwerbsfähigen Hilfebedürftigen, der nach Vollendung des 18. Lebensjahres sein Einkommen oder Vermögen in der Absicht vermindert hat, die Voraussetzungen für die Gewährung oder Erhöhung des Arbeitslosengeldes II herbeizuführen,

2. bei einem erwerbsfähigen Hilfebedürftigen, der trotz Belehrung über die Rechtsfolgen sein unwirtschaftliches Verhalten fortsetzt,

3. bei einem erwerbsfähigen Hilfebedürftigen,

    a) dessen Anspruch auf Arbeitslosengeld ruht oder erloschen ist, weil die Agentur für Arbeit den Eintritt einer Sperrzeit oder das Erlöschen des Anspruchs nach den Vorschriften des Dritten Buches festgestellt hat oder

    b) der die in dem Dritten Buch genannten Voraussetzungen für den Eintritt einer Sperrzeit erfüllt, die das Ruhen oder Erlöschen eines Anspruchs auf Arbeitslosengeld begründen.

(5) Bei erwerbsfähigen Hilfebedürftigen, die das 15. Lebensjahr, jedoch noch nicht das 25. Lebensjahr vollendet haben, wird das Arbeitslosengeld II unter den in den Absätzen 1 und 4 genannten Voraussetzungen auf die Leistungen nach § 22 beschränkt; die nach § 22 Abs. 1 angemessenen Kosten für Unterkunft und Heizung sollen an den Vermieter oder andere Empfangsberechtigte gezahlt werden. Bei wiederholter Pflichtverletzung nach Absatz 1 oder 4 wird das Arbeitslosengeld II um 100 vom Hundert gemindert. Bei wiederholter Pflichtverletzung nach Absatz 2 wird das Arbeitslosengeld II um den Vomhundertsatz gemindert, der sich aus der Summe des in Absatz 2 genannten Vomhundertsatzes und dem der jeweils vorangegangenen Absenkung nach Absatz 2 zugrunde liegenden Vomhundertsatz ergibt. Absatz 3 Satz 4 gilt entsprechend. Bei einer Minderung des Arbeitslosengeldes II nach Satz 2 kann der Träger unter Berücksichtigung aller Umstände des Einzelfalls Leistungen für Unterkunft und Heizung erbringen, wenn der erwerbsfähige Hilfebedürftige sich nachträglich bereit erklärt, seinen Pflichten nachzukommen. Die Agentur für Arbeit kann Leistungen nach Absatz 3 Satz 6 an den erwerbsfähigen Hilfebedürftigen erbringen.

(6) Absenkung und Wegfall treten mit Wirkung des Kalendermonats ein, der auf das Wirksamwerden des Verwaltungsaktes, der die Absenkung oder den Wegfall der Leistung feststellt, folgt; in den Fällen von Absatz 4 Nr. 3 Buchstabe a treten Absenkung und Wegfall mit Beginn der Sperrzeit oder dem Erlöschen des Anspruchs nach dem Dritten Buch ein. Absenkung und Wegfall dauern drei Monate. Bei erwerbsfähigen Hilfebedürftigen, die das 15. Lebensjahr, jedoch noch nicht das 25. Lebensjahr vollendet haben, kann der Träger die Absenkung und den Wegfall der Regelleistung unter Berücksichtigung aller Umstände des Einzelfalls auf sechs Wochen verkürzen. Während der Absenkung oder des Wegfalls der Leistung besteht kein Anspruch auf

ergänzende Hilfe zum Lebensunterhalt nach den Vorschriften des Zwölften Buches.

§ 32 Absenkung und Wegfall des Sozialgeldes
§ 31 Abs. 1 bis 3 sowie 6 gilt entsprechend für Bezieher von Sozialgeld, wenn bei diesen Personen die in § 31 Abs. 2 oder Abs. 4 Nr. 1 und 2 genannten Voraussetzungen vorliegen.

Unterabschnitt 4: Verpflichtungen anderer

§ 33 Übergang von Ansprüchen
(1) Haben Empfänger von Leistungen zur Sicherung des Lebensunterhalts für die Zeit, für die Leistungen erbracht werden, einen Anspruch gegen einen anderen, der nicht Leistungsträger ist, geht der Anspruch bis zur Höhe der eleisteten Aufwendungen auf die Träger der Leistungen nach diesem Buch über, wenn bei rechtzeitiger Leistung des anderen Leistungen zur Sicherung des Lebensunterhalts nicht erbracht worden wären. *Satz 1 gilt auch, soweit Kinder unter Berücksichtigung von Kindergeld nach § 11 Abs. 1 Satz 3 keine Leistungen empfangen haben und bei rechtzeitiger Leistung des Anderen keine oder geringere Leistungen an die Mitglieder der Haushaltsgemeinschaft erbracht worden wären.* Der Übergang wird nicht dadurch ausgeschlossen, dass der Anspruch nicht übertragen, verpfändet oder gepfändet werden kann. Unterhaltsansprüche nach bürgerlichem Recht gehen zusammen mit dem unterhaltsrechtlichen Auskunftsanspruch auf die Träger der Leistungen nach diesem Buch über.
(2) Ein Unterhaltsanspruch nach bürgerlichem Recht geht nicht über, wenn die unterhaltsberechtigte Person
1. mit dem Verpflichteten in einer Bedarfsgemeinschaft lebt,
2. mit dem Verpflichteten verwandt ist und den Unterhaltsanspruch nicht geltend macht; dies gilt nicht für Unterhaltsansprüche
    a) minderjähriger Hilfebedürftiger,
    b) von Hilfebedürftigen, die das 25. Lebensjahr noch nicht vollendet und die Erstausbildung noch nicht abgeschlossen haben,
    gegen ihre Eltern,
3. in einem Kindschaftsverhältnis zum Verpflichteten steht und
    a) schwanger ist oder
    b) ihr leibliches Kind bis zur Vollendung seines sechsten Lebensjahres betreut.
Der Übergang ist auch ausgeschlossen, soweit der Unterhaltsanspruch durch laufende Zahlung erfüllt wird. Der Anspruch geht nur über, soweit das Einkommen und Vermögen der unterhaltsverpflichteten Person das nach den §§ 11 und 12 zu berücksichtigende Einkommen und Vermögen übersteigt.
(3) Für die Vergangenheit können die Träger der Leistungen nach diesem Buch außer unter den Voraussetzungen des bürgerlichen Rechts nur von der Zeit an den Anspruch geltend machen, zu welcher sie dem Verpflichteten die Erbringung der Leistung schriftlich mitgeteilt haben. Wenn die Leistung

voraussichtlich auf längere Zeit erbracht werden muss, können die Träger der Leistungen nach diesem Buch bis zur Höhe der bisherigen monatlichen Aufwendungen auch auf künftige Leistungen klagen.

(4) Die Träger der Leistungen nach diesem Buch können den auf sie übergegangenen Anspruch im Einvernehmen mit dem Empfänger der Leistungen auf diesen zur gerichtlichen Geltendmachung rückübertragen und sich den geltend gemachten Anspruch abtreten lassen. Kosten, mit denen der Leistungsempfänger dadurch selbst belastet wird, sind zu übernehmen. Über die Ansprüche nach Absatz 1 Satz 3 ist im Zivilrechtsweg zu entscheiden.

(5) Die §§ 115 und 116 des Zehnten Buches gehen der Regelung des Absatzes 1 vor.

§ 34 Ersatzansprüche

(1) Wer nach Vollendung des 18. Lebensjahres vorsätzlich oder grob fahrlässig

1. die Voraussetzungen für seine Hilfebedürftigkeit oder die Hilfebedürftigkeit von Personen, die mit ihm in einer Bedarfsgemeinschaft leben, oder

2. die Zahlung von Leistungen zur Sicherung des Lebensunterhalts an sich oder an Personen, die mit ihm in einer Bedarfsgemeinschaft leben,

ohne wichtigen Grund herbeigeführt hat, ist zum Ersatz der deswegen gezahlten Leistungen verpflichtet. Von der Geltendmachung des Ersatzanspruches ist abzusehen, soweit sie den Ersatzpflichtigen künftig von Leistungen zur Sicherung des Lebensunterhalts nach diesem Buch oder von Leistungen nach dem Zwölften Buch abhängig machen würde.

(2) Eine nach Absatz 1 eingetretene Verpflichtung zum Ersatz der Leistungen geht auf den Erben über. Sie ist auf den Nachlasswert im Zeitpunkt des Erbfalles begrenzt.

(3) Der Ersatzanspruch erlischt drei Jahre nach Ablauf des Jahres, in dem die Leistung erbracht worden ist. Die Bestimmungen des Bürgerlichen Gesetzbuchs über die Hemmung, die Ablaufhemmung, den Neubeginn und die Wirkung der Verjährung gelten sinngemäß; der Erhebung der Klage steht der Erlass eines Leistungsbescheides gleich.

§ 34a Ersatzansprüche der Träger der Grundsicherung für Arbeitsuchende nach sonstigen Vorschriften

Bestimmt sich das Recht des Trägers der Grundsicherung für Arbeitsuchende, Ersatz seiner Aufwendungen von einem anderen zu verlangen, gegen den die Leistungsberechtigten einen Anspruch haben, nach sonstigen gesetzlichen Vorschriften, die dem § 33 vorgehen, gelten als Aufwendungen auch solche Leistungen zur Sicherung des Lebensunterhalts, die an den nicht getrennt lebenden Ehegatten oder Lebenspartner des Hilfebedürftigen erbracht wurden sowie an dessen unverheiratete Kinder, die das 25. Lebensjahr noch nicht vollendet hatten.

§ 35 Erbenhaftung

(1) Der Erbe eines Empfängers von Leistungen zur Sicherung des Lebensunterhalts ist zum Ersatz der Leistungen verpflichtet, soweit diese innerhalb der letzten zehn Jahre vor dem Erbfall erbracht worden sind und 1 700 Euro übersteigen. Die Ersatzpflicht ist auf den Nachlasswert im Zeitpunkt des Erbfalles begrenzt.

(2) Der Ersatzanspruch ist nicht geltend zu machen,

1. soweit der Wert des Nachlasses unter 15 500 Euro liegt, wenn der Erbe der Partner des Leistungsempfängers war oder mit diesem verwandt war und nicht nur vorübergehend bis zum Tode des Leistungsempfängers mit diesem in häuslicher Gemeinschaft gelebt und ihn gepflegt hat,
2. soweit die Inanspruchnahme des Erben nach der Besonderheit des Einzelfalles eine besondere Härte bedeuten würde.

(3) Der Ersatzanspruch erlischt drei Jahre nach dem Tod des Leistungsempfängers. § 34 Abs. 3 Satz 2 gilt sinngemäß.

Kapitel 4: Gemeinsame Vorschriften für Leistungen

Abschnitt 1: Zuständigkeit und Verfahren

§ 36 Örtliche Zuständigkeit

Für die Leistungen der Grundsicherung nach § 6 Abs. 1 Nr. 1 ist die Agentur für Arbeit zuständig, in deren Bezirk der erwerbsfähige Hilfebedürftige seinen gewöhnlichen Aufenthalt hat. Für die Leistungen der Grundsicherung nach § 6 Abs. 1 Satz 1 Nr. 2 ist der kommunale Träger zuständig, in dessen Bezirk der erwerbsfähige Hilfebedürftige seinen gewöhnlichen Aufenthalt hat. Ist ein gewöhnlicher Aufenthaltsort nicht feststellbar, so ist der Träger der Grundsicherung für Arbeitsuchende örtlich zuständig, in dessen Bereich sich der erwerbsfähige Hilfebedürftige tatsächlich aufhält.

§ 36a Kostenerstattung bei Aufenthalt im Frauenhaus

Sucht eine Person in einem Frauenhaus Zuflucht, ist der kommunale Träger am bisherigen gewöhnlichen Aufenthaltsort verpflichtet, dem durch die Aufnahme im Frauenhaus zuständigen kommunalen Träger am Ort des Frauenhauses die Kosten für die Zeit des Aufenthaltes im Frauenhaus zu erstatten.

§ 37 Antragserfordernis

(1) Die Leistungen der Grundsicherung für Arbeitsuchende werden auf Antrag erbracht.

(2) Leistungen der Grundsicherung für Arbeitsuchende werden nicht für Zeiten vor der Antragstellung erbracht. Treten die Anspruchsvoraussetzungen an einem Tag ein, an dem der zuständige Träger von Leistungen nach diesem Buch nicht geöffnet hat, wirkt ein unverzüglich gestellter Antrag auf diesen Tag zurück.

§ 38 Vertretung der Bedarfsgemeinschaft

Soweit Anhaltspunkte nicht entgegenstehen, wird vermutet, dass der erwerbsfähige Hilfebedürftige bevollmächtigt ist, Leistungen nach diesem Buch auch für die mit ihm in einer Bedarfsgemeinschaft lebenden Personen zu beantragen und entgegenzunehmen. Leben mehrere erwerbsfähige Hilfebedürftige in einer Bedarfsgemeinschaft, gilt diese Vermutung zugunsten desjenigen, der die Leistungen beantragt.

§ 39 Sofortige Vollziehbarkeit

Widerspruch und Anfechtungsklage gegen einen Verwaltungsakt, ~~der~~

1. ~~über~~ *der* Leistungen der Grundsicherung für Arbeitsuchende ~~entscheidet~~ ~~oder~~ *aufhebt, zurücknimmt, widerruft oder herabsetzt oder Leistungen zur Eingliederung in Arbeit oder Pflichten des erwerbsfähigen Hilfebedürftigen bei der Eingliederung in Arbeit regelt,*
2. *der* den Übergang eines Anspruchs bewirkt,
3. *mit dem zur Beantragung einer vorrangigen Leistung oder*
4. *mit dem nach § 59 in Verbindung mit § 309 des Dritten Buches zur persönlichen Meldung bei der Agentur für Arbeit aufgefordert wird,*

haben keine aufschiebende Wirkung.

§ 40 Anwendung von Verfahrensvorschriften

(1) Für das Verfahren nach diesem Buch gilt das Zehnte Buch. Die Vorschriften des Dritten Buches über

1. die Aufhebung von Verwaltungsakten (§ 330 Abs. 1, 2, 3 Satz 1 und 4),
1a. die vorläufige Entscheidung (§ 328),
2. die vorläufige Zahlungseinstellung (§ 331) und
3. die Erstattung von Beiträgen zur Kranken-, Renten- und Pflegeversicherung (§ 335 Abs. 1, 2 und 5)

sind entsprechend anwendbar.

(2) Abweichend von § 50 des Zehnten Buches sind 56 vom Hundert der bei der Leistung nach § 19 Satz 1 ~~Nr. 1~~ und ~~Satz 2~~ *3* sowie § 28 berücksichtigten Kosten für Unterkunft, mit Ausnahme der Kosten für Heizungs- und Warmwasserversorgung, nicht zu erstatten. Satz 1 gilt nicht in den Fällen des § 45 Abs. 2 Satz 3 des Zehnten Buches, des § 48 Abs. 1 Satz 2 Nr. 2 des Zehnten Buches sowie in Fällen, in denen die Bewilligung lediglich teilweise aufgehoben wird.

(3) § 28 des Zehnten Buches gilt mit der Maßgabe, dass der Antrag unverzüglich nach Ablauf des Monats, in dem die Ablehnung oder Erstattung der anderen Leistung bindend geworden ist, nachzuholen ist.

(gültig ab 01.08.2009)
§ 41 Berechnung der Leistungen

(1) Anspruch auf Leistungen zur Sicherung des Lebensunterhalts besteht für jeden Kalendertag. Der Monat wird mit 30 Tagen berechnet. Stehen die Leistungen nicht für einen vollen Monat zu, wird die Leistung anteilig erbracht. Die Leistungen sollen jeweils für sechs Monate bewilligt und monatlich im

Voraus erbracht werden. *Die Leistung nach § 24a wird jeweils zum 1. August eines Jahres erbracht.* Der Bewilligungszeitraum kann auf bis zu zwölf Monate bei Berechtigten verlängert werden, bei denen eine Veränderung der Verhältnisse in diesem Zeitraum nicht zu erwarten ist.
(2) Beträge, die nicht volle Euro ergeben, sind bis zu 0,49 Euro abzurunden und von 0,50 Euro an aufzurunden.

§ 42 Auszahlung der Geldleistungen
Geldleistungen nach diesem Buch werden auf das im Antrag angegebene inländische Konto bei einem Geldinstitut überwiesen. Werden sie an den Wohnsitz oder gewöhnlichen Aufenthalt des Berechtigten übermittelt, sind die dadurch veranlassten Kosten abzuziehen. Dies gilt nicht, wenn der Berechtigte nachweist, dass ihm die Einrichtung eines Kontos bei einem Geldinstitut ohne eigenes Verschulden nicht möglich ist.

§ 43 Aufrechnung
Geldleistungen zur Sicherung des Lebensunterhalts können bis zu einem Betrag in Höhe von 30 vom Hundert der für den Hilfebedürftigen maßgebenden Regelleistung mit Ansprüchen der Träger von Leistungen nach diesem Buch aufgerechnet werden, wenn es sich um Ansprüche auf Erstattung oder auf Schadenersatz handelt, die der Hilfebedürftige durch vorsätzlich oder grob fahrlässig unrichtige oder unvollständige Angaben veranlasst hat. Der befristete Zuschlag nach § 24 kann zusätzlich in die Aufrechnung nach Satz 1 einbezogen werden. Die Aufrechnungsmöglichkeit ist auf drei Jahre beschränkt.

§ 44 Veränderung von Ansprüchen
Die Träger von Leistungen nach diesem Buch dürfen Ansprüche erlassen, wenn deren Einziehung nach Lage des einzelnen Falles unbillig wäre.

Abschnitt 2: Einheitliche Entscheidung

§ 44a Feststellung von Erwerbsfähigkeit und Hilfebedürftigkeit
(1) Die Agentur für Arbeit stellt fest, ob der Arbeitsuchende erwerbsfähig und hilfebedürftig ist. Sofern
1. der kommunale Träger,
2. ein anderer Leistungsträger, der bei voller Erwerbsminderung zuständig wäre oder
3. die Krankenkasse, die bei Erwerbsfähigkeit Leistungen der Krankenversicherung zu erbringen hätte,
der Feststellung widerspricht, entscheidet die gemeinsame Einigungsstelle; der Widerspruch ist zu begründen. Bis zur Entscheidung der Einigungsstelle erbringen die Agentur für Arbeit und der kommunale Träger Leistungen der Grundsicherung für Arbeitsuchende.
(2) Entscheidet die gemeinsame Einigungsstelle, dass ein Anspruch auf Leistungen der Grundsicherung für Arbeitsuchende nicht besteht, steht der Agen-

tur für Arbeit und dem kommunalen Träger ein Erstattungsanspruch entsprechend § 103 des Zehnten Buches zu, wenn dem Hilfebedürftigen eine andere Leistung zur Sicherung des Lebensunterhalts zuerkannt wird. § 103 Abs. 3 des Zehnten Buches gilt mit der Maßgabe, dass Zeitpunkt der Kenntnisnahme der Leistungsverpflichtung des Trägers der Sozialhilfe, der Kriegsopferfürsorge und der Jugendhilfe der Tag des Widerspruchs gegen die Feststellung der Agentur für Arbeit ist.

§ 44b Arbeitsgemeinschaften

(1) Zur einheitlichen Wahrnehmung ihrer Aufgaben nach diesem Buch errichten die Träger der Leistungen nach diesem Buch durch privatrechtliche oder öffentlich-rechtliche Verträge Arbeitsgemeinschaften. Befinden sich im Bereich eines kommunalen Trägers mehrere Agenturen für Arbeit, ist eine Agentur als federführend zu benennen. Die Ausgestaltung und Organisation der Arbeitsgemeinschaften soll die Besonderheiten der beteiligten Träger, des regionalen Arbeitsmarktes und der regionalen Wirtschaftsstruktur berücksichtigen.

(2) Die Geschäfte der Arbeitsgemeinschaft führt ein Geschäftsführer. Er vertritt die Arbeitsgemeinschaft außergerichtlich und gerichtlich. Können die Agentur für Arbeit und die Kommunen sich die bei der Errichtung der Arbeitsgemeinschaft nicht auf ein Verfahren zur Bestimmung des Geschäftsführers einigen, wird er von der Agentur für Arbeit und den Kommunen abwechselnd jeweils für ein Jahr einseitig bestimmt. Das Los entscheidet, ob die erste einseitige Bestimmung durch die Agentur für Arbeit oder die Kommunen erfolgt.

(3) Die Arbeitsgemeinschaft nimmt die Aufgaben der Agentur für Arbeit als Leistungsträger nach diesem Buch wahr. Die kommunalen Träger sollen der Arbeitsgemeinschaft die Wahrnehmung ihrer Aufgaben nach diesem Buch übertragen;[1] § 94 Abs. 4 in Verbindung mit § 88 Abs. 2 Satz 2 des Zehnten Buches gilt nicht. Die Arbeitsgemeinschaft ist berechtigt, zur Erfüllung ihrer Aufgaben Verwaltungsakte und Widerspruchsbescheide zu erlassen. Die Aufsicht über die Arbeitsgemeinschaft führt die zuständige oberste Landesbehörde oder die von ihr bestimmte Stelle im Benehmen mit dem Bundesministerium für Arbeit und Soziales.

(4) Die Agentur für Arbeit und der kommunale Träger teilen sich alle Tatsachen mit, von denen sie Kenntnis erhalten und die für die Leistungen des jeweils anderen Trägers erheblich sein können.

(5) (aufgehoben)

---

[1] § 44b ist gem. BVerfGE v. 20.12.2007 – 2 BvR 2433/04, 2 BvR 2434/04 – (BGBl. 2008 I, S. 27) mit Artikel 28 Absatz 2 Satz 1 und 2 in Verbindung mit Artikel 83 des Grundgesetzes unvereinbar. Die Vorschrift bleibt bis zum 31. Dezember 2010 anwendbar, wenn der Gesetzgeber nicht zuvor eine andere Regelung trifft.

§ 45 Gemeinsame Einigungsstelle

(1) Der gemeinsamen Einigungsstelle gehören ein Vorsitzender und jeweils ein Vertreter der Agentur für Arbeit und des Trägers nach § 44a Abs. 1 Satz 2 Nr. 1 oder 2 an, der der Feststellung der Agentur für Arbeit widerspricht. Widerspricht die Krankenkasse, die bei Erwerbsfähigkeit Leistungen der Krankenversicherung zu erbringen hätte, gehört der gemeinsamen Einigungsstelle auch der Leistungsträger nach § 44a Abs. 1 Satz 2 Nr. 1 und 2 an. Die Krankenkasse kann die gemeinsame Einigungsstelle anrufen und an ihren Sitzungen teilnehmen. Der Vorsitzende wird von beiden Trägern gemeinsam bestimmt. Einigen sich die Träger nicht auf einen Vorsitzenden, ist Vorsitzender für jeweils sechs Monate abwechselnd ein Mitglied der Geschäftsführung der Agentur für Arbeit und der Leiter des Trägers der anderen Leistung.

(2) Die gemeinsame Einigungsstelle soll eine einvernehmliche Entscheidung anstreben. Sie zieht im notwendigen Umfang Sachverständige hinzu und entscheidet mit der Mehrheit der Mitglieder. Die Sachverständigen erhalten Entschädigungen nach dem Gesetz über die Entschädigung von Zeugen und Sachverständigen. Die Aufwendungen trägt der Bund. Die gemeinsame Einigungsstelle kann in geeigneten Fällen bei der Begutachtung der Erwerbsfähigkeit von Arbeitsuchenden den medizinischen Dienst der Krankenversicherung (§ 275 des Fünften Buches) als Sachverständigen hinzuziehen.

(3) Das Bundesministerium für Arbeit und Soziales wird ermächtigt, im Einvernehmen mit dem Bundesministerium der Finanzen und dem Bundesministerium für Gesundheit durch Rechtsverordnung Grundsätze zum Verfahren für die Arbeit der gemeinsamen Einigungsstelle zu bestimmen.

Kapitel 5: Finanzierung und Aufsicht

§ 46 Finanzierung aus Bundesmitteln

(1) Der Bund trägt die Aufwendungen der Grundsicherung für Arbeitsuchende einschließlich der Verwaltungskosten, soweit die Leistungen von der Bundesagentur erbracht werden. Der Bundesrechnungshof prüft die Leistungsgewährung. Dies gilt auch, soweit die Aufgaben von Arbeitsgemeinschaften nach § 44b wahrgenommen werden. Eine Pauschalierung von Eingliederungsleistungen und Verwaltungskosten ist zulässig. Die Mittel für die Erbringung von Eingliederungsleistungen und Verwaltungskosten werden in einem Gesamtbudget veranschlagt.

(2) Der Bund kann festlegen, nach welchen Maßstäben die Mittel nach Absatz 1 Satz 4 auf die Agenturen für Arbeit zu verteilen sind. Bei der Zuweisung wird die Zahl der erwerbsfähigen Bezieher von Leistungen zur Grundsicherung zugrunde gelegt. Bei der Zuweisung der Mittel für die Leistungen nach § 16a e wird die Zahl der erwerbsfähigen Bezieher der Leistungen der Grundsicherung für Arbeitsuchende, die länger als ein Jahr arbeitslos sind und das 18. Lebensjahr vollendet haben, zugrunde gelegt. Das Bundesministerium für Arbeit und Soziales kann im Einvernehmen mit dem Bundesministerium der Finanzen durch Rechtsverordnung ohne Zustimmung des Bundesrates andere

oder ergänzende Maßstäbe für die Verteilung der Mittel nach Absatz 1 Satz 4 festlegen.

(3) Nicht verausgabte Mittel nach Absatz 1 Satz 5 sind zur Hälfte in das Folgejahr übertragbar. Die übertragbaren Mittel dürfen einen Betrag von 10 vom Hundert des Gesamtbudgets des laufenden Jahres nicht übersteigen.

(4) Die Bundesagentur leistet an den Bund einen Eingliederungsbeitrag in Höhe der Hälfte der jährlichen, vom Bund zu tragenden Aufwendungen für Leistungen zur Eingliederung in Arbeit und Verwaltungskosten nach Absatz 1 Satz 5 und § 6b Abs. 2. Jeweils zum 15. Februar, 15. Mai, 15. August und 15. November leistet die Bundesagentur an den Bund Abschlagszahlungen in Höhe von einem Achtel des im Bundeshaushaltsplan veranschlagten Betrags für Leistungen zur Eingliederung in Arbeit und Verwaltungskosten nach Absatz 1 Satz 5 und § 6b Abs. 2. Bis zum 30. Januar des Folgejahres sind die geleisteten Abschlagszahlungen den hälftigen tatsächlichen Aufwendungen des Bundes für Eingliederungsleistungen und Verwaltungskosten des Vorjahres gegenüberzustellen. Ein zu hoch gezahlter Eingliederungsbeitrag ist mit der Zahlung zum 15. Februar des Folgejahres zu verrechnen, ein zu gering gezahlter Eingliederungsbeitrag ist mit der Zahlung zum 15. Februar des Folgejahres zusätzlich an den Bund abzuführen. Ist der Haushaltsplan des Bundes noch nicht in Kraft getreten, sind die Abschlagszahlungen nach Satz 2 auf der Grundlage des Haushaltsplans des Vorjahres zu bemessen.

(5) Der Bund beteiligt sich zweckgebunden an den Leistungen für Unterkunft und Heizung nach § 22 Abs. 1, um sicherzustellen, dass die Kommunen durch das Vierte Gesetz für moderne Dienstleistungen am Arbeitsmarkt unter Berücksichtigung der sich aus ihm ergebenden Einsparungen der Länder um jährlich 2,5 Milliarden Euro entlastet werden.

(6) Der Bund trägt in den Jahren 2005 und 2006 jeweils 29,1 vom Hundert der in Absatz 5 genannten Leistungen. Im Jahr 2007 trägt der Bund von den in Absatz 5 genannten Leistungen im Land Baden-Württemberg 35,2 vom Hundert, im Land Rheinland-Pfalz 41,2 vom Hundert und in den übrigen Ländern 31,2 vom Hundert. Im Jahr 2008 betragen diese Sätze im Land Baden-Württemberg 32,6 vom Hundert, im Land Rheinland-Pfalz 38,6 vom Hundert und in den übrigen Ländern 28,6 vom Hundert. *Im Jahr 2009 betragen diese Sätze im Land Baden-Württemberg 29,4 vom Hundert, im Land Rheinland-Pfalz 35,4 vom Hundert und in den übrigen Ländern 25,4 vom Hundert.*[1]

(7) Ab 2008 ergibt sich die in den Ländern jeweils geltende Höhe der Beteiligung des Bundes an den in Absatz 5 genannten Leistungen nach Maßgabe der Entwicklung der Bedarfsgemeinschaften. Sie bestimmt sich nach der Formel

---

[1] Die Vorschrift wurde durch das Fünfte Gesetz zur Änderung des SGB II v. 20.12.08 eingefügt.

$$BB_{t+1} = \Delta\, BG_{t,t-1} * 0,7 + BB_t$$

Dabei sind:

$\Delta\, BG_{t,t-1}$	$= (JD\ BG_t\ /\ JD\ BG_{t-1-1}) * 100$
BB_{t+1}	= Beteiligung des Bundes an den in Absatz 5 genannten Leistungen im Folgejahr in Prozent
BB_t	= Beteiligung des Bundes an den in Absatz 5 genannten Leistungen im Jahr der Feststellung in Prozent
$JD\ BG_t$	= jahresdurchschnittliche Anzahl der Bedarfsgemeinschaften von der Jahresmitte des Vorjahres bis zur Jahresmitte des Jahres der Feststellung
$JD\ BG_{t-1}$	= jahresdurchschnittliche Anzahl der Bedarfsgemeinschaften von der Jahresmitte des Vorvorjahres bis zur Jahresmitte des Vorjahres

Die jahresdurchschnittliche Anzahl der Bedarfsgemeinschaften wird auf Grundlage der nach § 53 erstellten Statistik ermittelt.

(8) Die sich jeweils nach Absatz 7 ergebende Höhe der Beteiligung des Bundes wird jährlich durch Bundesgesetz festgelegt. Einer Neufestlegung der Beteiligung des Bundes bedarf es nicht, wenn die maßgebliche Veränderung der Zahl der Bedarfsgemeinschaften nicht mehr als 0,5 vom Hundert beträgt; in diesem Fall gilt die zuletzt festgelegte Höhe der Beteiligung des Bundes weiter fort. Sofern nach Maßgabe der Entwicklung der Zahl der Bedarfsgemeinschaften ein negativer Beteiligungssatz festgelegt werden müsste, ist die Beteiligung auf 0 vom Hundert festzulegen. Die Höhe der Beteiligung des Bundes an den in Absatz 5 genannten Leistungen beträgt höchstens 49 vom Hundert.

(9) Der Anteil des Bundes an den in Absatz 5 genannten Leistungen wird den Ländern erstattet. Der Abruf der Erstattungen ist zur Monatsmitte und zum Monatsende zulässig. Soweit eine Bundesbeteiligung für Zahlungen geltend gemacht wird, die wegen des fristgerechten Eingangs beim Empfänger bereits am Ende eines Haushaltsjahres geleistet wurden, aber erst im folgenden Haushaltsjahr fällig werden, ist die für das folgende Haushaltsjahr geltende Bundesbeteiligung maßgeblich.

§ 47 Aufsicht

(1) Soweit die Bundesagentur Leistungen nach diesem Buch erbringt, führt das Bundesministerium für Arbeit und Soziales die Rechtsaufsicht und die Fachaufsicht. Das Bundesministerium für Arbeit und Soziales kann der Bundesagentur Weisungen erteilen und sie an seine Auffassung binden; es kann organisatorische Maßnahmen zur Wahrung der Interessen des Bundes an der Umsetzung der Grundsicherung für Arbeitsuchende treffen. Die Aufsicht über die zugelassenen kommunalen Träger obliegt den zuständigen Landesbehörden. Das Bundesministerium für Arbeit und Soziales kann allgemeine Verwal-

tungsvorschriften für die Abrechnung der Aufwendungen der Grundsicherung für Arbeitsuchende erlassen.

(2) Das Bundesministerium für Arbeit und Soziales kann durch Rechtsverordnung ohne Zustimmung des Bundesrates die Wahrnehmung von Aufgaben nach Absatz 1 auf eine Bundesoberbehörde übertragen.

§ 48 Zielvereinbarungen

Im Einvernehmen mit dem Bundesministerium der Finanzen soll das Bundesministerium für Arbeit und Soziales mit der Bundesagentur Vereinbarungen zur Erreichung der Ziele nach diesem Buch abschließen. Die Vereinbarungen können

1. erforderliche Genehmigungen oder Zustimmungen des Bundesministerium für Arbeit und Soziales ersetzen,

2. die Selbstbewirtschaftung von Haushaltsmitteln für Leistungen zur Eingliederung in Arbeit sowie für Verwaltungskosten zulassen.

§ 49 Innenrevision

(1) Die Bundesagentur stellt durch organisatorische Maßnahmen sicher, dass in allen Dienststellen und Arbeitsgemeinschaften nach § 44b durch eigenes, nicht der Dienststelle angehörendes Personal geprüft wird, ob von ihr Leistungen nach diesem Buch unter Beachtung der gesetzlichen Bestimmungen nicht hätten erbracht werden dürfen oder zweckmäßiger oder wirtschaftlicher hätten eingesetzt werden können. Mit der Durchführung der Prüfungen können Dritte beauftragt werden.

(2) Das Prüfpersonal der Bundesagentur ist für die Zeit seiner Prüftätigkeit fachlich unmittelbar der Leitung der Dienststelle unterstellt, in der es beschäftigt ist.

(3) Der Vorstand legt die Berichte nach Absatz 1 unverzüglich dem Bundesministerium für Arbeit und Soziales vor.

Kapitel 6: Datenübermittlung und Datenschutz

§ 50 Datenübermittlung

(1) Die Bundesagentur, die kommunalen Träger, die zugelassenen kommunalen Träger, die für die Bekämpfung von Leistungsmissbrauch und illegaler Beschäftigung zuständigen Stellen und mit der Wahrnehmung von Aufgaben beauftragte Dritte sollen sich gegenseitig Sozialdaten übermitteln, soweit dies zur Erfüllung ihrer Aufgaben nach diesem Buch oder dem Dritten Buch erforderlich ist.

(2) Soweit Arbeitsgemeinschaften die Aufgaben der Agenturen für Arbeit wahrnehmen (§ 44b Abs. 3 Satz 1), ist die Bundesagentur verantwortliche Stelle nach § 67 Abs. 9 des Zehnten Buches.

§ 51 Erhebung, Verarbeitung und Nutzung von Sozialdaten durch nichtöffentliche Stellen

Die Träger der Leistungen nach diesem Buch dürfen abweichend von § 80 Abs. 5 des Zehnten Buches zur Erfüllung ihrer Aufgaben nach diesem Buch einschließlich der Erbringung von Leistungen zur Eingliederung in Arbeit und Bekämpfung von Leistungsmissbrauch nichtöffentliche Stellen mit der Erhebung, Verarbeitung und Nutzung von Sozialdaten beauftragen, auch soweit die Speicherung der Daten den gesamten Datenbestand umfasst.

§ 51a Kundennummer

Jeder Person, die Leistungen nach diesem Gesetz bezieht, wird einmalig eine eindeutige, von der Bundesagentur oder im Auftrag der Bundesagentur von den zugelassenen kommunalen Trägern vergebene Kundennummer zugeteilt. Die Kundennummer ist vom Träger der Grundsicherung für Arbeitsuchende als Identifikationsmerkmal zu nutzen und dient ausschließlich diesem Zweck sowie den Zwecken nach § 51b Abs. 4. Soweit vorhanden, ist die schon beim Vorbezug von Leistungen nach dem Dritten Buch vergebene Kundennummer der Bundesagentur zu verwenden. Die Kundennummer bleibt der jeweiligen Person auch zugeordnet, wenn sie den Träger wechselt. Bei erneuter Leistung nach längerer Zeit ohne Inanspruchnahme von Leistungen nach diesem Buch oder nach dem Dritten Buch wird eine neue Kundennummer vergeben. Diese Regelungen gelten entsprechend auch für Bedarfsgemeinschaften. Bei der Übermittlung der Daten verwenden die Träger eine eindeutige, von der Bundesagentur vergebene Trägernummer.

§ 51b Datenerhebung und -verarbeitung durch die Träger der Grundsicherung für Arbeitsuchende

(1) Die zuständigen Träger der Grundsicherung für Arbeitsuchende erheben laufend die sich bei der Durchführung der Grundsicherung für Arbeitsuchende ergebenden Daten über

1. die Empfänger von Leistungen nach diesem Gesetz, einschließlich aller Mitglieder von Bedarfsgemeinschaften,
2. die Art und Dauer der gewährten Leistungen und Maßnahmen sowie die Art der Eingliederung in den allgemeinen Arbeitsmarkt,
3. die Ausgaben und Einnahmen im Rahmen der Grundsicherung für Arbeitsuchende,
4. die Stellenangebote, die ihnen von den Arbeitgebern mit einem Auftrag zur Vermittlung gemeldet wurden.

Die kommunalen Träger und die zugelassenen kommunalen Träger übermitteln der Bundesagentur die Daten nach Satz 1 als personenbezogene Datensätze unter Angabe der Kundennummer sowie der Nummer der Bedarfsgemeinschaft nach § 51a. Für jedes der in Satz 1 Nr. 4 genannten Stellenangebote übermitteln die zuständigen Träger einen Datensatz unter Angabe eines eindeutigen Identifikationsmerkmals.

(2) Im Rahmen von Absatz 1 Nr. 1 und 2 sind Angaben über

1. Familien- und Vornamen; Anschrift; Familienstand; Geschlecht; Geburtsdatum; Staatsangehörigkeit, bei Ausländern auch der aufenthaltsrechtliche Status; *Merkmale des Migrationshintergrundes;*[1] Sozialversicherungsnummer, soweit bekannt; Stellung innerhalb der Bedarfsgemeinschaft; Zahl aller Mitglieder und Zusammensetzung nach Altersstruktur der Bedarfsgemeinschaft; Änderungen der Zusammensetzung der Bedarfsgemeinschaft; Zahl aller Haushaltsmitglieder; Art der gewährten Mehrbedarfszuschläge;

2. Datum der Antragstellung, Beginn und Ende, Art und Höhe der Leistungen und Maßnahmen an die einzelnen Leistungsempfänger (einschließlich der Leistungen nach § 16*a* ~~Abs. 2 Satz 2~~ Nr. 1 bis 4), Anspruch und Bruttobedarf je Monat, anerkannte monatliche Bruttokaltmiete; Angaben zu Grund, Art und Umfang von Sanktionen nach den §§ 31 und 32 sowie von *Leistungen nach § 16b und* Anreizen nach ~~den §§ 29 und~~ § 30; Beendigung der Hilfe auf Grund der Einstellung der Leistungen;

3. Art und Höhe der angerechneten Einkommen, übergegangenen Ansprüche und des Vermögens für alle Leistungsempfänger;

4. für 15- bis unter 67-jährige Leistungsempfänger zusätzlich zu den unter Nummer 1 und Nummer 2 genannten Merkmalen: höchster Schulabschluss an allgemein bildenden Schulen; höchster Berufsbildungs- bzw. Studienabschluss (Beruf); Angaben zur Erwerbsfähigkeit sowie zu Art und Umfang einer Erwerbsminderung; Zumutbarkeit der Arbeitsaufnahme oder Gründe, die einer Zumutbarkeit entgegenstehen; Beteiligung am Erwerbsleben einschließlich Art und Umfang der Erwerbstätigkeit; Arbeitssuche und Arbeitslosigkeit nach § 118 des Dritten Buches; Angaben zur Anwendung von § 65 Abs. 4

zu erheben und zu übermitteln.

(3) Im Rahmen von Absatz 1 Nr. 3 sind Art und Sitz der zuständigen Agentur für Arbeit, des zuständigen zugelassenen kommunalen Trägers oder des zuständigen kommunalen Trägers, Einnahmen und Ausgaben nach Höhe sowie Einnahme- und Leistungsarten zu erheben und zu übermitteln.

(3a) Im Rahmen des Absatzes 1 Satz 1 Nr. 4 sind Angaben über Betriebsnummer oder Name und Anschrift des Betriebes, die Anzahl der gemeldeten und offenen Stellen, die Art der Stellen und deren frühestmöglichen Besetzungstermin, die geforderte Arbeitszeit, den gewünschten Beruf, Altersbegrenzungen der Stellen, den Arbeitsort sowie den Wirtschaftszweig des meldenden Betriebes und – sofern es sich um befristete Stellen handelt – die Befristungsdauer zu erheben und zu übermitteln. Für Ausbildungsstellen sind darüber hinaus Angaben zur Ausbildungseignung des meldenden Betriebes und zum Ausbildungsbeginn erforderlich.

(4) Die nach den Absätzen 1 bis 3a erhobenen und übermittelten Daten können nur - unbeschadet auf sonstiger gesetzlicher Grundlagen bestehender Mitteilungspflichten - zu folgenden Zwecken verarbeitet und genutzt werden:

---

[1] Die Änderung in Nr. 1 ist am 23.12.2008 in Kraft getreten.

1. bei der zukünftigen Gewährung von Leistungen nach diesem und dem Dritten Buch an die von den Erhebungen betroffenen Personen,
2. bei Überprüfungen der Träger der Grundsicherung für Arbeitsuchende auf korrekte und wirtschaftliche Leistungserbringung,
3. bei der Erstellung von Statistiken, Eingliederungsbilanzen und Controllingberichten durch die Bundesagentur, der laufenden Berichterstattung und der Wirkungsforschung nach § 6c und den §§ 53 bis 55,
4. bei der Durchführung des automatisierten Datenabgleichs nach § 52 sowie
5. bei der Bekämpfung von Leistungsmissbrauch.

(5) Die Bundesagentur regelt im Benehmen mit den kommunalen Spitzenverbänden auf Bundesebene den genauen Umfang der nach den Absätzen 1 bis 3 zu übermittelnden Informationen, einschließlich einer Inventurmeldung, sowie die Fristen für deren Übermittlung. Sie regelt ebenso die zu verwendenden Systematiken, die Art der Übermittlung der Datensätze einschließlich der Datenformate sowie Aufbau, Vergabe, Verwendung und Löschungsfristen von Kunden- und Bedarfsgemeinschaftsnummern nach § 51a.

§ 51c Verordnungsermächtigung

Das Bundesministerium für Arbeit und Soziales wird ermächtigt, durch Rechtsverordnung grundsätzliche Festlegungen zu Art und Umfang der Datenübermittlungen nach § 51b, insbesondere zu Inhalten nach den Absätzen 2 und 3, vorzunehmen.

§ 52 Automatisierter Datenabgleich

(1) Die Bundesagentur und die zugelassenen kommunalen Träger überprüfen Personen, die Leistungen nach diesem Buch beziehen, zum 1. Januar, 1. April, 1. Juli und 1. Oktober im Wege des automatisierten Datenabgleichs daraufhin,
1. ob und in welcher Höhe und für welche Zeiträume von ihnen Leistungen der Träger der gesetzlichen Unfall- oder Rentenversicherung bezogen werden oder wurden,
2. ob und in welchem Umfang Zeiten des Leistungsbezuges nach diesem Buch mit Zeiten einer Versicherungspflicht oder Zeiten einer geringfügigen Beschäftigung zusammentreffen,
3. ob und welche Daten nach § 45d Abs. 1 und § 45e des Einkommensteuergesetzes an das Bundeszentralamt für Steuern übermittelt worden sind,
4. ob und in welcher Höhe ein Kapital nach § 12 Abs. 2 Nr. 2 nicht mehr dem Zweck einer geförderten zusätzlichen Altersvorsorge im Sinne des § 10a oder des Abschnitts XI des Einkommensteuergesetzes dient,
5. ob und in welcher Höhe und für welche Zeiträume von ihnen Leistungen der Träger der Sozialhilfe bezogen werden oder wurden,
6. ob und in welcher Höhe und für welche Zeiträume von ihnen Leistungen der Bundesagentur als Träger der Arbeitsförderung nach dem Dritten Buch bezogen werden oder wurden,

7. ob und in welcher Höhe und für welche Zeiträume von ihnen Leistungen anderer Träger der Grundsicherung für Arbeitsuchende bezogen werden oder wurden.

(2) Zur Durchführung des automatisierten Datenabgleichs dürfen die Träger der Leistungen nach diesem Buch die folgenden Daten einer Person, die Leistungen nach diesem Buch bezieht, an die in Absatz 1 genannten Stellen übermitteln:

1. Name und Vorname,
2. Geburtsdatum und -ort,
3. Anschrift,
4. Versicherungsnummer.

(2a) Die Datenstelle der Rentenversicherungsträger darf als Vermittlungsstelle die nach den Absätzen 1 und 2 übermittelten Daten speichern und nutzen, soweit dies für die Datenabgleiche nach den Absätzen 1 und 2 erforderlich ist. Sie darf die Daten der Stammsatzdatei (§ 150 des Sechsten Buches) und der bei ihr für die Prüfung bei den Arbeitgebern geführten Datei (§ 28p Abs. 8 Satz 2 des Vierten Buches) nutzen, soweit die Daten für die Datenabgleiche erforderlich sind. Die nach Satz 1 bei der Datenstelle der Rentenversicherungsträger gespeicherten Daten sind unverzüglich nach Abschluss des Datenabgleichs zu löschen.

(3) Die den in Absatz 1 genannten Stellen überlassenen Daten und Datenträger sind nach Durchführung des Abgleichs unverzüglich zurückzugeben, zu löschen oder zu vernichten. Die Träger der Leistungen nach diesem Buch dürfen die ihnen übermittelten Daten nur zur Überprüfung nach Absatz 1 nutzen. Die übermittelten Daten der Personen, bei denen die Überprüfung zu keinen abweichenden Feststellungen führt, sind unverzüglich zu löschen.

(4) Das Bundesministerium für Arbeit und Soziales wird ermächtigt, durch Rechtsverordnung das Nähere über das Verfahren des automatisierten Datenabgleichs und die Kosten des Verfahrens zu regeln; dabei ist vorzusehen, dass die Zuleitung an die Auskunftsstellen durch eine zentrale Vermittlungsstelle (Kopfstelle) zu erfolgen hat, deren Zuständigkeitsbereich zumindest das Gebiet eines Bundeslandes umfasst.

§ 52a Überprüfung von Daten

(1) Die Agentur für Arbeit darf bei Personen, die Leistungen nach diesem Buch beantragt haben, beziehen oder bezogen haben, Auskunft einholen

1. über die in § 39 Abs. 1 Nr. 5 und 11 des Straßenverkehrsgesetzes angeführten Daten über ein Fahrzeug, für das die Person als Halter eingetragen ist, bei dem Zentralen Fahrzeugregister;
2. aus dem Melderegister nach § 21 des Melderechtsrahmengesetzes und dem Ausländerzentralregister,

soweit dies zur Bekämpfung von Leistungsmissbrauch erforderlich ist.

(2) Die Agentur für Arbeit darf Daten von Personen, die Leistungen nach diesem Buch beantragt haben, beziehen oder bezogen haben und die Wohngeld beantragt haben, beziehen oder bezogen haben, an die nach dem Wohngeldgesetz zuständige Behörde übermitteln, soweit dies zur Feststellung der

Voraussetzungen des Ausschlusses vom Wohngeld (§ 1 Abs. 2 §§ 7 und 8 *Abs. 1[1]* des Wohngeldgesetzes) erforderlich ist. Die Übermittlung der in § 52 Abs. 2 Nr. 1 bis 3 genannten Daten ist zulässig. Die in Absatz 1 genannten Behörden führen die Überprüfung durch und teilen das Ergebnis der Überprüfungen der Agentur für Arbeit unverzüglich mit. Die in Absatz 1 und Satz 1 genannten Behörden haben die ihnen übermittelten Daten nach Abschluss der Überprüfung unverzüglich zu löschen.

Kapitel 7: Statistik und Forschung

§ 53 Statistik und Übermittlung statistischer Daten

(1) Die Bundesagentur erstellt aus den bei der Durchführung der Grundsicherung für Arbeitsuchende von ihr nach § 51b erhaltenen und den ihr von den kommunalen Trägern und den zugelassenen kommunalen Trägern nach § 51b übermittelten Daten Statistiken. Sie übernimmt die laufende Berichterstattung und bezieht die Leistungen nach diesem Buch in die Arbeitsmarkt- und Berufsforschung ein.

(2) Das Bundesministerium für Arbeit und Soziales kann Art und Umfang sowie Tatbestände und Merkmale der Statistiken und der Berichterstattung näher bestimmen.

(3) Die Bundesagentur legt die Statistiken nach Absatz 1 dem Bundesministerium für Arbeit und Soziales vor und veröffentlicht sie in geeigneter Form. Sie gewährleistet, dass auch kurzfristigem Informationsbedarf des Bundesministeriums für Arbeit und Soziales entsprochen werden kann.

(4) Die Bundesagentur stellt den statistischen Stellen der Kreise und kreisfreien Städte die für Zwecke der Planungsunterstützung und für die Sozialberichterstattung erforderlichen Daten und Tabellen der Arbeitsmarkt- und Grundsicherungsstatistik zur Verfügung.

(5) Die Bundesagentur kann dem Statistischen Bundesamt und den statistischen Ämtern der Länder für Zwecke der Planungsunterstützung und für die Sozialberichterstattung für ihren Zuständigkeitsbereich Daten und Tabellen der Arbeitsmarkt- und Grundsicherungsstatistik zur Verfügung stellen. Sie ist berechtigt, dem Statistischen Bundesamt und den statistischen Ämtern der Länder für ergänzende Auswertungen anonymisierte und pseudonymisierte Einzeldaten zu übermitteln. Bei der Übermittlung von pseudonymisierten Einzeldaten sind die Namen durch jeweils neu zu generierende Pseudonyme zu ersetzen. Nicht pseudonymisierte Anschriften dürfen nur zum Zwecke der Zuordnung zu statistischen Blöcken übermittelt werden.

(6) Die Bundesagentur ist berechtigt, für ausschließlich statistische Zwecke den zur Durchführung statistischer Aufgaben zuständigen Stellen der Gemeinden und Gemeindeverbände für ihren Zuständigkeitsbereich Daten und Tabellen der Arbeitsmarkt- und Grundsicherungsstatistik sowie anonymisierte

---

[1] Die Änderung erfolgte durch das Gesetz zur Neuregelung des Wohngeldrechts und zur Änderung des Sozialgesetzbuches (BGBl I S. 1856).

und pseudonymisierte Einzeldaten zu übermitteln, soweit die Voraussetzungen nach § 16 Abs. 5 Satz 2 des Bundesstatistikgesetzes gegeben sind. Bei der Übermittlung von pseudonymisierten Einzeldaten sind die Namen durch jeweils neu zu generierende Pseudonyme zu ersetzen. Dabei dürfen nur Angaben zu kleinräumigen Gebietseinheiten, nicht aber die genauen Anschriften übermittelt werden.

(7) Die §§ 280 und 281 des Dritten Buches gelten entsprechend. § 282a des Dritten Buches gilt mit der Maßgabe, dass Daten und Tabellen der Arbeitsmarkt- und Grundsicherungsstatistik auch den zur Durchführung statistischer Aufgaben zuständigen Stellen der Kreise und kreisfreien Städte sowie der Gemeinden und Gemeindeverbänden übermittelt werden dürfen, soweit die Voraussetzungen nach § 16 Abs. 5 Satz 2 des Bundesstatistikgesetzes gegeben sind.

§ 53a Arbeitslose

(1) Arbeitslose im Sinne dieses Gesetzes sind erwerbsfähige Hilfebedürftige, die die Voraussetzungen des § 16 des Dritten Buches in sinngemäßer Anwendung erfüllen.

(2) Erwerbsfähige Hilfebedürftige, die nach Vollendung des 58. Lebensjahres mindestens für die Dauer von zwölf Monaten Leistungen der Grundsicherung für Arbeitsuchende bezogen haben, ohne dass ihnen eine sozialversicherungspflichtige Beschäftigung angeboten worden ist, gelten nach Ablauf dieses Zeitraums für die Dauer des jeweiligen Leistungsbezugs nicht als arbeitslos.

§ 54 Eingliederungsbilanz

Jede Agentur für Arbeit erstellt für die Leistungen zur Eingliederung in Arbeit eine Eingliederungsbilanz. § 11 des Dritten Buches gilt entsprechend. Soweit einzelne Maßnahmen nicht unmittelbar zur Eingliederung in Arbeit führen, sind von der Bundesagentur andere Indikatoren zu entwickeln, die den Integrationsfortschritt der erwerbsfähigen Hilfebedürftigen in geeigneter Weise abbilden.

§ 55 Wirkungsforschung

Die Wirkungen der Leistungen zur Eingliederung und der Leistungen zur Sicherung des Lebensunterhalts sind regelmäßig und zeitnah zu untersuchen und in die Arbeitsmarkt- und Berufsforschung nach § 282 des Dritten Buches einzubeziehen. Das Bundesministerium für Arbeit und Soziales und die Bundesagentur können in Vereinbarungen Einzelheiten der Wirkungsforschung festlegen. Soweit zweckmäßig, können Dritte mit der Wirkungsforschung beauftragt werden.

Kapitel 8: Mitwirkungspflichten

§ 56 Anzeige- und Bescheinigungspflicht bei Arbeitsunfähigkeit

(1) Erwerbsfähige Hilfebedürftige, die Leistungen zur Sicherung des Lebensunterhalts beantragt haben oder beziehen, sind verpflichtet, der Agentur für Arbeit

1. eine eingetretene Arbeitsunfähigkeit und deren voraussichtliche Dauer unverzüglich anzuzeigen und
2. spätestens vor Ablauf des dritten Kalendertages nach Eintritt der Arbeitsunfähigkeit eine ärztliche Bescheinigung über die Arbeitsunfähigkeit und deren voraussichtliche Dauer vorzulegen.

Die Agentur für Arbeit ist berechtigt, die Vorlage der ärztlichen Bescheinigung früher zu verlangen. Dauert die Arbeitsunfähigkeit länger als in der Bescheinigung angegeben, so ist der Agentur für Arbeit eine neue ärztliche Bescheinigung vorzulegen. Die Bescheinigungen müssen einen Vermerk des behandelnden Arztes darüber enthalten, dass dem Träger der Krankenversicherung unverzüglich eine Bescheinigung über die Arbeitsunfähigkeit mit Angaben über den Befund und die voraussichtliche Dauer der Arbeitsunfähigkeit übersandt wird. *Zweifelt die Agentur für Arbeit an der Arbeitsunfähigkeit des erwerbsfähigen Hilfebedürftigen, so gilt § 275 Abs. 1 Nr. 3b und Absatz 1a des Fünften Buches entsprechend.*

(2) Die Bundesagentur erstattet den Krankenkassen die Kosten für die Begutachtung durch den Medizinischen Dienst der Krankenversicherung nach Absatz 1 Satz 5. Die Bundesagentur und der Spitzenverband Bund der Krankenkassen vereinbaren das Nähere über das Verfahren und die Höhe der Kostenerstattung; der Medizinische Dienst des Spitzenverbands Bund der Krankenkassen ist zu beteiligen. In der Vereinbarung kann auch eine pauschale Abgeltung der Kosten geregelt werden.

§ 57 Auskunftspflicht von Arbeitgebern

Arbeitgeber haben der Agentur für Arbeit auf deren Verlangen Auskunft über solche Tatsachen zu geben, die für die Entscheidung über einen Anspruch auf Leistungen nach diesem Buch erheblich sein können; die Agentur für Arbeit kann hierfür die Benutzung eines Vordrucks verlangen. Die Auskunftspflicht erstreckt sich auch auf Angaben über das Ende und den Grund für die Beendigung des Beschäftigungsverhältnisses.

§ 58 Einkommensbescheinigung

(1) Wer jemanden, der laufende Geldleistungen nach diesem Buch beantragt hat oder bezieht, gegen Arbeitsentgelt beschäftigt, ist verpflichtet, diesem unverzüglich Art und Dauer dieser Erwerbstätigkeit sowie die Höhe des Arbeitsentgelts oder der Vergütung für die Zeiten zu bescheinigen, für die diese Leistung beantragt worden ist oder bezogen wird. Dabei ist der von der Agentur für Arbeit vorgesehene Vordruck zu benutzen. Die Bescheinigung ist

demjenigen, der die Leistung beantragt hat oder bezieht, unverzüglich auszuhändigen.

(2) Wer eine laufende Geldleistung nach diesem Buch beantragt hat oder
bezieht und gegen Arbeitsentgelt beschäftigt wird, ist verpflichtet, dem Arbeitgeber den für die Bescheinigung des Arbeitsentgelts vorgeschriebenen
Vordruck unverzüglich vorzulegen.

§ 59 Meldepflicht

Die Vorschriften über die allgemeine Meldepflicht, § 309 des Dritten Buches,
und über die Meldepflicht bei Wechsel der Zuständigkeit, § 310 des Dritten
Buches, sind entsprechend anzuwenden.

§ 60 Auskunftspflicht und Mitwirkungspflicht Dritter

(1) Wer jemandem, der Leistungen nach diesem Buch beantragt hat oder
bezieht, Leistungen erbringt, die geeignet sind, diese Leistungen nach diesem
Buch auszuschließen oder zu mindern, hat der Agentur für Arbeit auf Verlangen hierüber Auskunft zu erteilen, soweit es zur Durchführung der Aufgaben
nach diesem Buch erforderlich ist.

(2) Wer jemandem, der eine Leistung nach diesem Buch beantragt hat oder
bezieht, zu Leistungen verpflichtet ist, die geeignet sind, Leistungen nach
diesem Buch auszuschließen oder zu mindern, oder wer für ihn Guthaben
führt oder Vermögensgegenstände verwahrt, hat der Agentur für Arbeit auf
Verlangen hierüber sowie über damit im Zusammenhang stehendes Einkommen oder Vermögen Auskunft zu erteilen, soweit es zur Durchführung der
Aufgaben nach diesem Buch erforderlich ist. § 21 Abs. 3 Satz 4 des Zehnten
Buches gilt entsprechend. Für die Feststellung einer Unterhaltsverpflichtung
ist § 1605 Abs. 1 des Bürgerlichen Gesetzbuchs anzuwenden.

(3) Wer jemanden, der
1.   Leistungen nach diesem Buch beantragt hat oder bezieht oder dessen
      Partner oder
2.   nach Absatz 2 zur Auskunft verpflichtet ist,
beschäftigt, hat der Agentur für Arbeit auf Verlangen über die Beschäftigung,
insbesondere über das Arbeitsentgelt, Auskunft zu erteilen, soweit es zur
Durchführung der Aufgaben nach diesem Buch erforderlich ist.

(4) Sind Einkommen oder Vermögen des Partners zu berücksichtigen, haben
1.   dieser Partner,
2.   Dritte, die für diesen Partner Guthaben führen oder Vermögensgegens-
      tände verwahren,
der Agentur für Arbeit auf Verlangen hierüber Auskunft zu erteilen, soweit es
zur Durchführung der Aufgaben nach diesem Buch erforderlich ist. § 21 Abs.
3 Satz 4 des Zehnten Buches gilt entsprechend.

(5) Wer jemanden, der Leistungen nach diesem Buch beantragt hat, bezieht
oder bezogen hat, beschäftigt, hat der Agentur für Arbeit auf Verlangen Einsicht in Geschäftsbücher, Geschäftsunterlagen und Belege sowie in Listen,
Entgeltverzeichnisse und Entgeltbelege für Heimarbeiter zu gewähren, soweit
es zur Durchführung der Aufgaben nach diesem Buch erforderlich ist.

§ 61 Auskunftspflichten bei Leistungen zur Eingliederung in Arbeit

(1) Träger, die eine Leistung zur Eingliederung in Arbeit erbracht haben oder erbringen, haben der Agentur für Arbeit unverzüglich Auskünfte über Tatsachen zu erteilen, die Aufschluss darüber geben, ob und inwieweit Leistungen zu Recht erbracht worden sind oder werden. Sie haben Änderungen, die für die Leistungen erheblich sind, unverzüglich der Agentur für Arbeit mitzuteilen.

(2) Die Teilnehmer an Maßnahmen zur Eingliederung sind verpflichtet,

1. der Agentur für Arbeit auf Verlangen Auskunft über den Eingliederungserfolg der Maßnahme sowie alle weiteren Auskünfte zu erteilen, die zur Qualitätsprüfung benötigt werden, und
2. eine Beurteilung ihrer Leistung und ihres Verhaltens durch den Maßnahmeträger zuzulassen.

Die Maßnahmeträger sind verpflichtet, ihre Beurteilungen des Teilnehmers unverzüglich der Agentur für Arbeit zu übermitteln.

§ 62 Schadenersatz

Wer vorsätzlich oder fahrlässig

1. eine Einkommensbescheinigung nicht, nicht richtig oder nicht vollständig ausfüllt,
2. eine Auskunft nach § 57 oder § 60 nicht, nicht richtig oder nicht vollständig erteilt,

ist zum Ersatz des daraus entstehenden Schadens verpflichtet.

Kapitel 9: Bußgeldvorschriften

§ 63 Bußgeldvorschriften

(1) Ordnungswidrig handelt, wer vorsätzlich oder fahrlässig

1. entgegen § 57 Satz 1 eine Auskunft nicht, nicht richtig, nicht vollständig oder nicht rechtzeitig erteilt,
2. entgegen § 58 Abs. 1 Satz 1 oder 3 Art oder Dauer der Erwerbstätigkeit oder die Höhe des Arbeitsentgelts oder der Vergütung nicht, nicht richtig, nicht vollständig oder nicht rechtzeitig bescheinigt oder eine Bescheinigung nicht oder nicht rechtzeitig aushändigt,
3. entgegen § 58 Abs. 2 einen Vordruck nicht oder nicht rechtzeitig vorlegt,
4. entgegen § 60 Abs. 1, 2 Satz 1, Abs. 3 oder 4 Satz 1 oder als privater Träger entgegen § 61 Abs. 1 Satz 1 eine Auskunft nicht, nicht richtig, nicht vollständig oder nicht rechtzeitig erteilt,
5. entgegen § 60 Abs. 5 Einsicht nicht oder nicht rechtzeitig gewährt oder
6. entgegen § 60 Abs. 1 Satz 1 Nr. 2 des Ersten Buches eine Änderung in den Verhältnissen, die für einen Anspruch auf eine laufende Leistung erheblich ist, nicht, nicht richtig, nicht vollständig oder nicht rechtzeitig mitteilt.

(2) Die Ordnungswidrigkeit kann in den Fällen des Absatzes 1 Nr. 6 mit einer Geldbuße bis zu fünftausend Euro, in den übrigen Fällen mit einer Geldbuße bis zu zweitausend Euro geahndet werden.

Kapitel 10: Bekämpfung von Leistungsmissbrauch

§ 64 Zuständigkeit
(1) Für die Bekämpfung von Leistungsmissbrauch gilt § 319 des Dritten Buches entsprechend.
(2) Verwaltungsbehörden im Sinne des § 36 Abs. 1 Nr. 1 des Gesetzes über Ordnungswidrigkeiten sind in den Fällen
1. des § 63 Abs. 1 Nr. 1 bis 5 die Bundesagentur, in den Fällen des § 44b Abs. 3 Satz 1 die Arbeitsgemeinschaft und in den Fällen des § 6a der zugelassene kommunale Träger,
2. des § 63 Abs. 1 Nr. 6 die Bundesagentur, in den Fällen des § 44b Abs. 3 Satz 1 die Arbeitsgemeinschaft und in den Fällen des § 6a der zugelassene kommunale Träger, und die Behörden der Zollverwaltung jeweils für ihren Geschäftsbereich.

Kapitel 11: Übergangs- und Schlussvorschriften

§ 65 Allgemeine Übergangsvorschriften
(1) Die Träger von Leistungen nach diesem Buch sollen ab 1. Oktober 2004 bei erwerbsfähigen Hilfebedürftigen, die Arbeitslosenhilfe, Eingliederungshilfe für Spätaussiedler oder Sozialhilfe beziehen, und den mit ihnen in einer Bedarfsgemeinschaft lebenden Personen die für die Erbringung von Leistungen zur Sicherung des Lebensunterhalts nach diesem Buch ab 1. Januar 2005 erforderlichen Angaben erheben. Sie können die Angaben nach Satz 1 bereits ab 1. August 2004 erheben. § 60 des Ersten Buches gilt entsprechend. Sie können die Angaben nach Satz 1 bereits ab 1. August 2004 erheben.
(2) Die Bundesagentur qualifiziert Mitarbeiter für die Wahrnehmung der Aufgaben nach diesem Buch.
(3) § 40 Abs. 2 Satz 2 gilt entsprechend, wenn neben der Leistung nach § 19 Satz 1 Nr. 1 und Satz 2 sowie § 28 Wohngeld nach dem Wohngeldgesetz geleistet wurde.
(4) Abweichend von § 2 haben auch erwerbsfähige Hilfebedürftige Anspruch auf Leistungen zur Sicherung des Lebensunterhaltes, die das 58. Lebensjahr vollendet haben und die Regelvoraussetzungen des Anspruchs auf Leistungen zur Sicherung des Lebensunterhalts allein deshalb nicht erfüllen, weil sie nicht arbeitsbereit sind und nicht alle Möglichkeiten nutzen und nutzen wollen, ihre Hilfebedürftigkeit durch Aufnahme einer Arbeit zu beenden. Vom 1. Januar 2008 an gilt Satz 1 nur noch, wenn der Anspruch vor dem 1. Januar 2008 entstanden ist und der erwerbsfähige Hilfebedürftige vor diesem Tag das 58. Lebensjahr vollendet hat. § 428 des Dritten Buches gilt entsprechend. Satz 1 gilt entsprechend für erwerbsfähige Personen, die bereits vor dem 1. Januar

2008 unter den Voraussetzungen des § 428 Abs. 1 des Dritten Buches Arbeitslosengeld bezogen haben und erstmals nach dem 31. Dezember 2007 hilfebedürftig werden.

(5) § 12 Abs. 2 Nr. 1 gilt mit der Maßgabe, dass für die in § 4 Abs. 2 Satz 2 der Arbeitslosenhilfe-Verordnung vom 13. Dezember 2001 (BGBl. I S. 3734) in der Fassung vom 31. Dezember 2004 genannten Personen an die Stelle des Grundfreibetrags in Höhe von 150 Euro je vollendetem Lebensjahr ein Freibetrag von 520 Euro, an die Stelle des Höchstfreibetrags in Höhe von jeweils 9.750 Euro ein Höchstfreibetrag in Höhe von 33.800 Euro tritt.

(6) § 15 Abs. 1 Satz 2 gilt bis zum 31. Dezember 2006 mit der Maßgabe, dass die Eingliederungsvereinbarung für bis zu zwölf Monate geschlossen werden soll.

§ 65a (aufgehoben)

§ 65b (aufgehoben)

§ 65c Übergang bei verminderter Leistungsfähigkeit

In Fällen, in denen am 31. Dezember 2004
1. Arbeitslosenhilfe auf Grund von § 198 Satz 2 Nr. 3 in Verbindung mit § 125 des Dritten Buches erbracht wurde oder
2. über den Antrag auf Rente wegen Erwerbsminderung eines Empfängers von Hilfe zum Lebensunterhalt nach dem Bundessozialhilfegesetz, der das 15. Lebensjahr vollendet und das 65. Lebensjahr noch nicht vollendet hat, noch nicht entschieden ist,

gilt die Einigungsstelle nach § 44a Abs. 1 Satz 2 und § 45 am 1. Januar 2005 als angerufen.

§ 65d Übermittlung von Daten

(1) Der Träger der Sozialhilfe und die Agentur für Arbeit machen dem zuständigen Leistungsträger auf Verlangen die bei ihnen vorhandenen Unterlagen über die Gewährung von Leistungen für Personen, die Leistungen der Grundsicherung für Arbeitsuchende beantragt haben oder beziehen, zugänglich, soweit deren Kenntnis im Einzelfall für die Erfüllung der Aufgaben nach diesem Buch erforderlich ist.

(2) Die Bundesagentur erstattet den Trägern der Sozialhilfe die Sachkosten, die ihnen durch das Zugänglichmachen von Unterlagen entstehen; eine Pauschalierung ist zulässig.

§ 65e Übergangsregelung zur Aufrechnung

Der zuständige Träger der Leistungen nach diesem Buch kann mit Zustimmung des Trägers der Sozialhilfe dessen Ansprüche gegen den Hilfebedürftigen mit Geldleistungen zur Sicherung des Lebensunterhalts nach den Voraussetzungen des § 43 Satz 1 aufrechnen. Die Aufrechnung wegen eines Anspruchs nach Satz 1 ist auf die ersten zwei Jahre der Leistungserbringung nach diesem Buch beschränkt.

§ 66 ~~(aufgehoben)~~ Rechtsänderungen bei Leistungen zur Eingliederung in Arbeit

(1) Wird dieses Gesetzbuch geändert, so sind, soweit nichts Abweichendes bestimmt ist, auf Leistungen zur Eingliederung in Arbeit bis zum Ende der Leistungen oder der Maßnahme die Vorschriften in der vor dem Tag des Inkrafttretens der Änderung geltenden Fassung weiter anzuwenden, wenn vor diesem Tag

1.   der Anspruch entstanden ist,

2.   die Leistung zuerkannt worden ist oder

3.   die Maßnahme begonnen hat, wenn die Leistung bis zum Beginn der Maßnahme beantragt worden ist.

(2) Ist eine Leistung nur für einen begrenzten Zeitraum zuerkannt worden, richtet sich eine Verlängerung nach den zum Zeitpunkt der Entscheidung über die Verlängerung geltenden Vorschriften.

§ 67 Freibetragsneuregelungsgesetz

Die §§ 11 und 30 in der bis zum 30. September 2005 geltenden Fassung sind weiterhin anzuwenden für Bewilligungszeiträume (§ 41 Abs. 1 Satz 4), die vor dem 1. Oktober 2005 beginnen, längstens jedoch bis zur Aufnahme einer Erwerbstätigkeit.

§ 68 Gesetz zur Änderung des Zweiten Buches Sozialgesetzbuch und anderer Gesetze

(1) Die §§ 7, 9, 11 und 20 Abs. 1, 3 und 4 in der bis zum 30. Juni 2006 geltenden Fassung sind weiterhin anzuwenden für Bewilligungszeiträume (§ 41 Abs. 1 Satz 4), die vor dem 1. Juli 2006 beginnen.

(2) § 22 Abs. 2a Satz 1 gilt nicht für Personen, die am 17. Februar 2006 nicht mehr zum Haushalt der Eltern oder eines Elternteils gehören.

§ 69 Gesetz zur Fortentwicklung der Grundsicherung für Arbeitsuchende

(1) § 28 Abs. 1 Satz 3 Nr. 2 in der bis zum 31. Juli 2006 geltenden Fassung ist weiterhin anzuwenden für Bewilligungszeiträume, die vor dem 1. August 2006 beginnen.

(2) § 31 Abs. 3 Satz 1 *und 2* ~~bis 4 und Abs. 5 Satz 2 bis 4~~ gilt mit der Maßgabe, dass Pflichtverletzungen vor dem 1. Januar 2007 keine Berücksichtigung finden.

§ 70 Übergangsregelung zum Gesetz zur Umsetzung aufenthalts- und asylrechtlicher Richtlinien der Europäischen Union

Für Ausländer, die einen Aufenthaltstitel nach § 104a Abs. 1 Satz 1 des Aufenthaltsgesetzes erhalten, am 1. März 2007 leistungsberechtigt nach § 1 Abs. 1 des Asylbewerberleistungsgesetzes waren und Sachleistungen erhalten haben, kann durch Landesgesetz bestimmt werden, dass sie weiterhin Sachleistungen entsprechend den Vorschriften des Asylbewerberleistungsgesetzes vom Land erhalten. Insoweit erhalten diese Personen keine Leistungen zur Sicherung des Lebensunterhalts nach diesem Buch.

§ 71 Zweites Gesetz zur Änderung des Zweiten Buches Sozialgesetzbuch – Perspektiven für Langzeitarbeitslose mit besonderen Vermittlungshemmnissen – JobPerspektive

(1) § 16ae ist bis zum 31. März 2008 mit der Maßgabe anzuwenden, dass als Arbeitgeber nur Träger im Sinne des § 21 des Dritten Buches und nur Arbeiten im Sinne des § 260 Abs. 1 Nr. 2 und 3 des Dritten Buches gefördert werden können.

(2) § 16ae Abs. 1 Nr. 2 gilt mit der Maßgabe, dass der Zeitraum von sechs Monaten nach dem 30. September 2007 liegt. In besonders begründeten Einzelfällen kann der Zeitraum von sechs Monaten auch vor dem 1. Oktober 2007 liegen.

§ 72 Siebtes Gesetz zur Änderung des Dritten Buches Sozialgesetzbuch und anderer Gesetze

Abweichend von § 11 Abs. 1 Satz 1 ist an erwerbsfähige Hilfebedürftige geleistetes Arbeitslosengeld nicht als Einkommen zu berücksichtigen, soweit es aufgrund des § 434r des Dritten Buches für einen Zeitraum geleistet wird, in dem sie und die mit ihnen in Bedarfsgemeinschaft lebenden Personen Leistungen nach diesem Buch ohne Berücksichtigung des Arbeitslosengeldes erhalten haben. Satz 1 gilt entsprechend für erwerbsfähige Hilfebedürftige, denen aufgrund des § 434r des Dritten Buches ein Gründungszuschuss nach § 57 des Dritten Buches oder Leistungen der Entgeltsicherung für Ältere nach § 421j des Dritten Buches geleistet wird.

§ 73 Gesetz zur Neuausrichtung der arbeitsmarktpolitischen Instrumente

§ 28 Abs. 1 Satz 3 Nr. 4 in der bis zum 31. Dezember 2008 geltenden Fassung ist weiterhin anzuwenden für Bewilligungszeiträume, die vor dem 1. Januar 2009 beginnen.

III. SGB III – Gesetzestext mit gekennzeichneten Änderungen

§§

Erstes Kapitel: Allgemeine Vorschriften

Erster Abschnitt: Grundsätze
Ziele der Arbeitsförderung 1
Zusammenwirken von Arbeitnehmern und Arbeitgebern mit den
Agenturen für Arbeit 2
Leistungen der Arbeitsförderung 3
Vorrang der Vermittlung 4
Vorrang der aktiven Arbeitsförderung 5
~~Vermeidung von Langzeitarbeitslosigkeit~~ *(aufgehoben)* 6
Auswahl von Leistungen der aktiven Arbeitsförderung.................................7
~~Frauenförderung~~ *Vereinbarkeit von Familie und Beruf*............................8
~~Vereinbarkeit von Familie und Beruf~~ *(aufgehoben)* 8a
~~Leistungen für Berufsrückkehrer~~ *(aufgehoben)* 8b
Ortsnahe Leistungserbringung...9
Zusammenarbeit mit den für die Wahrnehmung der Aufgaben der
Grundsicherung für Arbeitsuchende zuständigen Agenturen für Arbeit,
zugelassenen kommunalen Trägern und Arbeitsgemeinschaften.................9a
(In der Fassung bis 31.12.2009) Freie Förderung 10
(In der Fassung ab 01.01.2010) ~~Freie Förderung~~ *(aufgehoben)* 10
Eingliederungsbilanz 11
Zweiter Abschnitt: Berechtigte
Geltung der Begriffsbestimmungen...12
Heimarbeiter...13
Auszubildende 14
Ausbildung- und Arbeitsuchende 15
Arbeitslose..16
Von Arbeitslosigkeit bedrohte Arbeitnehmer 17
Langzeitarbeitslose 18
Behinderte Menschen 19
Berufsrückkehrer 20
Träger 21
Dritter Abschnitt: Verhältnis der Leistungen aktiver
Arbeitsförderung zu anderen Leistungen
Verhältnis zu anderen Leistungen..22
Vorleistungspflicht der Arbeitsförderung 23

Zweites Kapitel: Versicherungspflicht

Erster Abschnitt: Beschäftigte, Sonstige Versicherungspflichtige
Versicherungspflichtverhältnis 24
Beschäftigte 25

Sonstige Versicherungspflichtige 26
Versicherungsfreie Beschäftigte 27
Sonstige versicherungsfreie Personen 28
Zweiter Abschnitt: Freiwillige Weiterversicherung
Versicherungspflichtverhältnis auf Antrag 28a

Drittes Kapitel: Beratung und Vermittlung

Erster Abschnitt: Beratung
Beratungsangebot 29
Berufsberatung...30
Grundsätze der Berufsberatung..31
Eignungsfeststellung..32
Berufsorientierung 33
Arbeitsmarktberatung 34
Zweiter Abschnitt: Vermittlung
Vermittlungsangebot, ~~Eingliederungsvereinbarung~~ 35
Grundsätze der Vermittlung...36
~~Beauftragung Dritter mit der Vermittlung~~ *Potenzialanalyse und Eingliederungsvereinbarung* 37
(aufgehoben)..37a
~~Frühzeitige Arbeitsuche~~ *(aufgehoben)* 37b
~~Personal-Service-Agentur~~ *(aufgehoben)* 37c
~~Mitwirkung des~~ *Rechte und Pflichten der* Ausbildung- und Arbeitsuchenden 38
~~Mitwirkung des Arbeitgebers~~ *Rechte und Pflichten der Arbeitgeber* 39
~~Beratung des Arbeitgebers bei der Vermittlung~~ *(aufgehoben)*.......................40
Dritter Abschnitt: Gemeinsame Vorschriften
Allgemeine Unterrichtung 41
Einschränkung des Fragerechts..42
Ausnahmen von der Unentgeltlichkeit...43
Anordnungsermächtigung..44

Viertes Kapitel: Leistungen an Arbeitnehmer

Erster Abschnitt: ~~Unterstützung der Beratung und Vermittlung~~
Vermittlungsunterstützende Leistungen
~~Leistungen~~ *Förderung aus dem Vermittlungsbudget* 45
~~Höhe~~ *Maßnahmen zur Aktivierung und beruflichen Eingliederung*............46
~~Anordnungsermächtigung~~ *Verordnungsermächtigung* 47
Zweiter Abschnitt: ~~Verbesserung der Eingliederungsaussichten~~ *(aufgehoben)*
~~Maßnahmen der Eignungsfeststellung, Trainingsmaßnahmen~~ *(aufgehoben)* 48
~~Förderungsfähigkeit~~ *(aufgehoben)* 49
~~Maßnahmekosten~~ *(aufgehoben)* 50

Förderungsausschluß *(aufgehoben)* 51
Anordnungsermächtigung *(aufgehoben)*..52
Dritter Abschnitt: Förderung der Aufnahme einer Beschäftigung
(aufgehoben)
Mobilitätshilfen *(aufgehoben)* 53
Mobilitätshilfen bei Aufnahme einer Beschäftigung *(aufgehoben)* 54
Anordnungsermächtigung *(aufgehoben)*..55
(aufgehoben)..56
Vierter Abschnitt: Förderung der Aufnahme einer selbständigen Tätigkeit
Gründungszuschuss 57
Dauer und Höhe der Förderung 58
Fünfter Abschnitt: Förderung der Berufsausbildung
Anspruch auf Berufsausbildungsbeihilfe 59
Berufliche Ausbildung...60
Berufsvorbereitende Bildungsmaßnahme 61
Anspruch auf Vorbereitung auf einen Hauptschulabschluss im Rahmen einer berufsvorbereitenden Bildungsmaßnahme..*61a*
Förderung im Ausland 62
Förderungsfähiger Personenkreis..63
Sonstige persönliche Voraussetzungen 64
Bedarf für den Lebensunterhalt bei beruflicher Ausbildung..........................65
Bedarf für den Lebensunterhalt bei berufsvorbereitenden Bildungsmaßnahmen 66
Fahrkosten 67
Sonstige Aufwendungen..68
(In der Fassung bis 17.09.2010) Lehrgangskosten......................................69
(In der Fassung ab 18.09.2010) Maßnahmekosten......................................69
Anpassung der Bedarfssätze 70
Einkommensanrechnung..71
Vorausleistung von Berufsausbildungsbeihilfe..72
Dauer der Förderung...73
Berufsausbildungsbeihilfe für Arbeitslose 74
Auszahlung 75
Anordnungsermächtigung..76
(aufgehoben)...76a
Sechster Abschnitt: Förderung der beruflichen Weiterbildung
Grundsatz...77
(aufgehoben)...78
Weiterbildungskosten 79
Lehrgangskosten..80
Fahrkosten 81
Kosten für auswärtige Unterbringung und Verpflegung...............................82
Kinderbetreuungskosten 83
Anforderungen an Träger...84
Anforderungen an Maßnahmen 85

Qualitätsprüfung 86
Verordnungsermächtigung..87
(aufgehoben) .... 88 bis 96

Siebter Abschnitt: Förderung der Teilhabe behinderter Menschen am Arbeitsleben
Erster Unterabschnitt: Grundsätze
Teilhabe am Arbeitsleben 97
Leistungen zur Teilhabe..98
Leistungsrahmen...99
Zweiter Unterabschnitt: Allgemeine Leistungen
Leistungen 100
Besonderheiten 101
Dritter Unterabschnitt: Besondere Leistungen
Erster Titel: Allgemeines
Grundsatz..102
Leistungen 103
Zweiter Titel: Ausbildungsgeld
Ausbildungsgeld...104
Bedarf bei beruflicher Ausbildung................................105
Bedarf bei berufsvorbereitenden Bildungsmaßnahmen, *unterstützter Beschäftigung* und bei Grundausbildung 106
Bedarf bei Maßnahmen in anerkannten Werkstätten für behinderte Menschen..107
Einkommensanrechnung...108
Dritter Titel: Teilnahmekosten
Teilnahmekosten...109
(aufgehoben)...110
Sonderfälle der Unterbringung und Verpflegung........111
(aufgehoben)... 112 bis 113
Vierter Titel: Sonstige Hilfen
(aufgehoben)...114
Fünfter Titel: Anordnungsermächtigung
Anordnungsermächtigung...115
Achter Abschnitt: Entgeltersatzleistungen
Erster Unterabschnitt: Leistungsübersicht
Leistungsarten...116
Zweiter Unterabschnitt: Arbeitslosengeld
Erster Titel: Regelvoraussetzungen
Anspruch auf Arbeitslosengeld......................................117
Anspruchsvoraussetzungen bei Arbeitslosigkeit.........118
Arbeitslosigkeit...119
Sonderfälle der Verfügbarkeit.......................................120
Zumutbare Beschäftigungen 121
Persönliche Arbeitslosmeldung 122
Anwartschaftszeit 123
Rahmenfrist 124

Anspruchsvoraussetzungen bei beruflicher Weiterbildung 124a

Zweiter Titel: Sonderformen des Arbeitslosengeldes

Minderung der Leistungsfähigkeit 125

Leistungsfortzahlung bei Arbeitsunfähigkeit 126

Dritter Titel: Anspruchsdauer

Grundsatz 127

Minderung der Anspruchsdauer 128

Vierter Titel: Höhe des Arbeitslosengeldes

Grundsatz 129

Bemessungszeitraum und Bemessungsrahmen 130

Bemessungsentgelt 131

Fiktive Bemessung 132

Leistungsentgelt 133

Berechnung und Leistung 134

(aufgehoben) .... 135 bis 139

**Fünfter Titel: Minderung des Arbeitslosengeldes, Zusammen-
treffen des Anspruchs mit sonstigem Einkommen und Ruhen
des Anspruchs**

(aufgehoben) 140

Anrechnung von Nebeneinkommen 141

Ruhen des Anspruchs bei anderen Sozialleistungen 142

Ruhen des Anspruchs bei Arbeitsentgelt und Urlaubsabgeltung 143

Ruhen des Anspruchs bei Entlassungsentschädigung 143a

Ruhen bei Sperrzeit 144

(aufgehoben) 145

Ruhen bei Arbeitskämpfen 146

Sechster Titel: Erlöschen des Anspruchs

Erlöschen des Anspruchs 147

Siebter Titel: Erstattungspflichten für Arbeitgeber

Erstattungspflicht des Arbeitgebers 147a

(aufgehoben) .... 147b bis 149

Achter Titel: Teilarbeitslosengeld

Teilarbeitslosengeld 150

**Neunter Titel: Verordnungsermächtigung und Anordnungs-
ermächtigung**

Verordnungsermächtigung 151

Anordnungsermächtigung 152

Dritter Unterabschnitt

(aufgehoben) .... 153 bis 159

Vierter Unterabschnitt: Übergangsgeld

Voraussetzungen 160

Vorbeschäftigungszeit für das Übergangsgeld 161

Behinderte Menschen ohne Vorbeschäftigungszeit 162

(aufgehoben) .... 163 bis 168

Fünfter Unterabschnitt: Kurzarbeitergeld
Erster Titel: Regelvoraussetzungen
Anspruch...169
Erheblicher Arbeitsausfall 170
Betriebliche Voraussetzungen 171
Persönliche Voraussetzungen 172
Anzeige..173
Kurzarbeitergeld bei Arbeitskämpfen..174
Zweiter Titel: Sonderformen des Kurzarbeitergeldes
Saison-Kurzarbeitergeld 175
Ergänzende Leistungen...175a
Wirkungsforschung...175b
Kurzarbeitergeld für Heimarbeiter...176
Dritter Titel: Leistungsumfang
Dauer 177
Höhe 178
Nettoentgeltdifferenz 179
Vierter Titel: Anwendung anderer Vorschriften
Anwendung anderer Vorschriften...180
Fünfter Titel: Verfügung über das Kurzarbeitergeld
Verfügung über das Kurzarbeitergeld...181
Sechster Titel: Verordnungsermächtigung
Verordnungsermächtigung...182
Sechster Unterabschnitt: Insolvenzgeld
Anspruch 183
Anspruchsausschluß 184
Höhe 185
Vorschuß 186
Anspruchsübergang 187
Verfügungen über das Arbeitsentgelt 188
Verfügungen über das Insolvenzgeld..189
Datenaustausch und Datenübermittlung 189a
Siebter Unterabschnitt
(aufgehoben).. 190 bis 206
Achter Unterabschnitt: Ergänzende Regelungen zur
Sozialversicherung bei Entgeltersatzleistungen
Übernahme und Erstattung von Beiträgen bei Befreiung von der
Versicherungspflicht in der Rentenversicherung 207
Übernahme von Beiträgen bei Befreiung von der Versicherungspflicht
in der Kranken- und Pflegeversicherung..207a
Zahlung von Pflichtbeiträgen bei Insolvenzereignis 208
Neunter Abschnitt: Förderung der ganzjährigen Beschäftigung
in der Bauwirtschaft (aufgehoben)
(aufgehoben).. 209 bis 216

Zehnter Abschnitt: Transferleistungen
Förderung der Teilnahme an Transfermaßnahmen 216a
Transferkurzarbeitergeld 216b

Fünftes Kapitel: Leistungen an Arbeitgeber

Erster Abschnitt: Eingliederung von Arbeitnehmern
Erster Unterabschnitt: Eingliederungszuschüsse
Grundsatz 217
Eingliederungszuschuss 218
Eingliederungszuschuss für besonders betroffene schwerbehinderte
Menschen 219
Berücksichtigungsfähiges Arbeitsentgelt und Auszahlung des
Zuschusses 220
Förderungsausschluss und Rückzahlung 221
Anordnungsermächtigung 222
Zweiter Unterabschnitt: Eingliederungsgutschein
Eingliederungsgutschein für ältere Arbeitnehmer 223
Anordnungsermächtigung 224
Dritter Unterabschnitt: ~~Einstellungszuschuß bei Neugründungen~~
(aufgehoben)
~~Grundsatz~~ *(aufgehoben)* 225
~~Einstellungszuschuß bei Neugründungen~~ *(aufgehoben)* 226
~~Umfang der Förderung~~ *(aufgehoben)* 227
~~Anordnungsermächtigung~~ *(aufgehoben)* 228
Vierter Unterabschnitt: ~~Förderung der beruflichen Weiterbildung~~
~~durch Vertretung~~ *(aufgehoben)*
~~Grundsatz~~ *(aufgehoben)* 229
~~Umfang der Förderung~~ *(aufgehoben)* 230
~~Arbeitsrechtliche Regelung~~ *(aufgehoben)* 231
~~Beauftragung und Förderung Dritter~~ *(aufgehoben)* 232
~~Anordnungsermächtigung~~ *(aufgehoben)* 233
(aufgehoben) 234
Zweiter Abschnitt: ~~Berufliche Ausbildung~~ *Einstiegsqualifizierung,*
berufliche *Aus- und* **Weiterbildung und Leistungen zur Teilhabe am**
Arbeitsleben
Erster Unterabschnitt: Förderung der Berufsausbildung und der
beruflichen Weiterbildung
~~Zuschüsse zur Ausbildungsvergütung~~ *(aufgehoben)* 235
Zuschüsse zur Ausbildungsvergütung schwerbehinderter Menschen 235a
Einstiegsqualifizierung 235b
Förderung der beruflichen Weiterbildung 235c
Anordnungsermächtigung *235d*
Zweiter Unterabschnitt: Förderung der Teilhabe am Arbeitsleben
Ausbildung behinderter Menschen 236

§§

Arbeitshilfen für behinderte Menschen..237
Probebeschäftigung behinderter Menschen 238
Anordnungsermächtigung..239

Sechstes Kapitel: Leistungen an Träger

**Erster Abschnitt: Förderung der Berufsausbildung ~~und Beschäftigung~~
~~begleitende Eingliederungshilfen~~**
(In der Fassung bis 31.07.2009) Grundsatz..240
(In der Fassung ab 01.08.2009) ~~Grundsatz~~ *Unterstützung und*
Förderung der Berufsausbildung..240
(In der Fassung bis 31.07.2009) Förderungsfähige Maßnahmen 241
(In der Fassung ab 01.08.2009) ~~Förderungsfähige Maßnahmen~~
Ausbildungsbegleitende Hilfen 241
(In der Fassung bis 31.07.2009) Sozialpädagogische Begleitung und
organisatorische Unterstützung bei betrieblicher Berufsausbildung und
Berufsausbildungsvorbereitung 241a
(In der Fassung ab 01.08.2009) *(aufgehoben)*....................................241a
(In der Fassung bis 31.07.2009) Förderungsbedürftige Auszubildende 242
(In der Fassung ab 01.08.2009) *Außerbetriebliche Berufsausbildung*........242
(In der Fassung bis 31.07.2009) Leistungen 243
(In der Fassung ab 01.08.2009) *Sozialpädagogische Begleitung und*
organisatorische Unterstützung bei betrieblicher Berufsausbildung und
Berufsausbildungsvorbereitung 243
(In der Fassung bis 31.07.2009) Zuschüsse zur Ausbildungsvergütung 244
(In der Fassung ab 01.08.2009) *Sonstige Förderungsvoraussetzungen* 244
(In der Fassung bis 31.07.2009) Maßnahmekosten....................................245
(In der Fassung ab 01.08.2009) *Förderungsbedürftige Jugendliche*...........245
(In der Fassung bis 31.07.2009) Sonstige Kosten 246
(In der Fassung ab 01.08.2009) *Leistungen* 246
~~Beschäftigung begleitende Eingliederungshilfen~~ *(aufgehoben)*..................246a
~~Förderungsbedürftige Arbeitnehmer~~ *(aufgehoben)*....................................246b
~~Förderungsfähige Maßnahmen~~ *(aufgehoben)* 246c
~~Leistungen~~ *(aufgehoben)* 246d
Anordnungsermächtigung..247
**Zweiter Abschnitt~~: Förderung von Einrichtungen der beruflichen~~
~~Aus- und Weiterbildung oder der beruflichen Rehabilitation~~**
(aufgehoben)
~~Grundsatz~~ *(aufgehoben)* 248
~~Förderungsausschluß~~ *(aufgehoben)* 249
~~Bundesagentur als Träger von Einrichtungen~~ *(aufgehoben)* 250
~~Anordnungsermächtigung~~ *(aufgehoben)*...251
Dritter Abschnitt~~: Förderung von Jugendwohnheimen~~ *(aufgehoben)*
~~Grundsatz~~ *(aufgehoben)*...252
~~Anordnungsermächtigung~~ *(aufgehoben)* 253

Vierter Abschnitt
(aufgehoben) .... 254 bis 259
Fünfter Abschnitt: Förderung von Arbeitsbeschaffungsmaßnahmen
Grundsatz 260
Förderungsfähige Maßnahmen 261
Vergabe von Arbeiten 262
Förderungsbedürftige Arbeitnehmer 263
Zuschüsse zu den Lohnkosten 264
(aufgehoben) .... 265 bis 265a
Verstärkte Förderung 266
Dauer der Förderung 267
Zuweisung 267a
Rückzahlung 268
Abberufung 269
Besondere Kündigungsrechte 270
Förderung in Sonderfällen 270a
Anordnungsermächtigung 271
Sechster Abschnitt
(aufgehoben) .... 272 bis 279
Siebter Abschnitt: ~~Förderung von Beschäftigung schaffenden~~
~~Infrastrukturmaßnahmen~~ *(aufgehoben)*
~~Beschäftigung schaffende Infrastrukturförderung~~ *(aufgehoben)* 279a

Siebtes Kapitel: Weitere Aufgaben der Bundesagentur

Erster Abschnitt: Statistiken, Arbeitsmarkt- und Berufsforschung,
Berichterstattung
Aufgaben 280
Arbeitsmarktstatistiken 281
Arbeitsmarkt- und Berufsforschung 282
Übermittlung von Daten 282a
Datenverwendung für die Ausbildungsvermittlung durch die
Bundesagentur 282b
Arbeitsmarktberichterstattung, Weisungsrecht 283
Zweiter Abschnitt: Erteilung von Genehmigungen und Erlaubnissen
Erster Unterabschnitt: Ausländerbeschäftigung
Arbeitsgenehmigung-EU für Staatsangehörige der neuen EU-Mit-
gliedstaaten 284
(aufgehoben) .... 285 bis 286
Gebühren für die Durchführung der Vereinbarungen über
Werkvertragsarbeitnehmer 287
Verordnungsermächtigung und Weisungsrecht 288
Zweiter Unterabschnitt: Beratung und Vermittlung durch Dritte
Erster Titel: Berufsberatung
Untersagung der Berufsberatung 288a

Offenbarungspflicht 289
Vergütungen 290
Zweiter Titel: Ausbildungsvermittlung und Arbeitsvermittlung
(aufgehoben) 291
Auslandsvermittlung, Anwerbung aus dem Ausland 292
(aufgehoben) .... 293 bis 295
Vermittlungsvertrag zwischen einem Vermittler und einem
Arbeitssuchenden 296
Vergütungen bei Ausbildungsvermittlung 296a
Unwirksamkeit von Vereinbarungen 297
Behandlung von Daten 298
(aufgehoben) .... 299 bis 300
Dritter Titel: Verordnungsermächtigung
Verordnungsermächtigung 301
(aufgehoben) .... 302 bis 303
Dritter Abschnitt
(aufgehoben) .... 304 bis 308

Achtes Kapitel: Pflichten

Erster Abschnitt: Pflichten im Leistungsverfahren
Erster Unterabschnitt: Meldepflichten
Allgemeine Meldepflicht 309
Meldepflicht bei Wechsel der Zuständigkeit 310
Zweiter Unterabschnitt: Anzeige- und Bescheinigungspflichten
Anzeige- und Bescheinigungspflicht bei Arbeitsunfähigkeit 311
Arbeitsbescheinigung 312
Nebeneinkommensbescheinigung 313
Insolvenzgeldbescheinigung 314
**Dritter Unterabschnitt: Auskunfts-, Mitwirkungs- und
Duldungspflichten**
Allgemeine Auskunftspflicht Dritter 315
Auskunftspflicht bei Leistung von Insolvenzgeld 316
Auskunftspflicht für Arbeitnehmer bei Feststellung von Leistungsan-
sprüchen 317
Auskunftspflicht bei Maßnahmen der beruflichen Aus- oder Weiter-
bildung, Leistungen zur Teilhabe am Arbeitsleben, ~~der Eignungs-
feststellung und Teilnahme an Trainingsmaßnahmen~~ *zur Aktivierung
und beruflichen Eingliederung* 318
Mitwirkungs- und Duldungspflichten 319
Vierter Unterabschnitt: Sonstige Pflichten
Berechnungs-, Auszahlungs-, Aufzeichnungs- und Anzeigepflichten 320
Zweiter Abschnitt: Schadensersatz bei Pflichtverletzungen
Schadensersatz 321

**Dritter Abschnitt: Verordnungsermächtigung und Anordnungs-
ermächtigung**
Verordnungsermächtigung...321a
Anordnungsermächtigung...322

Neuntes Kapitel: Gemeinsame Vorschriften für Leistungen

Erster Abschnitt: Antrag und Fristen
Antragserfordernis...323
Antrag vor Leistung...324
Wirkung des Antrages 325
Ausschlußfrist für Gesamtabrechnung..326
Zweiter Abschnitt: Zuständigkeit
Grundsatz..327
Dritter Abschnitt: Leistungsverfahren in Sonderfällen
Vorläufige Entscheidung 328
Einkommensberechnung in besonderen Fällen.................................329
Sonderregelungen für die Aufhebung von Verwaltungsakten 330
Vorläufige Zahlungseinstellung...331
Übergang von Ansprüchen 332
Aufrechnung...333
Pfändung von Leistungen 334
Erstattung von Beiträgen zur Kranken-, Renten- und Pflegeversicherung....335
Leistungsrechtliche Bindung 336
Wirkung von Widerspruch und Klage 336a
Vierter Abschnitt: Auszahlung von Geldleistungen
Auszahlung im Regelfall 337
Fünfter Abschnitt: Berechnungsgrundsätze
Allgemeine Berechnungsgrundsätze..338
Berechnung von Zeiten..339

Zehntes Kapitel: Finanzierung

Erster Abschnitt: Finanzierungsgrundsatz
Aufbringung der Mittel..340
Zweiter Abschnitt: Beiträge und Verfahren
Erster Unterabschnitt: Beiträge
Beitragssatz und Beitragsbemessung...341
Beitragspflichtige Einnahmen Beschäftigter.....................................342
(aufgehoben)..343
Sonderregelungen für beitragspflichtige Einnahmen Beschäftigter.............344
Beitragspflichtige Einnahmen sonstiger Versicherungspflichtiger 345
Pauschalierung der Beiträge 345a
Beitragspflichtige Einnahmen bei freiwilliger Weiterversicherung...........345b

Zweiter Unterabschnitt: Verfahren
Beitragstragung bei Beschäftigten 346
Beitragstragung bei sonstigen Versicherten...347
Beitragszahlung für Beschäftigte 348
Beitragszahlung für sonstige Versicherungspflichtige...............................349
Beitragstragung und Beitragszahlung bei freiwilliger Weiterversicherung 349a
Meldungen der Sozialversicherungsträger...350
Beitragserstattung 351
Dritter Unterabschnitt: Verordnungsermächtigung, Anordnungsermäch-
tigung und Ermächtigung zum Erlass von Verwaltungsvorschriften
Verordnungsermächtigung...352
Anordnungsermächtigung...352a
Ermächtigung zum Erlaß von Verwaltungsvorschriften 353

Dritter Abschnitt: Umlagen
Erster Unterabschnitt: Winterbeschäftigungs-Umlage
Grundsatz...354
Höhe der Umlage...355
Umlageabführung 356
Verordnungsermächtigung...357
Zweiter Unterabschnitt: Umlage für das Insolvenzgeld
~~Grundsatz~~ *Aufbringung der Mittel* 358
~~Aufbringung der Mittel~~ *Einzug und Weiterleitung der Umlage*...................359
~~Anteile der Unternehmer~~ *Umlagesatz*...360
~~Verfahren~~ *Verordnungsermächtigung* 361
~~Verordnungsermächtigung~~ *Übergangsregelung* 362
Vierter Abschnitt: Beteilung des Bundes
Finanzierung aus Bundesmitteln...363
Liquiditätshilfen...364
(aufgehoben)..365
Fünfter Abschnitt: Rücklage und Versorgungsfonds
Bildung und Anlage der Rücklage 366
Versorgungsfonds 366a

Elftes Kapitel: Organisation und Datenschutz

Erster Abschnitt: Bundesagentur für Arbeit
Bundesagentur für Arbeit...367
Aufgaben der Bundesagentur...368
(aufgehoben)..368a
Besonderheiten zum Gerichtsstand...369
Beteiligung an Gesellschaften...370
Zweiter Abschnitt: Selbstverwaltung
Erster Unterabschnitt: Verfassung
Selbstverwaltungsorgane 371

Satzung und Anordnungen 372
Verwaltungsrat 373
Verwaltungsausschüsse 374
(aufgehoben) 374a
Amtsdauer 375
Entschädigung der ehrenamtlich Tätigen 376
Zweiter Unterabschnitt: Berufung und Abberufung
Berufung und Abberufung der Mitglieder 377
Berufungsfähigkeit 378
Vorschlagsberechtigte Stellen 379
Dritter Unterabschnitt: Neutralitätsausschuss
Neutralitätsausschuss 380
Dritter Abschnitt: Vorstand und Verwaltung
Vorstand der Bundesagentur 381
Rechtsstellung der Vorstandsmitglieder 382
Geschäftsführung der Agenturen für Arbeit 383
Geschäftsführung der Regionaldirektionen 384
Beauftragte für Chancengleichheit am Arbeitsmarkt 385
Innenrevision 386
Personal der Bundesagentur 387
Ernennung der Beamtinnen und Beamten 388
Übertragung von Führungsfunktionen auf Zeit 389
Beamtenverhältnis auf Zeit 390
(aufgehoben) 391
Obergrenzen für Beförderungsämter 392
Vierter Abschnitt: Aufsicht
Aufsicht 393
Fünfter Abschnitt: Datenschutz
Erhebung, Verarbeitung und Nutzung von Daten durch die Bundes-
agentur 394
Datenübermittlung an Dritte; Erhebung, Verarbeitung und Nutzung von
Sozialdaten durch nichtöffentliche Stellen 395
Kennzeichnungs- und Maßregelungsverbot 396
Automatisierter Datenabgleich 397
(aufgehoben) ....398 bis 403

Zwölftes Kapitel: Bußgeldvorschriften

Erster Abschnitt: Bußgeldvorschriften
Bußgeldvorschriften 404
Zuständigkeit, Vollstreckung und Unterrichtung 405
Zweiter Abschnitt
(aufgehoben) ....406 bis 407

Dreizehntes Kapitel: Sonderregelungen

Erster Abschnitt: Sonderregelungen im Zusammenhang mit der Herstellung der Einheit Deutschlands
Besondere Bezugsgröße und Beitragsbemessungsgrenze 408
(aufgehoben).. 409 bis 415
~~Besonderheiten bei der Förderung von Arbeitsbeschaffungsmaßnahmen~~ *(aufgehoben)* 416
Besonderheiten bei der Bemessung des Arbeitslosengeldes 416a
Zweiter Abschnitt: Ergänzungen für übergangsweise mögliche Leistungen und zeitweilige Aufgaben
Förderung beschäftigter Arbeitnehmer 417
(aufgehoben).. 418 bis 421
Übernahme von Beiträgen bei Befreiung von der Versicherungspflicht in der Kranken- und Pflegeversicherung in Sonderfällen 421a
(aufgehoben)..421b
Sonderregelungen zur Finanzierung befristeter Arbeitsmarktprogramme ..421c
(aufgehoben)..421d
Förderung der Weiterbildung in besonderen Fällen...............................421e
Sonderregelungen für ältere Arbeitnehmer beim Eingliederungszuschuss 421f
Vermittlungsgutschein..421g
~~(aufgehoben)~~ *Erprobung innovativer Ansätze* 421h
~~Beauftragung von Trägern mit Eingliederungsmaßnahmen~~ *(aufgehoben)*.. 421i
Entgeltsicherung für ältere Arbeitnehmer.. 421j
Tragung der Beiträge zur Arbeitsförderung bei Beschäftigung älterer Arbeitnehmer..421k
Existenzgründungszuschuss.. 421l
~~Sozialpädagogische Begleitung bei Berufsausbildungsvorbereitung nach dem Berufsbildungsgesetz~~ *(aufgehoben)* 421m
~~Berufsausbildung in außerbetrieblichen Einrichtungen~~ *(aufgehoben)* 421n
Qualifizierungszuschuss für jüngere Arbeitnehmer 421o
Eingliederungszuschuss für jüngere Arbeitnehmer....................................421p
Erweiterte Berufsorientierung..421q
Ausbildungsbonus... 421r
Berufseinstiegsbegleitung 421s
Dritter Abschnitt: Grundsätze bei Rechtsänderungen
Leistungen der aktiven Arbeitsförderung..422
(aufgehoben).. 423 bis 424
Vierter Abschnitt: Sonderregelungen im Zusammenhang mit der Einordnung des Arbeitsförderungsrechts in das Sozialgesetzbuch
Übergang von der Beitrags- zur Versicherungspflicht.................................425
Grundsätze für einzelne Leistungen nach dem Arbeitsförderungsgesetz......426
Arbeitslosengeld 427
Gleichstellung von Mutterschaftszeiten...427a

Arbeitslosengeld unter erleichterten Voraussetzungen 428
(aufgehoben)...429
Sonstige Entgeltersatzleistungen 430
Erstattungsansprüche 431
Weitergeltung von Arbeitserlaubnissen 432
(aufgehoben)...433
Fünfter Abschnitt: Übergangsregelungen aufgrund von Änderungs-
gesetzen
Zweites SGB III-Änderungsgesetz 434
Haushaltssanierungsgesetz...434a
Drittes Gesetz zur Änderung des Dritten Buches Sozialgesetzbuch 434b
Einmalzahlungs-Neuregelungsgesetz 434c
Gesetz zur Reform der arbeitsmarktpolitischen Instrumente 434d
Bundeswehrneuausrichtungsgesetz...434e
Gesetz zur Vereinfachung der Wahl der Arbeitnehmervertreter
in den Aufsichtsrat.. 434f
Erstes Gesetz für moderne Dienstleistungen am Arbeitsmarkt...................434g
Zuwanderungsgesetz..434h
Zweites Gesetz für moderne Dienstleistungen am Arbeitsmarkt 434i
Drittes Gesetz für moderne Dienstleistungen am Arbeitsmarkt..................434j
Viertes Gesetz für moderne Dienstleistungen am Arbeitsmarkt 434k
Gesetz zu Reformen am Arbeitsmarkt 434l
Fünftes Gesetz zur Änderung des Dritten Buches Sozialgesetz-
buch und anderer Gesetze 434m
Gesetz zur Förderung ganzjähriger Beschäftigung 434n
Gesetz zur Fortentwicklung der Grundsicherung für Arbeitsuchende 434o
Gesetz zur Verbesserung der Beschäftigungschancen älterer
Menschen..434p
Zweiundzwanzigstes Gesetz zur Änderung des Bundesaus-
bildungsförderungsgesetzes 434q
Siebtes Gesetz zur Änderung des Dritten Buches Sozialgesetzbuch
und anderer Gesetze 434r
Gesetz zur Neuausrichtung der arbeitsmarktpolitischen Instrumente......... *434s*
Gesetz zur Reform der Renten wegen verminderter Erwerbsfähigkeit 435
Überleitung von Beschäftigten der Bundesanstalt in den Dienst des
Bundes...436

Erstes Kapitel: Allgemeine Vorschriften

Erster Abschnitt: Grundsätze

§ 1 Ziele der Arbeitsförderung

(1) Die ~~Leistungen der~~ Arbeitsförderung soll~~en dazu beitragen, dass ein hoher~~ ~~Beschäftigungsstand erreicht und die Beschäftigungsstruktur ständig verbes-~~ ~~sert wird. Sie sind insbesondere darauf auszurichten, das~~ *dem* Entstehen von Arbeitslosigkeit ~~zu vermeiden oder~~ *entgegenwirken,* die Dauer der Arbeitslosigkeit ~~zu~~ verkürzen~~.~~ *und den Ausgleich von Angebot und Nachfrage auf dem Ausbildungs- und Arbeitsmarkt unterstützen. Dabei ist insbesondere durch die Verbesserung der individuellen Beschäftigungsfähigkeit Langzeitarbeitslosigkeit zu vermeiden.* ~~Dabei ist D~~die Gleichstellung von Frauen und Männern *ist* als durchgängiges Prinzip *der Arbeitsförderung* zu verfolgen. *Die Arbeitsförderung soll dazu beitragen, dass ein hoher Beschäftigungsstand erreicht und die Beschäftigungsstruktur ständig verbessert wird. Sie ist so auszurichten* ~~Die~~ ~~Leistungen sind so einzusetzen,~~ dass sie der beschäftigungspolitischen Zielsetzung der Sozial-, Wirtschafts- und Finanzpolitik der Bundesregierung ~~entsprechen~~ *entspricht.*

(2) Die Leistungen der Arbeitsförderung sollen insbesondere

1. ~~den Ausgleich von Angebot und Nachfrage~~ *die Transparenz* auf dem Ausbildungs- und Arbeitsmarkt *erhöhen, die berufliche und regionale Mobilität* unterstützen *und*

~~2.~~ die zügige Besetzung offener Stellen ermöglichen,

~~3.~~*2.* die individuelle Beschäftigungsfähigkeit durch Erhalt und Ausbau von ~~Kenntnissen,~~ Fertigkeiten*, Kenntnissen* ~~sowie~~ *und* Fähigkeiten fördern,

~~4.~~*3.* unterwertiger Beschäftigung entgegenwirken und

~~5.~~*4.* ~~zu einer Weiterentwicklung der regionalen Beschäftigungs- und Infra-~~ ~~struktur beitragen~~ *die berufliche Situation von Frauen verbessern, indem sie auf die Beseitigung bestehender Nachteile sowie auf die Überwindung eines geschlechtsspezifisch geprägten Ausbildungs- und Arbeitsmarktes hinwirken und Frauen mindestens entsprechend ihrem Anteil an den Arbeitslosen und ihrer relativen Betroffenheit von Arbeitslosigkeit gefördert werden.*[1]

(3) ~~Die Bundesregierung und die Bundesagentur für Arbeit können Vereinba-~~ ~~rungen über die beschäftigungspolitischen Ziele treffen. Die Vereinbarungen~~ ~~können die nach dem Sozialgesetzbuch erforderlichen Genehmigungen oder~~ ~~Zustimmungen enthalten. Soweit das Bundesministerium für Arbeit und Sozi-~~ ~~ales Fachaufsicht ausübt, ist die Vereinbarung mit diesem zu treffen.~~ *Die Bundesregierung soll mit der Bundesagentur zur Durchführung der Arbeitsförderung Rahmenziele vereinbaren. Diese dienen der Umsetzung der Grundsätze dieses Buches. Die Rahmenziele werden spätestens zu Beginn einer Legislaturperiode überprüft.*

---

[1] Vgl. § 8 a. F.

§ 2 Zusammenwirken von Arbeitgebern und Arbeitnehmern mit den Agenturen für Arbeit

(1) Die Agenturen für Arbeit erbringen insbesondere Dienstleistungen für Arbeitgeber und Arbeitnehmer, indem sie

1. Arbeitgeber regelmäßig über Ausbildungs- und Arbeitsmarktentwicklungen, Ausbildungssuchende, Fachkräfteangebot und berufliche Bildungsmaßnahmen informieren sowie auf den Betrieb zugeschnittene Arbeitsmarktberatung und Vermittlung anbieten und

2. Arbeitnehmer zur Vorbereitung der Berufswahl und zur Erschließung ihrer beruflichen Entwicklungsmöglichkeiten beraten, Vermittlungsangebote zur Ausbildungs- oder Arbeitsaufnahme entsprechend ihren Fähigkeiten unterbreiten sowie sonstige Leistungen der Arbeitsförderung erbringen.

(2) Die Arbeitgeber haben bei ihren Entscheidungen verantwortungsvoll deren Auswirkungen auf die Beschäftigung der Arbeitnehmer und von Arbeitslosen und damit die Inanspruchnahme von Leistungen der Arbeitsförderung einzubeziehen. Sie sollen dabei insbesondere

1. im Rahmen ihrer Mitverantwortung für die Entwicklung der beruflichen Leistungsfähigkeit der Arbeitnehmer zur Anpassung an sich ändernde Anforderungen sorgen,

2. vorrangig durch betriebliche Maßnahmen die Inanspruchnahme von Leistungen der Arbeitsförderung sowie Entlassungen von Arbeitnehmern vermeiden,

3. Arbeitnehmer vor der Beendigung des Arbeitsverhältnisses frühzeitig über die Notwendigkeit eigener Aktivitäten bei der Suche nach einer anderen Beschäftigung sowie über die Verpflichtung zur Meldung nach § ~~37b~~ *38 Abs. 1* bei der Agentur für Arbeit informieren, sie hierzu freistellen und die Teilnahme an erforderlichen Qualifizierungsmaßnahmen ermöglichen.

(3) Die Arbeitgeber sollen die Agenturen für Arbeit frühzeitig über betriebliche Veränderungen, die Auswirkungen auf die Beschäftigung haben können, unterrichten. Dazu gehören insbesondere Mitteilungen über

1. zu besetzende Ausbildungs- und Arbeitsplätze,

2. geplante Betriebserweiterungen und den damit verbundenen Arbeitskräftebedarf,

3. die Qualifikationsanforderungen an die einzustellenden Arbeitnehmer,

4. geplante Betriebseinschränkungen oder Betriebsverlagerungen sowie die damit verbundenen Auswirkungen und

5. Planungen, wie Entlassungen von Arbeitnehmern vermieden oder Übergänge in andere Beschäftigungsverhältnisse organisiert werden können.

(4) Die Arbeitnehmer haben bei ihren Entscheidungen verantwortungsvoll deren Auswirkungen auf ihre beruflichen Möglichkeiten einzubeziehen. Sie sollen insbesondere ihre berufliche Leistungsfähigkeit den sich ändernden Anforderungen anpassen.

(5) Die Arbeitnehmer haben zur Vermeidung oder zur Beendigung von Arbeitslosigkeit insbesondere

1. ein zumutbares Beschäftigungsverhältnis fortzusetzen,
2. eigenverantwortlich nach Beschäftigung zu suchen, bei bestehendem Beschäftigungsverhältnis frühzeitig vor dessen Beendigung,
3. eine zumutbare Beschäftigung aufzunehmen und
4. an einer beruflichen Eingliederungsmaßnahme teilzunehmen.

§ 3 Leistungen der Arbeitsförderung

(1) Arbeitnehmer erhalten folgende Leistungen:
1. Berufsberatung sowie Ausbildungs- und Arbeitsvermittlung und diese unterstützende Leistungen,
2. ~~Maßnahmen der Eignungsfeststellung, Trainingsmaßnahmen zur Verbesserung der Eingliederungsaussichten~~ *Förderung aus dem Vermittlungsbudget,*
3. ~~Mobilitätshilfen zur Aufnahme einer Beschäftigung~~ *Maßnahmen zur Aktivierung und beruflichen Eingliederung,*
4. Gründungszuschuss zur Aufnahme einer selbständigen Tätigkeit,
5. Berufsausbildungsbeihilfe während einer beruflichen Ausbildung oder einer berufsvorbereitenden Bildungsmaßnahme,
6. Übernahme der Weiterbildungskosten während der Teilnahme an einer beruflichen Weiterbildung,
7. allgemeine und als behinderte Menschen zusätzlich besondere Leistungen zur Teilhabe am Arbeitsleben und diese ergänzende Leistungen nach diesem und dem Neunten Buch, insbesondere Ausbildungsgeld, Übernahme der Teilnahmekosten und Übergangsgeld,
8. Arbeitslosengeld während Arbeitslosigkeit, Teilarbeitslosengeld während Teilarbeitslosigkeit sowie Arbeitslosengeld bei beruflicher Weiterbildung,
9. Kurzarbeitergeld bei Arbeitsausfall,
10. Insolvenzgeld bei Zahlungsunfähigkeit des Arbeitgebers,
11. Wintergeld,
12. Transferleistungen.

(2) Arbeitgeber erhalten folgende Leistungen:
1. Arbeitsmarktberatung sowie Ausbildungs- und Arbeitsvermittlung,
2. Zuschüsse zu den Arbeitsentgelten bei Eingliederung von leistungsgeminderten Arbeitnehmer~~, bei Neugründungen, bei der Förderung der beruflichen Weiterbildung durch Vertretung~~ sowie im Rahmen der Förderung der beruflichen Weiterbildung beschäftigter Arbeitnehmer,
3. Zuschüsse zur Ausbildungsvergütung ~~bei Durchführung von Maßnahmen während der~~ *für die* betrieblich~~en~~ ~~Ausbildungszeit~~ *Aus- oder Weiterbildung und* ~~sowie~~ weitere *Leistungen zur Teilhabe* ~~Zuschüsse bei~~ behinder~~ten~~ *und schwerbehinderter* Menschen,
4. Zuschüsse zur Vergütung bei einer Einstiegsqualifizierung,
5. Erstattung von Beiträgen zur Sozialversicherung für Bezieher von Saison-Kurzarbeitergeld.

(3) Träger von Arbeitsförderungsmaßnahmen erhalten folgende Leistungen:
1. Zuschüsse zu zusätzlichen Maßnahmen der betrieblichen ~~Ausbildung~~ *Berufsausbildung, Berufsausbildungsvorbereitung und Einstiegsqualifizierung,*
(Nr. 2 in der Fassung bis 31.07.2009)
2. Übernahme der Kosten für die Ausbildung in einer außerbetrieblichen Einrichtung und die Beschäftigung begleitenden Eingliederungshilfen sowie Zuschüsse zu den Aktivierungshilfen,
(Nr. 2 in der Fassung ab 01.08.2009)
2. Übernahme der Kosten für die *Berufs*~~A~~ausbildung in einer außerbetrieblichen Einrichtung ~~und die Beschäftigung begleitenden Eingliederungshilfen sowie Zuschüsse zu den Aktivierungshilfen,~~
3. Darlehen und Zuschüsse für Einrichtungen ~~der beruflichen Aus- oder Weiterbildung oder~~ der beruflichen Rehabilitation ~~sowie für Jugendwohnheime,~~
4. Zuschüsse zu Arbeitsbeschaffungsmaßnahmen~~,~~.
~~5. Zuschüsse zu Maßnahmen im Rahmen der Förderung der beruflichen Weiterbildung durch Vertretung,~~
~~6. Zuschüsse zu Arbeiten zur Verbesserung der Infrastruktur.~~
(4) Leistungen der aktiven Arbeitsförderung sind alle Leistungen der Arbeitsförderung mit Ausnahme von Arbeitslosengeld bei Arbeitslosigkeit, Teilarbeitslosengeld und Insolvenzgeld.
(5) Ermessensleistungen der aktiven Arbeitsförderung sind alle Leistungen der aktiven Arbeitsförderung mit Ausnahme des Anspruchs auf ~~Beauftragung von Dritten mit der Vermittlung nach sechs Monaten~~ *Maßnahmen zur Aktivierung und beruflichen Eingliederung sechs Monate nach Eintritt der Arbeitslosigkeit*, Gründungszuschuss, Eingliederungsgutschein für ältere Arbeitnehmer nach § 223 Abs. 1 Satz 2, Berufsausbildungsbeihilfe für die erstmalige Ausbildung, *Weiterbildungskosten zum nachträglichen Erwerb des Hauptschulabschlusses oder eines gleichwertigen Schulabschlusses*, besondere Leistungen zur Teilhabe am Arbeitsleben, Arbeitslosengeld bei beruflicher Weiterbildung, Kurzarbeitergeld, Wintergeld und Leistungen zur Förderung der Teilnahme an Transfermaßnahmen.

§ 4 Vorrang der Vermittlung
(1) Die Vermittlung in Ausbildung und Arbeit hat Vorrang vor den Leistungen zum Ersatz des Arbeitsentgelts bei Arbeitslosigkeit.
(2) Der Vermittlungsvorrang gilt auch im Verhältnis zu den sonstigen Leistungen der aktiven Arbeitsförderung, es sei denn, die Leistung ist für eine dauerhafte Eingliederung erforderlich.

§ 5 Vorrang der aktiven Arbeitsförderung
Die Leistungen der aktiven Arbeitsförderung sind entsprechend ihrer jeweiligen Zielbestimmung und den Ergebnissen der Beratungs- und Vermittlungsgespräche einzusetzen, um sonst erforderliche Leistungen zum Ersatz des

Arbeitsentgelts bei Arbeitslosigkeit nicht nur vorübergehend zu vermeiden und dem Entstehen von Langzeitarbeitslosigkeit vorzubeugen.

§ 6 ~~Vermeidung von Langzeitarbeitslosigkeit~~ *(aufgehoben)*

~~(1) Die Agentur für Arbeit hat spätestens nach der Arbeitslosmeldung zusammen mit dem Arbeitslosen die für die Vermittlung erforderlichen beruflichen und persönlichen Merkmale des Arbeitslosen, seine beruflichen Fähigkeiten und seine Eignung festzustellen. Die Feststellung hat sich auch darauf zu erstrecken, ob eine berufliche Eingliederung erschwert ist und welche Umstände sie erschweren. Die Agentur für Arbeit und der Arbeitslose halten in der Eingliederungsvereinbarung (§ 35) die zu einer beruflichen Eingliederung erforderlichen Leistungen und die eigenen Bemühungen des Arbeitslosen fest. Den besonderen Bedürfnissen schwerbehinderter Menschen soll angemessen Rechnung getragen werden.~~

~~(2) Absatz 1 Satz 1 gilt für Ausbildungsuchende mit der Maßgabe, dass an die Stelle der Arbeitslosmeldung die Meldung als ausbildungssuchend tritt. Eine Eingliederungsvereinbarung ist mit dem Ausbildungsuchenden zu schließen, der zu Beginn des neuen Ausbildungsjahres noch nicht vermittelt ist. Sie ist spätestens bis zum 30. September eines Kalenderjahres zu schließen.~~

§ 7 Auswahl von Leistungen der aktiven Arbeitsförderung

Bei der Auswahl von Ermessensleistungen der aktiven Arbeitsförderung hat die Agentur für Arbeit unter Beachtung des Grundsatzes der Wirtschaftlichkeit und Sparsamkeit die für den Einzelfall am besten geeignete Leistung oder Kombination von Leistungen zu wählen. Dabei ist grundsätzlich auf

1. die Fähigkeiten der zu fördernden Personen,
2. die Aufnahmefähigkeit des Arbeitsmarktes und
3. den anhand der Ergebnisse der Beratungs- und Vermittlungsgespräche ermittelten arbeitsmarktpolitischen Handlungsbedarf

abzustellen.

§ 8 ~~Frauenförderung~~[1]

~~(1) Zur Verbesserung der beruflichen Situation von Frauen ist durch die Leistungen der aktiven Arbeitsförderung auf die Beseitigung bestehender Nachteile sowie auf die Überwindung des geschlechtsspezifischen Ausbildungs- und Arbeitsmarktes hinzuwirken.~~

~~(2) Frauen sollen mindestens entsprechend ihrem Anteil an den Arbeitslosen und ihrer relativen Betroffenheit durch Arbeitslosigkeit gefördert werden.~~

§ 8a Vereinbarkeit von Familie und Beruf[2]

(1) Die Leistungen der aktiven Arbeitsförderung sollen in ihrer zeitlichen, inhaltlichen und organisatorischen Ausgestaltung die Lebensverhältnisse von

---

[1] Vgl. § 1 Abs. 2 Nr. 4 n. F.
[2] § 8a wurde aufgehoben.

Frauen und Männern berücksichtigen, die aufsichtsbedürftige Kinder betreuen und erziehen oder pflegebedürftige Angehörige betreuen oder nach diesen Zeiten wieder in die Erwerbstätigkeit zurückkehren wollen.

§ 8b ~~Leistungen für Berufsrückkehrer~~ *(aufgehoben)*
(2) Berufsrückkehrer sollen die zu ihrer Rückkehr in die Erwerbstätigkeit notwendigen Leistungen der aktiven Arbeitsförderung unter den Voraussetzungen dieses Buches erhalten. Hierzu gehören insbesondere Beratung und Vermittlung sowie die Förderung der beruflichen Weiterbildung durch Übernahme der Weiterbildungskosten.

§ 9 Ortsnahe Leistungserbringung
(1) Die Leistungen der Arbeitsförderung sollen vorrangig durch die örtlichen Agenturen für Arbeit erbracht werden. Dabei haben die Agenturen für Arbeit die Gegebenheiten des örtlichen und überörtlichen Arbeitsmarktes zu berücksichtigen.
(1a) (aufgehoben)
(2) Die Agenturen für Arbeit sollen die Vorgänge am Arbeitsmarkt besser durchschaubar machen. Sie haben zum Ausgleich von Angebot und Nachfrage auf dem örtlichen und überörtlichen Arbeitsmarkt beizutragen. Der Einsatz der aktiven Arbeitsmarktpolitik ist zur Verbesserung der Wirksamkeit und Steuerung regelmäßig durch die Agenturen für Arbeit zu überprüfen. Dazu ist ein regionales Arbeitsmarktmonitoring einzurichten. Arbeitsmarktmonitoring ist ein System wiederholter Beobachtungen, Bilanzierungen, Trendbeschreibungen und Bewertungen der Vorgänge auf dem Arbeitsmarkt einschließlich der den Arbeitsmarktausgleich unterstützenden Maßnahmen.
(3) Die Agenturen für Arbeit arbeiten zur Erfüllung ihrer Aufgaben mit den Gemeinden, Kreisen und Bezirken sowie den weiteren Beteiligten des örtlichen Arbeitsmarktes, insbesondere den Vertretern der Arbeitgeber und Arbeitnehmer, den Kammern und berufsständischen Organisationen, zusammen. Sie sollen ihre Planungen rechtzeitig mit Trägern von Maßnahmen der Arbeitsförderung erörtern.

§ 9a Zusammenarbeit mit den für die Wahrnehmung der Aufgaben der Grundsicherung für Arbeitsuchende zuständigen Agenturen für Arbeit, zugelassenen kommunalen Trägern und Arbeitsgemeinschaften
Beziehen erwerbsfähige Hilfebedürftige nach dem Zweiten Buch auch Leistungen der Arbeitsförderung, so sind die Agenturen für Arbeit verpflichtet, eng mit den für die Wahrnehmung der Aufgaben der Grundsicherung für Arbeitsuchende zuständigen Agenturen für Arbeit, zugelassenen kommunalen Trägern und Arbeitsgemeinschaften zusammenzuarbeiten. Sie unterrichten diese unverzüglich über die ihnen insoweit bekannten, für die Wahrnehmung der Aufgaben der Grundsicherung für Arbeitsuchende erforderlichen Tatsachen, insbesondere über

1. die für erwerbsfähige Hilfebedürftige im Sinne des Zweiten Buches vorgesehenen und erbrachten Leistungen der aktiven Arbeitsförderung sowie
2. über die bei diesen Personen eintretenden Sperrzeiten.

(In der Fassung bis 31.12.2009)
§ 10 Freie Förderung

(1) Die Agenturen für Arbeit können bis zu zehn Prozent der im Eingliederungstitel enthaltenen Mittel für Ermessensleistungen der aktiven Arbeitsförderung einsetzen, um die Möglichkeiten der gesetzlich geregelten aktiven Arbeitsförderungsleistungen durch freie Leistungen der aktiven Arbeitsförderung zu erweitern. Die freien Leistungen müssen den Zielen und Grundsätzen der gesetzlichen Leistungen entsprechen und dürfen nicht gesetzliche Leistungen aufstocken. Bei Leistungen an Arbeitgeber ist darauf zu achten, Wettbewerbsverfälschungen zu vermeiden. Projektförderungen sind zulässig.

(2) Das Bundesministerium für Arbeit und Soziales wird ermächtigt, durch Rechtsverordnung das Nähere zu der freien Förderung, insbesondere zu den Voraussetzungen, den Grenzen und zum Verfahren, zu regeln.

(In der Fassung ab 01.01.2010)
§ 10 ~~Freie Förderung~~ *(aufgehoben)*

~~(1) Die Agenturen für Arbeit können bis zu zehn Prozent der im Eingliederungstitel enthaltenen Mittel für Ermessensleistungen der aktiven Arbeitsförderung einsetzen, um die Möglichkeiten der gesetzlich geregelten aktiven Arbeitsförderungsleistungen durch freie Leistungen der aktiven Arbeitsförderung zu erweitern. Die freien Leistungen müssen den Zielen und Grundsätzen der gesetzlichen Leistungen entsprechen und dürfen nicht gesetzliche Leistungen aufstocken. Bei Leistungen an Arbeitgeber ist darauf zu achten, Wettbewerbsverfälschungen zu vermeiden. Projektförderungen sind zulässig.~~

~~(2) Das Bundesministerium für Arbeit und Soziales wird ermächtigt, durch Rechtsverordnung das Nähere zu der freien Förderung, insbesondere zu den Voraussetzungen, den Grenzen und zum Verfahren, zu regeln.~~

§ 11 Eingliederungsbilanz

(1) Jede Agentur für Arbeit erstellt über seine Ermessensleistungen der aktiven Arbeitsförderung und Leistungen zur Förderung der Aufnahme einer selbständigen Tätigkeit nach Abschluß eines Haushaltsjahres eine Eingliederungsbilanz. Die Eingliederungsbilanzen müssen vergleichbar sein und sollen Aufschluß über den Mitteleinsatz, die geförderten Personengruppen und die Wirksamkeit der Förderung geben.

(2) Die Eingliederungsbilanzen sollen insbesondere Angaben enthalten zu
1. dem Anteil der Gesamtausgaben an den zugewiesenen Mitteln sowie den Ausgaben für die einzelnen Leistungen und ihrem Anteil an den Gesamtausgaben,
2. den durchschnittlichen Ausgaben für die einzelnen Leistungen je geförderten Arbeitnehmer unter Berücksichtigung der besonders förderungs-

bedürftigen Personengruppen, insbesondere Langzeitarbeitslose, schwerbehinderte Menschen, Ältere mit Vermittlungserschwernissen, Berufsrückkehrer und Geringqualifizierte,

3. der Beteiligung besonders förderungsbedürftiger Personengruppen an den einzelnen Leistungen unter Berücksichtigung ihres Anteils an den Arbeitslosen,

4. der Beteiligung von Frauen an Maßnahmen der aktiven Arbeitsförderung unter Berücksichtigung des Frauenanteils an den Arbeitslosen und ihrer relativen Betroffenheit durch Arbeitslosigkeit sowie über Maßnahmen, die zu einer gleichberechtigten Teilhabe von Frauen am Arbeitsmarkt beigetragen haben,

5. dem Verhältnis der Zahl der in eine nicht geförderte Beschäftigung vermittelten Arbeitslosen zu der Zahl der Abgänge aus Arbeitslosigkeit in eine nicht geförderte Beschäftigung (Vermittlungsquote). Dabei sind besonders förderungsbedürftige Personengruppen gesondert auszuweisen,

6. dem Verhältnis der Zahl der Arbeitnehmer, die sechs Monate im Anschluss an die Maßnahme nicht mehr arbeitslos sind sowie dem Verhältnis der Zahl der Arbeitnehmer, die nach angemessener Zeit im Anschluss an die Maßnahme sozialversicherungspflichtig beschäftigt sind, zu der Zahl der geförderten Arbeitnehmer in den einzelnen Maßnahmebereichen. Dabei sind besonders förderungsbedürftige Personengruppen gesondert auszuweisen,

7. der Entwicklung der Rahmenbedingungen für die Eingliederung auf dem regionalen Arbeitsmarkt,

8. der Veränderung der Maßnahmen im Zeitverlauf,

9. der Arbeitsmarktsituation von Personen mit Migrationshintergrund.

Die Zentrale der Bundesagentur stellt den Agenturen für Arbeit zur Sicherstellung der Vergleichbarkeit der Eingliederungsbilanzen einheitliche Berechnungsmaßstäbe zu den einzelnen Angaben zur Verfügung.

(3) Die Eingliederungsbilanz ist mit den Beteiligten des örtlichen Arbeitsmarktes zu erörtern. Dazu ist sie um einen Teil zu ergänzen, der weiteren Aufschluss über die Leistungen und ihre Wirkungen auf den örtlichen Arbeitsmarkt, Aufschluss über die Konzentration der Maßnahmen auf einzelne Träger, über die Einschaltung Dritter bei der Vermittlung sowie Aufschluss über die *Zusammensetzung der Maßnahmen zur Aktivierung und beruflichen Eingliederung sowie die an diesen Maßnahmen teilnehmenden Personen* Zahl der in Personal-Service-Agenturen vermittelten Arbeitnehmer und deren weiteren Eingliederung in den *Ausbildungs- und* Arbeitsmarkt gibt.

(4) Die Eingliederungsbilanzen sind bis Mitte des nachfolgenden Jahres zu veröffentlichen.

Zweiter Abschnitt: Berechtigte

§ 12 Geltung der Begriffsbestimmungen
Die in diesem Abschnitt enthaltenen Begriffsbestimmungen sind nur für dieses Buch maßgeblich.

§ 13 Heimarbeiter
Arbeitnehmer im Sinne dieses Buches sind auch Heimarbeiter (§ 12 Abs. 2 des Vierten Buches).

§ 14 Auszubildende
Auszubildende sind die zur Berufsausbildung Beschäftigten und Teilnehmer an nach diesem Buch förderungsfähigen berufsvorbereitenden Bildungsmaßnahmen sowie Teilnehmer an einer Einstiegsqualifizierung.

§ 15 Ausbildung- und Arbeitsuchende
Ausbildungsuchende sind Personen, die eine Berufsausbildung suchen. Arbeitsuchende sind Personen, die eine Beschäftigung als Arbeitnehmer suchen. Dies gilt auch, wenn sie bereits eine Beschäftigung oder eine selbständige Tätigkeit ausüben.

§ 16 Arbeitslose
(1) Arbeitslose sind Personen, die wie beim Anspruch auf Arbeitslosengeld
1. vorübergehend nicht in einem Beschäftigungsverhältnis stehen,
2. eine versicherungspflichtige Beschäftigung suchen und dabei den Vermittlungsbemühungen der Agentur für Arbeit zur Verfügung stehen und
3. sich bei der Agentur für Arbeit arbeitslos gemeldet haben.
(2) Teilnehmer an Maßnahmen der aktiven Arbeitsmarktpolitik gelten als nicht arbeitslos.

§ 17 Von Arbeitslosigkeit bedrohte Arbeitnehmer
Von Arbeitslosigkeit bedrohte Arbeitnehmer sind Personen, die
1. versicherungspflichtig beschäftigt sind,
2. alsbald mit der Beendigung der Beschäftigung rechnen müssen und
3. voraussichtlich nach Beendigung der Beschäftigung arbeitslos werden.

§ 18 Langzeitarbeitslose
(1) Langzeitarbeitslose sind Arbeitslose, die ein Jahr und länger arbeitslos sind.
(2) Für Leistungen ~~der aktiven Arbeitsförderung~~, die Langzeitarbeitslosigkeit voraussetzen, bleiben folgende Unterbrechungen der Arbeitslosigkeit innerhalb eines Zeitraums von fünf Jahren unberücksichtigt:
1. Zeiten einer *Maßnahme der* aktiven Arbeitsförderung *oder zur Eingliederung in Arbeit nach dem Zweiten Buch,*
2. Zeiten einer Krankheit, *einer Pflegebedürftigkeit* oder eines Beschäftigungsverbots nach dem Mutterschutzgesetz,

3. Zeiten der Betreuung und Erziehung aufsichtsbedürftiger Kinder oder der Betreuung pflegebedürftiger Angehöriger,
4. Beschäftigungen oder selbständige Tätigkeiten bis zu einer Dauer von insgesamt sechs Monaten,
5. Zeiten, in denen eine Beschäftigung rechtlich nicht möglich war, und
6. kurze Unterbrechungen der Arbeitslosigkeit ohne Nachweis.

(3) Ergibt sich der Sachverhalt einer unschädlichen Unterbrechung üblicherweise nicht aus den Unterlagen der Arbeitsvermittlung, so reicht Glaubhaftmachung aus.

§ 19 Behinderte Menschen

(1) Behindert im Sinne dieses Buches sind Menschen, deren Aussichten, am Arbeitsleben teilzuhaben oder weiter teilzuhaben, wegen Art oder Schwere ihrer Behinderung im Sinne von § 2 Abs. 1 des Neunten Buches nicht nur vorübergehend wesentlich gemindert sind und die deshalb Hilfen zur Teilhabe am Arbeitsleben benötigen, einschließlich lernbehinderter Menschen.

(2) Behinderten Menschen stehen Menschen gleich, denen eine Behinderung mit den in Absatz 1 genannten Folgen droht.

§ 20 Berufsrückkehrer

Berufsrückkehrer sind Frauen und Männer, die
1. ihre Erwerbstätigkeit oder Arbeitslosigkeit oder eine betriebliche Berufsausbildung wegen der Betreuung und Erziehung von aufsichtsbedürftigen Kindern oder der Betreuung pflegebedürftiger Angehöriger unterbrochen haben und
2. in angemessener Zeit danach in die Erwerbstätigkeit zurückkehren wollen.

§ 21 Träger

Träger sind natürliche oder juristische Personen oder Personengesellschaften, die Maßnahmen der Arbeitsförderung selbst durchführen oder durch Dritte durchführen lassen.

Dritter Abschnitt: Verhältnis der Leistungen aktiver Arbeitsförderung zu anderen Leistungen

§ 22 Verhältnis zu anderen Leistungen

(1) Leistungen der aktiven Arbeitsförderung dürfen nur erbracht werden, wenn nicht andere Leistungsträger oder andere öffentlich-rechtliche Stellen zur Erbringung gleichartiger Leistungen gesetzlich verpflichtet sind.

(2) Allgemeine und besondere Leistungen zur Teilhabe am Arbeitsleben einschließlich der Leistungen an Arbeitgeber und der Leistungen an Träger dürfen nur erbracht werden, sofern nicht ein anderer Rehabilitationsträger im Sinne des Neunten Buches zuständig ist. Eingliederungszuschüsse nach § 219 und Zuschüsse zur Ausbildungsvergütung für schwerbehinderte Menschen nach § 235a dürfen auch dann erbracht werden, wenn ein anderer Leistungs-

träger zur Erbringung gleichartiger Leistungen gesetzlich verpflichtet ist oder, ohne gesetzlich verpflichtet zu sein, Leistungen erbringt. In diesem Fall werden die Leistungen des anderen Leistungsträgers angerechnet.

(3) Soweit Leistungen zur Förderung der Berufsausbildung und zur Förderung der beruflichen Weiterbildung der Sicherung des Lebensunterhaltes dienen, gehen sie der Ausbildungsbeihilfe nach § 44 des Strafvollzugsgesetzes vor. Die Leistungen für Gefangene dürfen die Höhe der Ausbildungsbeihilfe nach § 44 des Strafvollzugsgesetzes nicht übersteigen. Sie werden den Gefangenen nach einer Förderzusage der Agentur für Arbeit in Vorleistung von den Ländern erbracht und von der Bundesagentur erstattet.

(4) Leistungen nach ~~den~~ §§ 35, ~~37, 37c,~~ nach dem Ersten ~~bis Dritten~~ und Sechsten Abschnitt des Vierten Kapitels, nach den §§ 97 bis 99, 100 Nr. 1 ~~bis 3~~ und 6*4*, § 101 Abs. 1, 2 und 5, den §§ 102, 103 Satz 1 Nr. 1 und 3, den §§ 109 und 111, § 116 Nr. 3, den §§ 160 bis 162, nach dem Fünften Kapitel, nach dem Ersten~~,~~ *und* Fünften ~~und Siebten~~ Abschnitt des Sechsten Kapitels sowie nach den §§ 417, 421f, ~~421i,~~ 421k, ~~421m, 421n,~~ 421o und 421p werden nicht an oder für erwerbsfähige Hilfebedürftige im Sinne des Zweiten Buches erbracht. Sofern die Bundesagentur für Arbeit für die Erbringung von Leistungen nach § 35 besondere Dienststellen nach § 367 Abs. 2 Satz 2 eingerichtet oder zusätzliche Vermittlungsdienstleistungen agenturübergreifend organisiert hat, erbringt sie die dort angebotenen Vermittlungsleistungen abweichend von Satz 1 auch an oder für erwerbsfähige Hilfebedürftige im Sinne des Zweiten Buches. Eine Leistungserbringung an oder für erwerbsfähige Hilfebedürftige im Sinne des Zweiten Buches nach den Grundsätzen der §§ 88 bis 92 des Zehnten Buches bleibt ebenfalls unberührt. Die Agenturen für Arbeit dürfen Aufträge nach Satz 3 zur Ausbildungsvermittlung nur aus wichtigem Grund ablehnen. Abweichend von Satz 1 werden die Leistungen nach den §§ 35, ~~37 Abs. 4~~ *46 Abs. 3*, den §§ 102, 103 Nr. 1 und 3, den §§ 109 und 111 *sowie dem § 223 Abs. 1 Satz 2* auch an oder für erwerbsfähige Hilfebedürftige im Sinne des Zweiten Buches erbracht, die einen Anspruch auf Arbeitslosengeld haben.

§ 23 Vorleistungspflicht der Arbeitsförderung

(1) Solange und soweit eine vorrangige Stelle Leistungen nicht gewährt, sind Leistungen der aktiven Arbeitsförderung so zu erbringen, als wenn die Verpflichtung dieser Stelle nicht bestünde.

(2) Hat die Agentur für Arbeit für eine andere öffentlich-rechtliche Stelle vorgeleistet, ist die zur Leistung verpflichtete öffentlich-rechtliche Stelle der Bundesagentur erstattungspflichtig. Für diese Erstattungsansprüche gelten die Vorschriften des Zehnten Buches über die Erstattungsansprüche der Sozialleistungsträger untereinander entsprechend.

Zweites Kapitel: Versicherungspflicht

Erster Abschnitt: Beschäftigte, Sonstige Versicherungspflichtige

§ 24 Versicherungspflichtverhältnis

(1) In einem Versicherungspflichtverhältnis stehen Personen, die als Beschäftigte oder aus sonstigen Gründen versicherungspflichtig sind.

(2) Das Versicherungspflichtverhältnis beginnt für Beschäftigte mit dem Tag des Eintritts in das Beschäftigungsverhältnis oder mit dem Tag nach dem Erlöschen der Versicherungsfreiheit, für die sonstigen Versicherungspflichtigen mit dem Tag, an dem erstmals die Voraussetzungen für die Versicherungspflicht erfüllt sind.

(3) Das Versicherungspflichtverhältnis für Beschäftigte besteht während eines Arbeitsausfalls mit Entgeltausfall im Sinne der Vorschriften über das Kurzarbeitergeld fort.

(4) Das Versicherungspflichtverhältnis endet für Beschäftigte mit dem Tag des Ausscheidens aus dem Beschäftigungsverhältnis oder mit dem Tag vor Eintritt der Versicherungsfreiheit, für die sonstigen Versicherungspflichtigen mit dem Tag, an dem die Voraussetzungen für die Versicherungspflicht letztmals erfüllt waren.

§ 25 Beschäftigte

(1) Versicherungspflichtig sind Personen, die gegen Arbeitsentgelt oder zu ihrer Berufsausbildung beschäftigt (versicherungspflichtige Beschäftigung) sind. Auszubildende, die im Rahmen eines Berufsausbildungsvertrages nach dem Berufsbildungsgesetz in einer außerbetrieblichen Einrichtung ausgebildet werden, stehen den Beschäftigten zur Berufsausbildung im Sinne des Satzes 1 gleich.

(2) Bei Wehrdienstleistenden und Zivildienstleistenden, denen nach gesetzlichen Vorschriften für die Zeit ihres Dienstes Arbeitsentgelt weiterzugewähren ist, gilt das Beschäftigungsverhältnis durch den Wehrdienst oder Zivildienst als nicht unterbrochen. Personen, die nach dem Vierten Abschnitt des Soldatengesetzes Wehrdienst leisten, sind in dieser Beschäftigung nicht nach Absatz 1 versicherungspflichtig; sie gelten als Wehrdienst Leistende im Sinne des § 26 Abs. 1 Nr. 2. Die Sätze 1 und 2 gelten auch für Personen in einem Wehrdienstverhältnis besonderer Art nach § 6 des Einsatz-Weiterverwendungsgesetzes, wenn sie den Einsatzunfall in einem Versicherungspflichtverhältnis erlitten haben.

§ 26 Sonstige Versicherungspflichtige

(1) Versicherungspflichtig sind

1. Jugendliche, die in Einrichtungen der beruflichen Rehabilitation nach § 35 des Neunten Buches Leistungen zur Teilhabe am Arbeitsleben erhalten, die ihnen eine Erwerbstätigkeit auf dem allgemeinen Arbeits-

markt ermöglichen sollen, sowie Personen, die in Einrichtungen der Jugendhilfe für eine Erwerbstätigkeit befähigt werden sollen,

2. Personen, die nach Maßgabe des Wehrpflichtgesetzes oder des Zivildienstgesetzes Wehrdienst oder Zivildienst leisten und während dieser Zeit nicht als Beschäftigte versicherungspflichtig sind,

3. (aufgehoben)

3a. (aufgehoben)

4. Gefangene, die Arbeitsentgelt, Ausbildungsbeihilfe oder Ausfallentschädigung (§§ 43 bis 45, 176 und 177 des Strafvollzugsgesetzes) erhalten oder Ausbildungsbeihilfe nur wegen des Vorrangs von Leistungen zur Förderung der Berufsausbildung nach diesem Buch nicht erhalten. Gefangene im Sinne dieses Buches sind Personen, die im Vollzug von Untersuchungshaft, Freiheitsstrafen und freiheitsentziehenden Maßregeln der Besserung und Sicherung oder einstweilig nach § 126a Abs. 1 der Strafprozeßordnung untergebracht sind,

5. Personen, die als nicht satzungsmäßige Mitglieder geistlicher Genossenschaften oder ähnlicher religiöser Gemeinschaften für den Dienst in einer solchen Genossenschaft oder ähnlichen religiösen Gemeinschaft außerschulisch ausgebildet werden.

(2) Versicherungspflichtig sind Personen in der Zeit, für die sie

1. von einem Leistungsträger Mutterschaftsgeld, Krankengeld, Versorgungskrankengeld, Verletztengeld oder von einem Träger der medizinischen Rehabilitation Übergangsgeld beziehen,

2. von einem privaten Krankenversicherungsunternehmen Krankentagegeld beziehen oder

3. von einem Träger der gesetzlichen Rentenversicherung eine Rente wegen voller Erwerbsminderung beziehen,

wenn sie unmittelbar vor Beginn der Leistung versicherungspflichtig waren, eine laufende Entgeltersatzleistung nach diesem Buch bezogen oder eine als Arbeitsbeschaffungsmaßnahme geförderte Beschäftigung ausgeübt haben, die ein Versicherungspflichtverhältnis oder den Bezug einer laufenden Entgeltersatzleistung nach diesem Buch unterbrochen hat.

(2a) Versicherungspflichtig sind Personen in der Zeit, in der sie ein Kind, das das dritte Lebensjahr noch nicht vollendet hat, erziehen, wenn sie

1. unmittelbar vor der Kindererziehung versicherungspflichtig waren, eine laufende Entgeltersatzleistung nach diesem Buch bezogen oder eine als Arbeitsbeschaffungsmaßnahme geförderte Beschäftigung ausgeübt haben, die ein Versicherungspflichtverhältnis oder den Bezug einer laufenden Entgeltersatzleistung nach diesem Buch unterbrochen hat, und

2. sich mit dem Kind im Inland gewöhnlich aufhalten oder bei Aufenthalt im Ausland Anspruch auf Kindergeld nach dem Einkommensteuergesetz oder Bundeskindergeldgesetz haben oder ohne die Anwendung des § 64 oder § 65 des Einkommensteuergesetzes oder des § 3 oder § 4 des Bundeskindergeldgesetzes haben würden.

Satz 1 gilt nur für Kinder des Erziehenden, seines nicht dauernd getrennt lebenden Ehegatten oder seines nicht dauernd getrennt lebenden Lebenspartners. Haben mehrere Personen ein Kind gemeinsam erzogen, besteht Versicherungspflicht nur für die Person, der nach den Regelungen des Rechts der gesetzlichen Rentenversicherung die Erziehungszeit zuzuordnen ist (§ 56 Abs. 2 des Sechsten Buches).

(2b) Versicherungspflichtig sind Personen in der Zeit, in der sie eine Pflegezeit nach § 3 Abs. 1 Satz 1 des Pflegezeitgesetzes in Anspruch nehmen und eine pflegebedürftige Person pflegen, wenn sie unmittelbar vor der Pflegezeit versicherungspflichtig waren oder eine als Arbeitsbeschaffungsmaßnahme geförderte Beschäftigung ausgeübt haben, die ein Versicherungspflichtverhältnis oder den Bezug einer laufenden Entgeltersatzleistung nach diesem Buch unterbrochen hat.

(3) Nach Absatz 1 Nr. 1 ist nicht versicherungspflichtig, wer nach § 25 Abs. 1 versicherungspflichtig ist. Nach Absatz 1 Nr. 4 ist nicht versicherungspflichtig, wer nach anderen Vorschriften dieses Buches versicherungspflichtig ist. Versicherungspflichtig wegen des Bezuges von Mutterschaftsgeld nach Absatz 2 Nr. 1 ist nicht, wer nach Absatz 2a versicherungspflichtig ist. Nach Absatz 2 Nr. 2 ist nicht versicherungspflichtig, wer nach Absatz 2 Nr. 1 versicherungspflichtig ist. Nach Absatz 2a und 2b ist nicht versicherungspflichtig, wer nach anderen Vorschriften dieses Buches versicherungspflichtig ist oder während der Zeit der Erziehung oder Pflege Anspruch auf Entgeltersatzleistungen nach diesem Buch hat; Satz 3 bleibt unberührt. Trifft eine Versicherungspflicht nach Absatz 2a mit einer Versicherungspflicht nach Absatz 2b zusammen, geht die Versicherungspflicht nach Absatz 2a vor.

(4) (aufgehoben)

§ 27 Versicherungsfreie Beschäftigte

(1) Versicherungsfrei sind Personen in einer Beschäftigung als

1. Beamter, Richter, Soldat auf Zeit sowie Berufssoldat der Bundeswehr und als sonstig Beschäftigter des Bundes, eines Landes, eines Gemeindeverbandes, einer Gemeinde, einer öffentlich-rechtlichen Körperschaft, Anstalt, Stiftung oder eines Verbandes öffentlich-rechtlicher Körperschaften oder deren Spitzenverbänden, wenn sie nach beamtenrechtlichen Vorschriften oder Grundsätzen bei Krankheit Anspruch auf Fortzahlung der Bezüge und auf Beihilfe oder Heilfürsorge haben,

2. Geistliche der als öffentlich-rechtliche Körperschaften anerkannten Religionsgesellschaften, wenn sie nach beamtenrechtlichen Vorschriften oder Grundsätzen bei Krankheit Anspruch auf Fortzahlung der Bezüge und auf Beihilfe haben,

3. Lehrer an privaten genehmigten Ersatzschulen, wenn sie hauptamtlich beschäftigt sind und nach beamtenrechtlichen Vorschriften oder Grundsätzen bei Krankheit Anspruch auf Fortzahlung der Bezüge und auf Beihilfe haben,

4. satzungsmäßige Mitglieder von geistlichen Genossenschaften, Diakonissen und ähnliche Personen, wenn sie sich aus überwiegend religiösen oder sittlichen Beweggründen mit Krankenpflege, Unterricht oder anderen gemeinnützigen Tätigkeiten beschäftigen und nicht mehr als freien

Unterhalt oder ein geringes Entgelt beziehen, das nur zur Beschaffung der unmittelbaren Lebensbedürfnisse an Wohnung, Verpflegung, Kleidung und dergleichen ausreicht,

5. Mitglieder des Vorstandes einer Aktiengesellschaft für das Unternehmen, dessen Vorstand sie angehören. Konzernunternehmen im Sinne des § 18 des Aktiengesetzes gelten als ein Unternehmen.

(2) Versicherungsfrei sind Personen in einer geringfügigen Beschäftigung; abweichend von § 8 Abs. 2 Satz 1 des Vierten Buches werden geringfügige Beschäftigungen und nicht geringfügige Beschäftigungen nicht zusammengerechnet. Versicherungsfreiheit besteht nicht für Personen, die

1. im Rahmen betrieblicher Berufsbildung, nach dem Jugendfreiwilligendienstegesetz,

2. wegen eines Arbeitsausfalls mit Entgeltausfall im Sinne der Vorschriften über das Kurzarbeitergeld oder

3. wegen stufenweiser Wiedereingliederung in das Erwerbsleben (§ 74 Fünftes Buch, § 28 Neuntes Buch) oder aus einem sonstigen der in § 126 Abs. 1 genannten Gründe

nur geringfügig beschäftigt sind.

(3) Versicherungsfrei sind Personen in einer

1. unständigen Beschäftigung, die sie berufsmäßig ausüben. Unständig ist eine Beschäftigung, die auf weniger als eine Woche der Natur der Sache nach beschränkt zu sein pflegt oder im voraus durch Arbeitsvertrag beschränkt ist,

2. Beschäftigung als Heimarbeiter, die gleichzeitig mit einer Tätigkeit als Zwischenmeister (§ 12 Abs. 4 Viertes Buch) ausgeübt wird, wenn der überwiegende Teil des Verdienstes aus der Tätigkeit als Zwischenmeister bezogen wird,

3. Beschäftigung als ausländischer Arbeitnehmer zur beruflichen Aus- oder Fortbildung, wenn

   a) die berufliche Aus- oder Fortbildung aus Mitteln des Bundes, eines Landes, einer Gemeinde oder eines Gemeindeverbandes oder aus Mitteln einer Einrichtung oder einer Organisation, die sich der Aus- oder Fortbildung von Ausländern widmet, gefördert wird,

   b) sie verpflichtet sind, nach Beendigung der geförderten Aus- oder Fortbildung das Inland zu verlassen, und

   c) die im Inland zurückgelegten Versicherungszeiten weder nach dem Recht der Europäischen Gemeinschaft noch nach zwischenstaatlichen Abkommen oder dem Recht des Wohnlandes des Arbeitnehmers einen Anspruch auf Leistungen für den Fall der Arbeitslosigkeit in dem Wohnland des Betreffenden begründen können,

4. Beschäftigung als ehrenamtlicher Bürgermeister oder ehrenamtlicher Beigeordneter,

5. Beschäftigung, die

   a) als Arbeitsbeschaffungsmaßnahme nach § 260,

   b) als Arbeitsgelegenheit nach § 16d Satz 1 des Zweiten Buches oder

   c) mit einem Beschäftigungszuschuss nach § 16e des Zweiten Buches gefördert wird.

6. ~~Beschäftigung, die mit einem Beschäftigungszuschuss nach § 16a des Zweiten Buches gefördert wird.~~

(4) Versicherungsfrei sind Personen, die während der Dauer
1. ihrer Ausbildung an einer allgemeinbildenden Schule oder
2. ihres Studiums als ordentliche Studierende einer Hochschule oder einer der fachlichen Ausbildung dienenden Schule

eine Beschäftigung ausüben. Satz 1 Nr. 1 gilt nicht, wenn der Beschäftigte schulische Einrichtungen besucht, die der Fortbildung außerhalb der üblichen Arbeitszeit dienen.

(5) Versicherungsfrei sind Personen, die während einer Zeit, in der ein Anspruch auf Arbeitslosengeld besteht, eine Beschäftigung ausüben. Satz 1 gilt nicht für Beschäftigungen, die während der Zeit, in der ein Anspruch auf Teilarbeitslosengeld besteht, ausgeübt werden.

§ 28 Sonstige versicherungsfreie Personen

(1) Versicherungsfrei sind Personen,
1. die das Lebensjahr für den Anspruch auf Regelaltersrente im Sinne des Sechsten Buches vollenden, mit Ablauf des Monats, in dem sie das maßgebliche Lebensjahr vollenden,
2. die wegen einer Minderung ihrer Leistungsfähigkeit dauernd nicht mehr verfügbar sind, von dem Zeitpunkt an, an dem die Agentur für Arbeit diese Minderung der Leistungsfähigkeit und der zuständige Träger der gesetzlichen Rentenversicherung volle Erwerbsminderung im Sinne der gesetzlichen Rentenversicherung festgestellt haben,
3. während der Zeit, für die ihnen eine dem Anspruch auf Rente wegen voller Erwerbsminderung vergleichbare Leistung eines ausländischen Leistungsträgers zuerkannt ist.

(2) Versicherungsfrei sind Personen in einer Beschäftigung oder auf Grund des Bezuges einer Sozialleistung (§ 26 Abs. 2 Nr. 1 und 2), soweit ihnen während dieser Zeit ein Anspruch auf Rente wegen voller Erwerbsminderung aus der gesetzlichen Rentenversicherung zuerkannt ist.

(3) Versicherungsfrei sind nicht-deutsche Besatzungsmitglieder deutscher Seeschiffe, die ihren Wohnsitz oder gewöhnlichen Aufenthalt nicht im Geltungsbereich dieses Buches haben.

Zweiter Abschnitt: Freiwillige Weiterversicherung

§ 28a Versicherungspflichtverhältnis auf Antrag

(1) Ein Versicherungspflichtverhältnis auf Antrag können Personen begründen, die
1. als Pflegeperson einen der Pflegestufe I bis III im Sinne des Elften Buches zugeordneten Angehörigen, der Leistungen aus der sozialen Pflegeversicherung nach dem Elften Buch oder Hilfe zur Pflege nach dem Zwölften Buch oder gleichartige Leistungen nach anderen Vorschriften bezieht, wenigstens 14 Stunden wöchentlich pflegen,

2. eine selbständige Tätigkeit mit einem Umfang von mindestens 15 Stunden wöchentlich aufnehmen und ausüben oder

3. eine Beschäftigung in einem Staat, in dem die Verordnung (EWG) Nr. 1408/71 nicht anzuwenden ist, aufnehmen und ausüben.

Voraussetzung für die Versicherungspflicht ist, dass

1. der Antragsteller innerhalb der letzten 24 Monate vor Aufnahme der Tätigkeit oder Beschäftigung mindestens zwölf Monate in einem Versicherungspflichtverhältnis nach den Vorschriften des Ersten Abschnitts gestanden, eine Entgeltersatzleistung nach diesem Buch bezogen oder eine als Arbeitsbeschaffungsmaßnahme geförderte Beschäftigung ausgeübt hat, die ein Versicherungspflichtverhältnis oder den Bezug einer laufenden Entgeltersatzleistung nach diesem Buch unterbrochen hat,

2. der Antragsteller unmittelbar vor Aufnahme der Tätigkeit oder Beschäftigung, die zur freiwilligen Weiterversicherung berechtigt, in einem Versicherungspflichtverhältnis nach den Vorschriften des Ersten Abschnitts gestanden, eine Entgeltersatzleistung nach diesem Buch bezogen oder eine als Arbeitsbeschaffungsmaßnahme geförderte Beschäftigung ausgeübt hat, die ein Versicherungspflichtverhältnis oder den Bezug einer laufenden Entgeltersatzleistung nach diesem Buch unterbrochen hat und

3. Versicherungspflicht (§§ 26, 27) anderweitig nicht besteht.

Der Antrag muss spätestens innerhalb von einem Monat nach Aufnahme der Tätigkeit oder Beschäftigung, die zur freiwilligen Weiterversicherung berechtigt, gestellt werden. Nach einer Pflegezeit im Sinne des § 3 Abs. 1 Satz 1 des Pflegezeitgesetzes muss der Antrag abweichend von Satz 3 innerhalb von einem Monat nach Beendigung der Pflegezeit gestellt werden.

(2) Das Versicherungspflichtverhältnis beginnt mit dem Tag des Eingangs des Antrags bei der Agentur für Arbeit, frühestens jedoch mit dem Tag, an dem erstmals die nach Absatz 1 Satz 1 geforderten Voraussetzungen erfüllt sind. Das Versicherungspflichtverhältnis endet,

1. wenn der Versicherungsberechtigte eine Entgeltersatzleistung nach diesem Buch bezieht,

2. mit Ablauf des Tages, an dem die Voraussetzungen nach Absatz 1 Satz 1 letztmals erfüllt waren,

3. wenn der Versicherungsberechtigte mit der Beitragszahlung länger als drei Monate in Verzug ist,

4. in Fällen des Absatzes 1 Satz 1 Nr. 2 und 3 spätestens jedoch mit Ablauf des 31. Dezember 2010.

Die Vorschriften des Ersten Abschnitts über die Versicherungsfreiheit gelten entsprechend.

Drittes Kapitel: Beratung und Vermittlung

Erster Abschnitt: Beratung

§ 29 Beratungsangebot
(1) Die Agentur für Arbeit hat Jugendlichen und Erwachsenen, die am Arbeitsleben teilnehmen oder teilnehmen wollen, Berufsberatung und Arbeitgebern Arbeitsmarktberatung anzubieten.

(2) Art und Umfang der Beratung richten sich nach dem Beratungsbedarf des einzelnen Ratsuchenden.

(3) Die Agentur für Arbeit soll bei der Beratung die Kenntnisse über den Arbeitsmarkt des europäischen Wirtschaftsraumes und die Erfahrungen aus der Zusammenarbeit mit den Arbeitsverwaltungen anderer Staaten nutzen.

§ 30 Berufsberatung
Die Berufsberatung umfaßt die Erteilung von Auskunft und Rat
1.   zur Berufswahl, beruflichen Entwicklung und zum Berufswechsel,
2.   zur Lage und Entwicklung des Arbeitsmarktes und der Berufe,
3.   zu den Möglichkeiten der beruflichen Bildung,
4.   zur Ausbildungs- und Arbeitsplatzsuche,
5.   zu Leistungen der Arbeitsförderung.

Die Berufsberatung erstreckt sich auch auf die Erteilung von Auskunft und Rat zu Fragen der Ausbildungsförderung und der schulischen Bildung, soweit sie für die Berufswahl und die berufliche Bildung von Bedeutung sind.

§ 31 Grundsätze der Berufsberatung
(1) Bei der Berufsberatung sind Neigung, Eignung und Leistungsfähigkeit der Ratsuchenden sowie die Beschäftigungsmöglichkeiten zu berücksichtigen.

(2) Die Agentur für Arbeit kann sich auch nach Beginn einer Berufsausbildung oder der Aufnahme einer Arbeit um den Auszubildenden oder den Arbeitnehmer mit dessen Einverständnis bemühen und ihn beraten, soweit dies für die Festigung des Ausbildungs- oder Arbeitsverhältnisses erforderlich ist.

§ 32 Eignungsfeststellung
Die Agentur für Arbeit soll ratsuchende Jugendliche und Erwachsene mit ihrem Einverständnis ärztlich und psychologisch untersuchen und begutachten, soweit dies für die Feststellung der Berufseignung oder Vermittlungsfähigkeit erforderlich ist.

§ 33 Berufsorientierung
Die Agentur für Arbeit hat zur Vorbereitung der Jugendlichen und Erwachsenen auf die Berufswahl sowie zur Unterrichtung der Ausbildungsuchenden, Arbeitsuchenden, Arbeitnehmer und Arbeitgeber Berufsorientierung zu betreiben. Dabei soll sie über Fragen der Berufswahl, über die Berufe und ihre Anforderungen und Aussichten, über Wege und Förderung der beruflichen

Bildung sowie über beruflich bedeutsame Entwicklungen in den Betrieben, Verwaltungen und auf dem Arbeitsmarkt umfassend unterrichten. Die Agentur für Arbeit kann Schüler allgemein bildender Schulen durch vertiefte Berufsorientierung und Berufswahlvorbereitung fördern (Berufsorientierungsmaßnahme). Die Maßnahme kann bis zu vier Wochen dauern und soll regelmäßig in der unterrichtsfreien Zeit durchgeführt werden. Voraussetzung ist, dass sich Dritte mit mindestens 50 Prozent an der Förderung beteiligen.

§ 34 Arbeitsmarktberatung

(1) Die Arbeitsmarktberatung soll dazu beitragen, die Arbeitgeber bei der Besetzung von Ausbildungs- und Arbeitsstellen zu unterstützen. Sie umfaßt die Erteilung von Auskunft und Rat

1. zur Lage und Entwicklung des Arbeitsmarktes und der Berufe,
2. zur Besetzung von Ausbildungs- und Arbeitsplätzen,
3. zur Gestaltung von Arbeitsplätzen, Arbeitsbedingungen und der Arbeitszeit,
4. zur betrieblichen Aus- und Weiterbildung,
5. zur Eingliederung förderungsbedürftiger Auszubildender und Arbeitnehmer,
6. Leistungen der Arbeitsförderung.

(2) Die Agentur für Arbeit soll die Beratung zur Gewinnung von Ausbildungs- und Arbeitsplätzen für die Vermittlung nutzen. Sie soll auch von sich aus Verbindung zu den Arbeitgebern aufnehmen und unterhalten.

Zweiter Abschnitt: Vermittlung

§ 35 Vermittlungsangebot, ~~Eingliederungsvereinbarung~~[1]

(1) Die Agentur für Arbeit hat Ausbildungsuchenden, Arbeitsuchenden und Arbeitgebern Ausbildungsvermittlung und Arbeitsvermittlung (Vermittlung) anzubieten. Die Vermittlung umfaßt alle Tätigkeiten, die darauf gerichtet sind, Ausbildungsuchende mit Arbeitgebern zur Begründung eines Ausbildungsverhältnisses und Arbeitsuchende mit Arbeitgebern zur Begründung eines Beschäftigungsverhältnisses zusammenzuführen. Die Agentur für Arbeit stellt sicher, dass Arbeitslose und Ausbildungssuchende, deren berufliche Eingliederung voraussichtlich erschwert ist, eine verstärkte vermittlerische Unterstützung erhalten.

(2) Die Agentur für Arbeit hat durch Vermittlung darauf hinzuwirken, daß Ausbildungsuchende eine Ausbildungsstelle, Arbeitsuchende eine Arbeitsstelle und Arbeitgeber geeignete Arbeitnehmer und Auszubildende erhalten. Sie hat dabei die Neigung, Eignung und Leistungsfähigkeit der Ausbildungsuchenden und Arbeitsuchenden sowie die Anforderungen der angebotenen Stellen zu berücksichtigen.

---

[1] Die Regelungen über die Eingliederungsvereinbarung in Abs. 4 a. F. sind Grundlage des § 37 Abs. 2 und 3 n. F.

(3) ~~Kann die Agentur für Arbeit nicht feststellen,~~
~~1.~~ ~~in welche berufliche Ausbildung der Ausbildungsuchende oder~~
~~2.~~ ~~in welche berufliche Tätigkeit der arbeitslose oder von Arbeitslosigkeit~~
~~bedrohte Arbeitsuchende~~
~~vermittelt werden kann oder welche Maßnahmen der aktiven Arbeitsförderung~~
~~vorgesehen werden können, soll sie die Teilnahme an einer Maßnahme der~~
~~Eignungsfeststellung vorsehen~~ *Die Agentur für Arbeit hat Vermittlung auch*
über die Selbstinformationseinrichtungen nach § 41 Abs. 2 im Internet durch-
zuführen. Soweit es für diesen Zweck erforderlich ist, darf sie die Daten aus
den Selbstinformationseinrichtungen nutzen und übermitteln.
~~(4) In einer Eingliederungsvereinbarung, die die Agentur für Arbeit zusam-~~
~~men mit dem Arbeitslosen oder Ausbildungsuchenden trifft, werden für einen~~
~~zu bestimmenden Zeitraum die Vermittlungsbemühungen der Agentur für~~
~~Arbeit, die Eigenbemühungen des Arbeitslosen oder Ausbildungsuchenden~~
~~sowie, soweit die Voraussetzungen vorliegen, künftige Leistungen der aktiven~~
~~Arbeitsförderung festgelegt. Bei Arbeitslosen, die einen Eingliederungsgut-~~
~~schein nach § 223 erhalten, soll in der Eingliederungsvereinbarung die Aus-~~
~~gabe des Eingliederungsgutscheins mit einem Arbeitsangebot oder einer~~
~~Vereinbarung über die notwendigen Eigenbemühungen zur Einlösung des~~
~~Eingliederungsgutscheins verbunden werden. Dem Arbeitslosen oder Ausbil-~~
~~dungsuchenden ist eine Ausfertigung der Eingliederungsvereinbarung auszu-~~
~~händigen. Die Eingliederungsvereinbarung ist sich ändernden Verhältnissen~~
~~anzupassen; sie ist fortzuschreiben, wenn in dem Zeitraum, für den sie zu-~~
~~nächst galt, die Arbeitslosigkeit oder Ausbildungsplatzsuche nicht beendet~~
~~wurde. Sie ist spätestens nach sechsmonatiger Arbeitslosigkeit, bei arbeitslo-~~
~~sen und ausbildungsuchenden Jugendlichen sowie in den Fällen des Satzes 2~~
~~spätestens nach drei Monaten, zu überprüfen.~~

§ 36 Grundsätze der Vermittlung

(1) Die Agentur für Arbeit darf nicht vermitteln, wenn ein Ausbildungs- oder
Arbeitsverhältnis begründet werden soll, das gegen ein Gesetz oder die guten
Sitten verstößt.

(2) Die Agentur für Arbeit darf Einschränkungen, die der Arbeitgeber für eine
Vermittlung hinsichtlich Geschlecht, Alter, Gesundheitszustand ~~oder,~~ Staatsangehörigkeit *oder ähnlicher Merkmale* des Ausbildungsuchenden und Arbeitsuchenden vornimmt, die regelmäßig nicht die berufliche Qualifikation
betreffen, nur berücksichtigen, wenn diese Einschränkungen nach Art der
auszuübenden Tätigkeit unerläßlich sind. Die Agentur für Arbeit darf Einschränkungen, die der Arbeitgeber für eine Vermittlung aus Gründen der
Rasse oder wegen der ethnischen Herkunft, der Religion oder Weltanschau-
ung, einer Behinderung oder der sexuellen Identität des Ausbildungsuchenden und Arbeitsuchenden vornimmt, nur berücksichtigen, soweit sie nach
dem Allgemeinen Gleichbehandlungsgesetz zulässig sind. Im übrigen darf
eine Einschränkung hinsichtlich der Zugehörigkeit zu einer Gewerkschaft,
Partei oder vergleichbaren Vereinigung nur berücksichtigt werden, wenn

1. der Ausbildungs- oder Arbeitsplatz in einem Tendenzunternehmen oder -betrieb im Sinne des § 118 Abs. 1 Satz 1 des Betriebsverfassungsgesetzes besteht und
2. die Art der auszuübenden Tätigkeit diese Einschränkung rechtfertigt.

(3) Die Agentur für Arbeit darf in einem durch einen Arbeitskampf unmittelbar betroffenen Bereich nur dann vermitteln, wenn der Arbeitsuchende und der Arbeitgeber dies trotz eines Hinweises auf den Arbeitskampf verlangen.

(4) Die Agentur für Arbeit ist bei der Vermittlung nicht verpflichtet zu prüfen, ob der vorgesehene Vertrag ein Arbeitsvertrag ist. Wenn ein Arbeitsverhältnis erkennbar nicht begründet werden soll, kann die Agentur für Arbeit auf Angebote zur Aufnahme einer selbständigen Tätigkeit hinweisen; Absatz 1 gilt entsprechend.

§ 37 ~~Beauftragung Dritter mit der Vermittlung~~

~~(1) Die Agentur für Arbeit kann zu ihrer Unterstützung Dritte mit der Vermittlung oder mit Teilaufgaben der Vermittlung beauftragen. Dies gilt insbesondere dann, wenn dadurch die berufliche Eingliederung erleichtert werden kann. Die Agentur für Arbeit kann dem beauftragten Dritten Ausbildungssuchende und Arbeitssuchende zuweisen, wenn diese der Zuweisung nicht aus wichtigem Grund widersprechen. Der Ausbildungssuchende und Arbeitssuchende ist über das Widerspruchsrecht zu belehren.~~

~~(2) Die Agentur für Arbeit kann Träger von Arbeitsbeschaffungsmaßnahmen mit der Vermittlung der geförderten Arbeitnehmer beauftragen.~~

~~(3) Für die Vermittlungtätigkeit des Dritten kann eine Vergütung vereinbart werden. Eine Pauschalierung ist zulässig.~~

~~(4) Arbeitslose können von der Agentur für Arbeit die Beauftragung eines Dritten mit ihrer Vermittlung verlangen, wenn sie sechs Monate nach Eintritt ihrer Arbeitslosigkeit noch arbeitslos sind.~~

§ 37 *Potenzialanalyse und Eingliederungsvereinbarung*[1]

(1) Die Agentur für Arbeit hat unverzüglich nach der Ausbildungsuchendmeldung oder Arbeitsuchendmeldung zusammen mit dem Ausbildungsuchenden oder Arbeitsuchenden dessen für die Vermittlung erforderlichen beruflichen und persönlichen Merkmale, seine beruflichen Fähigkeiten und seine Eignung festzustellen (Potenzialanalyse). Die Feststellung erstreckt sich auch darauf, ob und durch welche Umstände die berufliche Eingliederung erschwert ist.

(2) In einer Eingliederungsvereinbarung, die die Agentur für Arbeit zusammen mit dem ~~Arbeitslosen oder~~ Ausbildungsuchenden *oder Arbeitsuchenden* trifft, werden für einen zu bestimmenden Zeitraum festgelegt

1. *das Eingliederungsziel,*
2. *die Vermittlungsbemühungen der Agentur für Arbeit,*

---

[1] Den neuen Absätzen 2 und 3 wurde hier der Text aus § 35 Abs. 4 a. F. zugrunde gelegt.

3. welche Eigenbemühungen zu seiner beruflichen Eingliederung der Ausbildungsuchende oder Arbeitsuchende in welcher Häufigkeit mindestens
unternehmen muss und in welcher Form er diese nachzuweisen hat,
4. die vorgesehenen Leistungen der aktiven Arbeitsförderung.
*Die besonderen Bedürfnisse behinderter und schwerbehinderter Menschen
sollen angemessen berücksichtigt werden.* Bei Arbeitslosen, die einen Eingliederungsgutschein nach § 223 erhalten, soll in der Eingliederungsvereinbarung die Ausgabe des Eingliederungsgutscheins mit einem Arbeitsangebot
oder einer Vereinbarung über die notwendigen Eigenbemühungen zur Einlösung des Eingliederungsgutscheins verbunden werden.

(3) Dem ~~Arbeitslosen oder~~ Ausbildungsuchenden *oder Arbeitsuchenden* ist
eine Ausfertigung der Eingliederungsvereinbarung auszuhändigen. Die Eingliederungsvereinbarung ist sich ändernden Verhältnissen anzupassen; sie ist
fortzuschreiben, wenn in dem Zeitraum, für den sie zunächst galt, die ~~Arbeits-
losigkeit oder~~ Ausbildungsplatzsuche *oder Arbeitsuche* nicht beendet wurde.
Sie ist spätestens nach sechsmonatiger Arbeitslosigkeit, bei arbeitslosen und
ausbildungsuchenden Jugendlichen sowie in den Fällen des ~~Satzes 2~~ *Absatzes
2 Satz 3* spätestens nach drei Monaten, zu überprüfen. *Kommt eine Eingliederungsvereinbarung nicht zustande, sollen die nach Absatz 2 Satz 1 Nr. 3 erforderlichen Eigenbemühungen durch Verwaltungsakt festgesetzt werden.*

§ 37 a (aufgehoben)

§ 37b ~~Frühzeitige Arbeitsuche~~[1] *(aufgehoben)*
~~Personen, deren Arbeits- oder Ausbildungsverhältnis endet, sind verpflichtet,
sich spätestens drei Monate vor dessen Beendigung persönlich bei der Agentur für Arbeit arbeitsuchend zu melden. Liegen zwischen der Kenntnis des
Beendigungszeitpunktes und der Beendigung des Arbeits- oder Ausbildungsverhältnisses weniger als drei Monate, hat die Meldung innerhalb von drei
Tagen nach Kenntnis des Beendigungszeitpunktes zu erfolgen. Zur Wahrung
der Frist nach Satz 1 und 2 reicht eine fernmündliche Meldung aus, wenn die
persönliche Meldung nach terminlicher Vereinbarung nachgeholt wird. Die
Pflicht zur Meldung besteht unabhängig davon, ob der Fortbestand des Ar-
beits- oder Ausbildungsverhältnisses gerichtlich geltend gemacht oder vom
Arbeitgeber in Aussicht gestellt wird. Die Pflicht zur Meldung gilt nicht bei
einem betrieblichen Ausbildungsverhältnis.~~

§ 37c ~~Personal-Service-Agentur~~ *(aufgehoben)*
~~(1) Die Agentur für Arbeit kann erlaubt tätige Verleiher mit der Einrichtung
und dem Betrieb von Personal-Service-Agenturen beauftragen. Aufgabe der
Personal-Service-Agenturen ist insbesondere, eine Arbeitnehmerüberlassung
zur Vermittlung von Arbeitslosen in Arbeit durchzuführen sowie ihre Be-~~

---

[1] Die Vorschrift ist Grundlage für § 38 Abs. 1 n. F.

~~schäftigten in verleihfreien Zeiten bei der beruflichen Eingliederung zu unter-~~
~~stützen und weiterzubilden.~~
~~(2) Für die Einrichtung und den Betrieb von Personal- Service-Agenturen~~
~~kann eine Vergütung vereinbart werden.~~ Werden Arbeitnehmer von der Per-
~~sonal- Service-Agentur an einen früheren Arbeitgeber, bei dem sie während~~
~~der letzten vier Jahre mehr als drei Monate versicherungspflichtig beschäftigt~~
~~waren, überlassen, ist die Vergütung entsprechend zu kürzen.~~

§ 38 ~~Mitwirkung des~~ *Rechte und Pflichten der* **Ausbildung- und Arbeitsu-**
chenden
(1)[1] Personen, deren Arbeits- oder Ausbildungsverhältnis endet, sind verpflichtet, sich spätestens drei Monate vor dessen Beendigung persönlich bei
der Agentur für Arbeit arbeitsuchend zu melden. Liegen zwischen der Kenntnis des Beendigungszeitpunktes und der Beendigung des Arbeits- oder Ausbildungsverhältnisses weniger als drei Monate, hat die Meldung innerhalb von
drei Tagen nach Kenntnis des Beendigungszeitpunktes zu erfolgen. Zur Wahrung der Frist nach ~~Satz~~ *den Sätzen* 1 und 2 reicht eine ~~fernmündliche Mel-~~
~~dung~~ *Anzeige unter Angabe der persönlichen Daten und des Beendigungszeit-*
punktes aus, wenn die persönliche Meldung nach terminlicher Vereinbarung
nachgeholt wird. Die Pflicht zur Meldung besteht unabhängig davon, ob der
Fortbestand des Arbeits- oder Ausbildungsverhältnisses gerichtlich geltend
gemacht oder vom Arbeitgeber in Aussicht gestellt wird. Die Pflicht zur Meldung gilt nicht bei einem betrieblichen Ausbildungsverhältnis. *Im Übrigen*
gelten für Ausbildung- und Arbeitsuchende die Meldepflichten im Leistungs-
verfahren nach den §§ 309 und 310 entsprechend.
(2) ~~(1)~~ Ausbildung- und Arbeitsuchende, die Dienstleistungen der Bundesagentur in Anspruch nehmen, haben die für eine Vermittlung erforderlichen
Auskünfte zu erteilen ~~und~~, Unterlagen vorzulegen *und den Abschluss eines*
Ausbildungs- oder Arbeitsverhältnisses unter Benennung des Arbeitgebers
und seines Sitzes unverzüglich mitzuteilen. Sie können die Weitergabe ihrer
Unterlagen von ihrer Rückgabe an die Agentur für Arbeit abhängig machen
oder ihre Weitergabe an namentlich benannte Arbeitgeber ausschließen. *Die*
Anzeige- und Bescheinigungspflichten im Leistungsverfahren bei Arbeitsunfä-
higkeit nach § 311 gelten entsprechend.
~~(1a) Ausbildung- und Arbeitsuchende haben den Abschluss eines Ausbil-~~
~~dungs- oder Arbeitsverhältnisses der Agentur für Arbeit unter Benennung des~~
~~Arbeitgebers und seines Sitzes unverzüglich mitzuteilen.~~
~~(2) Die Agentur für Arbeit kann die Vermittlung einstellen, solange der Aus-~~
~~bildung- oder Arbeitsuchende nicht ausreichend mitwirkt oder die ihm nach~~
~~der Eingliederungsvereinbarung obliegenden Pflichten nicht erfüllt.~~
(3) ~~(4)~~[2] Die Arbeitsvermittlung ist durchzuführen,

---

[1] Dem neu eingefügten Absatz 1 wurde hier der Text des § 37b a. F. zugrunde gelegt.
[2] Die Absätze 3 und 4 a. F. wurden in ihrer Reihenfolge vertauscht und danach leicht
geändert.

1. solange der Arbeitsuchende Leistungen zum Ersatz des Arbeitsentgelts bei Arbeitslosigkeit beansprucht,
2. solange der Arbeitsuchende in einer Arbeitsbeschaffungsmaßnahme gefördert wird, *oder*
3. ~~wenn der Arbeitsuchende eine ihm nicht zumutbare Beschäftigung angenommen hat und die Weiterführung verlangt, jedoch nicht länger als sechs Monate oder~~
3.4. bei Meldepflichtigen nach § ~~37b~~ *Absatz 1* bis zum angegebenen Beendigungszeitpunkt des Arbeits- oder Ausbildungsverhältnisses.

Im ~~ü~~*Ü*brigen ~~ist sie nach drei Monaten einzustellen.~~ *kann die Agentur für Arbeit die Vermittlung einstellen, wenn der Arbeitsuchende die ihm nach Absatz 2 oder der Eingliederungsvereinbarung oder dem Verwaltungsakt nach § 37 Abs. 3 Satz 4 obliegenden Pflichten nicht erfüllt, ohne dafür einen wichtigen Grund zu haben.*[1] Der Arbeitsuchende kann sie erneut *nach Ablauf von zwölf Wochen* in Anspruch nehmen.

(4) ~~(3)~~ Die Ausbildungsvermittlung ist durchzuführen~~,~~
1. bis der Ausbildungsuchende in Ausbildung, schulische Bildung oder Arbeit einmündet oder sich die Vermittlung anderweitig erledigt oder
2. solange der Ausbildungsuchende dies verlangt.
Absatz 3 Satz 2 gilt entsprechend.

§ 39 ~~Mitwirkung des Arbeitgebers~~ *Rechte und Pflichten der Arbeitgeber*
(1) Arbeitgeber, die Dienstleistungen der Bundesagentur in Anspruch nehmen, haben die für eine Vermittlung erforderlichen Auskünfte zu erteilen und Unterlagen vorzulegen. Sie können ihre Überlassung an namentlich benannte *Ausbildung- und* Arbeitsuchende ausschließen oder die Vermittlung auf die Überlassung von Daten geeigneter *Ausbildung- und* Arbeitsuchender an sie begrenzen.

(2)[2] Die Agentur für Arbeit soll dem Arbeitgeber eine Arbeitsmarktberatung anbieten, wenn erkennbar wird, da~~ß~~*ss* ein gemeldeter freier Ausbildungs- oder Arbeitsplatz durch ~~seine~~ *ihre* Vermittlung nicht in angemessener Zeit besetzt werden kann. Sie soll diese Beratung spätestens nach drei Monaten anbieten.

(3)~~(2)~~ Die Agentur für Arbeit kann die Vermittlung *zur Besetzung eines Ausbildungs- oder Arbeitsplatzes* einstellen, wenn
1. sie erfolglos bleibt, weil die Arbeitsbedingungen der angebotenen Stelle gegenüber denen vergleichbarer Ausbildungs- oder Arbeitsplätze so ungünstig sind, da~~ß~~*ss* sie den *Ausbildung- oder* Arbeitsuchenden nicht zumutbar sind, und ~~wenn~~ die Agentur für Arbeit den Arbeitgeber darauf hingewiesen hat~~.~~*,*
2. ~~Sie kann die Vermittlung einstellen, wenn~~ der Arbeitgeber keine oder unzutreffende Mitteilungen über das Nichtzustandekommen eines Ausbildungs- oder Arbeitsvertrages mit einem vorgeschlagenen Ausbildung-

---

[1] Vgl. Abs. 2 a. F.
[2] Dem neu eingefügten Absatz 2 wurde der Text des § 40 a. F. zugrunde gelegt.

oder Arbeitsuchenden macht und die Vermittlung dadurch erschwert wird.

3. *die Stelle auch nach erfolgter Arbeitsmarktberatung nicht besetzt werden kann,* ~~Im übrigen kann sie sie~~ *jedoch frühestens* nach Ablauf von sechs Monaten ~~einstellen,~~ die Ausbildungsvermittlung jedoch frühestens drei Monate nach Beginn eines Ausbildungsjahres.
Der Arbeitgeber kann die Vermittlung erneut in Anspruch nehmen.

§ 40 ~~Beratung des Arbeitgebers bei der Vermittlung~~[1] *(aufgehoben)*
~~Die Agentur für Arbeit soll dem Arbeitgeber eine Arbeitsmarktberatung anbieten, wenn erkennbar wird, daß ein gemeldeter freier Ausbildungs- oder Arbeitsplatz durch seine Vermittlung nicht in angemessener Zeit besetzt werden kann. Sie soll diese Beratung spätestens nach drei Monaten anbieten.~~

Dritter Abschnitt: Gemeinsame Vorschriften

§ 41 Allgemeine Unterrichtung
(1) Die Agentur für Arbeit soll Ausbildungsuchenden und Arbeitsuchenden sowie Arbeitgebern in geeigneter Weise Gelegenheit geben, sich über freie Ausbildungs- und Arbeitsplätze sowie über Ausbildung- und Arbeitsuchende zu unterrichten.

(2) Bei der Beratung, Vermittlung und Berufsorientierung sind Selbstinformationseinrichtungen einzusetzen. *Diese sind an die technischen Entwicklungen anzupassen.*

(3) Die Agentur für Arbeit darf in die Selbstinformationseinrichtungen Daten über Ausbildungsuchende, Arbeitsuchende und Arbeitgeber nur aufnehmen, soweit sie für die Vermittlung erforderlich sind *und von Dritten keiner bestimmten oder bestimmbaren Person zugeordnet werden können.* Daten, die ~~eine Identifizierung des Betroffenen ermöglichen~~ *von Dritten einer bestimmten oder bestimmbaren Person zugeordnet werden können,* dürfen nur mit ~~seiner~~ Einwilligung *der Betroffenen* aufgenommen werden. ~~Er kann auch die Aufnahme seiner anonymisierten Daten ausschließen. Ein Arbeitsuchender, der Arbeitslosengeld beansprucht, kann nur die Aufnahme von Daten ausschließen, die seine Identifizierung ermöglichen.~~ Dem Betroffenen ist auf Verlangen ein Ausdruck der aufgenommenen Daten zuzusenden. Die Agentur für Arbeit kann von der Aufnahme von Daten über Ausbildungs- und Arbeitsplätze, die dafür nicht geeignet sind, absehen.

§ 42 Einschränkung des Fragerechts
Die Agentur für Arbeit darf von Ausbildungsuchenden und Arbeitsuchenden Daten nicht erheben, die ein Arbeitgeber vor Begründung eines Ausbildungs- oder Arbeitsverhältnisses nicht erfragen darf. Daten über die Zugehörigkeit zu einer Gewerkschaft, Partei, Religionsgemeinschaft oder vergleichbaren Verei-

---

[1] Die Norm befindet sich nun leicht verändert in § 39 Abs. 2 n. F.

nigung dürfen nur beim Ausbildungsuchenden und Arbeitsuchenden erhoben werden. Die Agentur für Arbeit darf diese Daten nur erheben und nutzen, wenn

1. eine Vermittlung auf einen Ausbildungs- oder Arbeitsplatz
   a) in einem Tendenzunternehmen oder -betrieb im Sinne des § 118 Abs. 1 Satz 1 des Betriebsverfassungsgesetzes oder
   b) bei einer Religionsgemeinschaft oder in einer zu ihr gehörenden karitativen oder erzieherischen Einrichtung
   vorgesehen ist,
2. der Ausbildungsuchende oder Arbeitsuchende bereit ist, auf einen solchen Ausbildungs- oder Arbeitsplatz vermittelt zu werden und
3. bei einer Vermittlung nach Nummer 1 Buchstabe a die Art der auszuübenden Tätigkeit diese Beschränkung rechtfertigt.

§ 43 Ausnahmen von der Unentgeltlichkeit

(1) Die Agentur für Arbeit übt die Beratung und Vermittlung unentgeltlich aus.

(2) Die Agentur für Arbeit kann vom Arbeitgeber die Erstattung besonderer bei einer Arbeitsvermittlung entstehender Aufwendungen (Aufwendungsersatz) verlangen, wenn

1. die Aufwendungen den gewöhnlichen Umfang erheblich übersteigen und
2. es den Arbeitgeber bei Beginn der Arbeitsvermittlung über die Erstattungspflicht unterrichtet hat.

(3) Die Agentur für Arbeit kann von einem Arbeitgeber, der die Auslandsvermittlung auf Grund zwischenstaatlicher Vereinbarungen oder Vermittlungsabsprachen der Bundesagentur mit ausländischen Arbeitsverwaltungen in Anspruch nimmt, eine Gebühr (Vermittlungsgebühr) erheben. Die Vorschriften des Verwaltungskostengesetzes sind anzuwenden.

(4) Der Arbeitgeber darf sich den Aufwendungsersatz oder die Vermittlungsgebühr von dem vermittelten Arbeitnehmer oder einem Dritten weder ganz noch teilweise erstatten lassen.

§ 44 Anordnungsermächtigung

Die Bundesagentur wird ermächtigt, durch Anordnung die gebührenpflichtigen Tatbestände für die Vermittlungsgebühr zu bestimmen und dabei feste Sätze vorzusehen. Für die Bestimmung der Gebührenhöhe können auch Aufwendungen für Maßnahmen, die geeignet sind, die Eingliederung ausländischer Arbeitnehmer in die Wirtschaft und in die Gesellschaft zu erleichtern oder die der Überwachung der Einhaltung der zwischenstaatlichen Vereinbarungen oder Absprachen über die Vermittlung dienen, berücksichtigt werden.

Viertes Kapitel: Leistungen an Arbeitnehmer

Erster Abschnitt: ~~Unterstützung der Beratung und Vermittlung~~ *Vermittlungsunterstützende Leistungen*

§ 45 ~~Leistungen~~ *Förderung aus dem Vermittlungsbudget*

~~Arbeitslose und von Arbeitslosigkeit bedrohte Arbeitsuchende sowie Ausbildungsuchende können zur Beratung und Vermittlung unterstützende Leistungen erhalten, soweit der Arbeitgeber gleichartige Leistungen nicht oder voraussichtlich nicht erbringen wird. Als unterstützende Leistungen können Kosten~~

~~1. für die Erstellung und Versendung von Bewerbungsunterlagen (Bewerbungskosten),~~

~~2. im Zusammenhang mit Fahrten zur Berufsberatung, Vermittlung, Eignungsfeststellung und zu Vorstellungsgesprächen (Reisekosten)~~
~~übernommen werden.~~

(1) Ausbildungsuchende, von Arbeitslosikeit bedrohte Arbeitsuchende und Arbeitslose können aus dem Vermittlungsbudget der Agentur für Arbeit bei der Anbahnung oder Aufnahme einer versicherungspflichtigen Beschäftigung gefördert werden, wenn dies für die berufliche Eingliederung notwendig ist. Sie sollen insbesondere bei der Erreichung der in der Eingliederungsvereinbarung festgelegten Eingliederungsziele unterstützt werden. Die Förderung umfasst die Übernahme der angemessenen Kosten, soweit der Arbeitgeber gleichartige Leistungen nicht oder voraussichtlich nicht erbringen wird.

(2) Nach Absatz 1 kann auch die Anbahnung oder die Aufnahme einer versicherungspflichtigen Beschäftigung mit einer Arbeitszeit von mindestens 15 Stunden wöchentlich in einem anderen Mitgliedstaat der Europäischen Union, einem anderen Vertragsstaat des Abkommens über den Europäischen Wirtschaftsraum oder in der Schweiz gefördert werden.

(3) Die Agentur für Arbeit entscheidet über den Umfang der zu erbringenden Leistungen; sie kann Pauschalen festlegen. Leistungen zur Sicherung des Lebensunterhalts sind ausgeschlossen. Die Förderung aus dem Vermittlungsbudget darf die anderen Leistungen nach diesem Buch nicht aufstocken, ersetzen oder umgehen.

§ 46 ~~Höhe~~ *Maßnahmen zur Aktivierung und beruflichen Eingliederung*

~~(1) Bewerbungskosten können bis zu einem Betrag von 260 Euro jährlich übernommen werden.~~

~~(2) Als Reisekosten können die berücksichtigungsfähigen Fahrkosten übernommen werden. Berücksichtigungsfähig sind die bei Benutzung eines regelmäßig verkehrenden öffentlichen Verkehrsmittels anfallenden Kosten der niedrigsten Klasse des zweckmäßigsten öffentlichen Verkehrsmittels, wobei mögliche Fahrpreisermäßigungen zu berücksichtigen sind. Bei Benutzung sonstiger Verkehrsmittel ist ein Betrag in Höhe der Wegstreckenentschädigung nach § 5 Abs. 1 des Bundesreisekostengesetzes berücksichtigungsfähig.~~

Bei mehrtägigen Fahrten können zusätzlich für jeden vollen Kalendertag ein Betrag von 16 Euro und für den Tag des Antritts und den Tag der Beendigung der Fahrt ein Betrag von jeweils 8 Euro erbracht werden. Daneben können die Übernachtungskosten erstattet werden. Übersteigen die nachgewiesenen Übernachtungskosten je Nacht den Betrag von 16 Euro, können sie erstattet werden, soweit sie unvermeidbar sind. Übernachtungskosten, die die Kosten des Frühstücks einschließen, sind vorab um 5 Euro zu kürzen.

(1) Ausbildungsuchende, von Arbeitslosigkeit bedrohte Arbeitsuchende und Arbeitslose können bei Teilnahme an Maßnahmen gefördert werden, die ihre berufliche Eingliederung durch

1. Heranführung an den Ausbildungs- und Arbeitsmarkt,

2. Feststellung, Verringerung oder Beseitigung von Vermittlungshemmnissen,

3. Vermittlung in eine versicherungspflichtige Beschäftigung,

4. Heranführung an eine selbständige Tätigkeit oder

5. Stabilisierung einer Beschäftigungsaufnahme

unterstützen (Maßnahmen zur Aktivierung und beruflichen Eingliederung). Versicherungspflichtige Beschäftigungen mit einer Arbeitszeit von mindestens 15 Stunden wöchentlich in einem anderen Mitgliedstaat der Europäischen Union oder einem anderen Vertragsstaat des Abkommens über den Europäischen Wirtschaftsraum sind den versicherungspflichtigen Beschäftigungen nach Satz 1 Nr. 3 gleichgestellt. Die Förderung umfasst die Übernahme der angemessenen Kosten für die Teilnahme, soweit dies für die berufliche Eingliederung notwendig ist. Die Förderung kann auf die Weiterleistung von Arbeitslosengeld beschränkt werden.

(2) Die Dauer der Einzel- oder Gruppenmaßnahmen muss ihrem Zweck und ihrem Inhalt entsprechen. Soweit Maßnahmen oder Teile von Maßnahmen nach Absatz 1 bei oder von einem Arbeitgeber durchgeführt werden, dürfen diese jeweils die Dauer von vier Wochen nicht überschreiten. Die Vermittlung von beruflichen Kenntnissen in Maßnahmen zur Aktivierung und beruflichen Eingliederung darf die Dauer von acht Wochen nicht überschreiten. Maßnahmen zur Förderung der Berufsausbildung sind ausgeschlossen.

(3) Arbeitslose können von der Agentur für Arbeit die Zuweisung in eine Maßnahme zur Aktivierung und beruflichen Eingliederung verlangen, wenn sie sechs Monate nach Eintritt ihrer Arbeitslosigkeit noch arbeitslos sind.

(4) Das Vergaberecht findet Anwendung. Die Vergütung richtet sich nach Art und Umfang der Maßnahme und kann aufwands- und erfolgsbezogen gestaltet sein; eine Pauschalierung ist zulässig.

§ 47 ~~Anordnungsermächtigung~~ *Verordnungsermächtigung*

~~Die Bundesagentur~~ *Das Bundesministerium für Arbeit und Soziales* wird ermächtigt, durch ~~Anordnung~~ *Rechtsverordnung, die nicht der Zustimmung des Bundesrates bedarf,* das Nähere über Voraussetzungen, ~~Art, Umfang~~ *Grenzen, Pauschalierung* und Verfahren der Förderung zu bestimmen. ~~Dabei kann die Zahlung von Pauschalen festgelegt werden.~~

Zweiter Abschnitt~~: Verbesserung der Eingliederungsaussichten~~ *(aufgehoben)*

§ 48 ~~Maßnahmen der Eignungsfeststellung, Trainingsmaßnahmen~~ *(aufgehoben)*

~~(1) Arbeitslose und von Arbeitslosigkeit bedrohte Arbeitsuchende können bei Tätigkeiten und bei Teilnahme an Maßnahmen, die zur Verbesserung ihrer Eingliederungsaussichten beitragen (Maßnahmen der Eignungsfeststellung, Trainingsmaßnahmen), gefördert werden, wenn die Tätigkeit oder Maßnahme~~

~~1.~~ ~~geeignet und angemessen ist, die Eingliederungsaussichten des Arbeitslosen oder des von Arbeitslosigkeit bedrohten Arbeitsuchenden zu verbessern und~~

~~2.~~ ~~auf Vorschlag oder mit Einwilligung der Agentur für Arbeit erfolgt.~~

~~Die Förderung umfasst die Übernahme von Maßnahmekosten sowie bei Arbeitslosen die Leistung von Arbeitslosengeld, soweit sie eine dieser Leistungen erhalten oder beanspruchen können. Die Förderung von Arbeitslosen kann auf die Weiterleistung von Arbeitslosengeld beschränkt werden.~~

~~(2) Nach Absatz 1 können auch Maßnahmen gefördert werden, die in einem anderen Mitgliedstaat der Europäischen Union oder in einem anderen europäischen Staat durchgeführt werden, mit dem die Europäische Gemeinschaft ein Assoziierungsabkommen abgeschlossen hat, und für die Fördermittel der Europäischen Gemeinschaft geleistet werden. Nach Absatz 1 können außerdem Maßnahmen gefördert werden, die in Grenzregionen der an die Bundesrepublik Deutschland angrenzenden Staaten durchgeführt werden.~~

~~(3) Über die Tätigkeit oder die Teilnahme an einer Maßnahme soll dem Arbeitslosen oder von Arbeitslosigkeit bedrohten Arbeitsuchenden eine Bescheinigung ausgestellt werden, aus der sich mindestens Art und Inhalt der Tätigkeit oder Maßnahme ergeben.~~

§ 49 ~~Förderungsfähigkeit~~ *(aufgehoben)*

~~(1) Gefördert werden Maßnahmen der Eignungsfeststellung, in denen die Kenntnisse und Fähigkeiten, das Leistungsvermögen und die beruflichen Entwicklungsmöglichkeiten des Arbeitslosen oder von Arbeitslosigkeit bedrohten Arbeitsuchenden sowie sonstige, für die Eingliederung bedeutsame Umstände ermittelt werden und unter Berücksichtigung der Arbeitsmarktlage festgestellt wird, für welche berufliche Tätigkeit oder Leistung der aktiven Arbeitsförderung er geeignet ist.~~

~~(2) Gefördert werden Trainingsmaßnahmen, die~~

~~1.~~ ~~die Selbstsuche des Arbeitslosen oder von Arbeitslosigkeit bedrohten Arbeitsuchenden sowie seine Vermittlung, insbesondere durch Bewerbungstraining und Beratung über Möglichkeiten der Arbeitsplatzsuche, unterstützen oder die Arbeitsbereitschaft und Arbeitsfähigkeit des Arbeitslosen oder von Arbeitslosigkeit bedrohten Arbeitsuchenden prüfen,~~

~~2.~~ ~~dem Arbeitslosen oder von Arbeitslosigkeit bedrohten Arbeitsuchenden notwendige Kenntnisse und Fähigkeiten vermitteln, um eine Vermittlung~~

in Arbeit oder einen erfolgreichen Abschluss einer beruflichen Aus- oder Weiterbildung erheblich zu erleichtern.

(3) Die Dauer der Maßnahmen muss ihrem Zweck und ihrem Inhalt entsprechen. Die Dauer darf in der Regel in den Fällen des

1. Absatzes 1 vier Wochen,
2. Absatzes 2 Nr. 1 zwei Wochen,
3. Absatzes 2 Nr. 2 acht Wochen

nicht übersteigen. Werden Maßnahmen in mehreren zeitlichen Abschnitten durchgeführt, zählen fünf Tage als eine Woche. Insgesamt darf die Förderung die Dauer von zwölf Wochen nicht übersteigen.

§ 50 Maßnahmekosten *(aufgehoben)*
Maßnahmekosten sind

1. erforderliche und angemessene Lehrgangskosten und Prüfungsgebühren,
2. berücksichtigungsfähige Fahrkosten nach § 81 Abs. 2 und 3 für die tägliche Hin- und Rückfahrt des Teilnehmers zwischen Wohnung und Maßnahmestätte und
3. Kosten für die Betreuung der aufsichtsbedürftigen Kinder des Arbeitslosen in Höhe von 130 Euro monatlich je Kind.

§ 51 Förderungsausschluß *(aufgehoben)*
Eine Förderung ist ausgeschlossen, wenn die Maßnahme zu einer Einstellung bei einem Arbeitgeber führen soll,

1. der den Arbeitslosen oder den von Arbeitslosigkeit bedrohten Arbeitsuchenden in den letzten vier Jahren bereits mehr als drei Monate versicherungspflichtig beschäftigt hat,
2. der dem Arbeitslosen vor Eintritt der Arbeitslosigkeit oder dem von Arbeitslosigkeit bedrohten Arbeitsuchenden eine Beschäftigung angeboten hat,
3. von dem eine Beschäftigung üblicherweise ohne solche Tätigkeiten oder Maßnahmen erwartet werden kann oder
4. dem geeignete Fachkräfte vermittelt werden können.

§ 52 Anordnungsermächtigung *(aufgehoben)*
Die Bundesagentur wird ermächtigt, durch Anordnung das Nähere über Voraussetzungen, Art, Umfang und Verfahren der Förderung zu bestimmen.

Dritter Abschnitt: Förderung der Aufnahme einer Beschäftigung *(aufgehoben)*

§ 53 Mobilitätshilfen *(aufgehoben)*
(1) Arbeitslose und von Arbeitslosigkeit bedrohte Arbeitsuchende, die eine versicherungspflichtige Beschäftigung aufnehmen, können durch Mobilitätshilfen gefördert werden, soweit dies zur Aufnahme der Beschäftigung notwendig ist.

(2) Die Mobilitätshilfen bei Aufnahme einer Beschäftigung umfassen

1. Leistungen für den Lebensunterhalt bis zur ersten Arbeitsentgeltzahlung (Übergangsbeihilfe),
2. Leistungen für Arbeitskleidung und Arbeitsgerät (Ausrüstungsbeihilfe),
3. bei auswärtiger Arbeitsaufnahme die Übernahme der Kosten für
   a) die Fahrt zum Antritt einer Arbeitsstelle (Reisekostenbeihilfe),
   b) tägliche Fahrten zwischen Wohnung und Arbeitsstelle (Fahrkostenbeihilfe),
   c) eine getrennte Haushaltsführung (Trennungskostenbeihilfe),
   d) einen Umzug (Umzugskostenbeihilfe).
(3) Leistungen nach Absatz 2 können an Bezieher von Arbeitslosengeld auch zur Aufnahme einer Beschäftigung im Ausland erbracht werden.
(4) Leistungen nach Absatz 2 Nr. 1, 2 und 3 Buchstaben a und d können auch an Ausbildungsuchende erbracht werden, die in ein Ausbildungsverhältnis eintreten, wenn sie bei der Agentur für Arbeit als Bewerber um eine berufliche Ausbildungsstelle gemeldet sind.

§ 54 Mobilitätshilfen bei Aufnahme einer Beschäftigung *(aufgehoben)*
(1) Als Übergangsbeihilfe kann ein zinsloses Darlehen in Höhe von bis zu 1000 Euro erbracht werden. Dieses ist zwei Monate nach der Auszahlung und grundsätzlich in zehn gleich hohen Raten zurückzuzahlen.
(2) Als Ausrüstungsbeihilfe können Kosten bis zur Höhe von 260 Euro übernommen werden.
(3) Als Reisekostenbeihilfe können die berücksichtigungsfähigen Fahrkosten bis zu einem Betrag von 300 Euro übernommen werden. § 46 Abs. 2 Satz 2 und 3 ist entsprechend anzuwenden.
(4) Als Fahrkostenbeihilfe können für die ersten sechs Monate der Beschäftigung die berücksichtigungsfähigen Fahrkosten übernommen werden.
(5) Als monatliche Trennungskostenbeihilfe können für die ersten sechs Monate der Beschäftigung die Kosten bis zu einem Betrag von 260 Euro übernommen werden.
(6) Als Umzugskostenbeihilfe können die Kosten für das Befördern des Umzugsguts im Sinne des § 6 Abs. 3 Satz 1 des Bundesumzugskostengesetzes von der bisherigen zur neuen Wohnung übernommen werden, wenn der Umzug innerhalb von zwei Jahren nach Aufnahme der Beschäftigung stattfindet und der Umzug durch die Aufnahme einer Beschäftigung bedingt ist, die außerhalb des nach § 121 Abs. 4 zumutbaren Tagespendelbereichs liegt.

§ 55 Anordnungsermächtigung *(aufgehoben)*
Die Bundesagentur wird ermächtigt, durch Anordnung das Nähere über Voraussetzungen, Art, Umfang und Verfahren der Förderung zu bestimmen.

§ 56 (aufgehoben)

Vierter Abschnitt: Förderung der Aufnahme einer selbständigen Tätigkeit

§ 57 Gründungszuschuss

(1) Arbeitnehmer, die durch Aufnahme einer selbständigen, hauptberuflichen Tätigkeit die Arbeitslosigkeit beenden, haben zur Sicherung des Lebensunterhalts und zur sozialen Sicherung in der Zeit nach der Existenzgründung Anspruch auf einen Gründungszuschuss.

(2) Ein Gründungszuschuss wird geleistet, wenn der Arbeitnehmer

1. bis zur Aufnahme der selbständigen Tätigkeit
    a) einen Anspruch auf Entgeltersatzleistungen nach diesem Buch hat oder
    b) eine Beschäftigung ausgeübt hat, die als Arbeitsbeschaffungsmaßnahme nach diesem Buche gefördert worden ist,

2. bei Aufnahme der selbständigen Tätigkeit noch über einen Anspruch auf Arbeitslosengeld von mindestens 90 Tagen verfügt,

3. der Agentur für Arbeit die Tragfähigkeit der Existenzgründung nachweist und

4. seine Kenntnisse und Fähigkeiten zur Ausübung der selbständigen Tätigkeit darlegt.

Zum Nachweis der Tragfähigkeit der Existenzgründung ist der Agentur für Arbeit die Stellungnahme einer fachkundigen Stelle vorzulegen; fachkundige Stellen sind insbesondere die Industrie- und Handelskammern, Handwerkskammern, berufsständische Kammern, Fachverbände und Kreditinstitute. Bestehen begründete Zweifel an den Kenntnissen und Fähigkeiten zur Ausübung der selbständigen Tätigkeit, kann die Agentur für Arbeit vom Arbeitnehmer die Teilnahme an Maßnahmen zur Eignungsfeststellung oder zur Vorbereitung der Existenzgründung verlangen.

(3) Der Gründungszuschuss wird nicht geleistet, solange Ruhenstatbestände nach den §§ 142 bis 144 vorliegen oder vorgelegen hätten.

(4) Die Förderung ist ausgeschlossen, wenn nach Beendigung einer Förderung der Aufnahme einer selbständigen Tätigkeit nach diesem Buch noch nicht 24 Monate vergangen sind; von dieser Frist kann wegen besonderer in der Person des Arbeitnehmers liegender Gründe abgesehen werden.

(5) Geförderte Personen haben ab dem Monat, in dem sie das Lebensjahr für den Anspruch auf Regelaltersrente im Sinne des Sechsten Buches vollenden, keinen Anspruch auf einen Gründungszuschuss.

§ 58 Dauer und Höhe der Förderung

(1) Der Gründungszuschuss wird für die Dauer von neun Monaten in Höhe des Betrages, den der Arbeitnehmer als Arbeitslosengeld zuletzt bezogen hat, zuzüglich von monatlich 300 Euro, geleistet.

(2) Der Gründungszuschuss kann für weitere sechs Monate in Höhe von monatlich 300 Euro geleistet werden, wenn die geförderte Person ihre Geschäftstätigkeit anhand geeigneter Unterlagen darlegt. Bestehen begründete Zweifel,

kann die Agentur für Arbeit die erneute Vorlage einer Stellungnahme einer fachkundigen Stelle verlangen.

Fünfter Abschnitt: Förderung der Berufsausbildung

§ 59 Anspruch auf Berufsausbildungsbeihilfe
Auszubildende haben Anspruch auf Berufsausbildungsbeihilfe während einer beruflichen Ausbildung oder einer berufsvorbereitenden Bildungsmaßnahme, wenn

1. die berufliche Ausbildung oder die berufsvorbereitende Bildungsmaßnahme förderungsfähig ist,
2. sie zum förderungsfähigen Personenkreis gehören und die sonstigen persönlichen Voraussetzungen für eine Förderung erfüllt sind und

(Nr. 3 in der Fassung bis 17.09.2010)

3. ihnen die erforderlichen Mittel zur Deckung des Bedarfs für den Lebensunterhalt, die Fahrkosten, die sonstigen Aufwendungen und die Lehrgangskosten (Gesamtbedarf) nicht anderweitig zur Verfügung stehen.

(Nr. 3 in der Fassung ab 18.09.2010)

3. ihnen die erforderlichen Mittel zur Deckung des Bedarfs für den Lebensunterhalt, die Fahrkosten, die sonstigen Aufwendungen und die ~~Lehrgangskosten~~ *Maßnahmekosten* (Gesamtbedarf) nicht anderweitig zur Verfügung stehen.

§ 60 Berufliche Ausbildung
(1) Eine berufliche Ausbildung ist förderungsfähig, wenn sie in einem nach dem Berufsbildungsgesetz, der Handwerksordnung oder dem Seemannsgesetz staatlich anerkannten Ausbildungsberuf betrieblich oder außerbetrieblich *oder nach dem Altenpflegegesetz betrieblich* durchgeführt wird und der dafür vorgeschriebene Berufsausbildungsvertrag abgeschlossen worden ist.

(2) Förderungsfähig ist die erstmalige Ausbildung. Eine zweite Ausbildung kann gefördert werden, wenn zu erwarten ist, dass eine berufliche Eingliederung dauerhaft auf andere Weise nicht erreicht werden kann und durch die zweite Ausbildung die berufliche Eingliederung erreicht wird.

(3) Nach der vorzeitigen Lösung eines Ausbildungsverhältnisses darf erneut gefördert werden, wenn für die Lösung ein berechtigter Grund bestand.

§ 61 Berufsvorbereitende Bildungsmaßnahme
(1) Eine berufsvorbereitende Bildungsmaßnahme ist förderungsfähig, wenn sie

1. auf die Aufnahme einer Ausbildung vorbereitet oder der beruflichen Eingliederung dient und nicht den Schulgesetzen der Länder unterliegt~~,~~ *sowie*
2. nach Ausbildung und Berufserfahrung des Leiters und des Ausbildungs- und Betreuungspersonals, Gestaltung des Lehrplans, Unterrichtsmethode und Güte der zum Einsatz vorgesehenen Lehr- und Lernmittel eine erfolgreiche berufliche Bildung erwarten läßt ~~und~~.

~~3. nach den Grundsätzen der Wirtschaftlichkeit und Sparsamkeit geplant und im Auftrag der Agentur für Arbeit durchgeführt wird und die Kosten angemessen sind.~~

(2) Berufsvorbereitende Bildungsmaßnahmen können

~~1.~~ zur Erleichterung der beruflichen Eingliederung auch allgemein bildende Fächer enthalten *und~~, soweit ihr Anteil nicht überwiegt, oder~~*

~~2.~~ auf den nachträglichen Erwerb des Hauptschulabschlusses *oder eines gleichwertigen Schulabschlusses* vorbereiten.

(3) Der Anteil betrieblicher Praktikaphasen darf die Hälfte der vorgesehenen Maßnahmedauer nicht überschreiten.

(4) ~~(aufgehoben)~~ *Das Vergaberecht findet Anwendung.*

§ 61a Anspruch auf Vorbereitung auf einen Hauptschulabschluss im Rahmen einer berufsvorbereitenden Bildungsmaßnahme

Ein Auszubildender ohne Schulabschluss hat einen Anspruch, im Rahmen einer berufsvorbereitenden Bildungsmaßnahme auf den nachträglichen Erwerb des Hauptschulabschlusses oder eines gleichwertigen Schulabschlusses vorbereitet zu werden. Die Leistung wird nur erbracht, soweit sie nicht für den gleichen Zweck durch Dritte erbracht wird. Die Agentur für Arbeit hat darauf hinzuwirken, dass sich die für die allgemeine Schulbildung zuständigen Länder an den Kosten der Maßnahme beteiligen. Leistungen Dritter zur Aufstockung der Leistung bleiben anrechnungsfrei.

§ 62 Förderung im Ausland

(1) Eine berufliche Ausbildung oder eine berufsvorbereitende Bildungsmaßnahme, die teilweise im Ausland durchgeführt wird, ist auch für den im Ausland durchgeführten Teil förderungsfähig, wenn dieser Teil im Verhältnis zur Gesamtdauer der Ausbildung oder der berufsvorbereitenden Bildungsmaßnahme angemessen ist und die Dauer von einem Jahr nicht übersteigt.

(2) Eine betriebliche Ausbildung, die vollständig im angrenzenden Ausland oder in den übrigen Mitgliedstaaten der Europäischen Union durchgeführt wird, ist förderungsfähig, wenn

1. eine nach Bundes- oder Landesrecht zuständige Stelle bestätigt, dass die Ausbildung einer entsprechenden betrieblichen Ausbildung gleichwertig ist,

2. die Ausbildung im Ausland für das Erreichen des Bildungsziels und die Beschäftigungsfähigkeit besonders dienlich ist und

3. der Auszubildende vor Beginn der Ausbildung insgesamt drei Jahre seinen Wohnsitz im Inland hatte.

§ 63 Förderungsfähiger Personenkreis

(1) Gefördert werden

1. Deutsche,

2. Unionsbürger, die ein Recht auf Daueraufenthalt im Sinne des Freizügigkeitsgesetzes/EU besitzen, sowie andere Ausländer, die eine Nieder-

lassungserlaubnis oder eine Erlaubnis zum Daueraufenthalt-EG nach dem Aufenthaltsgesetz besitzen,

3. Ehegatten und Kinder von Unionsbürgern, die unter den Voraussetzungen des § 3 Abs. 1 und 4 des Freizügigkeitsgesetzes/EU gemeinschaftsrechtlich freizügigkeitsberechtigt sind oder denen diese Rechte als Kinder nur deshalb nicht zustehen, weil sie 21 Jahre oder älter sind und von ihren Eltern oder deren Ehegatten keinen Unterhalt erhalten,

4. Unionsbürger, die vor dem Beginn der Ausbildung im Inland in einem Beschäftigungsverhältnis gestanden haben, dessen Gegenstand mit dem der Ausbildung in inhaltlichem Zusammenhang steht,

5. Staatsangehörige eines anderen Vertragsstaates des Abkommens über den Europäischen Wirtschaftsraum unter den Voraussetzungen der Nummern 2 bis 4,

6. Ausländer, die ihren gewöhnlichen Aufenthalt im Inland haben und die außerhalb des Bundesgebiets als Flüchtlinge im Sinne des Abkommens über die Rechtsstellung der Flüchtlinge vom 28. Juli 1951 (BGBl. 1953 II S. 559) anerkannt und im Gebiet der Bundesrepublik Deutschland nicht nur vorübergehend zum Aufenthalt berechtigt sind,

7. heimatlose Ausländer im Sinne des Gesetzes über die Rechtsstellung heimatloser Ausländer im Bundesgebiet in der im Bundesgesetzblatt Teil III, Gliederungsnummer 243-1, veröffentlichten bereinigten Fassung, zuletzt geändert durch Artikel 7 des Gesetzes vom 30. Juli 2004 (BGBl. I S. 1950).

(2) Andere Ausländer werden gefördert, wenn sie ihren Wohnsitz im Inland haben und

1. eine Aufenthaltserlaubnis nach den §§ 22, 23 Abs. 1 oder 2, den §§ 23a, 25 Abs. 1 oder 2, den §§ 28, 37, 38 Abs.1 Nr. 2, § 104a oder als Ehegatte oder Kind eines Ausländers mit Niederlassungserlaubnis eine Aufenthaltserlaubnis nach § 30 oder den §§ 32 bis 34 des Aufenthaltsgesetzes besitzen,

2. eine Aufenthaltserlaubnis nach § 25 Abs. 3, Abs. 4 Satz 2 oder Abs. 5, § 31 des Aufenthaltsgesetzes oder als Ehegatte oder Kind eines Ausländers mit Aufenthaltserlaubnis eine Aufenthaltserlaubnis nach § 30 oder den §§ 32 bis 34 des Aufenthaltsgesetzes besitzen und sich seit mindestens vier Jahren in Deutschland ununterbrochen rechtmäßig, gestattet oder geduldet aufhalten.

(2a) Geduldete Ausländer (§ 60a des Aufenthaltsgesetzes), die ihren Wohnsitz im Inland haben, werden während einer betrieblich durchgeführten beruflichen Ausbildung gefördert, wenn sie sich seit mindestens vier Jahren ununterbrochen rechtmäßig, gestattet oder geduldet im Bundesgebiet aufhalten.

(3) Im Übrigen werden Ausländer gefördert, wenn

1. sie selbst sich vor Beginn des förderungsfähigen Teils des Ausbildungsabschnitts insgesamt fünf Jahre im Inland aufgehalten haben und rechtmäßig erwerbstätig gewesen sind oder

2. zumindest ein Elternteil während der letzten sechs Jahre vor Beginn der Ausbildung sich insgesamt drei Jahre im Inland aufgehalten hat und

rechtmäßig erwerbstätig gewesen ist, im Übrigen von dem Zeitpunkt an, in dem im weiteren Verlauf der Ausbildung diese Voraussetzungen vorgelegen haben. Von dem Erfordernis der Erwerbstätigkeit des Elternteils während der letzten sechs Jahre kann abgesehen werden, wenn sie aus einem von ihm nicht zu vertretenden Grunde nicht ausgeübt worden ist und er im Inland mindestens sechs Monate erwerbstätig gewesen ist. Ist der Auszubildende in den Haushalt eines Verwandten aufgenommen, so kann dieser zur Erfüllung dieser Voraussetzungen an die Stelle des Elternteils treten, sofern der Auszubildende sich in den letzten drei Jahren vor Beginn der Ausbildung rechtmäßig im Inland aufgehalten hat.

(4) Auszubildende, die nach Absatz 1 oder 2 als Ehegatten persönlich förderungsberechtigt sind, verlieren den Anspruch auf Ausbildungsförderung nicht dadurch, dass sie dauernd getrennt leben oder die Ehe aufgelöst worden ist, wenn sie sich weiterhin rechtmäßig in Deutschland aufhalten.

(5) Rechts- und Verwaltungsvorschriften, nach denen anderen Ausländern Ausbildungsförderung zu leisten ist, bleiben unberührt.

§ 64 Sonstige persönliche Voraussetzungen

(1) Der Auszubildende wird bei einer beruflichen Ausbildung nur gefördert, wenn er
1. außerhalb des Haushaltes der Eltern oder eines Elternteils wohnt und
2. die Ausbildungsstätte von der Wohnung der Eltern oder eines Elternteils aus nicht in angemessener Zeit erreichen kann.
Die Voraussetzung nach Satz 1 Nr. 2 gilt jedoch nicht, wenn der Auszubildende
1. das 18. Lebensjahr vollendet hat,
2. verheiratet ist oder war,
3. mit mindestens einem Kind zusammenlebt oder
4. aus schwerwiegenden sozialen Gründen nicht auf die Wohnung der Eltern oder eines Elternteils verwiesen werden kann.
Eine Förderung allein für die Dauer des Berufsschulunterrichts in Blockform ist ausgeschlossen.

(2) Der Auszubildende wird bei einer berufsvorbereitenden Bildungsmaßnahme nur gefördert, wenn *er die Vollzeitschulpflicht nach den Gesetzen der Länder erfüllt hat und* die Maßnahme zur Vorbereitung auf eine Berufsausbildung oder zur beruflichen Eingliederung erforderlich ist und seine Fähigkeiten erwarten lassen, daß er das Ziel der Maßnahme erreicht.

§ 65 Bedarf für den Lebensunterhalt bei beruflicher Ausbildung

(1) Bei Unterbringung außerhalb des Haushalts der Eltern oder eines Elternteils, ausgenommen bei Unterbringung mit voller Verpflegung in einem Wohnheim, einem Internat oder beim Ausbildenden, wird bei einer beruflichen Ausbildung der jeweils geltende Bedarf für Studierende nach § 13 Abs. 1 Nr. 1 des Bundesausbildungsförderungsgesetzes zugrunde gelegt. Der Bedarf erhöht sich für die Unterkunft um den jeweiligen Betrag nach § 13 Abs. 2 Nr.

2 des Bundesausbildungsförderungsgesetzes; § 13 Abs. 3 des Bundesausbildungsförderungsgesetzes gilt entsprechend.

(2) Bei Unterbringung beim Ausbildenden mit voller Verpflegung werden als Bedarf für den Lebensunterhalt die Werte der Sozialversicherungsentgeltverordnung für Verpflegung und Unterbringung oder Wohnung zuzüglich 88 Euro für sonstige Bedürfnisse zugrunde gelegt.

(3) Bei Unterbringung mit voller Verpflegung in einem Wohnheim oder einem Internat werden als Bedarf für den Lebensunterhalt die amtlich festgesetzten Kosten für Verpflegung und Unterbringung zuzüglich 88 Euro monatlich für sonstige Bedürfnisse zugrunde gelegt.

(4) Bei einer Förderung im Ausland nach § 62 Abs. 2 erhöht sich der Bedarf um einen Zuschlag, soweit die Lebens- und Ausbildungsverhältnisse im Ausbildungsland dies erfordern. Voraussetzung ist, dass der Auszubildende seinen Wohnsitz im Ausland nimmt. Für die Höhe des Zuschlags gelten § 1 Abs. 1 Nr. 1 und § 2 der Verordnung über die Zuschläge zu dem Bedarf nach dem Bundesausbildungsförderungsgesetz bei einer Ausbildung im Ausland in der jeweils geltenden Fassung entsprechend.

§ 66 Bedarf für den Lebensunterhalt bei berufsvorbereitenden Bildungsmaßnahmen

(1) Bei Unterbringung im Haushalt der Eltern oder eines Elternteils wird bei einer berufsvorbereitenden Bildungsmaßnahme der jeweils geltende Bedarf für Schüler nach § 12 Abs. 1 Nr. 1 des Bundesausbildungsförderungsgesetzes zugrunde gelegt.

(2) Bei Unterbringung mit voller Verpflegung in einem Wohnheim oder einem Internat werden als Bedarf für den Lebensunterhalt die amtlich festgesetzten Kosten für Verpflegung und Unterbringung zuzüglich 88 Euro monatlich für sonstige Bedürfnisse zugrunde gelegt.

(3) Bei Unterbringung außerhalb des Haushalts der Eltern oder eines Elternteils, ausgenommen bei Unterbringung mit voller Verpflegung in einem Wohnheim oder Internat wird als Bedarf für den Lebensunterhalt der jeweils geltende Bedarf für Schüler nach § 12 Abs. 2 Nr. 1 des Bundesausbildungsförderungsgesetzes zugrunde gelegt; § 12 Abs. 3 des Bundesausbildungsförderungsgesetzes gilt entsprechend.

§ 67 Fahrkosten

(1) Als Bedarf für die Fahrkosten werden die Kosten des Auszubildenden

1. für Fahrten zwischen Unterkunft, Ausbildungsstätte und Berufsschule (Pendelfahrten),

2. bei einer erforderlichen auswärtigen Unterbringung für die An- und Abreise und für eine monatliche Familienheimfahrt oder anstelle der Familienheimfahrt für eine monatliche Fahrt eines Angehörigen zum Aufenthaltsort des Auszubildenden

zugrunde gelegt.

(1a) Abweichend von Absatz 1 Nr. 2 werden bei einer Förderung im Ausland die Kosten des Auszubildenden für Reisen zu einem Ausbildungsort

1. innerhalb Europas für eine Hin- und Rückreise je Ausbildungshalbjahr,
2. außerhalb Europas für eine Hin- und Rückreise je Ausbildungsjahr zugrunde gelegt. In besonderen Härtefällen können die notwendigen Aufwendungen für eine weitere Hin- und Rückreise zugrunde gelegt werden.

(2) Die Fahrkosten werden in Höhe des Betrages zugrunde gelegt, der bei Benutzung eines regelmäßig verkehrenden öffentlichen Verkehrsmittels der niedrigsten Klasse des zweckmäßigsten öffentlichen Verkehrsmittels zu zahlen ist, bei Benutzung sonstiger Verkehrsmittel in Höhe der Wegstreckenentschädigung nach § 5 Abs. 1 des Bundesreisekostengesetzes. Bei nicht geringfügigen Fahrpreiserhöhungen hat auf Antrag eine Anpassung zu erfolgen, wenn der Bewilligungszeitraum noch mindestens zwei weitere Monate andauert. Kosten für Pendelfahrten werden nur bis zur Höhe des Betrages übernommen, der nach § 82 insgesamt erbracht werden kann.

(In der Fassung bis 17.09.2010)
§ 68 Sonstige Aufwendungen
(1) Bei einer beruflichen Ausbildung werden als Bedarf für sonstige Aufwendungen Gebühren für die Teilnahme des Auszubildenden an einem Fernunterricht bis zu einer Höhe von 17 Euro monatlich zugrunde gelegt, wenn
1. die nach dem Landesrecht zuständige Stelle bestätigt, daß der Fernunterricht zur Erreichung des Ausbildungsziels zweckmäßig ist und
2. der Fernunterricht nach § 12 des Fernunterrichtsschutzgesetzes zugelassen ist oder, ohne unter die Bestimmungen des Fernunterrichtsschutzgesetzes zu fallen, von einem öffentlich-rechtlichen Träger veranstaltet wird.

(2) Bei einer berufsvorbereitenden Bildungsmaßnahme werden als Bedarf für sonstige Aufwendungen
1. eine Pauschale für Lernmittel in Höhe von 9 Euro monatlich,
2. bei Auszubildenden, deren Schutz im Krankheits- oder Pflegefalle nicht anderweitig sichergestellt ist, die Beiträge für eine freiwillige Krankenversicherung ohne Anspruch auf Krankengeld und zur Pflegepflichtversicherung bei einem Träger der gesetzlichen Kranken- und Pflegeversicherung oder, wenn dort im Einzelfall ein Schutz nicht gewährleistet ist, bei einem privaten Krankenversicherungsunternehmen
zugrunde gelegt.
(3) Bei einer beruflichen Ausbildung und einer berufsvorbereitenden Bildungsmaßnahme wird als Bedarf für sonstige Aufwendungen eine Pauschale für Kosten der Arbeitskleidung in Höhe von 12 Euro monatlich zugrunde gelegt. Außerdem können sonstige Kosten anerkannt werden, soweit sie durch die Ausbildung oder Teilnahme an der berufsvorbereitenden Bildungsmaßnahme unvermeidbar entstehen, die Ausbildung oder Teilnahme an der Maßnahme andernfalls gefährdet ist und wenn die Aufwendungen vom Auszubildenden oder seinen Erziehungsberechtigten zu tragen sind. Darüber hinaus können Kosten für die Betreuung der aufsichtsbedürftigen Kinder des Auszubildenden in Höhe von 130 Euro monatlich je Kind übernommen werden.

(In der Fassung ab 18.09.2010)

§ 68 Sonstige Aufwendungen

(1) ~~Bei einer beruflichen Ausbildung werden als Bedarf für sonstige Aufwendungen Gebühren für die Teilnahme des Auszubildenden an einem Fernunterricht bis zu einer Höhe von 17 Euro monatlich zugrunde gelegt, wenn~~

1. ~~die nach dem Landesrecht zuständige Stelle bestätigt, daß der Fernunterricht zur Erreichung des Ausbildungsziels zweckmäßig ist und~~

2. ~~der Fernunterricht nach § 12 des Fernunterrichtsschutzgesetzes zugelassen ist oder, ohne unter die Bestimmungen des Fernunterrichtsschutzgesetzes zu fallen, von einem öffentlich-rechtlichen Träger veranstaltet wird.~~

Bei einer beruflichen Ausbildung wird als Bedarf für sonstige Aufwendungen eine Pauschale für Kosten der Arbeitskleidung in Höhe von zwölf Euro monatlich zugrunde gelegt.[1]

(2) Bei einer berufsvorbereitenden Bildungsmaßnahme werden als Bedarf für sonstige Aufwendungen

1. ~~eine Pauschale für Lernmittel in Höhe von 9 Euro monatlich,~~

2. bei Auszubildenden, deren Schutz im Krankheits- oder Pflegefalle nicht anderweitig sichergestellt ist, die Beiträge für eine freiwillige Krankenversicherung ohne Anspruch auf Krankengeld und zur Pflegepflichtversicherung bei einem Träger der gesetzlichen Kranken- und Pflegeversicherung oder, wenn dort im Einzelfall ein Schutz nicht gewährleistet ist, bei einem privaten Krankenversicherungsunternehmen

zugrunde gelegt.

(3) ~~Bei einer beruflichen Ausbildung und einer berufsvorbereitenden Bildungsmaßnahme wird als Bedarf für sonstige Aufwendungen eine Pauschale für Kosten der Arbeitskleidung in Höhe von 12 Euro monatlich zugrunde gelegt. Außerdem~~ *Bei einer beruflichen Ausbildung und einer berufsvorbereitenden Bildungsmaßnahme* können sonstige Kosten anerkannt werden, soweit sie durch die Ausbildung oder Teilnahme an der berufsvorbereitenden Bildungsmaßnahme unvermeidbar entstehen, die Ausbildung oder Teilnahme an der Maßnahme andernfalls gefährdet ist und wenn die Aufwendungen vom Auszubildenden oder seinen Erziehungsberechtigten zu tragen sind. Darüber hinaus ~~können~~ *werden* Kosten für die Betreuung der aufsichtsbedürftigen Kinder des Auszubildenden in Höhe von 130 Euro monatlich je Kind übernommen ~~werden~~.

(In der Fassung bis 17.09.2010)

§ 69 Lehrgangskosten

Bei einer berufsvorbereitenden Bildungsmaßnahme werden die Lehrgangskosten einschließlich der Zuschüsse für die Teilnahme des Ausbildungs- und Betreuungspersonals an besonderen von der Bundesagentur für Arbeit anerkannten Weiterbildungsmaßnahmen übernommen. Lehrgangskosten können

---

[1] Vgl. Abs. 3 S. 1 a. F.

auch für die Zeit vom Ausscheiden eines Teilnehmers bis zum planmäßigen Ende der Maßnahme übernommen werden, wenn der Teilnehmer wegen Ausbildungsaufnahme vorzeitig ausgeschieden, das Ausbildungsverhältnis durch Vermittlung des Trägers der Maßnahme zustande gekommen und eine Nachbesetzung des frei gewordenen Platzes in der Maßnahme nicht möglich ist.

(In der Fassung ab 18.09.2010)
§ 69 ~~Lehrgangskosten~~ *Maßnahmekosten*
Bei einer berufsvorbereitenden Bildungsmaßnahme werden ~~die Lehrgangskosten einschließlich der Zuschüsse für die Teilnahme des Ausbildungs- und Betreuungspersonals an besonderen von der Bundesagentur für Arbeit anerkannten Weiterbildungsmaßnahmen übernommen. Lehrgangskosten können auch für die Zeit vom Ausscheiden eines Teilnehmers bis zum planmäßigen Ende der Maßnahme übernommen werden, wenn der Teilnehmer wegen Ausbildungsaufnahme vorzeitig ausgeschieden, das Ausbildungsverhältnis durch Vermittlung des Trägers der Maßnahme zustande gekommen und eine Nachbesetzung des frei gewordenen Platzes in der Maßnahme nicht möglich ist.~~
als Maßnahmekosten
1.   die angemessenen Aufwendungen für das zur Durchführung der Maßnahme eingesetzte erforderliche Ausbildungs- und Betreuungspersonal einschließlich dessen regelmäßiger fachlicher Weiterbildung sowie für das insoweit erforderliche Leitungs- und Verwaltungspersonal,
2.   die angemessenen Sachkosten, einschließlich der Kosten für Lernmittel und Arbeitskleidung, und die angemessenen Verwaltungskosten sowie
3.   erfolgsbezogene Pauschalen bei Vermittlung von Teilnehmern in betriebliche Berufsausbildung im Sinne des § 60 Abs. 1
übernommen. Die Bundesagentur bestimmt durch Anordnung das Nähere zu den Voraussetzungen und zum Verfahren der Übernahme sowie zur Höhe von Pauschalen nach Satz 1 Nr. 3.

§ 70 Anpassung der Bedarfssätze
Für die Anpassung der Bedarfssätze gilt § 35 Satz 1 und 2 des Bundesausbildungsförderungsgesetzes entsprechend.

§ 71 Einkommensanrechnung
(1) Auf den Gesamtbedarf sind das Einkommen des Auszubildenden, seines nicht dauernd von ihm getrennt lebenden Ehegatten, des Lebenspartners und seiner Eltern in dieser Reihenfolge anzurechnen.
(2) Für die Ermittlung des Einkommens und dessen Anrechnung sowie die Berücksichtigung von Freibeträgen gelten § 11 Abs. 4 sowie die Vorschriften des Vierten Abschnitts des Bundesausbildungsförderungsgesetzes mit den hierzu ergangenen Rechtsverordnungen entsprechend. Abweichend von

1. § 21 Abs. 1 des Bundesausbildungsförderungsgesetzes werden Werbungskosten des Auszubildenden auf Grund der Ausbildung nicht berücksichtigt;
2. § 22 Abs. 1 des Bundesausbildungsförderungsgesetzes ist das Einkommen des Auszubildenden maßgebend, das zum Zeitpunkt der Antragstellung absehbar ist, Änderungen bis zum Zeitpunkt der Entscheidung sind jedoch zu berücksichtigen;
3. § 23 Abs. 3 des Bundesausbildungsförderungsgesetzes bleiben 56 Euro der Ausbildungsvergütung und abweichend von § 25 Abs. 1 des Bundesausbildungsförderungsgesetzes zusätzlich 550 Euro anrechnungsfrei, wenn die Vermittlung einer geeigneten beruflichen Ausbildungsstelle nur bei Unterbringung des Auszubildenden außerhalb des Haushalts der Eltern oder eines Elternteils möglich ist;
4. § 23 Abs. 4 Nr. 2 des Bundesausbildungsförderungsgesetzes werden Leistungen Dritter, die zur Aufstockung der Berufsausbildungsbeihilfe erbracht werden, nicht angerechnet.

(3) Bei einer beruflichen Ausbildung im Betrieb der Eltern, des Ehegatten oder des Lebenspartners ist für die Feststellung des Einkommens des Auszubildenden mindestens die tarifliche oder, soweit eine tarifliche Regelung nicht besteht, die ortsübliche Bruttoausbildungsvergütung, die in diesem Ausbildungsberuf bei einer Ausbildung in einem fremden Betrieb geleistet wird, als vereinbart zugrunde zu legen.

(4) Für die Teilnehmer an berufsvorbereitenden Bildungsmaßnahmen wird von einer Anrechnung des Einkommens abgesehen. Satz 1 gilt nicht für Einkommen der Teilnehmer aus einer nach diesem Buch oder vergleichbaren öffentlichen Programmen geförderten Maßnahme.

(5) Einkommen der Eltern bleibt außer Betracht, wenn ihr Aufenthaltsort nicht bekannt ist oder sie rechtlich oder tatsächlich gehindert sind, im Inland Unterhalt zu leisten. Einkommen ist ferner nicht anzurechnen, soweit ein Unterhaltsanspruch nicht besteht oder dieser verwirkt ist.

§ 72 Vorausleistung von Berufsausbildungsbeihilfe

(1) Macht der Auszubildende glaubhaft, daß seine Eltern den nach den Vorschriften dieses Gesetzes angerechneten Unterhaltsbetrag nicht leisten, oder kann das Einkommen der Eltern nicht berechnet werden, weil diese die erforderlichen Auskünfte nicht erteilen oder Urkunden nicht vorlegen, und ist die Ausbildung, auch unter Berücksichtigung des Einkommens des Ehegatten oder des Lebenspartners im Bewilligungszeitraum, gefährdet, so wird nach Anhörung der Eltern ohne Anrechnung dieses Betrags Berufsausbildungsbeihilfe geleistet. Von der Anhörung der Eltern kann aus wichtigem Grund abgesehen werden.

(2) Ein Anspruch des Auszubildenden auf Unterhaltsleistungen gegen seine Eltern geht bis zur Höhe des anzurechnenden Unterhaltsanspruches zusammen mit dem unterhaltsrechtlichen Auskunftsanspruch mit der Zahlung der Berufsausbildungsbeihilfe auf die Agentur für Arbeit über. Die Agentur für Arbeit hat den Eltern die Förderung anzuzeigen. Der Übergang wird nicht

dadurch ausgeschlossen, daß der Anspruch nicht übertragen, verpfändet oder gepfändet werden kann. Ist die Unterhaltsleistung trotz des Rechtsübergangs mit befreiender Wirkung an den Auszubildenden gezahlt worden, hat der Auszubildende diese insoweit zu erstatten.

(2a) Für die Vergangenheit können die Eltern des Auszubildenden nur von dem Zeitpunkt an in Anspruch genommen werden, in dem

1. die Voraussetzungen des bürgerlichen Rechts vorgelegen haben oder
2. sie bei dem Antrag auf Ausbildungsförderung mitgewirkt haben oder von ihm Kenntnis erhalten haben und darüber belehrt worden sind, unter welchen Voraussetzungen dieses Buch eine Inanspruchnahme von Eltern ermöglicht.

(3) Berufsausbildungsbeihilfe wird nicht vorausgeleistet, soweit die Eltern bereit sind, Unterhalt entsprechend einer gemäß § 1612 Abs. 2 des Bürgerlichen Gesetzbuches getroffenen Bestimmung zu leisten.

(4) Die Agentur für Arbeit kann den auf ~~ihn~~ *sie* übergegangenen Unterhaltsanspruch im Einvernehmen mit dem Unterhaltsberechtigten auf diesen zur gerichtlichen Geltendmachung rückübertragen und sich den geltend gemachten Unterhaltsanspruch abtreten lassen. Kosten, mit denen der Unterhaltsberechtigte dadurch selbst belastet wird, sind zu übernehmen.

§ 73 Dauer der Förderung

(1) Anspruch auf Berufsausbildungsbeihilfe besteht für die Dauer der beruflichen Ausbildung und der berufsvorbereitenden Bildungsmaßnahme. Über den Anspruch wird in der Regel bei beruflicher Ausbildung für 18 Monate, im Übrigen für ein Jahr (Bewilligungszeitraum) entschieden.

(1a) Für die Zeit des Berufsschulunterrichts in Blockform wird Berufsausbildungsbeihilfe unverändert weiter erbracht.

(2) Für Fehlzeiten besteht Anspruch auf Berufsausbildungsbeihilfe

1. bei Krankheit längstens bis zum Ende des dritten auf den Eintritt der Krankheit folgenden Kalendermonats, im Falle einer beruflichen Ausbildung jedoch nur, solange das Ausbildungsverhältnis fortbesteht, oder
2. für Zeiten einer Schwangerschaft oder nach der Entbindung, wenn
   a) bei einer beruflichen Ausbildung nach den Bestimmungen des Mutterschutzgesetzes Anspruch auf Fortzahlung der Ausbildungsvergütung oder Anspruch auf Mutterschaftsgeld besteht oder
   b) bei einer berufsvorbereitenden Bildungsmaßnahme die Maßnahme nicht länger als 14 Wochen oder im Falle von Früh- oder Mehrlingsgeburten 18 Wochen (§ 3 Abs. 2 und § 6 Abs. 1 Mutterschutzgesetz) unterbrochen wird, oder
3. wenn bei einer beruflichen Ausbildung der Auszubildende aus einem sonstigen Grund der Ausbildung fernbleibt und die Ausbildungsvergütung weitergezahlt oder an deren Stelle eine Ersatzleistung erbracht wird oder
4. wenn bei einer berufsvorbereitenden Bildungsmaßnahme ein sonstiger wichtiger Grund für das Fernbleiben des Auszubildenden vorliegt.

§ 74 Berufsausbildungsbeihilfe für Arbeitslose

Ein Arbeitsloser, der zu Beginn der Maßnahme ansonsten Anspruch auf Arbeitslosengeld gehabt hätte, der höher ist als der zugrunde zu legende Bedarf für den Lebensunterhalt, hat Anspruch auf Berufsausbildungsbeihilfe in Höhe des Arbeitslosengeldes. In diesem Fall wird Einkommen, das der Arbeitslose aus einer neben der berufsvorbereitenden Bildungsmaßnahme ausgeübten Beschäftigung oder selbständigen Tätigkeit erzielt, in gleicher Weise angerechnet wie bei der Leistung von Arbeitslosengeld.

§ 75 Auszahlung

Monatliche Förderungsbeträge der Berufsausbildungsbeihilfe, die nicht volle Euro ergeben, sind bei Restbeträgen bis zu 0,49 Euro abzurunden und von 0,50 Euro an aufzurunden. Nicht geleistet werden monatliche Förderungsbeträge unter 10 Euro.

§ 76 Anordnungsermächtigung

Die Bundesagentur wird ermächtigt, durch Anordnung das Nähere über Voraussetzungen, Umfang und Verfahren der Förderung sowie über Art und Inhalt der berufsvorbereitenden Bildungsmaßnahmen und die an sie gestellten Anforderungen zu bestimmen.

§ 76a (aufgehoben)

Sechster Abschnitt: Förderung der beruflichen Weiterbildung

§ 77 Grundsatz

(1) Arbeitnehmer können bei beruflicher Weiterbildung durch Übernahme der Weiterbildungskosten gefördert werden, wenn

1. die Weiterbildung notwendig ist, um sie bei Arbeitslosigkeit beruflich einzugliedern, eine ihnen drohende Arbeitslosigkeit abzuwenden oder weil bei ihnen wegen fehlenden Berufsabschlusses die Notwendigkeit der Weiterbildung anerkannt ist,
2. vor Beginn der Teilnahme eine Beratung durch die Agentur für Arbeit erfolgt ist und
3. die Maßnahme und der Träger der Maßnahme für die Förderung zugelassen sind.

Als Weiterbildung gilt die Zeit vom ersten Tag bis zum letzten Tag der Maßnahme mit Unterrichtsveranstaltungen, es sei denn, die Maßnahme ist vorzeitig beendet worden.

(2) Anerkannt wird die Notwendigkeit der Weiterbildung bei Arbeitnehmern wegen fehlenden Berufsabschlusses, wenn sie

1. über einen Berufsabschluss verfügen, jedoch auf Grund einer mehr als vier Jahre ausgeübten Beschäftigung in an- oder ungelernter Tätigkeit eine entsprechende Beschäftigung voraussichtlich nicht mehr ausüben können, oder

2. nicht über einen Berufsabschluss verfügen, für den nach bundes- oder landesrechtlichen Vorschriften eine Ausbildungsdauer von mindestens zwei Jahren festgelegt ist. Arbeitnehmer ohne Berufsabschluss, die noch nicht drei Jahre beruflich tätig gewesen sind, können nur gefördert werden, wenn eine berufliche Ausbildung oder eine berufsvorbereitende Bildungsmaßnahme aus in der Person des Arbeitnehmers liegenden Gründen nicht möglich oder nicht zumutbar ist.

(3) Arbeitnehmer werden durch Übernahme der Weiterbildungskosten zum nachträglichen Erwerb des Hauptschulabschlusses oder eines gleichwertigen Schulabschlusses gefördert, wenn sie

1. die Voraussetzungen für die Förderung der beruflichen Weiterbildung nach Absatz 1 erfüllen und

2. eine erfolgreiche Teilnahme an der Maßnahme erwarten lassen.

Absatz 2 Satz 1 Nr. 2 Satz 2 gilt entsprechend. Die Leistung wird nur erbracht, soweit sie nicht für den gleichen Zweck durch Dritte erbracht wird. Die Agentur für Arbeit hat darauf hinzuwirken, dass sich die für die allgemeine Schulbildung zuständigen Länder an den Kosten der Maßnahme beteiligen. Leistungen Dritter zur Aufstockung der Leistung bleiben anrechnungsfrei.

(3) (4) Dem Arbeitnehmer wird das Vorliegen der Voraussetzungen für eine Förderung bescheinigt (Bildungsgutschein). Der Bildungsgutschein kann zeitlich befristet sowie regional und auf bestimmte Bildungsziele beschränkt werden. Der vom Arbeitnehmer ausgewählte Träger hat der Agentur für Arbeit den Bildungsgutschein vor Beginn der Maßnahme vorzulegen.

§ 78 (aufgehoben)

§ 79 Weiterbildungskosten
(1) Weiterbildungskosten sind die durch die Weiterbildung unmittelbar entstehenden
1. Lehrgangskosten und Kosten für die Eignungsfeststellung,
2. Fahrkosten,
3. Kosten für auswärtige Unterbringung und Verpflegung,
4. Kosten für die Betreuung von Kindern.
(2) Leistungen können unmittelbar an den Träger der Maßnahme ausgezahlt werden, soweit Kosten bei dem Träger unmittelbar entstehen. Soweit ein Bescheid über die Bewilligung von unmittelbar an den Träger erbrachten Leistungen aufgehoben worden ist, sind diese Leistungen ausschließlich von dem Träger zu erstatten.

§ 80 Lehrgangskosten
Lehrgangskosten sind Lehrgangsgebühren einschließlich der Kosten für erforderliche Lernmittel, Arbeitskleidung, Prüfungsstücke und der Prüfungsgebühren für gesetzlich geregelte oder allgemein anerkannte Zwischen- und Abschlussprüfungen sowie Kosten für eine notwendige Eignungsfeststellung. Lehrgangskosten können auch für die Zeit vom Ausscheiden eines Teilnehmers bis zum planmäßigen Ende der Maßnahme übernommen werden, wenn

der Teilnehmer wegen Arbeitsaufnahme vorzeitig ausgeschieden, das Arbeitsverhältnis durch Vermittlung des Trägers der Maßnahme zustande gekommen und eine Nachbesetzung des frei gewordenen Platzes in der Maßnahme nicht möglich ist.

§ 81 Fahrkosten
(1) Fahrkosten können übernommen werden
1. für Fahrten zwischen Wohnung und Bildungsstätte (Pendelfahrten),
2. bei einer erforderlichen auswärtigen Unterbringung für die An- und Abreise und für eine monatliche Familienheimfahrt oder anstelle der Familienheimfahrt für eine monatliche Fahrt eines Angehörigen zum Aufenthaltsort des Arbeitnehmers.

(2) ~~Als~~ Fahrkosten *werden in Höhe des Betrages zugrunde gelegt, der bei Benutzung eines regelmäßig verkehrenden öffentlichen Verkehrsmittels der niedrigsten Klasse des zweckmäßigsten öffentlichen Verkehrsmittels zu zahlen ist, bei Benutzung sonstiger Verkehrsmittel in Höhe der Wegstreckenentschädigung nach § 5 Abs. 1 des Bundesreisekostengesetzes. Bei nicht geringfügigen Fahrpreiserhöhungen hat auf Antrag eine Anpassung zu erfolgen, wenn die Maßnahme noch mindestens zwei weitere Monate andauert.* ~~ist für jeden Tag, an dem der Teilnehmer die Bildungsstätte aufsucht, eine Entfernungspauschale für jeden vollen Kilometer der Entfernung zwischen Wohnung und Bildungsstätte von 0,36 Euro für die ersten zehn Kilometer und 0,40 Euro für jeden weiteren Kilometer anzusetzen. Zur Abgeltung der Aufwendungen für die An- und Abreise bei einer erforderlichen auswärtigen Unterbringung sowie für eine Familienheimfahrt ist eine Entfernungspauschale von 0,40 Euro für jeden vollen Kilometer der Entfernung zwischen dem Ort des eigenen Hausstands und dem Ort der Weiterbildung anzusetzen. Für die Bestimmung der Entfernung ist die kürzeste Straßenverbindung maßgebend.~~

(3) Kosten für Pendelfahrten können nur bis zu der Höhe des Betrages übernommen werden, der bei auswärtiger Unterbringung für Unterbringung und Verpflegung zu leisten wäre.

§ 82 Kosten für auswärtige Unterbringung und Verpflegung
Ist eine auswärtige Unterbringung erforderlich, so können
1. für die Unterbringung je Tag ein Betrag in Höhe von 31 Euro, je Kalendermonat jedoch höchstens ein Betrag in Höhe von 340 Euro und
2. für die Verpflegung je Tag ein Betrag in Höhe von 18 Euro, je Kalendermonat jedoch höchstens ein Betrag in Höhe von 136 Euro
erbracht werden.

§ 83 Kinderbetreuungskosten
Kosten für die Betreuung der aufsichtsbedürftigen Kinder des Arbeitnehmers können in Höhe von 130 Euro monatlich je Kind übernommen werden.

§ 84 Anforderungen an Träger

Zugelassen für die Förderung sind Träger, bei denen eine fachkundige Stelle festgestellt hat, dass

1. der Träger der Maßnahme die erforderliche Leistungsfähigkeit besitzt,
2. der Träger in der Lage ist, durch eigene Vermittlungsbemühungen die Eingliederung von Teilnehmern zu unterstützen,
3. Aus- und Fortbildung sowie Berufserfahrung des Leiters und der Lehrkräfte eine erfolgreiche berufliche Weiterbildung erwarten lassen und
4. der Träger ein System zur Sicherung der Qualität anwendet.

§ 85 Anforderungen an Maßnahmen

(1) Zugelassen für die Förderung sind Maßnahmen, bei denen eine fachkundige Stelle festgestellt hat, dass die Maßnahme

1. nach Gestaltung der Inhalte der Maßnahme sowie der Methoden und Materialien ihrer Vermittlung eine erfolgreiche berufliche Bildung erwarten lässt und nach Lage und Entwicklung des Arbeitsmarktes zweckmäßig ist,
2. angemessene Teilnahmebedingungen bietet,
3. mit einem Zeugnis abschließt, das Auskunft über den Inhalt des vermittelten Lehrstoffs gibt,
4. nach den Grundsätzen der Wirtschaftlichkeit und Sparsamkeit geplant und durchgeführt wird, insbesondere die Kosten und die Dauer angemessen sind.

Sofern es dem Wiedereingliederungserfolg förderlich ist, sollen Maßnahmen nach Möglichkeit betriebliche Lernphasen vorsehen.

(2) Die Dauer der Maßnahme ist angemessen, wenn sie sich auf den für das Erreichen des Bildungsziels erforderlichen Umfang beschränkt. Die Dauer einer Vollzeitmaßnahme, die zu einem Abschluss in einem allgemein anerkannten Ausbildungsberuf führt, ist angemessen, wenn sie gegenüber einer entsprechenden Berufsausbildung um mindestens ein Drittel der Ausbildungszeit verkürzt ist. Ist eine Verkürzung um mindestens ein Drittel der Ausbildungszeit auf Grund bundes- oder landesgesetzlicher Regelungen ausgeschlossen, so ist die Förderung eines Maßnahmeteils von bis zu zwei Dritteln der Maßnahme nicht ausgeschlossen, wenn bereits zu Beginn der Maßnahme die Finanzierung für die gesamte Dauer der Maßnahme gesichert ist.

(3) Zugelassen werden kann eine Maßnahme nur, wenn sie das Ziel hat,

1. berufliche ~~Kenntnisse,~~ Fertigkeiten, *Kenntnisse* und Fähigkeiten zu erhalten, zu erweitern, der technischen Entwicklung anzupassen oder einen beruflichen Aufstieg zu ermöglichen,
2. einen beruflichen Abschluss zu vermitteln oder
3. u einer anderen beruflichen Tätigkeit zu befähigen.

Eine Maßnahme, die im Ausland durchgeführt wird, kann nur zugelassen werden, wenn die Weiterbildung im Ausland für das Erreichen des Bildungsziels besonders dienlich ist.

(4) Ausgeschlossen von der Zulassung sind Maßnahmen, wenn überwiegend

1. Wissen vermittelt wird, das dem von allgemein bildenden Schulen angestrebten Bildungsziel oder den berufsqualifizierenden Studiengängen an Hochschulen oder ähnlichen Bildungsstätten entspricht oder
2. nicht berufsbezogene Inhalte vermittelt werden.
Dies gilt nicht für Maßnahmen, die auf den nachträglichen Erwerb des Hauptschulabschlusses vorbereiten.

(5) Zeiten einer der beruflichen Weiterbildung folgenden Beschäftigung, die der Erlangung der staatlichen Anerkennung oder der staatlichen Erlaubnis zur Ausübung des Berufes dienen, sind nicht berufliche Weiterbildung im Sinne dieses Buches.

§ 86 Qualitätsprüfung

(1) Die Agentur für Arbeit ~~hat~~ *kann* durch geeignete Maßnahmen die Durchführung der Maßnahme ~~zu~~ überwachen sowie den Erfolg ~~zu~~ beobachten. Sie kann insbesondere

1. von dem Träger der Maßnahme und den Teilnehmern Auskunft über den Verlauf der Maßnahme und den Eingliederungserfolg verlangen und
2. die Einhaltung der Voraussetzungen, die für die Zulassung des Trägers und der Maßnahme erfüllt sein müssen, durch Einsicht in alle die Maßnahme betreffenden Unterlagen des Trägers prüfen.

Die Agentur für Arbeit ist berechtigt, zu diesem Zwecke Grundstücke, Geschäfts- und Unterrichtsräume des Trägers während der Geschäfts- oder Unterrichtszeit zu betreten. Wird die Maßnahme bei einem Dritten durchgeführt, ist die Agentur für Arbeit berechtigt, die Grundstücke, Geschäfts- und Unterrichtsräume des Dritten während dieser Zeit zu betreten. Stellt die Agentur für Arbeit bei der Prüfung der Maßnahme hinreichende Anhaltspunkte für Verstöße gegen datenschutzrechtliche Vorschriften fest, soll sie die zuständige Kontrollbehörde für den Datenschutz hiervon unterrichten.

(2) Die Agentur für Arbeit kann vom Träger die Beseitigung festgestellter Mängel innerhalb angemessener Frist verlangen. Kommt der Träger diesem Verlangen nicht nach, hat die Agentur für Arbeit schwerwiegende und kurzfristig nicht behebbare Mängel festgestellt, werden die in Absatz 1 genannten Auskünfte nicht, nicht rechtzeitig oder nicht vollständig erteilt oder die Prüfungen oder das Betreten der Grundstücke, Geschäfts- und Unterrichtsräume durch die Agentur für Arbeit nicht geduldet, kann die Agentur für Arbeit die Geltung des Bildungsgutscheins für diesen Träger ausschließen und die Entscheidung über die Förderung insoweit aufheben.

~~(3) Die Agentur für Arbeit und der Träger der Maßnahme erstellen nach Ablauf der Maßnahme gemeinsam eine Bilanz, die Aufschluss über die Eingliederung der Teilnehmer und die Wirksamkeit der Maßnahme gibt.~~

~~(4)~~ *(3)* Die Agentur für Arbeit teilt der fachkundigen Stelle die nach den Absätzen 1 bis 3 gewonnenen Erkenntnisse mit.

§ 87 Verordnungsermächtigung

Das Bundesministerium für Arbeit und Soziales wird ermächtigt, im Einvernehmen mit dem Bundesministerium für Bildung und Forschung durch

Rechtsverordnung, die nicht der Zustimmung des Bundesrates bedarf, die Voraussetzungen für die Anerkennung als fachkundige Stelle und für die Zulassung von Trägern und Maßnahmen festzulegen, die Erhebung von Gebühren für die Anerkennung vorzusehen, die gebührenpflichtigen Tatbestände und die Gebührensätze zu bestimmen und das Verfahren für die Anerkennung als fachkundige Stelle sowie der Zulassung von Trägern und Maßnahmen zu regeln.

§§ 88 bis 96 (aufgehoben)

Siebter Abschnitt: Förderung der Teilhabe behinderter Menschen am Arbeitsleben

Erster Unterabschnitt: Grundsätze

§ 97 Teilhabe am Arbeitsleben
(1) Behinderten Menschen können Leistungen zur Förderung der Teilhabe am Arbeitsleben erbracht werden, die wegen Art oder Schwere der Behinderung erforderlich sind, um ihre Erwerbsfähigkeit zu erhalten, zu bessern, herzustellen oder wiederherzustellen und ihre Teilhabe am Arbeitsleben zu sichern.
(2) Bei der Auswahl der Leistungen sind Eignung, Neigung, bisherige Tätigkeit sowie Lage und Entwicklung des Arbeitsmarktes angemessen zu berücksichtigen. Soweit es erforderlich ist, schließt das Verfahren zur Auswahl der Leistungen eine Abklärung der beruflichen Eignung oder eine Arbeitserprobung ein.

§ 98 Leistungen zur Teilhabe
(1) Für behinderte Menschen können erbracht werden
1. allgemeine Leistungen sowie
2. besondere Leistungen zur Teilhabe am Arbeitsleben und diese ergänzende Leistungen.
(2) Besondere Leistungen zur Teilhabe am Arbeitsleben werden nur erbracht, soweit nicht bereits durch die allgemeinen Leistungen eine Teilhabe am Arbeitsleben erreicht werden kann.

§ 99 Leistungsrahmen
Die allgemeinen und besonderen Leistungen richten sich nach den Vorschriften des ersten *und vierten* bis sechsten Abschnitts, soweit nachfolgend nichts Abweichendes bestimmt ist.

Zweiter Unterabschnitt: Allgemeine Leistungen

§ 100 Leistungen
Die allgemeinen Leistungen umfassen ~~die Leistungen zur~~
1. ~~Unterstützung der Beratung und Vermittlung~~ *vermittlungsunterstützende Leistungen,*

2. ~~Verbesserung der Aussichten auf Teilhabe am Arbeitsleben,~~
3. ~~Förderung der Aufnahme einer Beschäftigung,~~
2.~~4.~~ *Leistungen zur* Förderung der Aufnahme einer selbständigen Tätigkeit,
3.~~5.~~ *Leistungen zur* Förderung der Berufsausbildung,
4.~~6.~~ *Leistungen zur* Förderung der beruflichen Weiterbildung.

§ 101 Besonderheiten

(1) ~~Mobilitätshilfe~~ *Vermittlungsunterstützende Leistungen* bei Aufnahme einer Beschäftigung ~~kann~~ *können* auch erbracht werden, wenn der behinderte Mensch nicht arbeitslos ist und durch ~~Mobilitätshilfen~~ *vermittlungsunterstützende Leistungen* eine dauerhafte Teilhabe am Arbeitsleben erreicht werden kann.

(Abs. 2 in der Fassung bis 31.07.2009)

(2) Förderungsfähig sind auch berufliche Aus- und Weiterbildungen, die im Rahmen des Berufsausbildungsgesetzes oder der Handwerksordnung abweichend von den Ausbildungsordnungen für staatlich anerkannte Ausbildungsberufe oder in Sonderformen für behinderte Menschen durchgeführt werden. Die Förderung kann bei Bedarf Aktivierungshilfen, ausbildungsbegleitende Hilfen, Beschäftigung begleitende Eingliederungshilfen und Übergangshilfen nach dem Ersten Abschnitt des Sechsten Kapitels umfassen.

(Abs. 2 in der Fassung ab 01.08.2009)

(2) Förderungsfähig sind auch berufliche Aus- und Weiterbildungen, die im Rahmen des Berufsausbildungsgesetzes oder der Handwerksordnung abweichend von den Ausbildungsordnungen für staatlich anerkannte Ausbildungsberufe oder in Sonderformen für behinderte Menschen durchgeführt werden. Die Förderung kann bei Bedarf ~~Aktivierungshilfen,~~ ausbildungsbegleitende Hilfen, ~~Beschäftigung begleitende Eingliederungshilfen und~~ Übergangshilfen nach dem Ersten Abschnitt des Sechsten Kapitels umfassen.

(3) Anspruch auf Berufsausbildungsbeihilfe besteht auch, wenn der behinderte Mensch während der beruflichen Ausbildung im Haushalt der Eltern oder eines Elternteils wohnt. In diesen Fällen beträgt der allgemeine Bedarf 310 Euro monatlich. Er beträgt 389 Euro, wenn der behinderte Mensch verheiratet ist, eine Lebenspartnerschaft führt oder das 21. Lebensjahr vollendet hat.

(4) Eine Verlängerung der Ausbildung über das vorgesehene Ausbildungsende hinaus, eine Wiederholung der Ausbildung ganz oder in Teilen sowie eine erneute berufliche Ausbildung wird gefördert, wenn Art oder Schwere der Behinderung es erfordern und ohne die Förderung eine dauerhafte Teilhabe am Arbeitsleben nicht erreicht werden kann.

(5) Berufliche Weiterbildung kann auch gefördert werden, wenn behinderte Menschen

1. nicht arbeitslos sind,
2. als Arbeitnehmer ohne Berufsabschluss noch nicht drei Jahre beruflich tätig gewesen sind oder
3. einer längeren Förderung als nichtbehinderte Menschen oder erneuten Förderung bedürfen, um am Arbeitsleben teilzuhaben oder weiter teilzuhaben.

Förderungsfähig sind auch schulische Ausbildungen, deren Abschluss für die Weiterbildung erforderlich ist.

Dritter Unterabschnitt: Besondere Leistungen

Erster Titel: Allgemeines

§ 102 Grundsatz
(1) Die besonderen Leistungen sind anstelle der allgemeinen Leistungen insbesondere zur Förderung der beruflichen Aus- und Weiterbildung einschließlich Berufsvorbereitung sowie blindentechnischer und vergleichbarer spezieller Grundausbildungen zu erbringen, wenn
1. Art oder Schwere der Behinderung oder die Sicherung der Teilhabe am Arbeitsleben die Teilnahme an
    a) einer Maßnahme in einer besonderen Einrichtung für behinderte Menschen oder
    b) einer sonstigen auf die besonderen Bedürfnisse behinderter Menschen ausgerichtete Maßnahme
unerlässlich machen oder
2. die allgemeinen Leistungen die wegen Art oder Schwere der Behinderung erforderlichen Leistungen nicht oder nicht im erforderlichen Umfang vorsehen.

In besonderen Einrichtungen für behinderte Menschen können auch Aus- und Weiterbildungen außerhalb des Berufsbildungsgesetzes und der Handwerksordnung gefördert werden.

(2) Leistungen im Eingangsverfahren und im Berufsbildungsbereich der Werkstätten für behinderte Menschen werden nach § 40 des Neunten Buches erbracht.

§ 103 Leistungen
Die besonderen Leistungen umfassen
1. das Übergangsgeld nach den §§ 160 bis 162,
2. das Ausbildungsgeld, wenn ein Übergangsgeld nicht erbracht werden kann,
3. die Übernahme der Teilnahmekosten für eine Maßnahme.

Die Leistungen können auf Antrag auch als Teil eines trägerübergreifenden Persönlichen Budgets erbracht werden; § 17 Abs. 2 bis 4 des Neunten Buches in Verbindung mit der Budgetverordnung und § 159 des Neunten Buches finden Anwendung.

Zweiter Titel: Ausbildungsgeld

§ 104 Ausbildungsgeld[1]

(1) Behinderte Menschen haben Anspruch auf Ausbildungsgeld während

1. einer beruflichen Ausbildung oder berufsvorbereitenden Bildungsmaßnahme einschließlich einer Grundausbildung ~~und~~,

2. *einer individuellen betrieblichen Qualifizierung im Rahmen der Unterstützten Beschäftigung nach § 38a des Neunten Buches und*

~~2.~~3. einer Maßnahme im Eingangsverfahren oder Berufsbildungsbereich einer Werkstatt für behinderte Menschen,

wenn ein Übergangsgeld nicht erbracht werden kann.

(2) Für das Ausbildungsgeld gelten die Vorschriften über die Berufsausbildungsbeihilfe entsprechend, soweit nachfolgend nichts Abweichendes bestimmt ist.

§ 105 Bedarf bei beruflicher Ausbildung

(1) Als Bedarf werden bei beruflicher Ausbildung zugrunde gelegt

1. bei Unterbringung im Haushalt der Eltern oder eines Elternteils 310 Euro monatlich, wenn der behinderte Mensch unverheiratet ist oder keine Lebenspartnerschaft führt und das 21. Lebensjahr noch nicht vollendet hat, im übrigen 389 Euro monatlich,

2. bei Unterbringung in einem Wohnheim, Internat, beim Ausbildenden oder in einer besonderen Einrichtung für behinderte Menschen 102 Euro monatlich, wenn die Kosten für Unterbringung und Verpflegung von der Agentur für Arbeit oder einem anderen Leistungsträger übernommen werden,

3. bei anderweitiger Unterbringung und Kostenerstattung für Unterbringung und Verpflegung 225 Euro monatlich, wenn der behinderte Mensch unverheiratet ist oder keine Lebenspartnerschaft führt und das 21. Lebensjahr noch nicht vollendet hat, im übrigen 260 Euro monatlich und

4. bei anderweitiger Unterbringung ohne Kostenerstattung für Unterbringung und Verpflegung der jeweils nach § 13 Abs. 1 Nr. 1 in Verbindung mit Absatz 2 Nr. 2 sowie Absatz 3 des Bundesausbildungsförderungsgesetzes geltende Bedarf.

(2) Für einen behinderten Menschen, der das 18. Lebensjahr noch nicht vollendet hat, wird anstelle des Bedarfs nach Absatz 1 Nr. 4 ein Bedarf in Höhe von 310 Euro monatlich zugrunde gelegt, wenn

1. er die Ausbildungsstätte von der Wohnung der Eltern oder eines Elternteils aus in angemessener Zeit erreichen könnte oder

2. Leistungen der Jugendhilfe nach dem Achten Buch gewährt werden, die mit einer anderweitigen Unterbringung verbunden sind.

---

[1] Die Änderungen in § 104 sind am 23.12.2008 in Kraft getreten.

§ 106 Bedarf bei berufsvorbereitenden Bildungsmaßnahmen, *unterstützter Beschäftigung* und bei Grundausbildung[1]

(1) Als Bedarf werden bei berufsvorbereitenden Bildungsmaßnahmen, *unterstützter Beschäftigung* und bei Grundausbildung zugrunde gelegt

1. bei Unterbringung im Haushalt der Eltern oder eines Elternteils der jeweils nach § 12 Abs. 1 Nr. 1 des Bundesausbildungsförderungsgesetzes geltende Bedarf,

2. bei anderweitiger Unterbringung außerhalb eines Wohnheims oder Internats ohne Kostenerstattung für Unterbringung und Verpflegung der jeweils nach § 12 Abs. 2 Nr. 1 in Verbindung mit Absatz 3 des Bundesausbildungsförderungsgesetzes geltende Bedarf,

3. bei anderweitiger Unterbringung außerhalb eines Wohnheims oder Internats und Kostenerstattung für Unterbringung und Verpflegung 169 Euro monatlich.

(2) Für einen behinderten Menschen, der das 18. Lebensjahr noch nicht vollendet hat, wird anstelle des Bedarfs nach Absatz 1 Nr. 2 ein Bedarf in Höhe von 200 Euro monatlich zugrunde gelegt, wenn

1. er die Ausbildungsstätte von der Wohnung der Eltern oder eines Elternteils aus in angemessener Zeit erreichen könnte oder

2. für ihn Leistungen der Jugendhilfe nach dem Achten Buch gewährt werden, die die Kosten für die Unterkunft einschließen.

(3) Bei Unterbringung in einem Wohnheim, Internat oder in einer besonderen Einrichtung für behinderte Menschen ist ein Bedarf wie bei einer beruflichen Ausbildung zugrunde zu legen.

§ 107 Bedarf bei Maßnahmen in anerkannten Werkstätten für behinderte Menschen

Als Bedarf werden bei Maßnahmen in einer Werkstatt für behinderte Menschen im ersten Jahr 62 Euro monatlich und danach 73 Euro monatlich zugrunde gelegt.

§ 108 Einkommensanrechnung

(1) Auf den Bedarf wird bei Maßnahmen in einer anerkannten Werkstatt für behinderte Menschen Einkommen nicht angerechnet.

(2) Im übrigen bleibt bei der Einkommensanrechnung das Einkommen

1. des behinderten Menschen aus Waisenrenten, Waisengeld oder aus Unterhaltsleistungen bis 235 Euro monatlich,

2. der Eltern bis 2.824 Euro monatlich, des verwitweten Elternteils oder bei getrennt lebenden Eltern, das Einkommen des Elternteils, bei dem der behinderte Mensch lebt, ohne Anrechnung des Einkommens des anderen Elternteils, bis 1.760 Euro monatlich und

3. des Ehegatten oder Lebenspartners bis 1.760 Euro monatlich

anrechnungsfrei.

---

[1] Die Änderungen in § 106 sind am 23.12.2008 in Kraft getreten.

Dritter Titel: Teilnahmekosten

§ 109 Teilnahmekosten
(1) Teilnahmekosten bestimmen sich nach den §§ 33, 44, 53 und 54 des Neunten Buches. Sie beinhalten auch weitere Aufwendungen, die wegen Art und Schwere der Behinderung unvermeidbar entstehen, sowie Kosten für Sonderfälle der Unterkunft und Verpflegung.
(Änderung in Abs. 2 gültig ab 01.08.2009)
(2) Die Teilnahmekosten nach Absatz 1 können Aufwendungen für erforderliche eingliederungsbegleitende Dienste während und im Anschluß an die Maßnahme einschließen. ~~Für Leistungen im Anschluß an die Maßnahme gelten die Vorschriften für die Übergangshilfen nach dem ersten Abschnitt des Sechsten Kapitels entsprechend.~~

§ 110 (aufgehoben)

§ 111 Sonderfälle der Unterbringung und Verpflegung
Wird der behinderte Mensch auswärtig, aber nicht in einem Wohnheim, Internat, einer besonderen Einrichtung für behinderte Menschen oder beim Ausbildenden mit voller Verpflegung untergebracht, so wird ein Betrag in Höhe von 269 Euro monatlich zuzüglich der nachgewiesenen behinderungsbedingten Mehraufwendungen erbracht.

§§ 112 bis 113 (aufgehoben)

Vierter Titel: Sonstige Hilfen

§ 114 (aufgehoben)

Fünfter Titel: Anordnungsermächtigung

§ 115 Anordnungsermächtigung
Die Bundesagentur wird ermächtigt, durch Anordnung das Nähere über Voraussetzungen, Art, Umfang und Ausführung der Leistungen in Übereinstimmung mit den für die anderen Träger der Leistungen zur Teilhabe am Arbeitsleben geltenden Regelungen zu bestimmen.

Achter Abschnitt: Entgeltersatzleistungen

Erster Unterabschnitt: Leistungsübersicht

§ 116 Leistungsarten
Entgeltersatzleistungen sind
1. Arbeitslosengeld bei Arbeitslosigkeit und bei beruflicher Weiterbildung,
2. Teilarbeitslosengeld bei Teilarbeitslosigkeit,

3. Übergangsgeld bei Teilnahme an Leistungen zur Teilhabe am Arbeitsleben,
4. Kurzarbeitergeld für Arbeitnehmer, die infolge eines Arbeitsausfalles einen Entgeltausfall haben,
5. Insolvenzgeld für Arbeitnehmer, die wegen Zahlungsunfähigkeit des Arbeitgebers kein Arbeitsentgelt erhalten.

Zweiter Unterabschnitt: Arbeitslosengeld

Erster Titel: Regelvoraussetzungen

§ 117 Anspruch auf Arbeitslosengeld
(1) Arbeitnehmer haben Anspruch auf Arbeitslosengeld
1. bei Arbeitslosigkeit oder
2. bei beruflicher Weiterbildung.
(2) Arbeitnehmer, die das für die Regelaltersrente im Sinne des Sechsten Buches erforderliche Lebensjahr vollendet haben, haben vom Beginn des folgenden Monats an keinen Anspruch auf Arbeitslosengeld.

§ 118 Anspruchsvoraussetzungen bei Arbeitslosigkeit
(1) Anspruch auf Arbeitslosengeld bei Arbeitslosigkeit haben Arbeitnehmer, die
1. arbeitslos sind,
2. sich bei der Agentur für Arbeit arbeitslos gemeldet und
3. die Anwartschaftszeit erfüllt haben.
(2) Der Arbeitnehmer kann bis zur Entscheidung über den Anspruch bestimmen, dass dieser nicht oder zu einem späteren Zeitpunkt entstehen soll.

§ 119 Arbeitslosigkeit
(1) Arbeitslos ist ein Arbeitnehmer, der
1. nicht in einem Beschäftigungsverhältnis steht (Beschäftigungslosigkeit),
2. sich bemüht, seine Beschäftigungslosigkeit zu beenden (Eigenbemühungen) und
3. den Vermittlungsbemühungen der Agentur für Arbeit zur Verfügung steht (Verfügbarkeit).
(2) Eine ehrenamtliche Betätigung schließt Arbeitslosigkeit nicht aus, wenn dadurch die berufliche Eingliederung des Arbeitslosen nicht beeinträchtigt wird.
(3) Die Ausübung einer Beschäftigung, selbständigen Tätigkeit oder Tätigkeit als mithelfender Familienangehöriger (Erwerbstätigkeit) schließt die Beschäftigungslosigkeit nicht aus, wenn die Arbeits- oder Tätigkeitszeit (Arbeitszeit) weniger als 15 Stunden wöchentlich umfasst; gelegentliche Abweichungen von geringer Dauer bleiben unberücksichtigt. Die Arbeitszeiten mehrerer Erwerbstätigkeiten werden zusammengerechnet.
(4) Im Rahmen der Eigenbemühungen hat der Arbeitslose alle Möglichkeiten zur beruflichen Eingliederung zu nutzen. Hierzu gehören insbesondere

1. die Wahrnehmung der Verpflichtungen aus der Eingliederungsvereinbarung,
2. die Mitwirkung bei der Vermittlung durch Dritte und
3. die Inanspruchnahme der Selbstinformationseinrichtungen der Agentur für Arbeit.

(5) Den Vermittlungsbemühungen der Agentur für Arbeit steht zur Verfügung, wer

1. eine versicherungspflichtige, mindestens 15 Stunden wöchentlich umfassende zumutbare Beschäftigung unter den üblichen Bedingungen des für ihn in Betracht kommenden Arbeitsmarktes ausüben kann und darf,
2. Vorschlägen der Agentur für Arbeit zur beruflichen Eingliederung zeit- und ortsnah Folge leisten kann,
3. bereit ist, jede Beschäftigung im Sinne der Nummer 1 anzunehmen und auszuüben und
4. bereit ist, an Maßnahmen zur beruflichen Eingliederung in das Erwerbsleben teilzunehmen.

§ 120 Sonderfälle der Verfügbarkeit

(1) Nimmt der Leistungsberechtigte an einer Maßnahme ~~der Eignungsfeststellung, an einer Trainingsmaßnahme~~ *nach § 46* oder an einer Berufsfindung oder Arbeitserprobung im Sinne des Rechts der beruflichen Rehabilitation teil, leistet er vorübergehend zur Verhütung oder Beseitigung öffentlicher Notstände Dienste, die nicht auf einem Arbeitsverhältnis beruhen, übt er eine freie Arbeit im Sinne des Artikels 293 Abs. 1 des Einführungsgesetzes zum Strafgesetzbuch oder auf Grund einer Anordnung im Gnadenwege aus oder erbringt er gemeinnützige Leistungen oder Arbeitsleistungen nach den in Artikel 293 Abs. 3 des Einführungsgesetzes zum Strafgesetzbuch genannten Vorschriften oder auf Grund deren entsprechender Anwendung, so schließt dies die Verfügbarkeit nicht aus.

(2) Bei Schülern oder Studenten einer Schule, Hochschule oder sonstigen Ausbildungsstätte wird vermutet, dass sie nur versicherungsfreie Beschäftigungen ausüben können. Die Vermutung ist widerlegt, wenn der Schüler oder Student darlegt und nachweist, daß der Ausbildungsgang die Ausübung einer versicherungspflichtigen, mindestens 15 Stunden wöchentlich umfassenden Beschäftigung bei ordnungsgemäßer Erfüllung der in den Ausbildungs- und Prüfungsbestimmungen vorgeschriebenen Anforderungen zuläßt.

(3) Nimmt der Leistungsberechtigte an einer Maßnahme der beruflichen Weiterbildung teil, für die die Voraussetzungen nach § 77 nicht erfüllt sind, schließt dies Verfügbarkeit nicht aus, wenn

1. die Agentur für Arbeit der Teilnahme zustimmt und
2. der Leistungsberechtigte seine Bereitschaft erklärt, die Maßnahme abzubrechen, sobald eine berufliche Eingliederung in Betracht kommt und zu diesem Zweck die Möglichkeit zum Abbruch mit dem Träger der Maßnahme vereinbart hat.

(4) Ist der Leistungsberechtigte nur bereit, Teilzeitbeschäftigungen auszuüben, so schließt dies Verfügbarkeit nicht aus, wenn sich die Arbeitsbereitschaft auf

Teilzeitbeschäftigungen erstreckt, die versicherungspflichtig sind, mindestens 15 Stunden wöchentlich umfassen und den üblichen Bedingungen des für ihn in Betracht kommenden Arbeitsmarktes entsprechen. Eine Einschränkung auf Teilzeitbeschäftigungen aus Anlass eines konkreten Arbeits- oder Maßnahmeangebotes ist nicht zulässig. Die Einschränkung auf Heimarbeit schließt Verfügbarkeit nicht aus, wenn die Anwartschaftszeit durch eine Beschäftigung als Heimarbeiter erfüllt worden ist und der Leistungsberechtigte bereit und in der Lage ist, Heimarbeit unter den üblichen Bedingungen auf dem für ihn in Betracht kommenden Arbeitsmarkt auszuüben.

§ 121 Zumutbare Beschäftigungen

(1) Einem Arbeitslosen sind alle seiner Arbeitsfähigkeit entsprechenden Beschäftigungen zumutbar, soweit allgemeine oder personenbezogene Gründe der Zumutbarkeit einer Beschäftigung nicht entgegenstehen.

(2) Aus allgemeinen Gründen ist eine Beschäftigung einem Arbeitslosen insbesondere nicht zumutbar, wenn die Beschäftigung gegen gesetzliche, tarifliche oder in Betriebsvereinbarungen festgelegte Bestimmungen über Arbeitsbedingungen oder gegen Bestimmungen des Arbeitsschutzes verstößt.

(3) Aus personenbezogenen Gründen ist eine Beschäftigung einem Arbeitslosen insbesondere nicht zumutbar, wenn das daraus erzielbare Arbeitsentgelt erheblich niedriger ist als das der Bemessung des Arbeitslosengeldes zugrunde liegende Arbeitsentgelt. In den ersten drei Monaten der Arbeitslosigkeit ist eine Minderung um mehr als 20 Prozent und in den folgenden drei Monaten um mehr als 30 Prozent dieses Arbeitsentgelts nicht zumutbar. Vom siebten Monat der Arbeitslosigkeit an ist dem Arbeitslosen eine Beschäftigung nur dann nicht zumutbar, wenn das daraus erzielbare Nettoeinkommen unter Berücksichtigung der mit der Beschäftigung zusammenhängenden Aufwendungen niedriger ist als das Arbeitslosengeld.

(4) Aus personenbezogenen Gründen ist einem Arbeitslosen eine Beschäftigung auch nicht zumutbar, wenn die täglichen Pendelzeiten zwischen seiner Wohnung und der Arbeitsstätte im Vergleich zur Arbeitszeit unverhältnismäßig lang sind. Als unverhältnismäßig lang sind im Regelfall Pendelzeiten von insgesamt mehr als zweieinhalb Stunden bei einer Arbeitszeit von mehr als sechs Stunden und Pendelzeiten von mehr als zwei Stunden bei einer Arbeitszeit von sechs Stunden und weniger anzusehen. Sind in einer Region unter vergleichbaren Arbeitnehmern längere Pendelzeiten üblich, bilden diese den Maßstab. Ein Umzug zur Aufnahme einer Beschäftigung außerhalb des zumutbaren Pendelbereichs ist einem Arbeitslosen zumutbar, wenn nicht zu erwarten ist, dass der Arbeitslose innerhalb der ersten drei Monate der Arbeitslosigkeit eine Beschäftigung innerhalb des zumutbaren Pendelbereichs aufnehmen wird. Vom vierten Monat der Arbeitslosigkeit an ist einem Arbeitslosen ein Umzug zur Aufnahme einer Beschäftigung außerhalb des zumutbaren Pendelbereichs in der Regel zumutbar. Die Sätze 4 und 5 sind nicht anzuwenden, wenn dem Umzug ein wichtiger Grund entgegensteht. Ein wichtiger Grund kann sich insbesondere aus familiären Bindungen ergeben.

(5) Eine Beschäftigung ist nicht schon deshalb unzumutbar, weil sie befristet ist, vorübergehend eine getrennte Haushaltsführung erfordert oder nicht zum Kreis der Beschäftigungen gehört, für die der Arbeitnehmer ausgebildet ist oder die er bisher ausgeübt hat.

§ 122 Persönliche Arbeitslosmeldung
(1) Der Arbeitslose hat sich persönlich bei der zuständigen Agentur für Arbeit arbeitslos zu melden. Eine Meldung ist auch zulässig, wenn die Arbeitslosigkeit noch nicht eingetreten, der Eintritt der Arbeitslosigkeit aber innerhalb der nächsten drei Monate zu erwarten ist.
(2) Die Wirkung der Meldung erlischt
1. bei einer mehr als sechswöchigen Unterbrechung der Arbeitslosigkeit,
2. mit der Aufnahme der Beschäftigung, selbständigen Tätigkeit oder Tätigkeit als mithelfender Familienangehöriger, wenn der Arbeitslose diese der Agentur für Arbeit nicht unverzüglich mitgeteilt hat.
(3) Ist die zuständige Agentur für Arbeit am ersten Tag der Beschäftigungslosigkeit des Arbeitslosen nicht dienstbereit, so wirkt eine persönliche Meldung an dem nächsten Tag, an dem die Agentur für Arbeit dienstbereit ist, auf den Tag zurück, an dem die Agentur für Arbeit nicht dienstbereit war.

§ 123 Anwartschaftszeit
Die Anwartschaftszeit hat erfüllt, wer in der Rahmenfrist mindestens zwölf Monate in einem Versicherungspflichtverhältnis gestanden hat. Zeiten, die vor dem Tag liegen, an dem der Anspruch auf Arbeitslosengeld wegen des Eintritts einer Sperrzeit erloschen ist, dienen nicht zur Erfüllung der Anwartschaftszeit.

§ 124 Rahmenfrist
(1) Die Rahmenfrist beträgt zwei Jahre und beginnt mit dem Tag vor der Erfüllung aller sonstigen Voraussetzungen für den Anspruch auf Arbeitslosengeld.
(2) Die Rahmenfrist reicht nicht in eine vorangegangene Rahmenfrist hinein, in der der Arbeitslose eine Anwartschaftszeit erfüllt hatte.
(3) In die Rahmenfrist werden Zeiten nicht eingerechnet, in denen der Arbeitslose von einem Rehabilitationsträger Übergangsgeld wegen einer berufsfördernden Maßnahme bezogen hat. In diesem Falle endet die Rahmenfrist spätestens nach fünf Jahren seit ihrem Beginn.

§ 124a Anspruchsvoraussetzungen bei beruflicher Weiterbildung
(1) Anspruch auf Arbeitslosengeld hat auch ein Arbeitnehmer, der die Voraussetzungen eines Anspruchs auf Arbeitslosengeld bei Arbeitslosigkeit allein wegen einer nach § 77 geförderten beruflichen Weiterbildung nicht erfüllt.
(2) Bei einem Arbeitnehmer, der vor Eintritt in die Maßnahme nicht arbeitslos war, gelten die Voraussetzungen eines Anspruchs auf Arbeitslosengeld bei Arbeitslosigkeit als erfüllt, wenn er

1. bei Eintritt in die Maßnahme einen Anspruch auf Arbeitslosengeld bei Arbeitslosigkeit hätte, der weder ausgeschöpft noch erloschen ist, oder

2. die Anwartschaftszeit im Falle von Arbeitslosigkeit am Tage des Eintritts in die Maßnahme der beruflichen Weiterbildung erfüllt hätte; insoweit gilt der Tag des Eintritts in die Maßnahme als Tag der persönlichen Arbeitslosmeldung.

Zweiter Titel: Sonderformen des Arbeitslosengeldes

§ 125 Minderung der Leistungsfähigkeit

(1) Anspruch auf Arbeitslosengeld hat auch, wer allein deshalb nicht arbeitslos ist, weil er wegen einer mehr als sechsmonatigen Minderung seiner Leistungsfähigkeit versicherungspflichtige, mindestens 15 Stunden wöchentlich umfassende Beschäftigungen nicht unter den Bedingungen ausüben kann, die auf dem für ihn in Betracht kommenden Arbeitsmarkt ohne Berücksichtigung der Minderung der Leistungsfähigkeit üblich sind, wenn verminderte Erwerbsfähigkeit im Sinne der gesetzlichen Rentenversicherung nicht festgestellt worden ist. Die Feststellung, ob verminderte Erwerbsfähigkeit vorliegt, trifft der zuständige Träger der gesetzlichen Rentenversicherung. Kann sich der Leistungsgeminderte wegen gesundheitlicher Einschränkungen nicht persönlich arbeitslos melden, so kann die Meldung durch einen Vertreter erfolgen. Der Leistungsgeminderte hat sich unverzüglich persönlich bei der Agentur für Arbeit zu melden, sobald der Grund für die Verhinderung entfallen ist.

(2) Die Agentur für Arbeit hat den Arbeitslosen unverzüglich aufzufordern, innerhalb eines Monats einen Antrag auf Leistungen zur medizinischen Rehabilitation oder zur Teilhabe am Arbeitsleben zu stellen. Stellt der Arbeitslose diesen Antrag fristgemäß, so gilt er im Zeitpunkt des Antrags auf Arbeitslosengeld als gestellt. Stellt der Arbeitslose den Antrag nicht, ruht der Anspruch auf Arbeitslosengeld vom Tage nach Ablauf der Frist an bis zum Tage, an dem der Arbeitslose einen Antrag auf Leistungen zur medizinischen Rehabilitation oder zur Teilhabe am Arbeitsleben oder einen Antrag auf Rente wegen Erwerbsminderung stellt. Kommt der Arbeitslose seinen Mitwirkungspflichten gegenüber dem Träger der medizinischen Rehabilitation oder der Teilhabe am Arbeitsleben nicht nach, so ruht der Anspruch auf Arbeitslosengeld von dem Tag nach Unterlassen der Mitwirkung bis zu dem Tag, an dem die Mitwirkung nachgeholt wird. Satz 4 gilt entsprechend, wenn der Arbeitslose durch sein Verhalten die Feststellung der Erwerbsminderung verhindert.

(3) Wird dem Arbeitslosen von einem Träger der gesetzlichen Rentenversicherung wegen einer Maßnahme zur Rehabilitation Übergangsgeld oder eine Rente wegen Erwerbsminderung zuerkannt, steht der Bundesagentur ein Erstattungsanspruch entsprechend § 103 des Zehnten Buches zu. Hat der Träger der gesetzlichen Rentenversicherung Leistungen nach Satz 1 mit befreiender Wirkung an den Arbeitslosen oder einen Dritten gezahlt, hat der Bezieher des Arbeitslosengeldes dieses insoweit zu erstatten.

§ 126 Leistungsfortzahlung bei Arbeitsunfähigkeit

(1) Wird ein Arbeitsloser während des Bezugs von Arbeitslosengeld infolge Krankheit arbeitsunfähig, ohne daß ihn ein Verschulden trifft, oder wird er während des Bezugs von Arbeitslosengeld auf Kosten der Krankenkasse stationär behandelt, verliert er dadurch nicht den Anspruch auf Arbeitslosengeld für die Zeit der Arbeitsunfähigkeit oder stationären Behandlung bis zur Dauer von sechs Wochen (Leistungsfortzahlung). Als unverschuldet im Sinne des Satzes 1 gilt auch eine Arbeitsunfähigkeit, die infolge einer durch Krankheit erforderlichen Sterilisation durch einen Arzt oder eines nicht rechtswidrigen Abbruchs der Schwangerschaft eintritt. Dasselbe gilt für einen Abbruch der Schwangerschaft, wenn die Schwangerschaft innerhalb von zwölf Wochen nach der Empfängnis durch einen Arzt abgebrochen wird, die Schwangere den Abbruch verlangt und dem Arzt durch eine Bescheinigung nachgewiesen hat, daß sie sich mindestens drei Tage vor dem Eingriff von einer anerkannten Beratungsstelle beraten lassen hat.

(2) Eine Leistungsfortzahlung erfolgt auch im Falle einer nach ärztlichem Zeugnis erforderlichen Beaufsichtigung, Betreuung oder Pflege eines erkrankten Kindes des Arbeitslosen bis zur Dauer von zehn, bei alleinerziehenden Arbeitslosen bis zur Dauer von 20 Tagen für jedes Kind in jedem Kalenderjahr, wenn eine andere im Haushalt des Arbeitslosen lebende Person diese Aufgabe nicht übernehmen kann und das Kind das zwölfte Lebensjahr noch nicht vollendet hat oder behindert und auf Hilfe angewiesen ist. Arbeitslosengeld wird jedoch für nicht mehr als 25, für alleinerziehende Arbeitslose für nicht mehr als 50 Tage in jedem Kalenderjahr fortgezahlt.

(3) Die Vorschriften des Fünften Buches, die bei Fortzahlung des Arbeitsentgelts durch den Arbeitgeber im Krankheitsfall sowie bei Zahlung von Krankengeld im Falle der Erkrankung eines Kindes anzuwenden sind, gelten entsprechend.

Dritter Titel: Anspruchsdauer

§ 127 Grundsatz

(1) Die Dauer des Anspruchs auf Arbeitslosengeld richtet sich
1.   nach der Dauer der Versicherungspflichtverhältnisse innerhalb der um drei Jahre erweiterten Rahmenfrist und
2.   dem Lebensalter, das der Arbeitslose bei der Entstehung des Anspruchs vollendet hat.

Die Vorschriften des Ersten Titels zum Ausschluß von Zeiten bei der Erfüllung der Anwartschaftszeit und zur Begrenzung der Rahmenfrist durch eine vorangegangene Rahmenfrist gelten entsprechend.

(2) Die Dauer des Anspruchs auf Arbeitslosengeld beträgt

nach Versicherungspflichtverhältnissen mit einer Dauer von insgesamt mindestens … Monaten	und nach Vollendung des … Lebensjahres	… Monate
12		6
16		8
20		10
24		12
30	50.	15
36	55.	18
48	58.	24

(2a) (aufgehoben)
(3) (aufgehoben)
(4) Die Dauer des Anspruchs verlängert sich um die Restdauer des wegen Entstehung eines neuen Anspruchs erloschenen Anspruchs, wenn nach der Entstehung des erloschenen Anspruchs noch nicht fünf Jahre verstrichen sind; sie verlängert sich längstens bis zu der dem Lebensalter des Arbeitslosen zugeordneten Höchstdauer.

§ 128 Minderung der Anspruchsdauer
(1) Die Dauer des Anspruchs auf Arbeitslosengeld mindert sich um
1. die Anzahl von Tagen, für die der Anspruch auf Arbeitslosengeld bei Arbeitslosigkeit erfüllt worden ist,
2. jeweils einen Tag für jeweils zwei Tage, für die ein Anspruch auf Teilarbeitslosengeld innerhalb der letzten zwei Jahre vor der Entstehung des Anspruchs erfüllt worden ist,
3. die Anzahl von Tagen einer Sperrzeit bei Arbeitsablehnung, unzureichenden Eigenbemühungen, Ablehnung oder Abbruch einer beruflichen Eingliederungsmaßnahme, Meldeversäumnis oder verspäteter Arbeitsuchendmeldung,
4. die Anzahl von Tagen einer Sperrzeit wegen Arbeitsaufgabe; in Fällen einer Sperrzeit von zwölf Wochen mindestens jedoch um ein Viertel der Anspruchsdauer, die dem Arbeitslosen bei erstmaliger Erfüllung der Voraussetzungen für den Anspruch auf Arbeitslosengeld nach dem Ereignis, das die Sperrzeit begründet, zusteht,
5. (aufgehoben)
6. die Anzahl von Tagen, für die dem Arbeitslosen das Arbeitslosengeld wegen fehlender Mitwirkung (§ 66 Erstes Buch) versagt oder entzogen worden ist,
7. die Anzahl von Tagen der Beschäftigungslosigkeit nach der Erfüllung der Voraussetzungen für den Anspruch auf Arbeitslosengeld, an denen der Arbeitslose nicht arbeitsbereit ist, ohne für sein Verhalten einen wichtigen Grund zu haben,

8. jeweils einen Tag für jeweils zwei Tage, für die ein Anspruch auf Arbeitslosengeld bei beruflicher Weiterbildung nach diesem Buch erfüllt worden ist,
9. die Anzahl von Tagen, für die ein Anspruch auf einen Gründungszuschuss in der Höhe des zuletzt bezogenen Arbeitslosengeldes erfüllt worden ist.

(2) In den Fällen des Absatzes 1 Nr. 6 und 7 mindert sich die Dauer des Anspruchs auf Arbeitslosengeld höchstens um vier Wochen. In den Fällen des Absatzes 1 Nr. 3 und 4 entfällt die Minderung für Sperrzeiten bei Abbruch einer beruflichen Eingliederungsmaßnahme oder Arbeitsaufgabe, wenn das Ereignis, das die Sperrzeit begründet, bei Erfüllung der Voraussetzungen für den Anspruch auf Arbeitslosengeld länger als ein Jahr zurückliegt. In den Fällen des Absatzes 1 Nr. 8 unterbleibt eine Minderung, soweit sich dadurch eine Anspruchsdauer von weniger als einem Monat ergibt. Ist ein neuer Anspruch entstanden, erstreckt sich die Minderung nur auf die Restdauer des erloschenen Anspruchs (§ 127 Abs. 4).

Vierter Titel: Höhe des Arbeitslosengeldes

§ 129 Grundsatz

Das Arbeitslosengeld beträgt
1. für Arbeitslose, die mindestens ein Kind im Sinne des § 32 Abs. 1, 3 bis 5 des Einkommensteuergesetzes haben, sowie für Arbeitslose, deren Ehegatte oder Lebenspartner mindestens ein Kind im Sinne des § 32 Abs. 1, 4 und 5 des Einkommensteuergesetzes hat, wenn beide Ehegatten oder Lebenspartner unbeschränkt einkommensteuerpflichtig sind und nicht dauernd getrennt leben, 67 Prozent (erhöhter Leistungssatz),
2. für die übrigen Arbeitslosen 60 Prozent (allgemeiner Leistungssatz)
des pauschalierten Nettoentgelts (Leistungsentgelt), das sich aus dem Bruttoentgelt ergibt, das der Arbeitslose im Bemessungszeitraum erzielt hat (Bemessungsentgelt).

§ 130 Bemessungszeitraum und Bemessungsrahmen

(1) Der Bemessungszeitraum umfasst die beim Ausscheiden des Arbeitslosen aus dem jeweiligen Beschäftigungsverhältnis abgerechneten Entgeltabrechnungszeiträume der versicherungspflichtigen Beschäftigungen im Bemessungsrahmen. Der Bemessungsrahmen umfasst ein Jahr; er endet mit dem letzten Tag des letzten Versicherungspflichtverhältnisses vor der Entstehung des Anspruchs.

(2) Bei der Ermittlung des Bemessungszeitraums bleiben außer Betracht
1. Zeiten einer Beschäftigung, neben der Übergangsgeld wegen einer Leistung zur Teilhabe am Arbeitsleben, Teilübergangsgeld oder Teilarbeitslosengeld geleistet worden ist,
2. Zeiten einer Beschäftigung als Freiwillige oder Freiwilliger im Sinne des Jugendfreiwilligendienstegesetzes, wenn sich die beitragspflichtige Einnahme nach § 344 Abs. 2 bestimmt,

3. Zeiten, in denen der Arbeitslose Elterngeld bezogen oder Erziehungsgeld bezogen oder nur wegen der Berücksichtigung von Einkommen nicht bezogen hat oder ein Kind unter drei Jahren betreut und erzogen hat, wenn wegen der Betreuung und Erziehung des Kindes das Arbeitsentgelt oder die durchschnittliche wöchentliche Arbeitszeit gemindert war,

3a. Zeiten, in denen der Arbeitslose eine Pflegezeit nach § 3 Abs. 1 Satz 1 des Pflegezeitgesetzes in Anspruch genommen hat, wenn wegen der Pflege das Arbeitsentgelt oder die durchschnittliche wöchentliche Arbeitszeit gemindert war,

4. Zeiten, in denen die durchschnittliche regelmäßige wöchentliche Arbeitszeit auf Grund einer Teilzeitvereinbarung nicht nur vorübergehend auf weniger als 80 Prozent der durchschnittlichen regelmäßigen Arbeitszeit einer vergleichbaren Vollzeitbeschäftigung, mindestens um fünf Stunden wöchentlich, vermindert war, wenn der Arbeitslose Beschäftigungen mit einer höheren Arbeitszeit innerhalb der letzten dreieinhalb Jahre vor der Entstehung des Anspruchs während eines sechs Monate umfassenden zusammenhängenden Zeitraums ausgeübt hat.

Satz 1 Nr. 4 gilt nicht in Fällen einer Teilzeitvereinbarung nach dem Altersteilzeitgesetz, es sei denn, das Beschäftigungsverhältnis ist wegen Zahlungsunfähigkeit des Arbeitgebers beendet worden.

(3) Der Bemessungsrahmen wird auf zwei Jahre erweitert, wenn

1. der Bemessungszeitraum weniger als 150 Tage mit Anspruch auf Arbeitsentgelt enthält oder

2. es mit Rücksicht auf das Bemessungsentgelt im erweiterten Bemessungsrahmen unbillig hart wäre, von dem Bemessungsentgelt im Bemessungszeitraum auszugehen.

Satz 1 Nr. 2 ist nur anzuwenden, wenn der Arbeitslose dies verlangt und die zur Bemessung erforderlichen Unterlagen vorlegt.

§ 131 Bemessungsentgelt

(1) Bemessungsentgelt ist das durchschnittlich auf den Tag entfallende beitragspflichtige Arbeitsentgelt, das der Arbeitslose im Bemessungszeitraum erzielt hat. Arbeitsentgelte, auf die der Arbeitslose beim Ausscheiden aus dem Beschäftigungsverhältnis Anspruch hatte, gelten als erzielt, wenn sie zugeflossen oder nur wegen Zahlungsunfähigkeit des Arbeitgebers nicht zugeflossen sind.

(2) Außer Betracht bleiben Arbeitsentgelte,

1. die der Arbeitslose wegen der Beendigung des Arbeitsverhältnisses erhält oder die im Hinblick auf die Arbeitslosigkeit vereinbart worden sind,

2. die als Wertguthaben *einer Vereinbarung* nach § 7*b* ~~Abs. 1a~~ des Vierten Buches nicht ~~gemäß einer~~ *nach dieser* Vereinbarung ~~über flexible Arbeitszeitregelungen~~ verwendet werden ~~(§ 23b Abs. 2 bis 3 des Vierten Buches)~~.

(3) Als Arbeitsentgelt ist zugrunde zu legen

1. für Zeiten, in denen der Arbeitslose Kurzarbeitergeld oder eine vertraglich vereinbarte Leistung zur Vermeidung der Inanspruchnahme von Saison-Kurzarbeitergeld bezogen hat, das Arbeitsentgelt, das der Arbeitslose ohne den Arbeitsausfall und ohne Mehrarbeit erzielt hätte,
2. für Zeiten einer Vereinbarung nach ~~§ 7 Abs. 1a~~ *§ 7b* des Vierten Buches das Arbeitsentgelt, das der Arbeitslose für die geleistete Arbeitszeit ohne eine Vereinbarung nach ~~§ 7 Abs. 1a~~ *§ 7b* des Vierten Buches erzielt hätte; für Zeiten einer Freistellung das erzielte Arbeitsentgelt.

(4) Hat der Arbeitslose innerhalb der letzten zwei Jahre vor der Entstehung des Anspruchs Arbeitslosengeld bezogen, ist Bemessungsentgelt mindestens das Entgelt, nach dem das Arbeitslosengeld zuletzt bemessen worden ist.

(5) Ist der Arbeitslose nicht mehr bereit oder in der Lage, die im Bemessungszeitraum durchschnittlich auf die Woche entfallende Zahl von Arbeitsstunden zu leisten, vermindert sich das Bemessungsentgelt für die Zeit der Einschränkung entsprechend dem Verhältnis der Zahl der durchschnittlichen regelmäßigen wöchentlichen Arbeitsstunden, die der Arbeitslose künftig leisten will oder kann, zu der Zahl der durchschnittlich auf die Woche entfallenden Arbeitsstunden im Bemessungszeitraum. Einschränkungen des Leistungsvermögens bleiben unberücksichtigt, wenn Arbeitslosengeld nach § 125 geleistet wird. Bestimmt sich das Bemessungsentgelt nach § 132, ist insoweit die tarifliche regelmäßige wöchentliche Arbeitszeit maßgebend, die bei Entstehung des Anspruchs für Angestellte im öffentlichen Dienst des Bundes gilt.

§ 132 Fiktive Bemessung

(1) Kann ein Bemessungszeitraum von mindestens 150 Tagen mit Anspruch auf Arbeitsentgelt innerhalb des auf zwei Jahre erweiterten Bemessungsrahmens nicht festgestellt werden, ist als Bemessungsentgelt ein fiktives Arbeitsentgelt zugrunde zu legen.

(2) Für die Festsetzung des fiktiven Arbeitsentgelts ist der Arbeitslose der Qualifikationsgruppe zuzuordnen, die der beruflichen Qualifikation entspricht, die für die Beschäftigung erforderlich ist, auf die die Agentur für Arbeit die Vermittlungsbemühungen für den Arbeitslosen in erster Linie zu erstrecken hat. Dabei ist zugrunde zu legen für Beschäftigungen, die

1. eine Hochschul- oder Fachhochschulausbildung erfordern (Qualifikationsgruppe 1), ein Arbeitsentgelt in Höhe von einem Dreihundertstel der Bezugsgröße,
2. einen Fachschulabschluss, den Nachweis über eine abgeschlossene Qualifikation als Meister oder einen Abschluss in einer vergleichbaren Einrichtung erfordern (Qualifikationsgruppe 2), ein Arbeitsentgelt in Höhe von einem Dreihundertsechzigstel der Bezugsgröße,
3. ine abgeschlossene Ausbildung in einem Ausbildungsberuf erfordern (Qualifikationsgruppe 3), ein Arbeitsentgelt in Höhe von einem Vierhundertfünfzigstel der Bezugsgröße,
4. keine Ausbildung erfordern (Qualifikationsgruppe 4), ein Arbeitsentgelt in Höhe von einem Sechshundertstel der Bezugsgröße.

§ 133 Leistungsentgelt

(1) Leistungsentgelt ist das um pauschalierte Abzüge verminderte Bemessungsentgelt. Abzüge sind

1. eine Sozialversicherungspauschale in Höhe von 21 Prozent des Bemessungsentgelts,

2. die Lohnsteuer ~~nach der Lohnsteuertabelle~~, die sich nach dem vom Bundesministerium der Finanzen auf Grund des § 51 Abs. 4 Nr. 1a des Einkommensteuergesetzes bekannt gegebenen Programmablaufplan bei Berücksichtigung der Vorsorgepauschale nach § 10c Abs. 2 des Einkommensteuergesetzes in dem Jahr, in dem der Anspruch entstanden ist, ergibt und

3. der Solidaritätszuschlag.

Bei der Berechnung der Abzüge nach den Nummern 2 und 3 *ist der Faktor nach § 39f des Einkommensteuergesetzes zu berücksichtigen;* ~~sind~~ Freibeträge und Pauschalen, die nicht jedem Arbeitnehmer zustehen, *sind* nicht zu berücksichtigen.

(2) Die Feststellung der Lohnsteuer richtet sich nach der Lohnsteuerklasse, die zu Beginn des Jahres, in dem der Anspruch entstanden ist, auf der Lohnsteuerkarte des Arbeitslosen eingetragen war. Spätere Änderungen der eingetragenen Lohnsteuerklasse werden mit Wirkung des Tages berücksichtigt, an dem erstmals die Voraussetzungen für die Änderung vorlagen. Das Gleiche gilt, wenn auf der für spätere Kalenderjahre ausgestellten Lohnsteuerkarte eine andere Lohnsteuerklasse eingetragen wird.

(3) Haben Ehegatten die Lohnsteuerklassen gewechselt, so werden die neu eingetragenen Lohnsteuerklassen von dem Tage an berücksichtigt, an dem sie wirksam werden, wenn

1. die neu eingetragenen Lohnsteuerklassen dem Verhältnis der monatlichen Arbeitsentgelte beider Ehegatten entsprechen oder

2. sich auf Grund der neu eingetragenen Lohnsteuerklassen ein Arbeitslosengeld ergibt, das geringer ist, als das Arbeitslosengeld, das sich ohne den Wechsel der Lohnsteuerklassen ergäbe.

Ein Ausfall des Arbeitsentgelts, der den Anspruch auf eine lohnsteuerfreie Entgeltersatzleistung begründet, bleibt bei der Beurteilung des Verhältnisses der monatlichen Arbeitsentgelte außer Betracht. Absatz 2 Satz 3 gilt entsprechend.

§ 134 Berechnung und Leistung

Das Arbeitslosengeld wird für Kalendertage berechnet und geleistet. Ist es für einen vollen Kalendermonat zu zahlen, ist dieser mit 30 Tagen anzusetzen.

§§ 135 bis 139 (aufgehoben)

Fünfter Titel: Minderung des Arbeitslosengeldes, Zusammentreffen des Anspruchs mit sonstigem Einkommen und Ruhen des Anspruchs

§ 140 (aufgehoben)

§ 141 Anrechnung von Nebeneinkommen
(1) Übt der Arbeitslose während einer Zeit, für die ihm Arbeitslosengeld zusteht, eine ~~weniger als 15 Stunden wöchentlich umfassende Beschäftigung~~ *Erwerbstätigkeit im Sinne des § 119 Abs. 3* aus, ist das ~~Arbeitsentgelt aus der Beschäftigung~~ *daraus erzielte Einkommen* nach Abzug der Steuern, der Sozialversicherungsbeiträge und der Werbungskosten sowie eines Freibetrages in Höhe von 165 Euro ~~auf das Arbeitslosengeld für den~~ *in dem* Kalendermonat~~, der Ausübung~~ *der Ausübung* ~~in dem die Beschäftigung ausgeübt wird,~~ anzurechnen. *Handelt es sich um eine* ~~Satz 1 gilt für~~ selbständige Tätigkeiten ~~und~~ *oder eine* Tätigkeiten als mithelfender Familienangehöriger*, sind* ~~entsprechend mit der Maßgabe, dass~~ pauschal 30 Prozent der Betriebseinnahmen als Betriebsausgaben ~~angesetzt werden~~ *abzusetzen*, es sei denn, der Arbeitslose weist höhere Betriebsausgaben nach.

(2) Hat der Arbeitslose in den letzten 18 Monaten vor der Entstehung des Anspruches neben einem Versicherungspflichtverhältnis eine ~~geringfügige Beschäftigung~~ *Erwerbstätigkeit (§ 119 Abs. 3)* mindestens zwölf Monate lang ausgeübt, so bleibt das ~~Arbeitsentgelt~~ *Einkommen* bis zu dem Betrag anrechnungsfrei, ~~der~~ *das* in den letzten zwölf Monaten vor der Entstehung des Anspruches aus einer ~~geringfügigen Beschäftigung~~ *Erwerbstätigkeit (§ 119 Abs. 3)* durchschnittlich auf den Monat entfällt, mindestens jedoch ein Betrag in Höhe des Freibetrages, der sich nach Absatz 1 ergeben würde.

~~(3) Hat der Arbeitslose in den letzten 18 Monaten vor der Entstehung des Anspruches neben einem Versicherungspflichtverhältnis eine selbständige Tätigkeit oder Tätigkeit als mithelfender Familienangehöriger von weniger als 15 Stunden wöchentlich mindestens zwölf Monate lang ausgeübt, so bleibt das Arbeitseinkommen bis zu dem Betrag anrechnungsfrei, der in den letzten zwölf Monaten vor der Entstehung des Anspruches durchschnittlich auf den Monat entfällt, mindestens jedoch ein Betrag in Höhe des Freibetrages, der sich nach Absatz 1 ergeben würde.~~

(4) Leistungen, die ein Bezieher von Arbeitslosengeld bei beruflicher Weiterbildung
1. von seinem Arbeitgeber oder dem Träger der Weiterbildung wegen der Teilnahme oder
2. auf Grund eines früheren oder bestehenden Arbeitsverhältnisses ohne Ausübung einer Beschäftigung für die Zeit der Teilnahme
erhält, werden nach Abzug der Steuern, des auf den Arbeitnehmer entfallenden Anteils der Sozialversicherungsbeiträge und eines Freibetrages von 400 Euro monatlich auf das Arbeitslosengeld angerechnet.

§ 142 Ruhen des Anspruchs bei anderen Sozialleistungen

(1) Der Anspruch auf Arbeitslosengeld ruht während der Zeit, für die dem Arbeitslosen ein Anspruch auf eine der folgenden Leistungen zuerkannt ist:

1.   Berufsausbildungsbeihilfe für Arbeitslose,
2.   Krankengeld, Versorgungskrankengeld, Verletztengeld, Mutterschaftsgeld oder Übergangsgeld nach diesem oder einem anderen Gesetz, dem eine Leistung zur Teilhabe zugrunde liegt, wegen der der Arbeitslose keine ganztägige Erwerbstätigkeit ausüben kann,
3.   Rente wegen voller Erwerbsminderung aus der gesetzlichen Rentenversicherung oder
4.   Altersrente aus der gesetzlichen Rentenversicherung oder Knappschaftsausgleichsleistung oder ähnliche Leistungen öffentlich-rechtlicher Art.

Ist dem Arbeitslosen eine Rente wegen teilweiser Erwerbsminderung zuerkannt, kann er sein Restleistungsvermögen jedoch unter den üblichen Bedingungen des allgemeinen Arbeitsmarktes nicht mehr verwerten, hat die Agentur für Arbeit den Arbeitslosen unverzüglich aufzufordern, innerhalb eines Monats einen Antrag auf Rente wegen voller Erwerbsminderung zu stellen. Stellt der Arbeitslose den Antrag nicht, ruht der Anspruch auf Arbeitslosengeld vom Tage nach Ablauf der Frist an bis zu dem Tage, an dem der Arbeitslose den Antrag stellt.

(2) Abweichend von Absatz 1 ruht der Anspruch

1.   im Falle der Nummer 2 nicht, wenn für denselben Zeitraum Anspruch auf Verletztengeld und Arbeitslosengeld nach § 126 besteht,
2.   im Falle der Nummer 3 vom Beginn der laufenden Zahlung der Rente an und
3.   im Falle der Nummer 4
    a)   mit Ablauf des dritten Kalendermonats nach Erfüllung der Voraussetzungen für den Anspruch auf Arbeitslosengeld, wenn dem Arbeitslosen für die letzten sechs Monate einer versicherungspflichtigen Beschäftigung eine Teilrente oder eine ähnliche Leistung öffentlich-rechtlicher Art zuerkannt ist,
    b)   nur bis zur Höhe der zuerkannten Leistung, wenn die Leistung auch während einer Beschäftigung und ohne Rücksicht auf die Höhe des Arbeitsentgelts gewährt wird.

Im Falle des Satzes 1 Nr. 2 gilt § 125 Abs. 3 entsprechend.

(3) Die Absätze 1 und 2 gelten auch für einen vergleichbaren Anspruch auf eine andere Sozialleistung, den ein ausländischer Träger zuerkannt hat.

(4) Der Anspruch auf Arbeitslosengeld ruht auch während der Zeit, für die der Arbeitslose wegen seines Ausscheidens aus dem Erwerbsleben Vorruhestandsgeld oder eine vergleichbare Leistung des Arbeitgebers mindestens in Höhe von 65 Prozent des Bemessungsentgelts bezieht.

§ 143 Ruhen des Anspruchs bei Arbeitsentgelt und Urlaubsabgeltung

(1) Der Anspruch auf Arbeitslosengeld ruht während der Zeit, für die der Arbeitslose Arbeitsentgelt erhält oder zu beanspruchen hat.

(2) Hat der Arbeitslose wegen Beendigung des Arbeitsverhältnisses eine Urlaubsabgeltung erhalten oder zu beanspruchen, so ruht der Anspruch auf Arbeitslosengeld für die Zeit des abgegoltenen Urlaubs. Der Ruhenszeitraum beginnt mit dem Ende des die Urlaubsabgeltung begründenden Arbeitsverhältnisses.

(3) Soweit der Arbeitslose die in den Absätzen 1 und 2 genannten Leistungen (Arbeitsentgelt im Sinne des § 115 des Zehnten Buches) tatsächlich nicht erhält, wird das Arbeitslosengeld auch für die Zeit geleistet, in der der Anspruch auf Arbeitslosengeld ruht. Hat der Arbeitgeber die in den Absätzen 1 und 2 genannten Leistungen trotz des Rechtsübergangs mit befreiender Wirkung an den Arbeitslosen oder an einen Dritten gezahlt, hat der Bezieher des Arbeitslosengeldes dieses insoweit zu erstatten.

§ 143a Ruhen des Anspruchs bei Entlassungsentschädigung

(1) Hat der Arbeitslose wegen der Beendigung des Arbeitsverhältnisses eine Abfindung, Entschädigung oder ähnliche Leistung (Entlassungsentschädigung) erhalten oder zu beanspruchen und ist das Arbeitsverhältnis ohne Einhaltung einer der ordentlichen Kündigungsfrist des Arbeitgebers entsprechenden Frist beendet worden, so ruht der Anspruch auf Arbeitslosengeld von dem Ende des Arbeitsverhältnisses an bis zu dem Tage, an dem das Arbeitsverhältnis bei Einhaltung dieser Frist geendet hätte. Diese Frist beginnt mit der Kündigung, die der Beendigung des Arbeitsverhältnisses vorausgegangen ist, bei Fehlen einer solchen Kündigung mit dem Tage der Vereinbarung über die Beendigung des Arbeitsverhältnisses. Ist die ordentliche Kündigung des Arbeitsverhältnisses durch den Arbeitgeber ausgeschlossen, so gilt bei

1. Zeitlich unbegrenztem Ausschluß eine Kündigungsfrist von 18 Monaten,
2. zeitlich begrenztem Ausschluß oder bei Vorliegen der Voraussetzungen für eine fristgebundene Kündigung aus wichtigem Grund die Kündigungsfrist, die ohne den Ausschluß der ordentlichen Kündigung maßgebend gewesen wäre.

Kann dem Arbeitnehmer nur bei Zahlung einer Entlassungsentschädigung ordentlich gekündigt werden, so gilt eine Kündigungsfrist von einem Jahr. Hat der Arbeitslose auch eine Urlaubsabgeltung (§ 143 Abs. 2) erhalten oder zu beanspruchen, verlängert sich der Ruhenszeitraum nach Satz 1 um die Zeit des abgegoltenen Urlaubs. Leistungen, die der Arbeitgeber für den Arbeitslosen, dessen Arbeitsverhältnis frühestens mit Vollendung des 55. Lebensjahres beendet wird, unmittelbar für dessen Rentenversicherung nach § 187a Abs. 1 des Sechsten Buches aufwendet, bleiben unberücksichtigt. Satz 6 gilt entsprechend für Beiträge des Arbeitgebers zu einer berufsständischen Versorgungseinrichtung.

(2) Der Anspruch auf Arbeitslosengeld ruht nach Absatz 1 längstens ein Jahr. Er ruht nicht über den Tag hinaus,

1. bis zu dem der Arbeitslose bei Weiterzahlung des während der letzten Beschäftigungszeit kalendertäglich verdienten Arbeitsentgelts einen Betrag in Höhe von sechzig Prozent der nach Absatz 1 zu berücksichtigenden Entlassungsentschädigung als Arbeitsentgelt verdient hätte,

2. an dem das Arbeitsverhältnis infolge einer Befristung, die unabhängig von der Vereinbarung über die Beendigung des Arbeitsverhältnisses bestanden hat, geendet hätte oder

3. an dem der Arbeitgeber das Arbeitsverhältnis aus wichtigem Grunde ohne Einhaltung einer Kündigungsfrist hätte kündigen können.

Der nach Satz 2 Nr. 1 zu berücksichtigende Anteil der Entlassungsentschädigung vermindert sich sowohl für je fünf Jahre des Arbeitsverhältnisses in demselben Betrieb oder Unternehmen als auch für je fünf Lebensjahre nach Vollendung des fünfunddreißigsten Lebensjahres um je fünf Prozent; er beträgt nicht weniger als fünfundzwanzig Prozent der nach Absatz 1 zu berücksichtigenden Entlassungsentschädigung. Letzte Beschäftigungszeit sind die am Tag des Ausscheidens aus dem Beschäftigungsverhältnis abgerechneten Entgeltabrechnungszeiträume der letzten zwölf Monate; § 130 Abs. 2 Satz 1 Nr. 3 und Abs. 3 gilt entsprechend. Arbeitsentgeltkürzungen infolge von Krankheit, Kurzarbeit, Arbeitsausfall oder Arbeitsversäumnis bleiben außer Betracht.

(3) Hat der Arbeitslose wegen Beendigung des Beschäftigungsverhältnisses unter Aufrechterhaltung des Arbeitsverhältnisses eine Entlassungsentschädigung erhalten oder zu beanspruchen, gelten die Absätze 1 und 2 entsprechend.

(4) Soweit der Arbeitslose die Entlassungsentschädigung (Arbeitsentgelt im Sinne des § 115 des Zehnten Buches) tatsächlich nicht erhält, wird das Arbeitslosengeld auch für die Zeit geleistet, in der der Anspruch auf Arbeitslosengeld ruht. Hat der Verpflichtete die Entlassungsentschädigung trotz des Rechtsübergangs mit befreiender Wirkung an den Arbeitslosen oder an einen Dritten gezahlt, hat der Bezieher des Arbeitslosengeldes dieses insoweit zu erstatten.

§ 144 Ruhen bei Sperrzeit

(1) Hat der Arbeitnehmer sich versicherungswidrig verhalten, ohne dafür einen wichtigen Grund zu haben, ruht der Anspruch für die Dauer einer Sperrzeit. Versicherungswidriges Verhalten liegt vor, wenn

1. der Arbeitslose das Beschäftigungsverhältnis gelöst oder durch ein arbeitsvertragswidriges Verhalten Anlass für die Lösung des Beschäftigungsverhältnisses gegeben und dadurch vorsätzlich oder grob fahrlässig die Arbeitslosigkeit herbeigeführt hat (Sperrzeit bei Arbeitsaufgabe),

2. der bei der Agentur für Arbeit als arbeitssuchend gemeldete Arbeitnehmer (§ 37b) *(§ 38 Abs. 1)* oder der Arbeitslose trotz Belehrung über die Rechtsfolgen eine von der Agentur für Arbeit unter Benennung des Arbeitgebers und der Art der Tätigkeit angebotene Beschäftigung nicht annimmt oder nicht antritt oder die Anbahnung eines solchen Beschäftigungsverhältnisses, insbesondere das Zustandekommen eines Vorstellungsgespräches, durch sein Verhalten verhindert (Sperrzeit bei Arbeitsablehnung),

3. der Arbeitslose trotz Belehrung über die Rechtsfolgen die von der Agentur für Arbeit geforderten Eigenbemühungen nicht nachweist (Sperrzeit bei unzureichenden Eigenbemühungen),

4.   der Arbeitslose sich weigert, trotz Belehrung über die Rechtsfolgen an einer Maßnahme ~~der Eignungsfeststellung, einer Trainingsmaßnahme~~ *nach § 46* oder einer Maßnahme zur beruflichen Ausbildung oder Weiterbildung oder einer Maßnahme zur Teilhabe am Arbeitsleben teilzunehmen (Sperrzeit bei Ablehnung einer beruflichen Eingliederungsmaßnahme),

5.   der Arbeitslose die Teilnahme an einer in Nummer 4 genannten Maßnahme abbricht oder durch maßnahmewidriges Verhalten Anlass für den Ausschluss aus einer dieser Maßnahmen gibt (Sperrzeit bei Abbruch einer beruflichen Eingliederungsmaßnahme),

6.   der Arbeitslose einer Aufforderung der Agentur für Arbeit, sich zu melden oder zu einem ärztlichen oder psychologischen Untersuchungstermin zu erscheinen (§ 309), trotz Belehrung über die Rechtsfolgen nicht nachkommt *oder nicht nachgekommen ist* (Sperrzeit bei Meldeversäumnis),

7.   der Arbeitslose seiner Meldepflicht nach ~~§ 37b~~ *§ 38 Abs. 1* nicht nachgekommen ist (Sperrzeit bei verspäteter Arbeitsuchendmeldung).

Der Arbeitnehmer hat die für die Beurteilung eines wichtigen Grundes maßgebenden Tatsachen darzulegen und nachzuweisen, wenn diese in seiner Sphäre oder in seinem Verantwortungsbereich liegen. Beschäftigungen im Sinne des Satzes 2 Nr. 1 und 2 sind auch Arbeitsbeschaffungsmaßnahmen (§ 27 Abs. 3 Nr. 5).

(2) Die Sperrzeit beginnt mit dem Tag nach dem Ereignis, das die Sperrzeit begründet, oder, wenn dieser Tag in eine Sperrzeit fällt, mit dem Ende dieser Sperrzeit. Werden mehrere Sperrzeiten durch dasselbe Ereignis begründet, folgen sie in der Reihenfolge des Absatzes 1 Satz 2 Nr. 1 bis 7 einander nach.

(3) Die Dauer der Sperrzeit bei Arbeitsaufgabe beträgt zwölf Wochen. Sie verkürzt sich

1.   auf drei Wochen, wenn das Arbeitsverhältnis innerhalb von sechs Wochen nach dem Ereignis, das die Sperrzeit begründet, ohne eine Sperrzeit geendet hätte,

2.   auf sechs Wochen, wenn

   a)   das Arbeitsverhältnis innerhalb von zwölf Wochen nach dem Ereignis, das die Sperrzeit begründet, ohne eine Sperrzeit geendet hätte oder

   b)   eine Sperrzeit von zwölf Wochen für den Arbeitslosen nach den für den Eintritt der Sperrzeit maßgebenden Tatsachen eine besondere Härte bedeuten würde.

(4) Die Dauer der Sperrzeit bei Arbeitsablehnung, bei Ablehnung einer beruflichen Eingliederungsmaßnahme oder bei Abbruch einer beruflichen Eingliederungsmaßnahme beträgt

1.   *im Falle des erstmaligen versicherungswidrigen Verhaltens dieser Art* drei Wochen,

   ~~a)   im Falle des Abbruchs einer beruflichen Eingliederungsmaßnahme, wenn die Maßnahme innerhalb von sechs Wochen nach dem Ereignis, das die Sperrzeit begründet, ohne eine Sperrzeit geendet hätte,~~

b) ~~im Falle der Ablehnung einer Arbeit oder einer beruflichen Eingliederungsmaßnahme, wenn die Beschäftigung oder Maßnahme bis zu sechs Wochen befristet war oder~~

c) ~~im Falle der erstmaligen Ablehnung einer Arbeit oder beruflichen Eingliederungsmaßnahme oder des erstmaligen Abbruchs einer beruflichen Eingliederungsmaßnahme nach Entstehung des Anspruchs,~~

2. *im Falle des zweiten versicherungswidrigen Verhaltens dieser Art* sechs Wochen,

a) ~~im Falle des Abbruchs einer beruflichen Eingliederungsmaßnahme, wenn die Maßnahme innerhalb von zwölf Wochen nach dem Ereignis, das die Sperrzeit begründet, ohne eine Sperrzeit geendet hätte,~~

b) ~~im Falle der Ablehnung einer Arbeit oder einer beruflichen Eingliederungsmaßnahme, wenn die Beschäftigung oder Maßnahme bis zu zwölf Wochen befristet war oder~~

c) ~~im Falle der zweiten Ablehnung einer Arbeit oder beruflichen Eingliederungsmaßnahme oder des zweiten Abbruchs einer beruflichen Eingliederungsmaßnahme nach Entstehung des Anspruchs~~

3. ~~zwölf Wochen~~ in den übrigen Fällen *zwölf Wochen*.

Im Falle der ~~Ablehnung einer Arbeit~~ *Arbeitsablehnung* oder *der Ablehnung* einer beruflichen Eingliederungsmaßnahme nach der Meldung zur frühzeitigen Arbeitsuche ~~(§ 37b)~~ *(§ 38 Abs. 1)* im Zusammenhang mit der Entstehung des Anspruchs gilt Satz 1 entsprechend.

(5) Die Dauer einer Sperrzeit bei unzureichenden Eigenbemühungen beträgt zwei Wochen.

(6) Die Dauer einer Sperrzeit bei Meldeversäumnis oder bei verspäteter Arbeitsuchendmeldung beträgt eine Woche.

§ 145 (aufgehoben)

§ 146 Ruhen bei Arbeitskämpfen

(1) Durch die Leistung von Arbeitslosengeld darf nicht in Arbeitskämpfe eingegriffen werden. Ein Eingriff in den Arbeitskampf liegt nicht vor, wenn Arbeitslosengeld Arbeitslosen geleistet wird, die zuletzt in einem Betrieb beschäftigt waren, der nicht dem fachlichen Geltungsbereich des umkämpften Tarifvertrags zuzuordnen ist.

(2) Ist der Arbeitnehmer durch Beteiligung an einem inländischen Arbeitskampf arbeitslos geworden, so ruht der Anspruch auf Arbeitslosengeld bis zur Beendigung des Arbeitskampfes.

(3) Ist der Arbeitnehmer durch einen inländischen Arbeitskampf, an dem er nicht beteiligt ist, arbeitslos geworden, so ruht der Anspruch auf Arbeitslosengeld bis zur Beendigung des Arbeitskampfes nur, wenn der Betrieb, in dem der Arbeitslose zuletzt beschäftigt war,

1. dem räumlichen und fachlichen Geltungsbereich des umkämpften Tarifvertrages zuzuordnen ist oder

2. nicht dem räumlichen, aber dem fachlichen Geltungsbereich des umkämpften Tarifvertrages zuzuordnen ist und im räumlichen Geltungsbereich des Tarifvertrags, dem der Betrieb zuzuordnen ist,

    a) eine Forderung erhoben worden ist, die einer Hauptforderung des Arbeitskampfes nach Art und Umfang gleich ist, ohne mit ihr übereinstimmen zu müssen, und

    b) das Arbeitskampfergebnis aller Voraussicht nach in dem räumlichen Geltungsbereich des nicht umkämpften Tarifvertrages im wesentlichen übernommen wird.

Eine Forderung ist erhoben, wenn sie von der zur Entscheidung berufenen Stelle beschlossen worden ist oder auf Grund des Verhaltens der Tarifvertragspartei im Zusammenhang mit dem angestrebten Abschluß des Tarifvertrags als beschlossen anzusehen ist. Der Anspruch auf Arbeitslosengeld ruht nach Satz 1 nur, wenn die umkämpften oder geforderten Arbeitsbedingungen nach Abschluß eines entsprechenden Tarifvertrages für den Arbeitnehmer gelten oder auf ihn angewendet würden.

(4) Ist bei einem Arbeitskampf das Ruhen des Anspruchs nach Absatz 3 für eine bestimmte Gruppe von Arbeitnehmern ausnahmsweise nicht gerechtfertigt, so kann der Verwaltungsrat bestimmen, daß ihnen Arbeitslosengeld zu leisten ist.

(5) Die Feststellung, ob die Voraussetzungen nach Absatz 3 Satz 1 Nr. 2 Buchstaben a und b erfüllt sind, trifft der Neutralitätsausschuß (§ 380). Er hat vor seiner Entscheidung den Fachspitzenverbänden der am Arbeitskampf beteiligten Tarifvertragsparteien Gelegenheit zur Stellungnahme zu geben.

(6) Die Fachspitzenverbände der am Arbeitskampf beteiligten Tarifvertragsparteien können durch Klage die Aufhebung der Entscheidung des Neutralitätsausschusses nach Absatz 5 und eine andere Feststellung begehren. Die Klage ist gegen die Bundesagentur zu richten. Ein Vorverfahren findet nicht statt. Über die Klage entscheidet das Bundessozialgericht im ersten und letzten Rechtszug. Das Verfahren ist vorrangig zu erledigen. Auf Antrag eines Fachspitzenverbandes kann das Bundessozialgericht eine einstweilige Anordnung erlassen.

Sechster Titel: Erlöschen des Anspruchs

§ 147 Erlöschen des Anspruchs

(1) Der Anspruch auf Arbeitslosengeld erlischt

1. mit der Entstehung eines neuen Anspruchs,

2. wenn der Arbeitslose Anlaß für den Eintritt von Sperrzeiten mit einer Dauer von insgesamt mindestens 21 Wochen gegeben hat, der Arbeitslose über den Eintritt der Sperrzeiten schriftliche Bescheide erhalten hat und auf die Rechtsfolgen des Eintritts von Sperrzeiten mit einer Dauer von insgesamt mindestens 21 Wochen hingewiesen worden ist; dabei werden auch Sperrzeiten berücksichtigt, die in einem Zeitraum von zwölf Monaten vor der Entstehung des Anspruchs eingetreten sind und nicht bereits zum Erlöschen eines Anspruchs geführt haben.

(2) Der Anspruch auf Arbeitslosengeld kann nicht mehr geltend gemacht werden, wenn nach seiner Entstehung vier Jahre verstrichen sind.

Siebter Titel: Erstattungspflichten für Arbeitgeber

§ 147a Erstattungspflicht des Arbeitgebers

(1) Der Arbeitgeber, bei dem der Arbeitslose innerhalb der letzten vier Jahre vor dem Tag der Arbeitslosigkeit, durch den nach § 124 Abs. 1 die Rahmenfrist bestimmt wird, mindestens 24 Monate in einem Versicherungspflichtverhältnis gestanden hat, erstattet der Bundesagentur vierteljährlich das Arbeitslosengeld für die Zeit nach Vollendung des 57. Lebensjahres des Arbeitslosen, längstens für 32 Monate. Die Erstattungspflicht tritt nicht ein, wenn das Arbeitsverhältnis vor Vollendung des 55. Lebensjahres des Arbeitslosen beendet worden ist, der Arbeitslose auch die Voraussetzung für eine der in § 142 Abs. 1 Nr. 2 bis 4 genannten Leistungen oder für eine Rente wegen Berufsunfähigkeit erfüllt oder der Arbeitgeber darlegt und nachweist, daß

1. der Arbeitslose innerhalb der letzten zwölf Jahre vor dem Tag der Arbeitslosigkeit, durch den nach § 124 Abs. 1 die Rahmenfrist bestimmt wird, weniger als zehn Jahre zu ihm in einem Arbeitsverhältnis gestanden hat,"

2. er in der Regel nicht mehr als 20 Arbeitnehmer ausschließlich der zu ihrer Berufsausbildung Beschäftigten beschäftigt; § 3 Abs. 1 Satz 2 bis 6 des Aufwendungsausgleichsgesetzes gilt entsprechend mit der Maßgabe, daß das Kalenderjahr maßgebend ist, das dem Kalenderjahr vorausgeht, in dem die Voraussetzungen des Satzes 1 für die Erstattungspflicht erfüllt sind,

3. der Arbeitslose das Arbeitsverhältnis durch Kündigung beendet und weder eine Abfindung noch eine Entschädigung oder ähnliche Leistung wegen der Beendigung des Arbeitsverhältnisses erhalten oder zu beanspruchen hat,

4. er das Arbeitsverhältnis durch sozial gerechtfertigte Kündigung beendet hat; § 7 des Kündigungsschutzgesetzes findet keine Anwendung; die Agentur für Arbeit ist an eine rechtskräftige Entscheidung des Arbeitsgerichts über die soziale Rechtfertigung einer Kündigung gebunden,

5. er bei Beendigung des Arbeitsverhältnisses berechtigt war, das Arbeitsverhältnis aus wichtigem Grund ohne Einhaltung einer Kündigungsfrist oder mit sozialer Auslauffrist zu kündigen,

6. sich die Zahl der Arbeitnehmer in dem Betrieb, in dem der Arbeitslose zuletzt mindestens zwei Jahre beschäftigt war, um mehr als drei Prozent innerhalb eines Jahres vermindert und unter den in diesem Zeitraum ausscheidenden Arbeitnehmern der Anteil der Arbeitnehmer, die das 55. Lebensjahr vollendet haben, nicht höher ist als es ihrem Anteil an der Gesamtzahl der im Betrieb Beschäftigten zu Beginn des Jahreszeitraumes entspricht. Vermindert sich die Zahl der Beschäftigten im gleichen Zeitraum um mindestens zehn Prozent, verdoppelt sich der Anteil der älteren Arbeitnehmer, der bei der Verminderung der Zahl der Arbeitneh-

mer nicht überschritten werden darf. Rechnerische Bruchteile werden aufgerundet. wird der gerundete Anteil überschritten, ist in allen Fällen eine Einzelfallentscheidung erforderlich,

7. der Arbeitnehmer im Rahmen eines kurzfristigen drastischen Personalabbaus von mindestens 20 Prozent aus dem Betrieb, in dem er zuletzt mindestens zwei Jahre beschäftigt war, ausgeschieden ist und dieser Personalabbau für den örtlichen Arbeitsmarkt von erheblicher Bedeutung ist.

(2) Die Erstattungspflicht entfällt, wenn der Arbeitgeber

1. darlegt und nachweist, dass in dem Kalenderjahr, das dem Kalenderjahr vorausgeht, für das der Wegfall geltend gemacht wird, die Voraussetzungen für den Nichteintritt der Erstattungspflicht nach Absatz 1 Satz 2 Nr. 2 erfüllt sind, oder

2. insolvenzfähig ist und darlegt und nachweist, dass die Erstattung für ihn eine unzumutbare Belastung bedeuten würde, weil durch die Erstattung der Fortbestand des Unternehmens oder die nach Durchführung des Personalabbaus verbleibenden Arbeitsplätze gefährdet wären. Insoweit ist zum Nachweis die Vorlage einer Stellungnahme einer fachkundigen Stelle erforderlich.

(3) Die Erstattungsforderung mindert sich, wenn der Arbeitgeber darlegt und nachweist, daß er

1. nicht mehr als 40 Arbeitnehmer oder

2. nicht mehr als 60 Arbeitnehmer

im Sinne des Absatzes 1 Satz 2 Nr. 2 beschäftigt, um zwei Drittel im Falle der Nummer 1 und um ein Drittel im Falle der Nummer 2. Für eine nachträgliche Minderung der Erstattungsforderung gilt Absatz 2 Nr. 1 entsprechend.

(4) Die Verpflichtung zur Erstattung des Arbeitslosengeldes schließt die auf diese Leistung entfallenden Beiträge zur Kranken-, Pflege- und Rentenversicherung ein.

(5) Konzernunternehmen im Sinne des § 18 des Aktiengesetzes gelten bei der Ermittlung der Beschäftigungszeiten als ein Arbeitgeber. Die Erstattungspflicht richtet sich gegen den Arbeitgeber, bei dem der Arbeitnehmer zuletzt in einem Arbeitsverhältnis gestanden hat.

(6) Die Agentur für Arbeit berät den Arbeitgeber auf Verlangen über Voraussetzungen und Umfang der Erstattungsregelung. Auf Antrag des Arbeitgebers entscheidet die Agentur für Arbeit im voraus, ob die Voraussetzungen des Absatzes 1 Satz 2 Nr. 6 oder 7 erfüllt sind.

(7) Der Arbeitslose ist auf Verlangen der Agentur für Arbeit verpflichtet, Auskünfte zu erteilen, sich bei der Agentur für Arbeit persönlich zu melden oder sich einer ärztlichen oder psychologischen Untersuchung zu unterziehen, soweit das Entstehen oder der Wegfall des Erstattungsanspruchs von dieser Mitwirkung abhängt. Voraussetzung für das Verlangen der Agentur für Arbeit ist, daß bei der Agentur für Arbeit Umstände in der Person des Arbeitslosen bekannt sind, die für das Entstehen oder den Wegfall der Erstattungspflicht von Bedeutung sind. Die §§ 65 und 65a des Ersten Buches gelten entsprechend.

(8) Der Erstattungsanspruch verjährt in vier Jahren nach Ablauf des Kalenderjahres, für das das Arbeitslosengeld zu erstatten ist. § 50 Abs. 4 Satz 2 und 3 des Zehnten Buches gilt entsprechend.

§ 147b (aufgehoben)

§ 148 (aufgehoben)

§ 149 (aufgehoben)

Achter Titel: Teilarbeitslosengeld

§ 150 Teilarbeitslosengeld
(1) Anspruch auf Teilarbeitslosengeld hat ein Arbeitnehmer, der
1. teilarbeitslos ist,
2. sich teilarbeitslos gemeldet und
3. die Anwartschaftszeit für Teilarbeitslosengeld erfüllt hat.
(2) Für das Teilarbeitslosengeld gelten die Vorschriften über das Arbeitslosengeld bei Arbeitslosigkeit und für Empfänger dieser Leistung entsprechend, soweit sich aus den Besonderheiten des Teilarbeitslosengeldes nichts anderes ergibt, mit folgenden Maßgaben:
1. Teilarbeitslos ist, wer eine versicherungspflichtige Beschäftigung verloren hat, die er neben einer weiteren versicherungspflichtigen Beschäftigung ausgeübt hat, und eine versicherungspflichtige Beschäftigung sucht.
2. Die Anwartschaftszeit für das Teilarbeitslosengeld hat erfüllt, wer in der Teilarbeitslosengeld-Rahmenfrist von zwei Jahren neben der weiterhin ausgeübten versicherungspflichtigen Beschäftigung mindestens zwölf Monate eine weitere versicherungspflichtige Beschäftigung ausgeübt hat. Für die Teilarbeitslosengeld-Rahmenfrist gelten die Regelungen zum Arbeitslosengeld über die Rahmenfrist entsprechend.
3. Die Dauer des Anspruchs auf Teilarbeitslosengeld beträgt sechs Monate.
4. Bei der Feststellung der Lohnsteuer (§ 133 Abs. 2) ist die Lohnsteuerklasse maßgeblich, die auf der Lohnsteuerkarte für das Beschäftigungsverhältnis, das den Anspruch auf Teilarbeitslosengeld begründet, zuletzt eingetragen war.
5. Der Anspruch auf Teilarbeitslosengeld erlischt,
    a) wenn der Arbeitnehmer nach der Entstehung des Anspruchs eine Beschäftigung, selbständige Tätigkeit oder Tätigkeit als mithelfender Familienangehöriger für mehr als zwei Wochen oder mit einer Arbeitszeit von mehr als fünf Stunden wöchentlich aufnimmt,
    b) wenn die Voraussetzungen für einen Anspruch auf Arbeitslosengeld erfüllt sind oder
    c) spätestens nach Ablauf eines Jahres seit Entstehung des Anspruchs.

Neunter Titel: Verordnungsermächtigung und Anordnungsermächtigung

§ 151 Verordnungsermächtigung

Das Bundesministerium für Arbeit und Soziales wird ermächtigt, durch Rechtsverordnung

1. (aufgehoben)
2. (aufgehoben)
3. Versorgungen im Sinne des § 9 Abs. 1 des Anspruchs- und Anwartschaftsüberführungsgesetzes der Altersrente oder der Rente wegen voller Erwerbsminderung gleichzustellen, soweit dies zur Vermeidung von Doppelleistungen erforderlich ist. Es hat dabei zu bestimmen, ob das Arbeitslosengeld voll oder nur bis zur Höhe der Versorgungsleistung ruht und
4. das Nähere zur Abgrenzung der ehrenamtlichen Betätigung im Sinne des § 119 Abs. 2 und zu den dabei maßgebenden Erfordernissen der beruflichen Eingliederung zu bestimmen.

§ 152 Anordnungsermächtigung

Die Bundesagentur wird ermächtigt, durch Anordnung Näheres zu bestimmen

1. zu den Eigenbemühungen des Arbeitslosen (§ 119 Abs. 1 Nr. 2, Abs. 4) und
2. zu den Pflichten des Arbeitslosen, Vorschlägen der Agentur für Arbeit zur beruflichen Eingliederung Folge leisten zu können (§ 119 Abs. 5 Nr. 2) und
3. zu den Voraussetzungen einer Zustimmung zur Teilnahme an Bildungsmaßnahmen nach § 120 Abs. 3.

Dritter Unterabschnitt

§§ 153 bis 159 (aufgehoben)

Vierter Unterabschnitt: Übergangsgeld

§ 160 Voraussetzungen

Behinderte Menschen haben Anspruch auf Übergangsgeld, wenn

1. die Vorbeschäftigungszeit für das Übergangsgeld erfüllt ist und
2. sie an einer Maßnahme der Berufsausbildung, der Berufsvorbereitung einschließlich einer wegen der Behinderung erforderlichen Grundausbildung, *der individuellen beruflichen Qualifizierung im Rahmen der Unterstützten Beschäftigung nach § 38a des Neunten Buches*[1] oder an einer Maßnahme der beruflichen Weiterbildung teilnehmen, für die die besonderen Leistungen erbracht werden.

---

[1] Die Änderung ist am 23.12.2008 in Kraft getreten.

Im Übrigen gelten die Vorschriften des Kapitels 6 des Neunten Buches, soweit in diesem Buch nichts Abweichendes bestimmt ist. Besteht bei Teilnahme an einer Maßnahme, für die die allgemeinen Leistungen erbracht werden, kein Anspruch auf Arbeitslosengeld bei beruflicher Weiterbildung, erhalten die behinderten Menschen Übergangsgeld in Höhe des Arbeitslosengeldes, wenn sie bei Teilnahme an einer Maßnahme, für die die besonderen Leistungen erbracht werden, Übergangsgeld erhalten würden.

§ 161 Vorbeschäftigungszeit für das Übergangsgeld

(1) Die Vorbeschäftigungszeit für das Übergangsgeld ist erfüllt, wenn der behinderte Mensch innerhalb der letzten drei Jahre vor Beginn der Teilnahme
1. mindestens zwölf Monate in einem Versicherungspflichtverhältnis gestanden hat oder
2. die Voraussetzungen für einen Anspruch auf Arbeitslosengeld oder Arbeitslosenhilfe im Anschluß an den Bezug von Arbeitslosengeld erfüllt und Leistungen beantragt hat.

(2) Der Zeitraum von drei Jahren gilt nicht für behinderte Berufsrückkehrer. Er verlängert sich um die Dauer einer Beschäftigung als Arbeitnehmer im Ausland, die für die weitere Ausübung des Berufes oder für den beruflichen Aufstieg nützlich und üblich ist, längstens jedoch um zwei Jahre.

§ 162 Behinderte Menschen ohne Vorbeschäftigungszeit

Behinderte Menschen können auch dann Übergangsgeld erhalten, wenn die Vorbeschäftigungszeit nicht erfüllt ist, jedoch innerhalb des letzten Jahres vor Beginn der Teilnahme
1. durch den behinderten Menschen ein Berufsausbildungsabschluß auf Grund einer Zulassung zur Prüfung nach § 43 Abs. 2 des Berufsbildungsgesetzes oder § 36 Abs. 2 der Handwerksordnung erworben worden ist oder
2. ihr Prüfungszeugnis auf Grund einer Rechtsverordnung nach § 50 Abs. 1 des Berufsbildungsgesetzes oder § 40 Abs. 1 der Handwerksordnung dem Zeugnis über das Bestehen der Abschlußprüfung in einem nach dem Berufsbildungsgesetz oder der Handwerksordnung anerkannten Ausbildungsberuf gleichgestellt worden ist.

Der Zeitraum von einem Jahr verlängert sich um Zeiten, in denen der behinderte Mensch nach dem Erwerb des Prüfungszeugnisses bei der Agentur für Arbeit arbeitslos gemeldet war.

§§ 163 bis 168 (aufgehoben)

Fünfter Unterabschnitt: Kurzarbeitergeld

Erster Titel: Regelvoraussetzungen

§ 169 Anspruch
Arbeitnehmer haben Anspruch auf Kurzarbeitergeld, wenn
1. ein erheblicher Arbeitsausfall mit Entgeltausfall vorliegt,
2. die betrieblichen Voraussetzungen erfüllt sind,
3. die persönlichen Voraussetzungen erfüllt sind und
4. der Arbeitsausfall der Agentur für Arbeit angezeigt worden ist.

Arbeitnehmer in Betrieben nach § 175 Abs. 1 Nr. 1 haben in der Schlechtwetterzeit Anspruch auf Kurzarbeitergeld in Form des Saison-Kurzarbeitergeldes.

§ 170 Erheblicher Arbeitsausfall
(1) Ein Arbeitsausfall ist erheblich, wenn
1. er auf wirtschaftlichen Gründen oder einem unabwendbaren Ereignis beruht,
2. er vorübergehend ist,
3. er nicht vermeidbar ist und
4. im jeweiligen Kalendermonat (Anspruchszeitraum) mindestens ein Drittel der in dem Betrieb beschäftigten Arbeitnehmer von einem Entgeltausfall von jeweils mehr als zehn Prozent ihres monatlichen Bruttoentgelts betroffen ist; dabei sind Auszubildende nicht mitzuzählen.

(2) Ein Arbeitsausfall beruht auch auf wirtschaftlichen Gründen, wenn er durch eine Veränderung der betrieblichen Strukturen verursacht wird, die durch die allgemeine wirtschaftliche Entwicklung bedingt ist.

(3) Ein unabwendbares Ereignis liegt insbesondere vor, wenn ein Arbeitsausfall auf ungewöhnlichen, dem üblichen Witterungsverlauf nicht entsprechenden Witterungsgründen beruht. Ein unabwendbares Ereignis liegt auch vor, wenn ein Arbeitsausfall durch behördliche oder behördlich anerkannte Maßnahmen verursacht ist, die vom Arbeitgeber nicht zu vertreten sind.

(4) Ein Arbeitsausfall ist nicht vermeidbar, wenn in einem Betrieb alle zumutbaren Vorkehrungen getroffen wurden, um den Eintritt des Arbeitsausfalls zu verhindern. Als vermeidbar gilt insbesondere ein Arbeitsausfall, der
1. überwiegend branchenüblich, betriebsüblich oder saisonbedingt ist oder ausschließlich auf betriebsorganisatorischen Gründen beruht,
2. bei Gewährung von bezahltem Erholungsurlaub ganz oder teilweise verhindert werden kann, soweit vorrangige Urlaubswünsche der Arbeitnehmer der Urlaubsgewährung nicht entgegenstehen, oder
3. bei der Nutzung von im Betrieb zulässigen Arbeitszeitschwankungen ganz oder teilweise vermieden werden kann.

Die Auflösung eines Arbeitszeitguthabens *oder eines Arbeitsentgeltguthabens* kann vom Arbeitnehmer nicht verlangt werden, soweit es
1. vertraglich ausschließlich zur Überbrückung von Arbeitsausfällen außerhalb der Schlechtwetterzeit (§ 175 Abs. 1) bestimmt ist und 50 Stunden nicht übersteigt,

2. ausschließlich für *die in § 7c Abs. 1 des Vierten Buches genannten* ~~eine vorzeitige Freistellung eines Arbeitnehmers vor einer altersbedingten Beendigung des Arbeitsverhältnisses oder, bei Regelung in einem Tarifvertrag oder auf Grund eines Tarifvertrages in einer Betriebsvereinbarung, zum~~ Zwecke ~~der Qualifizierung~~ bestimmt ist,
3. zur Vermeidung der Inanspruchnahme von Saison-Kurzarbeitergeld angespart worden ist und den Umfang von 150 Stunden nicht übersteigt,
4. den Umfang von zehn Prozent der ohne Mehrarbeit geschuldeten Jahresarbeitszeit eines Arbeitnehmers übersteigt oder
5. länger als ein Jahr unverändert bestanden hat.

In einem Betrieb, in dem eine Vereinbarung über Arbeitszeitschwankungen gilt, nach der mindestens zehn Prozent der ohne Mehrarbeit geschuldeten Jahresarbeitszeit für einen unterschiedlichen Arbeitsanfall eingesetzt werden, gilt ein Arbeitsausfall, der im Rahmen dieser Arbeitszeitschwankungen nicht mehr ausgeglichen werden kann, als nicht vermeidbar.

§ 171 Betriebliche Voraussetzungen
Die betrieblichen Voraussetzungen sind erfüllt, wenn in dem Betrieb mindestens ein Arbeitnehmer beschäftigt ist. Betrieb im Sinne der Vorschriften über das Kurzarbeitergeld ist auch eine Betriebsabteilung.

§ 172 Persönliche Voraussetzungen
(1) Die persönlichen Voraussetzungen sind erfüllt, wenn
1. der Arbeitnehmer nach Beginn des Arbeitsausfalls eine versicherungspflichtige Beschäftigung
    a) fortsetzt,
    b) aus zwingenden Gründen aufnimmt oder
    c) im Anschluß an die Beendigung eines Berufsausbildungsverhältnisses aufnimmt,
2. das Arbeitsverhältnis nicht gekündigt oder durch Aufhebungsvertrag aufgelöst ist und
3. der Arbeitnehmer nicht vom Kurzarbeitergeldbezug ausgeschlossen ist.

(1a) Die persönlichen Voraussetzungen sind auch erfüllt, wenn der Arbeitnehmer während des Bezuges von Kurzarbeitergeld arbeitsunfähig wird, solange Anspruch auf Fortzahlung des Arbeitsentgelts im Krankheitsfalle besteht oder ohne den Arbeitsausfall bestehen würde.

(2) Ausgeschlossen sind Arbeitnehmer während der Teilnahme an einer beruflichen Weiterbildungsmaßnahme mit Bezug von Arbeitslosengeld bei beruflicher Weiterbildung oder Übergangsgeld, wenn diese Leistung nicht für eine neben der Beschäftigung durchgeführte Teilzeitmaßnahme gezahlt wird, sowie während des Bezuges von Krankengeld.

(3) Ausgeschlossen sind Arbeitnehmer, wenn und solange sie bei einer Vermittlung nicht in der von der Agentur für Arbeit verlangten und gebotenen Weise mitwirken. Arbeitnehmer, die von einem erheblichen Arbeitsausfall mit Entgeltausfall betroffen sind, sind in die Vermittlungsbemühungen der Agentur für Arbeit einzubeziehen. Hat der Arbeitnehmer trotz Belehrung über die

Rechtsfolgen eine von der Agentur für Arbeit unter Benennung des Arbeitgebers und der Art der Tätigkeit angebotene zumutbare Beschäftigung nicht angenommen oder nicht angetreten, ohne für sein Verhalten einen wichtigen Grund zu haben, sind die Vorschriften über die Sperrzeit beim Arbeitslosengeld entsprechend anzuwenden.

§ 173 Anzeige

(1) Der Arbeitsausfall ist bei der Agentur für Arbeit, in deren Bezirk der Betrieb liegt, schriftlich anzuzeigen. Die Anzeige kann nur vom Arbeitgeber oder der Betriebsvertretung erstattet werden. Der Anzeige des Arbeitgebers ist eine Stellungnahme der Betriebsvertretung beizufügen. Mit der Anzeige sind das Vorliegen eines erheblichen Arbeitsausfalls und die betrieblichen Voraussetzungen für das Kurzarbeitergeld glaubhaft zu machen.

(2) Kurzarbeitergeld wird frühestens von dem Kalendermonat an geleistet, in dem die Anzeige über den Arbeitsausfall bei der Agentur für Arbeit eingegangen ist. Beruht der Arbeitsausfall auf einem unabwendbaren Ereignis, gilt die Anzeige für den entsprechenden Kalendermonat als erstattet, wenn sie unverzüglich erstattet worden ist.

(3) Die Agentur für Arbeit hat dem Anzeigenden unverzüglich einen schriftlichen Bescheid darüber zu erteilen, ob auf Grund der vorgetragenen und glaubhaft gemachten Tatsachen ein erheblicher Arbeitsausfall vorliegt und die betrieblichen Voraussetzungen erfüllt sind.

§ 174 Kurzarbeitergeld bei Arbeitskämpfen

(1) Die Vorschriften über das Ruhen des Anspruchs auf Arbeitslosengeld bei Arbeitskämpfen gelten entsprechend für den Anspruch auf Kurzarbeitergeld bei einem Arbeitnehmer, dessen Arbeitsausfall Folge eines inländischen Arbeitskampfes ist, an dem er nicht beteiligt ist.

(2) Macht der Arbeitgeber geltend, der Arbeitsausfall sei die Folge eines Arbeitskampfes, so hat er dies darzulegen und glaubhaft zu machen. Der Erklärung ist eine Stellungnahme der Betriebsvertretung beizufügen. Der Arbeitgeber hat der Betriebsvertretung die für die Stellungnahme erforderlichen Angaben zu machen. Bei der Feststellung des Sachverhalts kann die Agentur für Arbeit insbesondere auch Feststellungen im Betrieb treffen.

(3) Stellt die Agentur für Arbeit fest, daß ein Arbeitsausfall entgegen der Erklärung des Arbeitgebers nicht Folge eines Arbeitskampfes ist, und liegen die Anspruchsvoraussetzungen für das Kurzarbeitergeld allein deshalb nicht vor, weil der Arbeitsausfall nicht unvermeidbar ist, wird das Kurzarbeitergeld auch insoweit geleistet, als der Arbeitnehmer Arbeitsentgelt (Arbeitsentgelt im Sinne des § 115 des Zehnten Buches) tatsächlich nicht erhält. Bei der Feststellung nach Satz 1 hat die Agentur für Arbeit auch die wirtschaftliche Vertretbarkeit einer Fortführung der Arbeit zu berücksichtigen. Hat der Arbeitgeber das Arbeitsentgelt trotz des Rechtsübergangs mit befreiender Wirkung an den Arbeitnehmer oder an einen Dritten gezahlt, hat der Empfänger des Kurzarbeitergelds dieses insoweit zu erstatten.

Zweiter Titel: Sonderformen des Kurzarbeitergeldes

§ 175 Saison-Kurzarbeitergeld

(1) Arbeitnehmer haben in der Zeit vom 1. Dezember bis 31. März (Schlechtwetterzeit) Anspruch auf Saison-Kurzarbeitergeld, wenn

1. sie in einem Betrieb beschäftigt sind, der dem Baugewerbe oder einem Wirtschaftszweig angehört, der von saisonbedingtem Arbeitsausfall betroffen ist,
2. der Arbeitsausfall erheblich ist,
3. die betrieblichen Voraussetzungen des § 171 sowie die persönlichen Voraussetzungen des § 172 erfüllt sind und
4. der Arbeitsausfall der Agentur für Arbeit nach § 173 angezeigt worden ist.

(2) Ein Betrieb des Baugewerbes ist ein Betrieb, der gewerblich überwiegend Bauleistungen auf dem Baumarkt erbringt. Bauleistungen sind alle Leistungen, die der Herstellung, Instandsetzung, Instandhaltung, Änderung oder Beseitigung von Bauwerken dienen. Betriebe, die überwiegend Bauvorrichtungen, Baumaschinen, Baugeräte oder sonstige Baubetriebsmittel ohne Personal Betrieben des Baugewerbes gewerblich zur Verfügung stellen oder überwiegend Baustoffe oder Bauteile für den Markt herstellen, sowie Betriebe, die Betonentladegeräte gewerblich zur Verfügung stellen, sind nicht Betriebe im Sinne des Satzes 1.

(3) Erbringen Betriebe Bauleistungen auf dem Baumarkt, wird vermutet, dass sie Betriebe des Baugewerbes im Sinne des Absatzes 2 Satz 1 sind. Satz 1 gilt nicht, wenn gegenüber der Bundesagentur nachgewiesen wird, dass Bauleistungen arbeitszeitlich nicht überwiegen.

(4) Ein Wirtschaftszweig ist von saisonbedingtem Arbeitsausfall betroffen, wenn der Arbeitsausfall regelmäßig in der Schlechtwetterzeit auf Grund witterungsbedingter oder wirtschaftlicher Ursachen eintritt. Das Nähere wird durch Bundesgesetz geregelt. Die Festlegung von Wirtschaftszweigen nach Absatz 1 Nr. 1, deren Betriebe von saisonbedingtem Arbeitsausfall betroffen sind, erfolgt im Einvernehmen mit den in den jeweiligen Branchen maßgeblichen Tarifvertragsparteien und kann erstmals zum 1. November 2008 erfolgen.

(5) Ein Arbeitsausfall ist erheblich, wenn er auf wirtschaftlichen oder witterungsbedingten Gründen oder einem unabwendbaren Ereignis beruht, vorübergehend und nicht vermeidbar ist. Als nicht vermeidbar gilt auch ein Arbeitsausfall, der überwiegend branchenüblich, betriebsüblich oder saisonbedingt ist. Wurden seit der letzten Schlechtwetterzeit Arbeitszeitguthaben, die nicht mindestens ein Jahr bestanden haben, zu anderen Zwecken als zum Ausgleich für einen verstetigten Monatslohn, bei witterungsbedingtem Arbeitsausfall oder der Freistellung zum Zwecke der Qualifizierung aufgelöst, gelten im Umfang der aufgelösten Arbeitszeitguthaben Arbeitsausfälle als vermeidbar.

(6) Witterungsbedingter Arbeitsausfall liegt vor, wenn

1. dieser ausschließlich durch zwingende Witterungsgründe verursacht ist und

2. an einem Arbeitstag mindestens eine Stunde der regelmäßigen betrieblichen Arbeitszeit ausfällt (Ausfalltag).

Zwingende Witterungsgründe im Sinne von Satz 1 Nr. 1 liegen nur vor, wenn atmosphärische Einwirkungen (insbesondere Regen, Schnee, Frost) oder deren Folgewirkungen die Fortführung der Arbeiten technisch unmöglich, wirtschaftlich unvertretbar oder für die Arbeitnehmer unzumutbar machen. Der Arbeitsausfall ist nicht ausschließlich durch zwingende Witterungsgründe verursacht, wenn er durch Beachtung der besonderen arbeitsschutzrechtlichen Anforderungen an witterungsabhängige Arbeitsplätze vermieden werden kann.

(7) Eine Anzeige nach § 173 ist nicht erforderlich, wenn der Arbeitsausfall ausschließlich auf unmittelbar witterungsbedingten Gründen beruht. Beruht der Arbeitsausfall ausschließlich auf wirtschaftlichen Gründen, sind für die Dauer des Arbeitsausfalls in der Schlechtwetterzeit nach der ersten Anzeige monatlich Folgeanzeigen jeweils bis zum 15. des Monats zu erstatten. Für die Folgeanzeigen gilt § 173 Abs. 3 nicht. War der Arbeitgeber ohne Verschulden verhindert, die Frist hinsichtlich der Folgeanzeige einzuhalten, so ist ihm auf Antrag Wiedereinsetzung in den vorigen Stand zu gewähren. Der Antrag muss die Angabe der die Wiedereinsetzung begründenden Tatsachen enthalten; diese sind bei der Antragstellung glaubhaft zu machen.

(8) Die weiteren Vorschriften über das Kurzarbeitergeld finden Anwendung.

§ 175a Ergänzende Leistungen

(1) Arbeitnehmer haben Anspruch auf Wintergeld als Zuschuss-Wintergeld und Mehraufwands-Wintergeld und Arbeitgeber haben Anspruch auf Erstattung der von ihnen zu tragenden Beiträge zur Sozialversicherung, soweit für diese Zwecke Mittel durch eine Umlage aufgebracht werden.

(2) Zuschuss-Wintergeld wird in Höhe von bis zu 2,50 Euro je ausgefallener Arbeitsstunde gewährt, wenn zu deren Ausgleich Arbeitszeitguthaben aufgelöst und die Inanspruchnahme des Saison-Kurzarbeitergeldes vermieden wird.

(3) Mehraufwands-Wintergeld wird in Höhe von 1,00 Euro für jede in der Zeit vom 15. Dezember bis zum letzten Kalendertag des Monats Februar geleistete berücksichtigungsfähige Arbeitsstunde an Arbeitnehmer gewährt, die auf einem witterungsabhängigen Arbeitsplatz beschäftigt sind. Berücksichtigungsfähig sind im Dezember bis zu 90, im Januar und Februar jeweils bis zu 180 Arbeitsstunden.

(4) Die von den Arbeitgebern allein zu tragenden Beiträge zur Sozialversicherung für Bezieher von Saison-Kurzarbeitergeld werden auf Antrag erstattet.

(5) Absatz 1 bis 4 gilt im Baugewerbe ausschließlich für solche Arbeitnehmer, deren Arbeitsverhältnis in der Schlechtwetterzeit nicht aus witterungsbedingten Gründen gekündigt werden kann.

§ 175b Wirkungsforschung

Das Bundesministerium für Arbeit und Soziales untersucht die Wirkungen des Saison-Kurzarbeitergeldes und damit einhergehender ergänzender Leistungen in den Förderperioden 2006/2007 und 2007/2008 und berichtet hierüber dem

Bundestag. Die Untersuchung soll insbesondere die Wirkungen auf den Arbeitsmarkt und die finanziellen Auswirkungen für die Arbeitslosenversicherung und den Bundeshaushalt betrachten.

§ 176 Kurzarbeitergeld für Heimarbeiter

(1) Anspruch auf Kurzarbeitergeld haben auch Heimarbeiter, wenn sie ihren Lebensunterhalt ausschließlich oder weitaus überwiegend aus dem Beschäftigungsverhältnis als Heimarbeiter beziehen und soweit nicht nachfolgend Abweichendes bestimmt ist.

(2) Eine versicherungspflichtige Beschäftigung als Heimarbeiter gilt während des Entgeltausfalls als fortbestehend, solange der Auftraggeber bereit ist, dem Heimarbeiter so bald wie möglich Aufträge in dem vor Eintritt der Kurzarbeit üblichen Umfang zu erteilen, und solange der Heimarbeiter bereit ist, solche Aufträge zu übernehmen.

(3) An die Stelle der im Betrieb beschäftigten Arbeitnehmer treten die für den Auftraggeber beschäftigten Heimarbeiter. Im übrigen tritt an die Stelle des erheblichen Arbeitsausfalls mit Entgeltausfall der erhebliche Entgeltausfall und an die Stelle des Betriebes und des Arbeitgebers der Auftraggeber; Auftraggeber kann ein Gewerbetreibender oder ein Zwischenmeister sein. Ein Entgeltausfall ist erheblich, wenn das Entgelt des Heimarbeiters im Anspruchszeitraum um mehr als zwanzig Prozent gegenüber dem durchschnittlichen monatlichen Bruttoentgelt der letzten sechs Kalendermonate vermindert ist.

Dritter Titel: Leistungsumfang

§ 177 Dauer

(1) Kurzarbeitergeld wird für den Arbeitsausfall während der Bezugsfrist geleistet. Die Bezugsfrist gilt einheitlich für alle in einem Betrieb beschäftigten Arbeitnehmer. Sie beginnt mit dem ersten Kalendermonat, für den in einem Betrieb Kurzarbeitergeld gezahlt wird, und beträgt längstens sechs Monate.

(2) Wird innerhalb der Bezugsfrist für einen zusammenhängenden Zeitraum von mindestens einem Monat Kurzarbeitergeld nicht geleistet, verlängert sich die Bezugsfrist um diesen Zeitraum.

(3) Sind seit dem letzten Kalendermonat, für den Kurzarbeitergeld geleistet worden ist, drei Monate vergangen und liegen die Anspruchsvoraussetzungen erneut vor, beginnt eine neue Bezugsfrist.

(4) Saison-Kurzarbeitergeld wird abweichend von den Absätzen 1 bis 3 für die Dauer des Arbeitsausfalls während der Schlechtwetterzeit geleistet. Zeiten des Bezuges von Saison-Kurzarbeitergeld werden nicht auf die Bezugsfrist für das Kurzarbeitergeld angerechnet. Sie gelten nicht als Zeiten der Unterbrechung im Sinne des Absatzes 3.

§ 178 Höhe

Das Kurzarbeitergeld beträgt
1. für Arbeitnehmer, die beim Arbeitslosengeld die Voraussetzungen für den erhöhten Leistungssatz erfüllen würden, 67 Prozent,
2. für die übrigen Arbeitnehmer 60 Prozent
der Nettoentgeltdifferenz im Anspruchszeitraum.

§ 179 Nettoentgeltdifferenz

(1) Die Nettoentgeltdifferenz entspricht dem Unterschiedsbetrag zwischen
1. dem pauschalierten Nettoentgelt aus dem Sollentgelt und
2. dem pauschalierten Nettoentgelt aus dem Istentgelt.
Sollentgelt ist das Bruttoarbeitsentgelt, das der Arbeitnehmer ohne den Arbeitsausfall und vermindert um Entgelt für Mehrarbeit in dem Anspruchszeitraum erzielt hätte. Istentgelt ist das in dem Anspruchszeitraum tatsächlich erzielte Bruttoarbeitsentgelt des Arbeitnehmers zuzüglich aller ihm zustehenden Entgeltanteile. Bei der Ermittlung von Sollentgelt und Istentgelt bleibt Arbeitsentgelt, das einmalig gezahlt wird, außer Betracht. Sollentgelt und Istentgelt sind auf den nächsten durch 20 teilbaren Euro-Betrag zu runden. Die Vorschriften beim Arbeitslosengeld über die Berechnung des Leistungsentgelts gelten mit Ausnahme der Regelungen über den Zeitpunkt der Zuordnung der Lohnsteuerklassen und den Steuerklassenwechsel für die Berechnung der pauschalierten Nettoarbeitsentgelte beim Kurzarbeitergeld entsprechend.
(2) Erzielt der Arbeitnehmer aus anderen als wirtschaftlichen Gründen kein Arbeitsentgelt, ist das Istentgelt um den Betrag zu erhöhen, um den das Arbeitsentgelt aus diesen Gründen gemindert ist. Arbeitsentgelt, das unter Anrechnung des Kurzarbeitergeldes gezahlt wird, bleibt bei der Berechnung des Istentgelts außer Betracht.
(3) Erzielt der Arbeitnehmer für Zeiten des Arbeitsausfalls ein Entgelt aus einer anderen während des Bezuges von Kurzarbeitergeld aufgenommenen Beschäftigung, selbständigen Tätigkeit oder Tätigkeit als mithelfender Familienangehöriger, ist das Istentgelt um dieses Entgelt zu erhöhen.
(4) Läßt sich das Sollentgelt eines Arbeitnehmers in dem Anspruchszeitraum nicht hinreichend bestimmt feststellen, ist als Sollentgelt das Arbeitsentgelt maßgebend, das der Arbeitnehmer in den letzten drei abgerechneten Kalendermonaten vor Beginn des Arbeitsausfalls, vermindert um Entgelt für Mehrarbeit, in dem Betrieb durchschnittlich erzielt hat. Ist eine Berechnung nach Satz 1 nicht möglich, ist das durchschnittliche Sollentgelt eines vergleichbaren Arbeitnehmers zugrunde zu legen. Änderungen der Grundlage für die Berechnung des Arbeitsentgelts sind zu berücksichtigen, wenn und solange sie auch während des Arbeitsausfalls wirksam sind.
(5) Die Absätze 1 bis 4 gelten für Heimarbeiter mit der Maßgabe, daß als Sollentgelt das durchschnittliche Bruttoarbeitsentgelt der letzten sechs abgerechneten Kalendermonate vor Beginn des Entgeltausfalls zugrunde zu legen ist. War der Heimarbeiter noch nicht sechs Kalendermonate für den Auftraggeber tätig, so ist das in der kürzeren Zeit erzielte Arbeitsentgelt maßgebend.

Vierter Titel: Anwendung anderer Vorschriften

§ 180 Anwendung anderer Vorschriften
Die Vorschriften über das Ruhen des Anspruchs auf Arbeitslosengeld bei Sperrzeiten bei Meldeversäumnis und Zusammentreffen mit anderen Sozialleistungen gelten für den Anspruch auf Kurzarbeitergeld entsprechend. Die Vorschriften über das Ruhen des Anspruchs bei Zusammentreffen mit anderen Sozialleistungen gelten jedoch nur für die Fälle, in denen eine Altersrente als Vollrente zuerkannt ist.

Fünfter Titel: Verfügung über das Kurzarbeitergeld

§ 181 Verfügung über das Kurzarbeitergeld
(1) Die Vorschrift des § 48 des Ersten Buches zur Auszahlung von Leistungen bei Verletzung der Unterhaltspflicht ist auf das Kurzarbeitergeld nicht anzuwenden.
(2) Für die Zwangsvollstreckung in den Anspruch auf Kurzarbeitergeld gilt der Arbeitgeber als Drittschuldner. Die Abtretung oder Verpfändung des Anspruchs ist nur wirksam, wenn der Gläubiger sie dem Arbeitgeber anzeigt.
(3) Hat ein Arbeitgeber oder eine von ihm bestellte Person durch eine der in § 45 Abs. 2 Satz 3 des Zehnten Buches bezeichneten Handlungen bewirkt, daß Kurzarbeitergeld zu Unrecht geleistet worden ist, so ist der zu Unrecht geleistete Betrag vom Arbeitgeber zu ersetzen. Sind die zu Unrecht geleisteten Beträge sowohl vom Arbeitgeber zu ersetzen als auch vom Bezieher der Leistung zu erstatten, so haften beide als Gesamtschuldner.
(4) Wird über das Vermögen eines Arbeitgebers, der von der Bundesagentur Beträge zur Auszahlung an die Arbeitnehmer erhalten hat, diese aber noch nicht ausgezahlt hat, das Insolvenzverfahren eröffnet, so kann die Bundesagentur diese Beträge als Insolvenzgläubiger zurückverlangen.

Sechster Titel: Verordnungsermächtigung

§ 182 Verordnungsermächtigung
(1) Das Bundesministerium für Arbeit und Soziales wird ermächtigt, durch Rechtsverordnung
1. jeweils für ein Kalenderjahr die für die Berechnung des Kurzarbeitergeldes maßgeblichen pauschalierten monatlichen Nettoarbeitsentgelte festzulegen,
2. (aufgehoben)
3. die Bezugsfrist für das Kurzarbeitergeld über die gesetzliche Bezugsfrist hinaus
   a) bis zur Dauer von zwölf Monaten zu verlängern, wenn in bestimmten Wirtschaftszweigen oder Bezirken außergewöhnliche Verhältnisse auf dem Arbeitsmarkt vorliegen und
   b) bis zur Dauer von 24 Monaten zu verlängern, wenn außergewöhnliche Verhältnisse auf dem gesamten Arbeitsmarkt vorliegen.

(2) Das Bundesministerium für Arbeit und Soziales wird ermächtigt, durch Rechtsverordnung die Wirtschaftszweige nach § 175 Abs. 1 Nr. 1, deren Betriebe dem Baugewerbe zuzuordnen sind, festzulegen. In der Regel sollen hierbei der fachliche Geltungsbereich tarifvertraglicher Regelungen berücksichtigt und die Tarifvertragsparteien des Baugewerbes vorher angehört werden.

(3) Das Bundesministerium für Arbeit und Soziales wird ermächtigt, auf Grundlage von Vereinbarungen der Tarifvertragsparteien durch Rechtsverordnung festzulegen, ob, in welcher Höhe und für welche Arbeitnehmer die ergänzenden Leistungen nach § 175a Abs. 2 bis 4 in den Zweigen des Baugewerbes und den einzelnen Wirtschaftszweigen erbracht werden.

(4) Bei den Festlegungen nach Absatz 2 und 3 ist zu berücksichtigen, ob dies voraussichtlich in besonderem Maße dazu beiträgt, die wirtschaftliche Tätigkeit in der Schlechtwetterzeit zu beleben oder die Beschäftigungsverhältnisse der von saisonbedingten Arbeitsausfällen betroffenen Arbeitnehmer zu stabilisieren.

Sechster Unterabschnitt: Insolvenzgeld

§ 183 Anspruch

(1) Arbeitnehmer haben Anspruch auf Insolvenzgeld, wenn sie im Inland beschäftigt waren und bei

1. Eröffnung des Insolvenzverfahrens über das Vermögen ihres Arbeitgebers,

2. Abweisung des Antrags auf Eröffnung des Insolvenzverfahrens mangels Masse oder

3. vollständiger Beendigung der Betriebstätigkeit im Inland, wenn ein Antrag auf Eröffnung des Insolvenzverfahrens nicht gestellt worden ist und ein Insolvenzverfahren offensichtlich mangels Masse nicht in Betracht kommt,

(Insolvenzereignis) für die vorausgehenden drei Monate des Arbeitsverhältnisses noch Ansprüche auf Arbeitsentgelt haben. Ein ausländisches Insolvenzereignis begründet einen Anspruch auf Insolvenzgeld für im Inland beschäftigte Arbeitnehmer. Zu den Ansprüchen auf Arbeitsentgelt gehören alle Ansprüche auf Bezüge aus dem Arbeitsverhältnis. Als Arbeitsentgelt für Zeiten, in denen auch während der Freistellung eine Beschäftigung gegen Arbeitsentgelt besteht (§ 7 Abs. 1a Viertes Buch), gilt der auf Grund der schriftlichen Vereinbarung zur Bestreitung des Lebensunterhalts im jeweiligen Zeitraum bestimmte Betrag. Hat der Arbeitnehmer einen Teil seines Arbeitsentgelts gemäß § 1 Abs. 2 Nr. 3 des Betriebsrentengesetzes umgewandelt und wird dieser Entgeltteil in den Durchführungswegen Pensionsfonds, Pensionskasse oder Direktversicherung verwendet, gilt, soweit der Arbeitgeber keine Beiträge an den Versorgungsträger abgeführt hat, für die Berechnung des Insolvenzgeldes die Entgeltumwandlung als nicht vereinbart.

(2) Hat ein Arbeitnehmer in Unkenntnis eines Insolvenzereignisses weitergearbeitet oder die Arbeit aufgenommen, besteht der Anspruch für die dem Tag der Kenntnisnahme vorausgehenden drei Monate des Arbeitsverhältnisses.

(3) Anspruch auf Insolvenzgeld hat auch der Erbe des Arbeitnehmers.

(4) Der Arbeitgeber ist verpflichtet, einen Beschluß des Insolvenzgerichts über die Abweisung des Antrags auf Insolvenzeröffnung mangels Masse dem Betriebsrat oder, wenn ein Betriebsrat nicht besteht, den Arbeitnehmern unverzüglich bekanntzugeben.

§ 184 Anspruchsausschluß

(1) Der Arbeitnehmer hat keinen Anspruch auf Insolvenzgeld für Ansprüche auf Arbeitsentgelt, die

1.   er wegen der Beendigung des Arbeitsverhältnisses oder für die Zeit nach der Beendigung des Arbeitsverhältnisses hat,
2.   er durch eine nach der Insolvenzordnung angefochtene Rechtshandlung oder eine Rechtshandlung erworben hat, die im Falle der Eröffnung des Insolvenzverfahrens anfechtbar wäre oder
3.   der Insolvenzverwalter wegen eines Rechts zur Leistungsverweigerung nicht erfüllt.

(2) Soweit Insolvenzgeld auf Grund eines für das Insolvenzgeld ausgeschlossenen Anspruchs auf Arbeitsentgelt erbracht worden ist, ist es zu erstatten.

§ 185 Höhe

(1) Insolvenzgeld wird in Höhe des Nettoarbeitsentgelts geleistet, das sich ergibt, wenn das auf die monatliche Beitragsbemessungsgrenze (§ 341 Abs. 4) begrenzte Bruttoarbeitsentgelt um die gesetzlichen Abzüge vermindert wird.

(2) Ist der Arbeitnehmer

1.   im Inland einkommensteuerpflichtig, ohne daß Steuern durch Abzug vom Arbeitsentgelt erhoben werden oder
2.   im Inland nicht einkommensteuerpflichtig und unterliegt das Insolvenzgeld nach den für ihn maßgebenden Vorschriften nicht der Steuer,

ist das Arbeitsentgelt um die Steuern zu vermindern, die bei Einkommensteuerpflicht im Inland durch Abzug vom Arbeitsentgelt erhoben würden.

§ 186 Vorschuß

Die Agentur für Arbeit kann einen Vorschuß auf das Insolvenzgeld erbringen, wenn

1.   die Eröffnung des Insolvenzverfahrens über das Vermögen des Arbeitgebers beantragt ist,
2.   das Arbeitsverhältnis beendet ist und
3.   die Voraussetzungen für den Anspruch auf Insolvenzgeld mit hinreichender Wahrscheinlichkeit erfüllt werden.

Die Agentur für Arbeit bestimmt die Höhe des Vorschusses nach pflichtgemäßem Ermessen. Der Vorschuß ist auf das Insolvenzgeld anzurechnen. Er ist zu erstatten, soweit ein Anspruch auf Insolvenzgeld nicht oder nur in geringerer Höhe zuerkannt wird.

§ 187 Anspruchsübergang

Ansprüche auf Arbeitsentgelt, die einen Anspruch auf Insolvenzgeld begründen, gehen mit dem Antrag auf Insolvenzgeld auf die Bundesagentur über. § 183 Abs. 1 Satz 5 gilt entsprechend. Die gegen den Arbeitnehmer begründete Anfechtung nach der Insolvenzordnung findet gegen die Bundesagentur statt.

§ 188 Verfügungen über das Arbeitsentgelt

(1) Soweit der Arbeitnehmer vor seinem Antrag auf Insolvenzgeld Ansprüche auf Arbeitsentgelt einem Dritten übertragen hat, steht der Anspruch auf Insolvenzgeld diesem zu.

(2) Von einer vor dem Antrag auf Insolvenzgeld vorgenommenen Pfändung oder Verpfändung des Anspruchs auf Arbeitsentgelt wird auch der Anspruch auf Insolvenzgeld erfaßt.

(3) Die an den Ansprüchen auf Arbeitsentgelt bestehenden Pfandrechte erlöschen, wenn die Ansprüche auf die Bundesagentur übergegangen sind und sie Insolvenzgeld an den Berechtigten erbracht hat.

(4) Der neue Gläubiger oder Pfandgläubiger hat keinen Anspruch auf Insolvenzgeld für Ansprüche auf Arbeitsentgelt, die ihm vor dem Insolvenzereignis ohne Zustimmung der Agentur für Arbeit zur Vorfinanzierung der Arbeitsentgelte übertragen oder verpfändet wurden. Die Agentur für Arbeit darf der Übertragung oder Verpfändung nur zustimmen, wenn Tatsachen die Annahme rechtfertigen, daß durch die Vorfinanzierung der Arbeitsentgelte ein erheblicher Teil der Arbeitsplätze erhalten bleibt.

§ 189 Verfügungen über das Insolvenzgeld

Nachdem das Insolvenzgeld beantragt worden ist, kann der Anspruch auf Insolvenzgeld wie Arbeitseinkommen gepfändet, verpfändet oder übertragen werden. Eine Pfändung des Anspruchs vor diesem Zeitpunkt wird erst mit dem Antrag wirksam.

§ 189a Datenaustausch und Datenübermittlung

(1) Ist der insolvente Arbeitgeber auch in einem anderen Mitgliedstaat der Europäischen Union tätig, teilt die Bundesagentur dem zuständigen ausländischen Träger von Leistungen bei Zahlungsunfähigkeit des Arbeitgebers das Insolvenzereignis und die im Zusammenhang mit der Erbringung von Insolvenzgeld getroffenen Entscheidungen mit, soweit dies für dessen Aufgabenwahrnehmung erforderlich ist. Übermittelt ein ausländischer Träger der Bundesagentur entsprechende Daten, darf sie diese Daten zum Zwecke der Erbringung von Insolvenzgeld nutzen.

(2) Die Bundesagentur ist berechtigt, Daten über geleistetes Insolvenzgeld für jeden Empfänger durch Datenfernübertragung an die in § 32b Abs. 4 des Einkommensteuergesetzes bezeichnete Übermittlungsstelle der Finanzverwaltung zu übermitteln.

Siebter Unterabschnitt

§§ 190 bis 206 (aufgehoben)

Achter Unterabschnitt: Ergänzende Regelungen zur Sozialversicherung bei Entgeltersatzleistungen

§ 207 Übernahme und Erstattung von Beiträgen bei Befreiung von der Versicherungspflicht in der Rentenversicherung
(1) Bezieher von Arbeitslosengeld oder Übergangsgeld, die von der Versicherungspflicht in der gesetzlichen Rentenversicherung befreit sind (§ 6 Abs. 1 Satz 1 Nr. 1, § 231 Abs. 1 und Abs. 2 Sechstes Buch), haben Anspruch auf
1.   Übernahme der Beiträge, die für die Dauer des Leistungsbezugs an eine öffentlich-rechtliche Versicherungs- oder Versorgungseinrichtung einer Berufsgruppe oder an ein Versicherungsunternehmen zu zahlen sind, und
2.   Erstattung der vom Leistungsbezieher für die Dauer des Leistungsbezugs freiwillig an die gesetzliche Rentenversicherung gezahlten Beiträge.
Freiwillig an die gesetzliche Rentenversicherung gezahlte Beiträge werden nur bei Nachweis auf Antrag des Leistungsbeziehers erstattet.
(2) Die Bundesagentur übernimmt höchstens die vom Leistungsbezieher nach der Satzung der Versicherungs- oder Versorgungseinrichtung geschuldeten oder im Lebensversicherungsvertrag spätestens sechs Monate vor Beginn des Leistungsbezugs vereinbarten Beiträge. Sie erstattet höchstens die vom Leistungsbezieher freiwillig an die gesetzliche Rentenversicherung gezahlten Beiträge.
(3) Die von der Bundesagentur zu übernehmenden und zu erstattenden Beiträge sind auf die Höhe der Beiträge begrenzt, die die Bundesagentur ohne die Befreiung von der Versicherungspflicht in der gesetzlichen Rentenversicherung für die Dauer des Leistungsbezugs zu tragen hätte. Der Leistungsbezieher kann bestimmen, ob vorrangig Beiträge übernommen oder erstattet werden sollen. Trifft der Leistungsbezieher keine Bestimmung, sind die Beiträge in dem Verhältnis zu übernehmen und zu erstatten, in dem die vom Leistungsbezieher zu zahlenden oder freiwillig gezahlten Beiträge stehen.
(4) Der Leistungsbezieher wird insoweit von der Verpflichtung befreit, Beiträge an die Versicherungs- oder Versorgungseinrichtung oder an das Versicherungsunternehmen zu zahlen, als die Bundesagentur die Beitragszahlung für ihn übernommen hat.

§ 207a Übernahme von Beiträgen bei Befreiung von der Versicherungspflicht in der Kranken- und Pflegeversicherung
(1) Bezieher von Arbeitslosengeld, die
1.   nach § 6 Abs. 3a des Fünften Buches in der gesetzlichen Krankenversicherung versicherungsfrei oder nach § 8 Abs. 1 Nr. 1a des Fünften Buches von der Versicherungspflicht befreit sind,
2.   nach § 22 Abs. 1 des Elften Buches oder nach Artikel 42 des Pflege-Versicherungsgesetzes von der Versicherungspflicht in der sozialen

Pflegeversicherung befreit oder nach § 23 Abs. 1 des Elften Buches bei einem privaten Krankenversicherungsunternehmen gegen das Risiko der Pflegebedürftigkeit versichert sind, haben Anspruch auf Übernahme der Beiträge, die für die Dauer des Leistungsbezugs für eine Versicherung gegen Krankheit oder Pflegebedürftigkeit an ein privates Krankenversicherungsunternehmen zu zahlen sind.

(2) Die Bundesagentur übernimmt die vom Leistungsbezieher an das private Krankenversicherungsunternehmen zu zahlenden Beiträge, höchstens jedoch die Beiträge, die sie ohne die Befreiung von der Versicherungspflicht in der gesetzlichen Krankenversicherung oder in der sozialen Pflegeversicherung zu tragen hätte. Hierbei sind zugrunde zu legen

1. für die Beiträge zur gesetzlichen Krankenversicherung der ~~durchschnittliche~~ allgemeine Beitragssatz der *gesetzlichen* Krankenkassen*versicherung* (§ 24*1* des Fünften Buches)~~; der zum 1. Januar des Vorjahres festgestellte Beitragssatz gilt jeweils vom 1. Januar bis zum 31. Dezember des laufenden Kalenderjahres,~~

2. für die Beiträge zur sozialen Pflegeversicherung der Beitragssatz nach § 55 Abs. 1 Satz 1 des Elften Buches.

(3) Der Leistungsbezieher wird insoweit von seiner Verpflichtung befreit, Beiträge an das private Krankenversicherungsunternehmen zu zahlen, als die Bundesagentur die Beitragszahlung für ihn übernommen hat.

§ 208 Zahlung von Pflichtbeiträgen bei Insolvenzereignis

(1) Den Gesamtsozialversicherungsbeitrag nach § 28d des Vierten Buches, der auf Arbeitsentgelte für die letzten dem Insolvenzereignis vorausgehenden drei Monate des Arbeitsverhältnisses entfällt und bei Eintritt des Insolvenzereignisses noch nicht gezahlt worden ist, zahlt die Agentur für Arbeit auf Antrag der zuständigen Einzugsstelle; davon ausgenommen sind Säumniszuschläge, die infolge von Pflichtverletzungen des Arbeitgebers zu zahlen sind sowie die Zinsen für dem Arbeitgeber gestundete Beiträge. Die Einzugsstelle hat der Agentur für Arbeit die Beiträge nachzuweisen und dafür zu sorgen, daß die Beschäftigungszeit und das beitragspflichtige Bruttoarbeitsentgelt einschließlich des Arbeitsentgelts, für das Beiträge nach Satz 1 gezahlt werden, dem zuständigen Rentenversicherungsträger mitgeteilt werden. §§ 184, 314, 323 Abs. 1 Satz 1 und § 327 Abs. 3 gelten entsprechend.

(2) Die Ansprüche auf die in Absatz 1 Satz 1 genannten Beiträge bleiben gegenüber dem Arbeitgeber bestehen. Soweit Zahlungen geleistet werden, hat die Einzugsstelle der Agentur für Arbeit die nach Absatz 1 Satz 1 gezahlten Beiträge zu erstatten.

Neunter Abschnitt: Förderung der ganzjährigen Beschäftigung in der Bauwirtschaft (aufgehoben)

§§ 209 bis 216 (aufgehoben)

Zehnter Abschnitt: Transferleistungen

§ 216a Förderung der Teilnahme an Transfermaßnahmen

(1) Die Teilnahme von Arbeitnehmern, die auf Grund von Betriebsänderungen oder im Anschluss an die Beendigung eines Berufsausbildungsverhältnisses von Arbeitslosigkeit bedroht sind, an Transfermaßnahmen wird gefördert, wenn

1. die Maßnahme von einem Dritten durchgeführt wird,
2. die vorgesehene Maßnahme der Eingliederung der Arbeitnehmer in den Arbeitsmarkt dienen soll,
3. die Durchführung der Maßnahme gesichert ist und
4. ein System zur Sicherung der Qualität angewendet wird.

Transfermaßnahmen sind alle Maßnahmen zur Eingliederung von Arbeitnehmern in den Arbeitsmarkt, an deren Finanzierung sich Arbeitgeber angemessen beteiligen. Als Betriebsänderungen im Sinne des Satzes 1 gelten Betriebsänderungen im Sinne des § 111 des Betriebsverfassungsgesetzes unabhängig von der Unternehmensgröße und der Anwendbarkeit des Betriebsverfassungsgesetzes im jeweiligen Betrieb.

(2) Die Förderung wird als Zuschuss gewährt. Der Zuschuss beträgt 50 Prozent der aufzuwendenden Maßnahmekosten, jedoch höchstens 2.500 Euro je gefördertem Arbeitnehmer.

(3) Eine Förderung ist ausgeschlossen, wenn die Maßnahme dazu dient, den Arbeitnehmer auf eine Anschlussbeschäftigung im gleichen Betrieb oder in einem anderen Betrieb des gleichen Unternehmens oder, falls das Unternehmen einem Konzern angehört, in einem Betrieb eines anderen Konzernunternehmens des Konzerns vorzubereiten. Durch die Förderung darf der Arbeitgeber nicht von bestehenden Verpflichtungen entlastet werden. Von der Förderung ausgeschlossen sind Arbeitnehmer des öffentlichen Dienstes mit Ausnahme der Beschäftigten von Unternehmen, die in selbständiger Rechtsform erwerbswirtschaftlich betrieben werden.

(4) Die Agenturen für Arbeit beraten die Betriebsparteien über die Fördermöglichkeiten nach Absatz 1 auf Verlangen im Vorfeld der Entscheidung über die Einführung von Transfermaßnahmen, insbesondere auch im Rahmen von Sozialplanverhandlungen nach § 112 des Betriebsverfassungsgesetzes.

(5) Während der Teilnahme an Transfermaßnahmen sind andere Leistungen der aktiven Arbeitsförderung mit gleichartiger Zielsetzung ausgeschlossen.

§ 216b Transferkurzarbeitergeld

(1) Zur Vermeidung von Entlassungen und zur Verbesserung ihrer Vermittlungsaussichten haben Arbeitnehmer Anspruch auf Kurzarbeitergeld zur Förderung der Eingliederung bei betrieblichen Restrukturierungen (Transferkurzarbeitergeld), wenn

1. und solange sie von einem dauerhaften unvermeidbaren Arbeitsausfall mit Entgeltausfall betroffen sind,
2. die betrieblichen Voraussetzungen erfüllt sind,
3. die persönlichen Voraussetzungen erfüllt sind und

4. der dauerhafte Arbeitsausfall der Agentur für Arbeit angezeigt worden ist.

(2) Ein dauerhafter Arbeitsausfall liegt vor, wenn infolge einer Betriebsänderung im Sinne des § 216a Abs. 1 Satz 3 die Beschäftigungsmöglichkeiten für die Arbeitnehmer nicht nur vorübergehend entfallen.

(3) Die betrieblichen Voraussetzungen für die Gewährung von Transferkurzarbeitergeld sind erfüllt, wenn

1. in einem Betrieb Personalanpassungsmaßnahmen auf Grund einer Betriebsänderung durchgeführt und

2. die von Arbeitsausfall betroffenen Arbeitnehmer zur Vermeidung von Entlassungen und zur Verbesserung ihrer Eingliederungschancen in einer betriebsorganisatorisch eigenständigen Einheit zusammengefasst werden.

(4) Die persönlichen Voraussetzungen sind erfüllt, wenn der Arbeitnehmer

1. von Arbeitslosigkeit bedroht ist,

2. nach Beginn des Arbeitsausfalls eine versicherungspflichtige Beschäftigung

 a) fortsetzt oder

 b) im Anschluss an die Beendigung eines Berufsausbildungsverhältnisses aufnimmt,

3. nicht vom Kurzarbeitergeldbezug ausgeschlossen ist und

4. vor der Überleitung in die betriebsorganisatorisch eigenständige Einheit aus Anlass der Betriebsänderung an einer arbeitsmarktlich zweckmäßigen Maßnahme zur Feststellung der Eingliederungsaussichten teilgenommen hat; können in berechtigten Ausnahmefällen trotz Mithilfe der Agentur für Arbeit die notwendigen Feststellungsmaßnahmen nicht rechtzeitig durchgeführt werden, sind diese im unmittelbaren Anschluss an die Überleitung innerhalb eines Monats nachzuholen.

§ 172 Abs. 1a bis 3 gilt entsprechend.

(4a) Arbeitnehmer des Steinkohlenbergbaus, denen Anpassungsgeld gemäß § 5 des Gesetzes zur Finanzierung der Beendigung des subventionierten Steinkohlebergbaus zum Jahr 2018 (Steinkohlefinanzierungsgesetz) gewährt werden kann, haben vor der Inanspruchnahme des Anpassungsgeldes Anspruch auf Transferkurzarbeitergeld.

(5) Für die Anzeige des Arbeitsausfalls gilt § 173 Abs. 1, 2 Satz 1 und Abs. 3 entsprechend. Die Anzeige über den Arbeitsausfall hat bei der Agentur für Arbeit zu erfolgen, in deren Bezirk der personalabgebende Betrieb seinen Sitz hat. § 216a Abs. 4 gilt entsprechend.

(6) Während des Bezugs von Transferkurzarbeitergeld hat der Arbeitgeber den geförderten Arbeitnehmern Vermittlungsvorschläge zu unterbreiten. Hat die Maßnahme zur Feststellung der Eingliederungsaussichten ergeben, dass Arbeitnehmer Qualifizierungsdefizite aufweisen, soll der Arbeitgeber geeignete Maßnahmen zur Verbesserung der Eingliederungsaussichten anbieten. Als geeignete Maßnahme gilt auch eine zeitlich begrenzte, längstens sechs Monate dauernde Beschäftigung zum Zwecke der Qualifizierung bei einem anderen Arbeitgeber. Nimmt der Arbeitnehmer während seiner Beschäftigung in einer betriebsorganisatorisch eigenständigen Einheit an einer Qualifizie-

rungsmaßnahme teil, die das Ziel der anschließenden Beschäftigung bei einem anderen Arbeitgeber hat, steht bei Nichterreichung dieses Zieles die Rückkehr des Arbeitnehmers in den bisherigen Betrieb seinem Anspruch auf Transferkurzarbeitergeld nicht entgegen.

(7) Der Anspruch ist ausgeschlossen, wenn die Arbeitnehmer nur vorübergehend in der betriebsorganisatorisch eigenständigen Einheit zusammengefasst werden, um anschließend einen anderen Arbeitsplatz in dem gleichen oder einem anderen Betrieb des Unternehmens oder, falls das Unternehmen einem Konzern angehört, in einem Betrieb eines anderen Konzernunternehmens des Konzerns zu besetzen. § 216a Abs. 3 Satz 3 gilt entsprechend.

(8) Die Bezugsfrist für das Transferkurzarbeitergeld beträgt längstens zwölf Monate.

(9) Der Arbeitgeber hat der Agentur für Arbeit jeweils zum Stichtag 30. Juni und 31. Dezember eines Jahres unverzüglich Daten über die Struktur der betriebsorganisatorisch eigenständigen Einheit, die Zahl der darin zusammengefassten Arbeitnehmer sowie Angaben über die Altersstruktur und die Integrationsquote der Bezieher von Transferkurzarbeitergeld zuzuleiten.

(10) Soweit nichts Abweichendes geregelt ist, finden die für das Kurzarbeitergeld geltenden Vorschriften mit Ausnahme der ersten beiden Titel und des § 182 Nr. 3 Anwendung.

Fünftes Kapitel: Leistungen an Arbeitgeber

Erster Abschnitt: Eingliederung von Arbeitnehmern

Erster Unterabschnitt: Eingliederungszuschüsse

§ 217 Grundsatz

Arbeitgeber können zur Eingliederung von Arbeitnehmern mit Vermittlungshemmnissen Zuschüsse zu den Arbeitsentgelten erhalten, wenn deren Vermittlung wegen in ihrer Person liegender Umstände erschwert ist. Die Förderhöhe und die Förderdauer richten sich nach dem Umfang einer Minderleistung des Arbeitnehmers und nach den jeweiligen Eingliederungserfordernissen.

§ 218 Eingliederungszuschuss

(1) Der Eingliederungszuschuss darf 50 Prozent des berücksichtigungsfähigen Arbeitsentgelts nicht übersteigen und längstens für eine Förderdauer von zwölf Monaten erbracht werden.

(2) Für schwerbehinderte oder sonstige behinderte Menschen kann die Förderhöhe bis zu 70 Prozent des berücksichtigungsfähigen Arbeitsentgelts und die Förderdauer bis zu 24 Monate betragen. Nach Ablauf von zwölf Monaten ist der Eingliederungszuschuss entsprechend der zu erwartenden Zunahme der Leistungsfähigkeit des Arbeitnehmers und den abnehmenden Eingliederungserfordernissen gegenüber der bisherigen Förderhöhe, mindestens aber um zehn Prozentpunkte, zu vermindern.

§ 219 Eingliederungszuschuss für besonders betroffene schwerbehinderte Menschen

(1) Für schwerbehinderte Menschen im Sinne des § 104 Abs. 1 Nr. 3 Buchstabe a bis d des Neunten Buches und ihnen nach § 2 Abs. 3 des Neunten Buches von den Agenturen für Arbeit gleichgestellte behinderte Menschen, die wegen in ihrer Person liegender Umstände nur erschwert vermittelbar sind (besonders betroffene schwerbehinderte Menschen) darf die Förderung 70 Prozent des berücksichtigungsfähigen Arbeitsentgelts sowie 36 Monate nicht überschreiten. Die Förderdauer darf bei besonders betroffenen älteren schwerbehinderten Menschen, die das 50. Lebensjahr vollendet haben, 60 Monate und bei besonders betroffenen älteren schwerbehinderten Menschen, die das 55. Lebensjahr vollendet haben, 96 Monate nicht übersteigen.

(2) Bei der Entscheidung über Höhe und Dauer der Förderung von schwerbehinderten Menschen ist zu berücksichtigen, ob der schwerbehinderte Mensch ohne gesetzliche Verpflichtung oder über die Beschäftigungspflicht nach dem Teil 2 des Neunten Buches hinaus eingestellt und beschäftigt wird. Zudem soll bei der Festlegung der Dauer der Förderung eine geförderte befristete Vorbeschäftigung beim Arbeitgeber angemessen berücksichtigt werden.

(3) Nach Ablauf von zwölf Monaten ist der Eingliederungszuschuss entsprechend der zu erwartenden Zunahme der Leistungsfähigkeit des Arbeitnehmers und den abnehmenden Eingliederungserfordernissen gegenüber der bisherigen Förderhöhe, mindestens aber um zehn Prozentpunkte jährlich, zu vermindern. Er darf 30 Prozent nicht unterschreiten. Der Eingliederungszuschuss für besonders betroffene ältere schwerbehinderte Menschen ist erst nach Ablauf von 24 Monaten zu vermindern. Zeiten einer geförderten befristeten Beschäftigung beim Arbeitgeber sollen angemessen berücksichtigt werden.

§ 220 Berücksichtigungsfähiges Arbeitsentgelt und Auszahlung des Zuschusses

(1) Für die Zuschüsse sind berücksichtigungsfähig
1. die vom Arbeitgeber regelmäßig gezahlten Arbeitsentgelte, soweit sie die tariflichen Arbeitsentgelte oder, wenn eine tarifliche Regelung nicht besteht, die für vergleichbare Tätigkeiten ortsüblichen Arbeitsentgelte und soweit sie die Beitragsbemessungsgrenze in der Arbeitsförderung nicht übersteigen, sowie
2. der pauschalierte Anteil des Arbeitgebers am Gesamtsozialversicherungsbeitrag.

Einmalig gezahltes Arbeitsentgelt ist nicht berücksichtigungsfähig.

(2) Die Zuschüsse werden zu Beginn der Maßnahme in monatlichen Festbeträgen für die Förderungsdauer festgelegt. Die monatlichen Festbeträge werden angepasst, wenn sich das berücksichtigungsfähige Arbeitsentgelt verringert.

(3) Wird dem Arbeitgeber auf Grund eines Ausgleichssystems Arbeitsentgelt erstattet, ist für den Zeitraum der Erstattung der Zuschuss entsprechend zu mindern.

§ 221 Förderungsausschluss und Rückzahlung

(1) Eine Förderung ist ausgeschlossen, wenn

1. zu vermuten ist, dass der Arbeitgeber die Beendigung eines Beschäftigungsverhältnisses veranlasst hat, um einen Eingliederungszuschuss zu erhalten oder

2. die Einstellung bei einem früheren Arbeitgeber erfolgt, bei dem der Arbeitnehmer während der letzten vier Jahre vor Förderungsbeginn mehr als drei Monate versicherungspflichtig beschäftigt war; dies gilt nicht, wenn es sich um die befristete Beschäftigung besonders betroffener schwerbehinderter Menschen handelt.

(2) Eingliederungszuschüsse sind teilweise zurückzuzahlen, wenn das Beschäftigungsverhältnis während des Förderungszeitraums oder einer Nachbeschäftigungszeit beendet wird. Dies gilt nicht, wenn

1. der Arbeitgeber berechtigt war, das Arbeitsverhältnis aus Gründen, die in der Person oder dem Verhalten des Arbeitnehmers liegen, zu kündigen,

2. eine Kündigung aus dringenden betrieblichen Erfordernissen, die einer Weiterbeschäftigung im Betrieb entgegenstehen, berechtigt war,

3. die Beendigung des Arbeitsverhältnisses auf das Bestreben des Arbeitnehmers hin erfolgt, ohne dass der Arbeitgeber den Grund hierfür zu vertreten hat,

4. der Arbeitnehmer das Mindestalter für den Bezug der gesetzlichen Altersrente erreicht hat, oder

5. der Eingliederungszuschuss für die Einstellung eines besonders betroffenen schwerbehinderten Menschen geleistet wird.

Die Rückzahlung ist auf die Hälfte des Förderungsbetrages begrenzt und darf den in den letzten zwölf Monaten vor Beendigung des Beschäftigungsverhältnisses geleisteten Förderbetrag nicht überschreiten. Ungeförderte Nachbeschäftigungszeiten sind anteilig zu berücksichtigen. Die Nachbeschäftigungszeit entspricht der Förderdauer, sie beträgt längstens zwölf Monate.

§ 222 Anordnungsermächtigung

Die Bundesagentur wird ermächtigt, durch Anordnung das Nähere über Voraussetzungen, Art, Umfang und Verfahren der Förderung zu bestimmen.

Zweiter Unterabschnitt: Eingliederungsgutschein

§ 223 Eingliederungsgutschein für ältere Arbeitnehmer

(1) Arbeitnehmer, die das 50. Lebensjahr vollendet haben, können einen Eingliederungsgutschein über die Gewährung eines Eingliederungszuschusses erhalten, wenn sie einen Anspruch auf Arbeitslosengeld von mehr als zwölf Monaten haben. Sind sie seit Entstehen des Anspruchs auf Arbeitslosengeld mindestens zwölf Monate beschäftigungslos, haben sie einen Anspruch auf einen Eingliederungsgutschein.

(2) Mit dem Eingliederungsgutschein verpflichtet sich die Agentur für Arbeit, einen Eingliederungszuschuss an den Arbeitgeber zu leisten, wenn der Arbeitnehmer eine sozialversicherungspflichtige Beschäftigung aufnimmt, die Ar-

beitszeit mindestens 15 Stunden wöchentlich beträgt und das Beschäftigungsverhältnis für mindestens ein Jahr begründet wird.

(3) Der Eingliederungszuschuss wird für zwölf Monate geleistet. Die Förderhöhe richtet sich nach den jeweiligen Eingliederungserfordernissen und darf 30 Prozent des berücksichtigungsfähigen Arbeitsentgelts nicht unterschreiten und 50 Prozent nicht überschreiten. Für Arbeitnehmer, die einen Anspruch auf einen Eingliederungsgutschein haben, beträgt die Förderhöhe 50 Prozent des berücksichtigungsfähigen Arbeitsentgelts.

(4) Das berücksichtigungsfähige Arbeitsentgelt und die Auszahlung des Eingliederungszuschusses bestimmen sich nach § 220.

(5) Eine Förderung ist ausgeschlossen, wenn

1. zu vermuten ist, dass der Arbeitgeber die Beendigung eines Beschäftigungsverhältnisses veranlasst hat, um einen Eingliederungszuschuss nach Absatz 2 zu erhalten, oder

2. die Einstellung bei einem früheren Arbeitgeber erfolgt, bei dem der Arbeitnehmer während der letzten zwei Jahre vor Förderungsbeginn mehr als drei Monate versicherungspflichtig beschäftigt war.

§ 224 Anordnungsermächtigung

Die Bundesagentur wird ermächtigt, durch Anordnung das Nähere über Voraussetzungen, Umfang und Verfahren der Förderung zu bestimmen.

Dritter Unterabschnitt: ~~Einstellungszuschuss bei Neugründungen~~ *(aufgehoben)*

§ 225 ~~Grundsatz~~ *(aufgehoben)*

~~Arbeitgeber, die vor nicht mehr als zwei Jahren eine selbständige Tätigkeit aufgenommen haben, können für die unbefristete Beschäftigung eines zuvor arbeitslosen förderungsbedürftigen Arbeitnehmers auf einem neu geschaffenen Arbeitsplatz einen Zuschuß zum Arbeitsentgelt erhalten.~~

§ 226 ~~Einstellungszuschuß bei Neugründungen~~ *(aufgehoben)*

~~(1) Ein Einstellungszuschuß bei Neugründungen kann erbracht werden, wenn~~

~~1. der Arbeitnehmer unmittelbar vor der Einstellung insgesamt mindestens drei Monate~~

    ~~a) Arbeitslosengeld oder Transferkurzarbeitergeld bezogen hat,~~

    ~~b) eine Beschäftigung ausgeübt hat, die als Arbeitsbeschaffungsmaßnahme gefördert worden ist,~~

    ~~c) an einer nach diesem Buch geförderten Maßnahme der beruflichen Weiterbildung teilgenommen hat oder~~

    ~~d) die Voraussetzungen erfüllt, um Entgeltersatzleistungen bei beruflicher Weiterbildung oder bei Leistungen zur Teilhabe am Arbeitsleben zu erhalten~~

~~und ohne die Leistung nicht oder nicht dauerhaft in den Arbeitsmarkt eingegliedert werden kann,~~

~~2. der Arbeitgeber nicht mehr als fünf Arbeitnehmer beschäftigt.~~

(2) Der Einstellungszuschuß kann höchstens für zwei Arbeitnehmer gleichzeitig geleistet werden.
(3) Ein Einstellungszuschuß bei Neugründungen kann neben einem anderen Lohnkostenzuschuß auf Grund dieses Gesetzes für denselben Arbeitnehmer nicht geleistet werden. Die Vorschriften über den Förderungsausschluß bei Eingliederungszuschüssen sind anzuwenden.
(4) Bei der Feststellung der Zahl der förderbaren und der beschäftigten Arbeitnehmer sind teilzeitbeschäftigte Arbeitnehmer mit einer regelmäßigen wöchentlichen Arbeitszeit von nicht mehr als 10 Stunden mit 0,25, nicht mehr als 20 Stunden mit 0,5 und nicht mehr als 30 Stunden mit 0,75 zu berücksichtigen.

§ 227 Umfang der Förderung *(aufgehoben)*
(1) Der Einstellungszuschuß bei Neugründungen kann für höchstens zwölf Monate in Höhe von 50 Prozent des berücksichtigungsfähigen Arbeitsentgelts geleistet werden. Die Vorschriften über das berücksichtigungsfähige Arbeitsentgelt und über Festbeträge bei Eingliederungszuschüssen sind anzuwenden.
(2) Wird dem Arbeitgeber auf Grund eines Ausgleichssystems Arbeitsentgelt erstattet, ist für den Zeitraum der Erstattung der Zuschuss entsprechend zu mindern.

§ 228 Anordnungsermächtigung *(aufgehoben)*

Vierter Unterabschnitt: Förderung der beruflichen Weiterbildung durch Vertretung *(aufgehoben)*

§ 229 Grundsatz *(aufgehoben)*
Arbeitgeber, die einem Arbeitnehmer die Teilnahme an einer beruflichen Weiterbildung ermöglichen und dafür einen Arbeitslosen einstellen, können einen Zuschuss zum Arbeitsentgelt des Vertreters erhalten. Wird ein Arbeitsloser von einem Verleiher eingestellt, um ihn als Vertreter für einen anderen Arbeitnehmer, der sich beruflich weiterbildet, zu verleihen, kann der Entleiher einen Zuschuss für das dem Verleiher zu zahlende Entgelt erhalten. Die Vorschriften über den Förderungsausschluss bei Eingliederungszuschüssen sind anzuwenden.

§ 230 Umfang der Förderung *(aufgehoben)*
Der Einstellungszuschuss wird für die Dauer der Beschäftigung des Vertreters in Höhe von mindestens 50 und höchstens 100 Prozent des berücksichtigungsfähigen Arbeitsentgelts im Sinne des § 220 Abs. 1 geleistet. Die Dauer der Förderung für die Beschäftigung eines Vertreters bei demselben Arbeitgeber darf zwölf Monate nicht überschreiten. Die Agentur für Arbeit soll bei der Höhe des Zuschusses die Höhe der Aufwendungen, die der Arbeitgeber für die berufliche Weiterbildung des Stammarbeitnehmers tätigt, sowie eine mögliche Minderleistung des Vertreters berücksichtigen. Im Fall des Verleihs

beträgt der Zuschuss 50 Prozent des vom Entleiher an den Verleiher zu zahlenden Entgelts.

§ 231 Arbeitsrechtliche Regelung *(aufgehoben)*
(1) Wird ein zuvor arbeitsloser Arbeitnehmer zur Vertretung eines Arbeitnehmers, der sich beruflich weiterbildet, eingestellt, liegt ein sachlicher Grund vor, der die Befristung des Arbeitsvertrages mit dem Vertreter rechtfertigt.
(2) Wird im Rahmen arbeits- oder arbeitsschutzrechtlicher Gesetze oder Verordnungen auf die Zahl der beschäftigten Arbeitnehmer abgestellt, so sind bei der Ermittlung dieser Zahl nur die Arbeitnehmer, die sich in beruflicher Weiterbildung befinden, nicht aber die zu ihrer Vertretung eingestellten Arbeitnehmer mitzuzählen.

§ 232 Beauftragung und Förderung Dritter *(aufgehoben)*
Die Agentur für Arbeit kann Dritte mit der Vorbereitung und Gestaltung der beruflichen Weiterbildung durch Vertretung beauftragen und durch Zuschüsse fördern. Die Förderung umfasst Zuschüsse zu den unmittelbar im Zusammenhang mit der Vorbereitung und Gestaltung der beruflichen Weiterbildung durch Vertretung anfallenden Kosten. Die Zuschüsse können bis zur Höhe der angemessenen Aufwendungen für das zur Aufgabenwahrnehmung erforderliche Personal sowie das insoweit erforderliche Leitungs- und Verwaltungspersonal sowie die angemessenen Sach- und Verwaltungskosten gewährt werden.

§ 233 Anordnungsermächtigung *(aufgehoben)*
Die Bundesagentur wird ermächtigt, durch Anordnung das Nähere über Voraussetzungen, Art, Umfang und Verfahren der Förderung der beruflichen Weiterbildung durch Vertretung zu bestimmen.

§ 234 (aufgehoben)

Zweiter Abschnitt: Berufliche Ausbildung *Einstiegsqualifizierung*, **berufliche** *Aus- und* **Weiterbildung und Leistungen zur Teilhabe am Arbeitsleben**

Erster Unterabschnitt: Förderung der Berufsausbildung und der beruflichen Weiterbildung

§ 235 Zuschüsse zur Ausbildungsvergütung *(aufgehoben)*
(1) Arbeitgeber können für die berufliche Ausbildung von Auszubildenden durch Zuschüsse zur Ausbildungsvergütung gefördert werden, soweit von der Agentur für Arbeit geförderte ausbildungsbegleitende Hilfen während der betrieblichen Ausbildungszeit durchgeführt oder durch Abschnitte der Berufsausbildung in einer außerbetrieblichen Einrichtung ergänzt werden und die Ausbildungsvergütung weitergezahlt wird.

(2) ~~Die Zuschüsse können in Höhe des Betrages erbracht werden, der sich als anteilige Ausbildungsvergütung einschließlich des darauf entfallenden Arbeitgeberanteils am Gesamtsozialversicherungsbeitrag errechnet.~~

§ 235a Zuschüsse zur Ausbildungsvergütung schwerbehinderter Menschen

(1) Arbeitgeber können für die betriebliche Aus- oder Weiterbildung von schwerbehinderten Menschen im Sinne des § 104 Abs. 1 Nr. 3 Buchstabe e des Neunten Buches durch Zuschüsse zur Ausbildungsvergütung oder vergleichbaren Vergütung gefördert werden, wenn die Aus- oder Weiterbildung sonst nicht zu erreichen ist.

(2) Die Zuschüsse sollen regelmäßig 80 Prozent der monatlichen Ausbildungsvergütung für das letzte Ausbildungsjahr oder der vergleichbaren Vergütung einschließlich des darauf entfallenden *pauschalierten* Arbeitgeberanteils am Gesamtsozialversicherungsbeitrag nicht übersteigen. In begründeten Ausnahmefällen können Zuschüsse bis zur Höhe der Ausbildungsvergütung für das letzte Ausbildungsjahr erbracht werden.

(3) Bei Übernahme schwerbehinderter Menschen in ein Arbeitsverhältnis durch den ausbildenden oder einen anderen Arbeitgeber im Anschluss an eine abgeschlossene Aus- oder Weiterbildung kann ein Eingliederungszuschuss in Höhe von bis zu 70 Prozent des berücksichtigungsfähigen Arbeitsentgelts (§ 220) für die Dauer von einem Jahr erbracht werden, sofern während der Aus- oder Weiterbildung Zuschüsse erbracht wurden.

§ 235b Einstiegsqualifizierung

(1) Arbeitgeber, die eine betriebliche Einstiegsqualifizierung durchführen, können durch Zuschüsse zur Vergütung bis zu einer Höhe von 212 Euro monatlich zuzüglich eines pauschalierten Anteils am durchschnittlichen Gesamtsozialversicherungsbeitrag des Auszubildenden gefördert werden. Die betriebliche Einstiegsqualifizierung dient der Vermittlung und Vertiefung von Grundlagen für den Erwerb beruflicher Handlungsfähigkeit. Soweit die betriebliche Einstiegsqualifizierung als Berufsausbildungsvorbereitung nach dem Berufsbildungsgesetz durchgeführt wird, gelten die §§ 68 bis 70 des Berufsbildungsgesetzes.

(2) Eine Einstiegsqualifizierung kann für die Dauer von sechs bis längstens zwölf Monaten gefördert werden, wenn sie

1. auf der Grundlage eines Vertrages im Sinne des § 26 des Berufsbildungsgesetzes mit dem Auszubildenden durchgeführt wird,

2. auf einen anerkannten Ausbildungsberuf im Sinne des § 4 Abs. 1 des Berufsbildungsgesetzes, § 25 Abs. 1 Satz 1 der Handwerksordnung ~~oder~~, des Seemannsgesetzes *oder des Altenpflegegesetzes* vorbereitet und

3. in Vollzeit oder wegen der Erziehung eigener Kinder oder der Pflege von Familienangehörigen in Teilzeit von mindestens 20 Wochenstunden durchgeführt wird.

(3) Der Abschluss des Vertrages ist der nach dem Berufsbildungsgesetz, *im Falle der Vorbereitung auf einen nach dem Altenpflegegesetz anerkannten*

Ausbildungsberuf der nach Landesrecht zuständigen Stelle anzuzeigen. Die vermittelten ~~Kenntnisse und~~ Fertigkeiten, *Kenntnisse und Fähigkeiten* sind vom Betrieb zu bescheinigen. Die zuständige Stelle stellt über die erfolgreich durchgeführte betriebliche Einstiegsqualifizierung ein Zertifikat aus.

(4) Förderungsfähig sind

1. bei der Agentur für Arbeit gemeldete Ausbildungsbewerber mit aus individuellen Gründen eingeschränkten Vermittlungsperspektiven, die auch nach den bundesweiten Nachvermittlungsaktionen keinen Ausbildungsplatz haben,

2. ~~Auszubildende~~ *Ausbildungsuchende*, die noch nicht in vollem Maße über die erforderliche ~~Ausbildungsbefähigung~~ *Ausbildungsreife* verfügen, und

3. lernbeeinträchtigte und sozial benachteiligte ~~Auszubildende~~ *Ausbildungsuchende*.

(5) Die Förderung eines Auszubildenden, der bereits eine betriebliche Einstiegsqualifizierung bei dem Antrag stellenden Betrieb oder in einem anderen Betrieb des Unternehmens durchlaufen hat, oder in einem Betrieb des Unternehmens oder eines verbundenen Unternehmens in den letzten drei Jahren vor Beginn der Einstiegsqualifizierung versicherungspflichtig beschäftigt war, ist ausgeschlossen. Gleiches gilt, wenn die Einstiegsqualifizierung im Betrieb der Ehegatten, Lebenspartner oder Eltern durchgeführt wird.

(6)[1] ~~Die Bundesagentur wird ermächtigt, durch Anordnung das Nähere über Voraussetzungen, Art, Umfang und Verfahren der Förderung zu bestimmen.~~

§ 235c Förderung der beruflichen Weiterbildung

(1) Arbeitgeber können für die berufliche Weiterbildung von Arbeitnehmern, bei denen die Notwendigkeit der Weiterbildung wegen eines fehlenden Berufsabschlusses anerkannt ist, durch Zuschüsse zum Arbeitsentgelt gefördert werden, soweit die Weiterbildung im Rahmen eines bestehenden Arbeitsverhältnisses durchgeführt wird.

(2) Die Zuschüsse können bis zur Höhe des Betrages erbracht werden, der sich als anteiliges Arbeitsentgelt einschließlich des darauf entfallenden pauschalierten Arbeitgeberanteils am Gesamtsozialversicherungsbeitrag für weiterbildungsbedingte Zeiten ohne Arbeitsleistung errechnet.

§ 235d Anordnungsermächtigung

Die Bundesagentur wird ermächtigt, durch Anordnung das Nähere über Voraussetzungen, Art, Umfang und Verfahren der Förderung zu bestimmen.[2]

---

[1] Vgl. § 235d n. F.

[2] Dem neu eingefügten § 235 wurde hier der unveränderte Text des § 235b Abs. 6 a. F. zugrunde gelegt.

Zweiter Unterabschnitt: Förderung der Teilhabe am Arbeitsleben

§ 236 Ausbildung behinderter Menschen
(1) Arbeitgeber können für die betriebliche Aus- oder Weiterbildung von behinderten Menschen in Ausbildungsberufen durch Zuschüsse zur Ausbildungsvergütung gefördert werden, wenn die Aus- oder Weiterbildung sonst nicht zu erreichen ist.
(2) Die Zuschüsse sollen regelmäßig 60 Prozent der monatlichen Ausbildungsvergütung für das letzte Ausbildungsjahr nicht übersteigen. In begründeten Ausnahmefällen können Zuschüsse bis zur Höhe der Ausbildungsvergütung für das letzte Ausbildungsjahr erbracht werden.

§ 237 Arbeitshilfen für behinderte Menschen
Arbeitgebern können Zuschüsse für eine behindertengerechte Ausgestaltung von Ausbildungs- oder Arbeitsplätzen erbracht werden, soweit dies erforderlich ist, um die dauerhafte Teilhabe am Arbeitsleben zu erreichen oder zu sichern und eine entsprechende Verpflichtung des Arbeitgebers nach dem Teil 2 des Neunten Buches nicht besteht.

§ 238 Probebeschäftigung behinderter Menschen
Arbeitgebern können die Kosten für eine befristete Probebeschäftigung behinderter, schwerbehinderter und ihnen gleichgestellter Menschen im Sinne von § 2 des Neunten Buches bis zu einer Dauer von drei Monaten erstattet werden, wenn dadurch die Möglichkeit einer Teilhabe am Arbeitsleben verbessert wird oder eine vollständige und dauerhafte Teilhabe am Arbeitsleben zu erreichen ist.

§ 239 Anordnungsermächtigung
Die Bundesagentur wird ermächtigt, durch Anordnung das Nähere über Voraussetzungen, Art, Umfang und Verfahren der Förderung zu bestimmen.

Sechstes Kapitel: Leistungen an Träger

Erster Abschnitt: Förderung der Berufsausbildung ~~und Beschäftigung begleitender Eingliederungshilfen~~

Hinweis: Zur besseren Lesbarkeit werden die §§ 240 bis 246 zunächst in ihrer Fassung bis zum 31.07.2009 und anschließend zusammenhängend in geänderter Fassung ab 01.08.2009 dargestellt.

(§§ 240 bis 246 in der Fassung bis 31.07.2009)

(In der Fassung bis 31.07.2009)
§ 240 Grundsatz
Träger können durch Zuschüsse gefördert werden, wenn sie

1. durch zusätzliche Maßnahmen zur betrieblichen Ausbildung für förderungsbedürftige Auszubildende diesen eine berufliche Ausbildung ermöglichen und ihre Eingliederungsaussichten verbessern oder
2. besonders benachteiligte Jugendliche, die keine Beschäftigung haben und nicht ausbildungsuchend oder arbeitsuchend gemeldet sind, durch zusätzliche soziale Betreuungsmaßnahmen an Ausbildung, Qualifizierung und Beschäftigung heranführen oder
3. mit sozialpädagogischer Begleitung während einer Berufsausbildungsvorbereitung nach dem Berufsbildungsgesetz oder einer Einstiegsqualifizierung und mit administrativen und organisatorischen Hilfen Betriebe bei der Berufsausbildung, der Berufsausbildungsvorbereitung und bei der Einstiegsqualifizierung förderungsbedürftiger Auszubildender unterstützen.

(In der Fassung bis 31.07.2009)
§ 241 Förderungsfähige Maßnahmen
(1) Förderungsfähig sind Maßnahmen, die eine betriebliche Ausbildung in einem nach dem Berufsbildungsgesetz, der Handwerksordnung oder dem Seemannsgesetz staatlich anerkannten Ausbildungsberuf im Rahmen eines Berufsausbildungsvertrages nach dem Berufsbildungsgesetz unterstützen und über betriebs- und ausbildungsübliche Inhalte hinausgehen (ausbildungsbegleitende Hilfen). Hierzu gehören Maßnahmen
1. zum Abbau von Sprach- und Bildungsdefiziten,
2. zur Förderung der Fachpraxis und Fachtheorie und
3. zur sozialpädagogischen Begleitung.
Ausbildungsbegleitende Hilfen können durch Abschnitte der Berufsausbildung in einer außerbetrieblichen Einrichtung ergänzt werden, wobei die Dauer je Ausbildungsabschnitt drei Monate nicht übersteigen soll. Nicht als solche Abschnitte gelten Ausbildungsmaßnahmen außerhalb der Ausbildungsstätte, die durchgeführt werden, weil der Betrieb die erforderlichen Kenntnisse und Fertigkeiten nicht in vollem Umfange vermitteln kann oder weil dies nach der Ausbildungsordnung so vorgesehen ist.
(2) Maßnahmen, die anstelle einer Ausbildung in einem Betrieb als berufliche Ausbildung im ersten Jahr in einer außerbetrieblichen Einrichtung im Rahmen eines Berufsausbildungsvertrages nach dem Berufsbildungsgesetz durchgeführt werden, sind förderungsfähig, wenn
1. den an der Maßnahme teilnehmenden Auszubildenden auch mit ausbildungsbegleitenden Hilfen eine Ausbildungsstelle in einem Betrieb nicht vermittelt werden kann,
2. die Auszubildenden nach Erfüllung der allgemein bildenden Vollzeitschulpflicht an einer berufsvorbereitenden Bildungsmaßnahme mit einer Dauer von mindestens sechs Monaten teilgenommen haben und
3. der Anteil betrieblicher Praktikumsphasen sechs Monate je Ausbildungsjahr nicht überschreitet.
Nach Ablauf des ersten Jahres der Ausbildung in einer außerbetrieblichen Einrichtung ist eine weitere Förderung nur möglich, solange dem Auszubil-

denden auch mit ausbildungsbegleitenden Hilfen eine Ausbildungsstelle in einem Betrieb nicht vermittelt werden kann. Im Zusammenwirken mit den Trägern der Maßnahmen sind alle Möglichkeiten wahrzunehmen, um den Übergang der Auszubildenden auf einen betrieblichen Ausbildungsplatz zu fördern. Falls erforderlich, ist dieser Übergang mit ausbildungsbegleitenden Hilfen zu unterstützen. Wenn die betriebliche Ausbildung innerhalb von vier Monaten nach dem Übergang nicht fortgeführt werden kann, ist die weitere Teilnahme an der außerbetrieblichen Ausbildungsmaßnahme möglich.

(3) Außerhalb einer betrieblichen oder außerbetrieblichen Ausbildung sind Maßnahmen förderungsfähig, die ausbildungsbegleitende Hilfen

1. nach einem Abbruch einer Ausbildung in einem Betrieb oder einer außerbetrieblichen Einrichtung bis zur Aufnahme einer weiteren Ausbildung oder

2. nach erfolgreicher Beendigung einer Ausbildung zur Begründung oder Festigung eines Arbeitsverhältnisses

fortsetzen (Übergangshilfen) und für die weitere Ausbildung oder die Begründung oder Festigung eines Arbeitsverhältnisses erforderlich sind. Die Förderung darf eine Dauer von sechs Monaten nicht übersteigen. Übergangshilfen nach Satz 1 Nr. 1 sind nicht förderungsfähig, wenn zugunsten des Auszubildenden Maßnahmen nach dieser Vorschrift bereits einmal gefördert worden sind.

(3a) Gefördert werden niedrigschwellige Angebote im Vorfeld von Ausbildung, Qualifizierung und Beschäftigung, die Jugendliche, die auf andere Weise nicht erreicht werden können, für eine berufliche Qualifizierung motivieren (Aktivierungshilfen). Eine Förderung ist nur möglich, wenn Dritte sich mindestens zur Hälfte an der Finanzierung beteiligen.

(4) Die Maßnahmen sind nur förderungsfähig, wenn sie

1. nach Ausbildung und Berufserfahrung des Leiters und des Ausbildungs- und Betreuungspersonals, Gestaltung des Lehrplans, Unterrichtsmethode und Güte der zum Einsatz vorgesehenen Lehr- und Lernmittel eine erfolgreiche berufliche Bildung erwarten lassen und

2. nach den Grundsätzen der Wirtschaftlichkeit und Sparsamkeit geplant, im Auftrag der Agentur für Arbeit durchgeführt werden und die Kosten angemessen sind.

(In der Fassung bis 31.07.2009)

§ 241a Sozialpädagogische Begleitung und organisatorische Unterstützung bei betrieblicher Berufsausbildung und Berufsausbildungsvorbereitung

(1) Förderungsfähig sind notwendige Maßnahmen zur sozialpädagogischen Begleitung lernbeeinträchtigter und sozial benachteiligter Auszubildender während einer Berufsausbildungsvorbereitung nach dem Berufsbildungsgesetz oder einer Einstiegsqualifizierung.

(2) Förderungsfähig sind Maßnahmen zur Unterstützung von Klein- oder Mittelbetrieben bei administrativen und organisatorischen Aufgaben im Zusammenhang mit der betrieblichen Berufsausbildung, der Berufsausbildungs-

vorbereitung nach dem Berufsbildungsgesetz und der Einstiegsqualifizierung lernbeeinträchtigter und sozial benachteiligter Auszubildender. Die Förderung ist ausgeschlossen, wenn gleichartige Leistungen nach einem Bundes- oder Landesprogramm erbracht werden.

(In der Fassung bis 31.07.2009)
§ 242 Förderungsbedürftige Auszubildende
(1) Förderungsbedürftig sind lernbeeinträchtigte und sozial benachteiligte Auszubildende, die wegen der in ihrer Person liegenden Gründe ohne die Förderung
1.　eine Berufsausbildung nicht beginnen, fortsetzen, erfolgreich beenden können oder
2.　nach dem Abbruch einer Berufsausbildung eine weitere Ausbildung nicht beginnen oder
3.　nach erfolgreicher Beendigung einer Ausbildung ein Arbeitsverhältnis nicht begründen oder festigen können oder
4.　Angebote zur beruflichen Eingliederung nicht oder nicht mehr in Anspruch nehmen oder mit diesen noch nicht eingegliedert werden können.
Förderungsbedürftig sind auch Auszubildende, bei denen ohne die Förderung mit ausbildungsbegleitenden Hilfen ein Abbruch ihrer Ausbildung droht. Auszubildende nach Satz 1 und Absolventen berufsvorbereitender Bildungsmaßnahmen sollen vorrangig gefördert werden.
(2) ~~Zugunsten von Ausländern im Sinne des § 63 Abs. 3 dürfen Maßnahmen nur gefördert werden, wenn die Auszubildenden voraussichtlich nach Abschluß der Ausbildung im Inland rechtmäßig erwerbstätig sein werden~~ *§ 63 mit Ausnahme von Absatz 2a gilt entsprechend.*[1]

(In der Fassung bis 31.07.2009)
§ 243 Leistungen
(1) Die Förderung umfaßt
1.　die Zuschüsse zur Ausbildungsvergütung zuzüglich des Gesamtsozialversicherungsbeitrags und des Beitrags zur Unfallversicherung,
2.　die Maßnahmekosten und
3.　sonstige Kosten.
Leistungen können nur erbracht werden, soweit sie nicht für den gleichen Zweck durch Dritte erbracht werden. Leistungen Dritter zur Aufstockung der Leistungen bleiben anrechnungsfrei.
(2) Abweichend von Absatz 1 können Aktivierungshilfen nach § 240 Nr. 2 bis zu einer Höhe von 50 Prozent der Gesamtkosten gefördert werden.

---

[1]　Vgl. Arbeitsmigrationssteuerungsgesetz v. 20.12.2008 (BGBl. I, 2846).

(In der Fassung bis 31.07.2009)

§ 244 Zuschüsse zur Ausbildungsvergütung

Wird eine Ausbildung in einer außerbetrieblichen Einrichtung durchgeführt, so kann als Zuschuß zur Ausbildungsvergütung höchstens ein Betrag übernommen werden, der nach § 105 Abs. 1 Nr. 1 dem Bedarf für den Lebensunterhalt eines unverheirateten Auszubildenden zugrunde zu legen ist, wenn er das 21. Lebensjahr noch nicht vollendet hat und im Haushalt der Eltern untergebracht ist, zuzüglich fünf Prozent jährlich ab dem zweiten Ausbildungsjahr. Der Betrag erhöht sich um den vom Träger zu tragenden Gesamtsozialversicherungsbeitrag und den Beitrag zur Unfallversicherung.

(In der Fassung bis 31.07.2009)

§ 245 Maßnahmekosten

Als Maßnahmekosten können die angemessenen Aufwendungen für das zur Durchführung der Maßnahme eingesetzte erforderliche Ausbildungs- und Betreuungspersonal sowie das insoweit erforderliche Leitungs- und Verwaltungspersonal sowie die angemessenen Sach- und Verwaltungskosten übernommen werden.

(In der Fassung bis 31.07.2009)

§ 246 Sonstige Kosten

Als sonstige Kosten können übernommen werden

1. Zuschüsse für die Teilnahme des Ausbildungs- und Betreuungspersonals an besonderen von der Bundesagentur anerkannten Weiterbildungsmaßnahmen,

2. bei ausbildungsbegleitenden Hilfen zur Weitergabe an den Auszubildenden ein Zuschuß zu den Fahrkosten, wenn dem Auszubildenden durch die Teilnahme an der Maßnahme Fahrkosten zusätzlich entstehen und

3. bei erfolgreicher vorzeitiger Vermittlung aus einer nach § 241 Abs. 2 geförderten außerbetrieblichen Ausbildung in eine betriebliche Ausbildung eine Pauschale an den Träger. Die Pauschale beträgt 2.000 Euro für jede Vermittlung. Die Vermittlung muss spätestens zwölf Monate vor dem vertraglichen Ende der außerbetrieblichen Ausbildung erfolgt sein. Die Vermittlung gilt als erfolgreich, wenn das Ausbildungsverhältnis länger als vier Monate fortbesteht. Die Pauschale wird für jeden Auszubildenden nur einmal gezahlt.

(§§ 240 bis 246 in der Fassung ab 01.08.2009)

(In der Fassung ab 01.08.2009)

§ 240 ~~Grundsatz~~ *Unterstützung und Förderung der Berufsausbildung*

(1) Träger *von Maßnahmen* können ~~durch~~ Zuschüsse *erhalten und Maßnahmekosten erstattet bekommen* ~~gefördert werden~~, wenn sie *förderungsbedürftige Jugendliche*

1. ~~durch zusätzliche Maßnahmen zur betrieblichen Ausbildung für förderungsbedürftige Auszubildende diesen eine berufliche Ausbildung er-~~

~~möglichen und ihre~~ *mit ausbildungsbegleitenden Hilfen bei deren betrieblicher Berufsausbildung unterstützen oder deren* Eingliederungsaussichten *in Berufsausbildung oder Arbeit* verbessern ~~oder,~~

2. ~~besonders benachteiligte Jugendliche, die keine Beschäftigung haben und nicht ausbildungsuchend oder arbeitsuchend gemeldet sind, durch zusätzliche soziale Betreuungsmaßnahmen an Ausbildung, Qualifizierung und Beschäftigung heranführen oder~~ *anstelle einer Berufsausbildung in einem Betrieb in einer außerbetrieblichen Einrichtung ausbilden,*

3. mit sozialpädagogischer Begleitung während einer Berufsausbildungsvorbereitung nach dem Berufsbildungsgesetz oder einer Einstiegsqualifizierung *unterstützen* ~~und~~ *oder*

4. *durch die Unterstützung* mit administrativen und organisatorischen Hilfen ~~Betriebe bei der~~ *in die* Berufsausbildung, *in die* ~~der~~ Berufsausbildungsvorbereitung *nach dem Berufsbildungsgesetz* ~~und bei der~~ *oder in die* Einstiegsqualifizierung ~~förderungsbedürftiger Auszubildender unterstützen~~ *eingliedern.*

(2) Eine Berufsausbildung im Sinne dieses Abschnitts ist eine Ausbildung, die in einem nach dem Berufsbildungsgesetz, der Handwerksordnung oder dem Seemannsgesetz staatlich anerkannten Ausbildungsberuf betrieblich oder außerbetrieblich im Rahmen eines Berufsausbildungsvertrages nach dem Berufsbildungsgesetz durchgeführt wird, oder eine im Rahmen eines Berufsausbildungsvertrages nach dem Altenpflegegesetz betrieblich durchgeführte Ausbildung.

(3) Das Vergaberecht findet Anwendung.

(In der Fassung ab 01.08.2009)

§ 241 ~~**Förderungsfähige Maßnahmen**~~ *Ausbildungsbegleitende Hilfen*

(1) ~~Förderungsfähig sind~~ Maßnahmen, die *förderungsbedürftige Jugendliche wärend einer* betrieblich*en Berufs*A*ausbildung* ~~in einem nach dem Berufsbildungsgesetz, der Handwerksordnung oder dem Seemannsgesetz staatlich anerkannten Ausbildungsberuf im Rahmen eines Berufsausbildungsvertrages nach dem Berufsbildungsgesetz~~ unterstützen ~~und über betriebs- und ausbildungsübliche Inhalte hinausgehen~~ (ausbildungsbegleitende Hilfen)*, sind förderungsfähig. Als ausbildungsbegleitende Hilfen sind auch erforderliche Maßnahmen förderungsfähig, mit denen die Unterstützung nach Abbruch einer betrieblichen Berufsausbildung bis zur Aufnahme einer weiteren betrieblichen oder einer außerbetrieblichen Berufsausbildung erfolgt oder die nach erfolgreicher Beendigung einer mit ausbildungsbegleitenden Hilfen geförderten betrieblichen Berufsausbildung bis zur Begründung oder Festigung eines Arbeitsverhältnisses fortgesetzt werden. Die Förderung beginnt frühestens mit dem Ausbildungsbeginn und endet spätestens sechs Monate nach Begründung eines Arbeitsverhältnisses.*

(2) Ausbildungsbegleitende Hilfen müssen über die Vermittlung von betriebs-
und ausbildungsüblichen Inhalten hinausgehen. Hierzu gehören Maßnahmen
1. zum Abbau von Sprach- und Bildungsdefiziten,
2. zur Förderung ~~der Fachpraxis und Fachtheorie~~ *fachpraktischer und*
   fachtheoretischer Fertigkeiten, Kenntnisse und Fähigkeiten und
3. zur sozialpädagogischen Begleitung.
Ausbildungsbegleitende Hilfen können durch Abschnitte der Berufsausbildung in einer außerbetrieblichen Einrichtung ergänzt werden, wobei die Dauer
je Ausbildungsabschnitt drei Monate nicht übersteigen soll. Nicht als solche
Abschnitte gelten Ausbildungsmaßnahmen außerhalb der Ausbildungsstätte,
die durchgeführt werden, weil der Betrieb die erforderlichen ~~Kenntnisse und~~
Fertigkeiten *und Kenntnisse* nicht in vollem ~~Umfange~~ vermitteln kann oder
weil dies nach der Ausbildungsordnung so vorgesehen ist.

(In der Fassung ab 01.08.2009)
§ 242 Außerbetriebliche Berufsausbildung
(1)[1] ~~(2)~~ Maßnahmen, die *zugunsten förderungsbedürftiger Jugendlicher als*
~~anstelle einer~~ *Berufs*A*a*usbildung ~~in einem Betrieb als berufliche Ausbildung~~
~~im ersten Jahr~~ in einer außerbetrieblichen Einrichtung ~~im Rahmen eines Be-~~
~~rufsausbildungsvertrages nach dem Berufsbildungsgesetz~~ durchgeführt werden (außerbetriebliche Berufsausbildung), sind förderungsfähig, wenn
1. de~~n~~*m* an der Maßnahme teilnehmenden Auszubildenden auch mit ausbildungsbegleitenden Hilfen eine Ausbildungsstelle in einem Betrieb nicht
   vermittelt werden kann,
2. ~~die~~ *der* Auszubildende~~n~~ nach Erfüllung der ~~allgemein bildenden~~ Vollzeitschulpflicht *nach den Gesetzen der Länder* an einer *nach Bundes-*
   oder Landesrecht auf einen Beruf ~~berufs~~vorbereitenden ~~Bildungsmaß-~~
   ~~nahme~~ *Maßnahme* mit einer Dauer von mindestens sechs Monaten teilgenommen ~~haben~~ *hat* und
3. der Anteil betrieblicher Praktikumsphasen *die Dauer von* sechs Monate*n*
   je Ausbildungsjahr nicht überschreitet.
~~Nach Ablauf des ersten Jahres der Ausbildung in einer außerbetrieblichen~~
~~Einrichtung ist eine weitere Förderung nur möglich, solange dem Auszubil-~~
~~denden auch mit ausbildungsbegleitenden Hilfen eine Ausbildungsstelle in~~
~~einem Betrieb nicht vermittelt werden kann.~~
(2) ~~Im Zusammenwirken mit den Trägern der Maßnahmen~~ *Während der*
Durchführung einer Berufsausbildung in einer außerbetrieblichen Einrich-
tung sind alle Möglichkeiten wahrzunehmen, um den Übergang de~~r~~*s* Auszubildenden auf einen betrieblichen Ausbildungsplatz zu fördern. ~~Falls erforder-~~
~~lich, ist dieser Übergang mit ausbildungsbegleitenden Hilfen zu unterstützen.~~
~~Wenn die betriebliche Ausbildung innerhalb von vier Monaten nach dem~~
~~Übergang nicht fortgeführt werden kann, ist die weitere Teilnahme an der~~
~~außerbetrieblichen Ausbildungsmaßnahme möglich~~.

---

[1] Dem neuen § 244 Abs. 1 wurde hier der Text des § 241 Abs. 2 a. F. zugrunde gelegt.

(3)[1] ~~Außerhalb einer betrieblichen oder außerbetrieblichen Ausbildung sind Maßnahmen förderungsfähig, die ausbildungsbegleitende Hilfen~~

1. ~~nach einem Abbruch einer Ausbildung in einem Betrieb oder einer außerbetrieblichen Einrichtung bis zur Aufnahme einer weiteren Ausbildung oder~~

2. ~~nach erfolgreicher Beendigung einer Ausbildung zur Begründung oder Festigung eines Arbeitsverhältnisses~~

~~fortsetzen (Übergangshilfen) und für die weitere Ausbildung oder die Begründung oder Festigung eines Arbeitsverhältnisses erforderlich sind. Die Förderung darf eine Dauer von sechs Monaten nicht übersteigen. Übergangshilfen nach Satz 1 Nr. 1 sind nicht förderungsfähig, wenn zugunsten des Auszubildenden Maßnahmen nach dieser Vorschrift bereits einmal gefördert worden sind.~~

(3a)[2] ~~Gefördert werden niedrigschwellige Angebote im Vorfeld von Ausbildung, Qualifizierung und Beschäftigung, die Jugendliche, die auf andere Weise nicht erreicht werden können, für eine berufliche Qualifizierung motivieren (Aktivierungshilfen). Eine Förderung ist nur möglich, wenn Dritte sich mindestens zur Hälfte an der Finanzierung beteiligen.~~

(4)[3] ~~Die Maßnahmen sind nur förderungsfähig, wenn sie~~

1. ~~nach Ausbildung und Berufserfahrung des Leiters und des Ausbildungs- und Betreuungspersonals, Gestaltung des Lehrplans, Unterrichtsmethode und Güte der zum Einsatz vorgesehenen Lehr- und Lernmittel eine erfolgreiche berufliche Bildung erwarten lassen und~~

2. ~~nach den Grundsätzen der Wirtschaftlichkeit und Sparsamkeit geplant, im Auftrag der Agentur für Arbeit durchgeführt werden und die Kosten angemessen sind.~~

(3) Ist ein betriebliches oder außerbetriebliches Berufsausbildungsverhältnis vorzeitig gelöst worden und ist eine Eingliederung in betriebliche Berufsausbildung auch mit ausbildungsfördernden Leistungen nach diesem Buch aussichtslos, kann der Auszubildende seine Berufsausbildung in einer außerbetrieblichen Einrichtung fortsetzen, wenn zu erwarten ist, dass die Berufsausbildung erfolgreich abgeschlossen werden kann.

(4) Wird ein außerbetriebliches Berufsausbildungsverhältnis vorzeitig gelöst, hat der Träger der Maßnahme bereits erfolgreich absolvierte Teile der Berufsausbildung zu bescheinigen.

---

[1] Grundlage der geänderten Fassung ist der Text des § 241 Abs. 3 a. F.

[2] Grundlage der geänderten Fassung ist der Text des § 241 Abs. 3a. a. F.

[3] Grundlage der geänderten Fassung ist der Text des § 241 Abs. 4 a. F.; Vgl. auch § 244 n. F.

(In der Fassung ab 01.08.2009)

§ ~~241a~~ *243* Sozialpädagogische Begleitung und organisatorische Unterstützung bei betrieblicher Berufsausbildung und Berufsausbildungsvorbereitung
(1) Förderungsfähig sind notwendige Maßnahmen zur sozialpädagogischen Begleitung ~~lernbeeinträchtigter und sozial benachteiligter Auszubildender~~ *förderungsbedürftiger Jugendlicher* während einer Berufsausbildungsvorbereitung nach dem Berufsbildungsgesetz oder einer Einstiegsqualifizierung.
(2) Förderungsfähig sind Maßnahmen zur Unterstützung von ~~Klein- oder Mittelbetrieben~~ *Arbeitgebern mit bis zu 500 Beschäftigten* bei administrativen und organisatorischen Aufgaben im Zusammenhang mit der betrieblichen Berufsausbildung, der Berufsausbildungsvorbereitung nach dem Berufsbildungsgesetz und der Einstiegsqualifizierung ~~lernbeeinträchtigter und sozial benachteiligter Auszubildender~~ *förderungsbefürftiger Jugendlicher.* Die Förderung ist ausgeschlossen, wenn gleichartige Leistungen nach einem Bundes- oder Landesprogramm erbracht werden.

(In der Fassung ab 01.08.2009)
§ 244 Sonstige Förderungsvoraussetzungen[1]
Die Maßnahmen *nach den §§ 241, 242 und 243 Abs. 1* sind nur förderungsfähig, wenn sie nach Ausbildung und Berufserfahrung des Leiters und des Ausbildungs- und Betreuungspersonals, Gestaltung des Lehrplans, Unterrichtsmethode und Güte der zum Einsatz vorgesehenen Lehr- und Lernmittel eine erfolgreiche ~~berufliche~~ *Berufs*aus~~B~~bildung *oder die erfolgreiche Unterstützung der Berufsausbildung, der Berufsausbildungsvorbereitung oder der Einstiegsqualifizierung* erwarten lassen.

(In der Fassung ab 01.08.2009)
§ ~~242~~ *245* Förderungsbedürftige ~~Auszubildende~~ *Jugendliche*
(1) Förderungsbedürftig sind lernbeeinträchtigte und sozial benachteiligte ~~Auszubildende~~ *Jugendliche*, die wegen der in ihrer Person liegenden Gründe ohne die Förderung
1.   *eine Berufsausbildungsvorbereitung nach dem Berufsbildungsgesetz, eine Einstiegsqualifizierung oder* eine Berufsausbildung nicht beginnen, fortsetzen~~,~~ *oder* erfolgreich beenden können ~~oder,~~
2.   nach dem Abbruch einer Berufsausbildung eine weitere *Berufs*~~A~~*a*usbildung nicht beginnen *können* oder
3.   nach erfolgreicher Beendigung einer *Berufs*~~A~~*a*usbildung ein Arbeitsverhältnis nicht begründen oder festigen können ~~oder~~
4.   ~~Angebote zur beruflichen Eingliederung nicht oder nicht mehr in Anspruch nehmen oder mit diesen noch nicht eingegliedert werden können.~~
Förderungsbedürftig sind auch Auszubildende, bei denen ohne die Förderung mit ausbildungsbegleitenden Hilfen ein Abbruch ihrer *Berufs*~~A~~*a*usbildung

---

[1]   Dem neuen § 244 wurde hier der Text des § 241 Abs. 4 Nr. 1 a. F. zugrunde gelegt.

droht. ~~Auszubildende nach Satz 1 und Absolventen berufsvorbereitender Bildungsmaßnahmen sollen vorrangig gefördert werden~~ *oder die eine abgebrochene betriebliche Berufsausbildung unter den Voraussetzungen des § 242 Abs. 3 in einer außerbetrieblichen Einrichtung fortsetzen.*
(2) § 63 mit Ausnahme von Absatz 2a gilt entsprechend.

(In der Fassung ab 01.08.2009)
§ ~~243~~ *246* Leistungen
(1) Die ~~Förderung~~ *Leistungen* umfaß~~t~~*ssen*
~~1.~~ die Zuschüsse zur Ausbildungsvergütung zuzüglich des Gesamtsozialversicherungsbeitrags und des Beitrags zur Unfallversicherung~~,~~ *sowie*
~~2.~~ die Maßnahmekosten ~~und~~
~~3.~~ ~~sonstige Kosten.~~
~~Leistungen können nur erbracht werden, soweit sie nicht für den gleichen Zweck durch Dritte erbracht werden. Leistungen Dritter zur Aufstockung der Leistungen bleiben anrechnungsfrei.~~
~~(2) Abweichend von Absatz 1 können Aktivierungshilfen nach § 240 Nr. 2 bis zu einer Höhe von 50 Prozent der Gesamtkosten gefördert werden.~~

§ 244 ~~Zuschüsse zur Ausbildungsvergütung~~
(2) Als Zuschuss zur Ausbildungsvergütung bei ~~Wird~~ *eine*r *Berufs*~~A~~*a*usbildung in einer außerbetrieblichen Einrichtung ~~durchgeführt, so~~ kann ~~als Zuschuß zur Ausbildungsvergütung~~ höchstens ein Betrag übernommen werden, der nach § 105 Abs. 1 Nr. 1 dem Bedarf für den Lebensunterhalt eines unverheirateten *oder nicht in einer Lebenspartnerschaft verbundenen* Auszubildenden zugrunde zu legen ist, wenn er das 21. Lebensjahr noch nicht vollendet hat und im Haushalt der Eltern untergebracht ist, zuzüglich fünf Prozent jährlich ab dem zweiten Ausbildungsjahr. Der Betrag erhöht sich um den vom Träger zu tragenden Gesamtsozialversicherungsbeitrag und den Beitrag zur Unfallversicherung.

§ 245 ~~Maßnahmekosten~~
(3) Als Maßnahmekosten können
1. die angemessenen Aufwendungen für das zur Durchführung der Maßnahme eingesetzte erforderliche Ausbildungs- und Betreuungspersonal *einschließlich dessen regelmäßiger fachlicher Weiterbildung* sowie *für* das insoweit erforderliche Leitungs- und Verwaltungspersonal,
2. ~~sowie~~ die angemessenen Sach- und Verwaltungskosten ~~übernommen werden~~ *sowie*

§ 246 ~~Sonstige Kosten~~
~~Als sonstige Kosten können übernommen werden~~
~~1. Zuschüsse für die Teilnahme des Ausbildungs- und Betreuungspersonals an besonderen von der Bundesagentur anerkannten Weiterbildungsmaßnahmen,~~

2. bei ausbildungsbegleitenden Hilfen zur Weitergabe an den Auszubildenden ein Zuschuß zu den Fahrkosten, wenn dem Auszubildenden durch die Teilnahme an der Maßnahme Fahrkosten zusätzlich entstehen und

3. *eine Pauschale für jede* bei erfolgreicher *vorzeitiger und nachhaltige* Vermittlung aus einer nach § 241 Abs. 2 *242* geförderten außerbetrieblichen *Berufs*Aa*usbildung* in eine betriebliche *Berufs*Aa*usbildung* eine Pauschale an den Träger.

übernommen werden.
Die Pauschale *nach Satz 1 Nr. 3* beträgt 2.000 Euro für jede Vermittlung. Die Vermittlung muss spätestens zwölf Monate vor dem vertraglichen Ende der außerbetrieblichen *Berufs*Aa*usbildung* erfolgt sein. Die Vermittlung gilt als erfolgreich *nachhaltig*, wenn das *Berufs*Aa*usbildungsverhältnis* länger als vier Monate fortbesteht. Die Pauschale wird für jeden Auszubildenden nur einmal gezahlt.
(4) Leistungen können nur erbracht werden, soweit sie nicht für den gleichen Zweck durch Dritte erbracht werden. Leistungen Dritter zur Aufstockung der Leistungen bleiben anrechnungsfrei.

§ 246a Beschäftigung begleitende Eingliederungshilfen *(aufgehoben)*
Träger können durch Zuschüsse gefördert werden, wenn sie durch zusätzliche Hilfen für förderungsbedürftige Arbeitnehmer diesen die betriebliche Eingliederung ermöglichen und ihre Aussichten auf dauerhafte berufliche Eingliederung verbessern (Beschäftigung begleitende Eingliederungshilfn).

§ 246b Förderungsbedürftige Arbeitnehmer *(aufgehoben)*
Förderungsbedürftig sind jüngere Arbeitnehmer, die wegen der in ihrer Person liegenden Gründe ohne die Förderung ein Arbeitsverhältnis nicht begründen oder festigen können.

§ 246c Förderungsfähige Maßnahmen *(aufgehoben)*
Förderungsfähig sind Maßnahmen, die die betriebliche Eingliederung unterstützen und über betriebsübliche Inhalte hinausgehen. Hierzu gehören Maßnahmen
1. zum Abbau von Sprach- und Bildungsdefiziten,
2. zur Förderung der Fachpraxis und Fachtheorie und
3. zur sozialpädagogischen Begleitung.

§ 246d Leistungen *(aufgehoben)*
(1) Als Maßnahmekosten können dem Träger die angemessenen Aufwendungen für das zur Durchführung der Maßnahme eingesetzte erforderliche Fachpersonal sowie das insoweit erforderliche Leitungs- und Verwaltungspersonal sowie die angemessenen Sach- und Verwaltungskosten erstattet werden.
(2) Die Förderung darf eine Dauer von sechs Monaten nicht übersteigen.

§ 247 Anordnungsermächtigung

Die Bundesagentur wird ermächtigt, durch Anordnung das Nähere über Voraussetzungen, Umfang und Verfahren der Förderung zu bestimmen. ~~Sie kann auch bestimmen, daß einzelne Kosten pauschaliert zu erstatten sind.~~

Zweiter Abschnitt~~: Förderung von Einrichtungen der beruflichen Aus- und Weiterbildung oder der beruflichen Rehabilitation~~ *(aufgehoben)*

§ 248 ~~Grundsatz~~ *(aufgehoben)*

~~(1) Träger von Einrichtungen der beruflichen Aus- oder Weiterbildung oder Einrichtungen der beruflichen Rehabilitation können durch Darlehen und Zuschüsse gefördert werden, wenn dies für die Erbringung von anderen Leistungen der aktiven Arbeitsförderung erforderlich ist und die Träger sich in angemessenem Umfang an den Kosten beteiligen. Leistungen können erbracht werden für~~

~~1. den Aufbau, die Erweiterung und die Ausstattung der Einrichtungen sowie den der beruflichen Bildung behinderter Menschen dienenden begleitenden Dienste, Internate, Wohnheime und Nebeneinrichtungen und~~

~~2. Maßnahmen zur Entwicklung oder Weiterentwicklung von Lehrgängen, Lehrprogrammen und Lehrmethoden zur beruflichen Bildung behinderter Menschen.~~

~~(2) In die Förderung von Trägern von Einrichtungen der beruflichen Rehabilitation können nur Vorhaben einbezogen werden, die im Rahmen der überregionalen Planung mit dem Bundesministerium für Arbeit und Soziales abgestimmt sind und bei deren Gestaltung und Durchführung der Bundesagentur hinreichend Einfluß eingeräumt wird.~~

§ 249 ~~Förderungsausschluß~~ *(aufgehoben)*

~~Die Förderung ist ausgeschlossen, wenn die Einrichtung der beruflichen Aus- oder Weiterbildung in berufsbildenden Schulen oder die Einrichtung überwiegend den Zwecken eines Betriebes, mehrerer Betriebe, eines Verbandes oder zu Erwerbszwecken dient. Eine Förderung ist jedoch möglich, soweit Maßnahmen der Arbeitsförderung auf andere Weise nicht, nicht in ausreichendem Umfang oder nicht rechtzeitig durchgeführt werden können.~~

§ 250 ~~Bundesagentur als Träger von Einrichtungen~~ *(aufgehoben)*

~~Die Bundesagentur soll Einrichtungen der beruflichen Aus- oder Weiterbildung sowie der beruflichen Rehabilitation mit anderen Trägern oder alleine errichten, wenn bei dringendem Bedarf geeignete Einrichtungen nicht zur Verfügung stehen. Die Bundesagentur kann darüber hinaus alleine oder mit anderen Trägern Einrichtungen errichten, die als Modell für andere Träger dienen.~~

§ 251 ~~Anordnungsermächtigung~~ *(aufgehoben)*
~~Die Bundesagentur wird ermächtigt, durch Anordnung das Nähere über Voraussetzungen, Art, Umfang und Verfahren der Förderung zu bestimmen.~~

Dritter Abschnitt~~: Förderung von Jugendwohnheimen~~ *(aufgehoben)*

§ 252 ~~Grundsatz~~ *(aufgehoben)*
~~Träger von Jugendwohnheimen können durch Darlehen und Zuschüsse gefördert werden, wenn dies zum Ausgleich auf dem Ausbildungsstellenmarkt und zur Förderung der Berufsausbildung erforderlich ist und die Träger sich in angemessenem Umfang an den Kosten beteiligen. Leistungen können erbracht werden für den Aufbau, die Erweiterung, den Umbau und die Ausstattung von Jugendwohnheimen.~~

§ 253 ~~Anordnungsermächtigung~~ *(aufgehoben)*
~~Die Bundesagentur wird ermächtigt, durch Anordnung das Nähere über Voraussetzungen, Art, Umfang und Verfahren der Förderung zu bestimmen.~~

Vierter Abschnitt

§§ 254 bis 259 (aufgehoben)

Fünfter Abschnitt: Förderung von Arbeitsbeschaffungsmaßnahmen

§ 260 Grundsatz
(1) Träger von Arbeitsbeschaffungsmaßnahmen können für die Beschäftigung von zugewiesenen Arbeitnehmern durch Zuschüsse gefördert werden, wenn
1. die Maßnahmen dazu dienen, insbesondere bei hoher Arbeitslosigkeit entsprechend den Problemschwerpunkten der regionalen und beruflichen Teilarbeitsmärkte Arbeitslosigkeit abzubauen und arbeitslosen Arbeitnehmern zur Erhaltung oder Wiedererlangung der Beschäftigungsfähigkeit, die für eine Eingliederung in den Arbeitsmarkt erforderlich ist, zumindest vorübergehend eine Beschäftigung zu ermöglichen,
2. in den Maßnahmen zusätzliche und im öffentlichen Interesse liegende Arbeiten durchgeführt werden,
3. eine Beeinträchtigung der Wirtschaft als Folge der Förderung nicht zu befürchten ist und
4. mit den von der Agentur für Arbeit zugewiesenen Arbeitnehmern Arbeitsverhältnisse begründet werden.
(2) Maßnahmen sind vorrangig zu fördern, wenn damit zu rechnen ist, dass die Eingliederungsaussichten der in die Maßnahme zugewiesenen Arbeitnehmer erheblich verbessert werden.

§ 261 Förderungsfähige Maßnahmen
(1) Maßnahmen sind förderungsfähig, wenn die in ihnen verrichteten Arbeiten zusätzlich sind und im öffentlichen Interesse liegen.

(2) Arbeiten sind zusätzlich, wenn sie ohne die Förderung nicht, nicht in diesem Umfang oder erst zu einem späteren Zeitpunkt durchgeführt werden. Arbeiten, die auf Grund einer rechtlichen Verpflichtung durchzuführen sind oder die üblicherweise von juristischen Personen des öffentlichen Rechts durchgeführt werden, sind nur förderungsfähig, wenn sie ohne die Förderung voraussichtlich erst nach zwei Jahren durchgeführt werden.

(3) Arbeiten liegen im öffentlichen Interesse, wenn das Arbeitsergebnis der Allgemeinheit dient. Arbeiten, deren Ergebnis überwiegend erwerbswirtschaftlichen Interessen oder den Interessen eines begrenzten Personenkreises dient, liegen nicht im öffentlichen Interesse. Das Vorliegen des öffentlichen Interesses wird nicht allein dadurch ausgeschlossen, daß das Arbeitsergebnis auch den in der Maßnahme beschäftigten Arbeitnehmern zugute kommt, wenn sichergestellt ist, daß die Arbeiten nicht zu einer Bereicherung einzelner führen.

(4) Angemessene Zeiten einer begleitenden beruflichen Qualifizierung und eines betrieblichen Praktikums sind förderungsfähig.

(5) Die Träger oder durchführenden Unternehmen haben spätestens bei Beendigung der Beschäftigung des geförderten Arbeitnehmers eine Teilnehmerbeurteilung für die Agentur für Arbeit auszustellen, die auch Aussagen zur Beurteilung der weiteren beruflichen Entwicklungsmöglichkeiten des Arbeitnehmers enthält. Auf seinen Wunsch ist dem Arbeitnehmer eine Ausfertigung der Teilnehmerbeurteilung zu übermitteln.

§ 262 Vergabe von Arbeiten
Ist bei der Durchführung einer Maßnahme die Vergabe eines öffentlichen Auftrags an ein Wirtschaftsunternehmen vorgesehen, kann die Zuweisung geförderter Arbeitnehmer nichtdiskriminierend für alle Bewerber als vertragliche Nebenbedingung aufgenommen werden.

§ 263 Förderungsbedürftige Arbeitnehmer
(1) Arbeitnehmer sind förderungsbedürftig, wenn sie
1. arbeitslos sind und allein durch eine Förderung in einer Arbeitsbeschaffungsmaßnahme eine Beschäftigung aufnehmen können und
2. die Voraussetzungen erfüllen, um Entgeltersatzleistungen bei Arbeitslosigkeit oder bei Leistungen zur Teilhabe am Arbeitsleben zu erhalten.

(2) Die Agentur für Arbeit kann unabhängig vom Vorliegen der Voraussetzungen nach Absatz 1 Nr. 2 die Förderungsbedürftigkeit von Arbeitnehmern feststellen, wenn
1. dadurch zehn Prozent der Zahl aller in dem Haushaltsjahr zugewiesenen Teilnehmer in Arbeitsbeschaffungsmaßnahmen nicht überschritten werden,
2. ihre Zuweisung wegen der Wahrnehmung von Anleitungs- oder Betreuungsaufgaben für die Durchführung der Maßnahme notwendig ist,
3. die Arbeitnehmer bei Beginn der Maßnahme das 25. Lebensjahr noch nicht vollendet und keine abgeschlossene Berufsausbildung haben und

die Maßnahme mit einer berufsvorbereitenden Bildungsmaßnahme verbunden ist,

4. die Arbeitnehmer wegen Art oder Schwere ihrer Behinderung nur durch Zuweisung in die Maßnahme beruflich stabilisiert oder qualifiziert werden können oder

5. die Arbeitnehmer Berufsrückkehrer sind und bereits für die Dauer von mindestens zwölf Monaten in einem Versicherungspflichtverhältnis gestanden haben.

§ 264 Zuschüsse zu den Lohnkosten

(1) Zuschüsse zu den Lohnkosten werden in pauschalierter Form erbracht.

(2) Die Höhe des Zuschusses bemisst sich nach der Art der Tätigkeit des geförderten Arbeitnehmers in der Maßnahme. Der Zuschuss beträgt bei Tätigkeiten, für die in der Regel erforderlich ist

1. eine Hochschul- oder Fachhochschulausbildung, 1.300 Euro,

2. eine Aufstiegsfortbildung, 1.200 Euro,

3. eine Ausbildung in einem Ausbildungsberuf, 1.100 Euro,

4. keine Ausbildung, 900 Euro

monatlich. Die Agentur für Arbeit kann den pauschalierten Zuschuss zum Ausgleich regionaler und in der Tätigkeit liegender Besonderheiten um bis zu 10 Prozent erhöhen. Der Zuschuss ist bei Arbeitnehmern, die bei Beginn der Maßnahme das 25. Lebensjahr noch nicht vollendet haben, so zu bemessen, dass die Aufnahme einer Ausbildung nicht behindert wird.

(3) Der Zuschuss wird höchstens bis zur Höhe des monatlich ausgezahlten Arbeitsentgelts gezahlt. Ist die Arbeitszeit eines zugewiesenen Arbeitnehmers gegenüber der Arbeitszeit eines vergleichbaren, mit voller Arbeitszeit beschäftigten Arbeitnehmers herabgesetzt, sind die Zuschüsse entsprechend zu kürzen.

§§ 265 bis 265a (aufgehoben)

§ 266 Verstärkte Förderung

Für weitere Kosten des Trägers bei der Durchführung der Arbeiten werden Zuschüsse in pauschalierter Form bis zu einer Höhe von 300 Euro pro Arbeitnehmer und Fördermonat erbracht, wenn

1. die Finanzierung einer Maßnahme auf andere Weise nicht erreicht werden kann und

2. an der Durchführung der Maßnahme ein besonderes arbeitsmarktpolitisches Interesse besteht.

§ 267 Dauer der Förderung

(1) Die Förderung darf in der Regel nur zwölf Monate dauern.

(2) Die Förderung darf bis zu 24 Monate dauern, wenn an der Durchführung der Arbeiten ein besonderes arbeitsmarktpolitisches Interesse besteht oder der Träger die Verpflichtung übernimmt, dass die zugewiesenen Arbeitnehmer

oder die an ihrer Stelle ersatzweise zugewiesenen Arbeitnehmer in ein Dauerarbeitsverhältnis übernommen werden.

(3) Die Förderung darf bis zu 36 Monate dauern, wenn zu Beginn der Maßnahme überwiegend ältere Arbeitnehmer zugewiesen sind, die das 55. Lebensjahr vollendet haben.

(4) (aufgehoben)

(5) Eine Maßnahme kann ohne zeitliche Unterbrechung wiederholt gefördert werden, wenn sie darauf ausgerichtet ist, während einer längeren Dauer Arbeitsplätze für wechselnde besonders förderungsbedürftige Arbeitnehmer zu schaffen.

§ 267a Zuweisung

(1) Die Dauer der Zuweisung des förderungsbedürftigen Arbeitnehmers in die Maßnahme darf grundsätzlich längstens zwölf Monate betragen.

(2) Die Zuweisungsdauer darf bis zu 24 Monaten betragen, wenn der zugewiesene Arbeitnehmer im Anschluss an die Zuweisung in ein Dauerarbeitsverhältnis übernommen werden soll.

(3) Bei Arbeitnehmern, die das 55. Lebensjahr vollendet haben, darf die Zuweisungsdauer bis zu 36 Monate betragen.

(4) Eine Zuweisung ist grundsätzlich ausgeschlossen, wenn seit der letzten Beschäftigung in einer Arbeitsbeschaffungs- oder Strukturanpassungsmaßnahme noch nicht drei Jahre vergangen sind. Dies gilt nicht für Zuweisungen von Arbeitnehmern, die das 55. Lebensjahr vollendet haben.

§ 268 Rückzahlung

Im Falle des § 267a Abs. 2 sind im zweiten Förderjahr erbrachte Zuschüsse zurückzuzahlen, wenn die vom Träger bei Antragstellung abgegebene Verpflichtung zur Übernahme eines zugewiesenen Arbeitnehmers in ein Dauerarbeitsverhältnis nicht erfüllt wird oder das Arbeitsverhältnis innerhalb von sechs Monaten nach Ende des Förderzeitraums beendet wird. Dies gilt nicht, wenn

1. der Arbeitgeber bei Beendigung des Beschäftigungsverhältnisses berechtigt war, das Arbeitsverhältnis aus wichtigem Grund ohne Einhaltung einer Kündigungsfrist zu kündigen,

2. die Beendigung des Arbeitsverhältnisses auf das Bestreben des Arbeitnehmers hin erfolgt, ohne daß der Arbeitgeber den Grund hierfür zu vertreten hat,

3. der Arbeitnehmer das für ihn maßgebliche Rentenalter für eine Altersrente erreicht hat oder

4. es für den Arbeitgeber bei einer Ersatzzuweisung während des zweiten Förderjahres unter Würdigung der Umstände des Einzelfalles unzumutbar wäre, den zuletzt zugewiesenen Arbeitnehmer anstelle des zuvor zugewiesenen Arbeitnehmers im Anschluß an die Förderung in ein Dauerarbeitsverhältnis zu übernehmen.

§ 269 Abberufung

Die Agentur für Arbeit soll einen zugewiesenen Arbeitnehmer abberufen, wenn sie ihm einen zumutbaren Ausbildungs- oder Arbeitsplatz vermitteln oder ihn durch eine zumutbare Berufsausbildung oder Maßnahme der beruflichen Weiterbildung fördern kann. Eine Abberufung soll jedoch nicht erfolgen, wenn der zugewiesene Arbeitnehmer im Anschluss an die Förderung in ein Dauerarbeitsverhältnis beim Träger oder beim durchführenden Unternehmen übernommen wird. Die Agentur für Arbeit kann einen zugewiesenen Arbeitnehmer auch abberufen, wenn dieser einer Einladung zur Berufsberatung trotz Belehrung über die Rechtsfolgen ohne wichtigen Grund nicht nachkommt oder die Förderung durch die Agentur für Arbeit aufgehoben wird.

§ 270 Besondere Kündigungsrechte

(1) Das Arbeitsverhältnis kann vom Arbeitnehmer ohne Einhaltung einer Frist gekündigt werden, wenn er
1. eine Ausbildung oder Arbeit aufnehmen kann,
2. an einer Maßnahme der Berufsausbildung oder der beruflichen Weiterbildung teilnehmen kann oder
3. aus der Arbeitsbeschaffungsmaßnahme abberufen wird.

(2) Das Arbeitsverhältnis kann vom Arbeitgeber ohne Einhaltung einer Frist gekündigt werden, wenn der Arbeitnehmer abberufen wird.

§ 270a Förderung in Sonderfällen

(1) Bei der Beschäftigung eines schwerbehinderten Menschen im Sinne des § 2 Abs. 2 des Neunten Buches sind abweichend von den §§ 264 und 266 für die Dauer der Zuweisung auch die Kosten einer notwendigen Arbeitsassistenz zu übernehmen. Die Leistung wird in Abstimmung mit der Agentur für Arbeit durch das Integrationsamt durchgeführt. Die Agentur für Arbeit erstattet dem Integrationsamt seine Aufwendungen. Die Bundesregierung wird ermächtigt, in der Rechtsverordnung nach § 108 des Neunten Buches das Nähere über die Voraussetzungen des Anspruchs sowie Höhe und Dauer der Leistungen zu regeln.
(2) Bei Arbeiten zur Bewältigung von Naturkatastrophen oder sonstiger außergewöhnlicher Ereignisse sind abweichend von § 261 Abs. 2 auch Arbeiten förderungsfähig, die nicht zusätzlich sind. Es können auch arbeitslose Arbeitnehmer zugewiesen werden, die die Voraussetzungen der Förderbedürftigkeit nach § 263 Abs. 1 nicht erfüllen. § 267a Abs. 4 Satz 1 ist nicht anzuwenden.
(3) Bei Maßnahmen für arbeitslose Ausbilder und Betreuer, die der beruflichen Ausbildung dienen, dürfen Förder- und Zuweisungsdauer abweichend von den §§ 267 und 267a so festgelegt werden, dass eine Ausbildung und Betreuung der Auszubildenden bis zum Ende der Ausbildungsverhältnisse sichergestellt ist.

§ 271 Anordnungsermächtigung

Die Bundesagentur wird ermächtigt, durch Anordnung das Nähere über Voraussetzungen, Art, Umfang und Verfahren der Förderung zu bestimmen.

Sechster Abschnitt

§§ 272 bis 279 (aufgehoben)

Siebter Abschnitt: ~~Förderung von Beschäftigung schaffenden Infrastrukturmaßnahmen~~ *(aufgehoben)*

§ 279a ~~Beschäftigung schaffende Infrastrukturförderung~~ *(aufgehoben)*
~~(1) Öffentlich-rechtliche Träger können bis zum 31. Dezember 2007 durch einen angemessenen Zuschuss zu den Kosten von Arbeiten zur Verbesserung der Infrastruktur und zur Erhaltung und Verbesserung der Umwelt gefördert werden, wenn~~

~~1. der Träger mit der Durchführung der Arbeiten ein Wirtschaftsunternehmen beauftragt, das sich verpflichtet, für eine zwischen der Agentur für Arbeit und dem Träger festgelegte Zeit eine bestimmte Zahl von Arbeitslosen zu beschäftigen, die von der Agentur für Arbeit zugewiesen werden,~~

~~2. die Arbeitslosen die Voraussetzungen für Entgeltersatzleistungen bei Arbeitslosigkeit, bei beruflicher Weiterbildung oder bei Leistungen zur Teilhabe am Arbeitsleben erfüllen,~~

~~3. das Wirtschaftsunternehmen die Arbeitnehmer weit überwiegend bei der Erledigung der geförderten Arbeiten einsetzt,~~

~~4. der Anteil der zugewiesenen Arbeitslosen 35 Prozent der voraussichtlich beschäftigten Arbeitnehmer nicht übersteigt,~~

~~5. der Träger die Mittel der Förderung bei der Auftragsvergabe zusätzlich zu den sonst eingesetzten Mitteln verwendet und~~

~~6. der Verwaltungsausschuss der Förderung nicht widerspricht.~~
~~Die Förderung ist so zu bemessen, dass in der Regel ein Anteil von 25 Prozent der voraussichtlichen Gesamtkosten der Arbeiten nicht überschritten wird und die Fördermittel im Verhältnis zu den zugewiesenen Arbeitnehmern angemessen sind.~~
~~(2) Die Agentur für Arbeit kann einen förderungsbedürftigen Arbeitnehmer für die Dauer der Förderung in die Maßnahme zuweisen. Die §§ 262, 269, 270 und 271 gelten entsprechend.~~

Siebtes Kapitel: Weitere Aufgaben der Bundesagentur

Erster Abschnitt: Statistiken, Arbeitsmarkt- und Berufsforschung, Berichterstattung

§ 280 Aufgaben
Die Bundesagentur hat Lage und Entwicklung der Beschäftigung und des Arbeitsmarktes im allgemeinen und nach Berufen, Wirtschaftszweigen und Regionen sowie die Wirkungen der aktiven Arbeitsförderung zu beobachten, zu untersuchen und auszuwerten, indem sie

1. Statistiken erstellt,
2. Arbeitsmarkt- und Berufsforschung betreibt und
3. Bericht erstattet.

§ 281 Arbeitsmarktstatistiken

(1) Die Bundesagentur hat aus den in ihrem Geschäftsbereich anfallenden Daten Statistiken, insbesondere über Beschäftigung und Arbeitslosigkeit der Arbeitnehmer und über die Leistungen der Arbeitsförderung, zu erstellen. Sie hat auf der Grundlage der Meldungen nach § 28a des Vierten Buches eine Statistik der sozialversicherungspflichtig Beschäftigten zu führen.

(2)[1] Die Bundesagentur hat zusätzlich den Migrationshintergrund zu erheben und in ihren Statistiken zu berücksichtigen. Die erhobenen Daten dürfen ausschließlich für statistische Zwecke verwendet werden. Sie sind in einem durch technische und organisatorische Maßnahmen von sonstiger Datenverarbeitung getrennten Bereich zu verarbeiten. Das Bundesministerium für Arbeit und Soziales bestimmt durch Rechtsverordnung ohne Zustimmung des Bundesrates das Nähere über die zu erhebenden Merkmale und die Durchführung des Verfahrens, insbesondere Erhebung, Übermittlung und Speicherung der erhobenen Daten.

§ 282 Arbeitsmarkt- und Berufsforschung

(1) Die Bundesagentur hat bei der Festlegung von Inhalt, Art und Umfang der Arbeitsmarkt- und Berufsforschung ihren eigenen Informationsbedarf sowie den des Bundesministeriums für Arbeit und Soziales zu berücksichtigen, soweit er sich auf die Berücksichtigung der beruflichen Teilhabe behinderter und schwerbehinderter Menschen bezieht. Die Bundesagentur hat den Forschungsbedarf mindestens in jährlichen Zeitabständen mit dem Bundesministerium für Arbeit und Soziales abzustimmen.

(2) Die Untersuchung der Wirkungen der Arbeitsförderung ist ein Schwerpunkt der Arbeitsmarktforschung. Sie soll zeitnah erfolgen und ist ständige Aufgabe des Instituts für Arbeitsmarkt- und Berufsforschung.

(3) Die Wirkungsforschung soll unter Berücksichtigung der unterschiedlichen Zielsetzungen des Gesetzes insbesondere

1. die Untersuchung, in welchem Ausmaß die Teilnahme an einer Maßnahme die Vermittlungsaussichten der Teilnehmer verbessert und ihre Beschäftigungsfähigkeit erhöht,
2. die vergleichende Ermittlung der Kosten von Maßnahmen in Relation zu ihrem Nutzen,
3. die Messung von volkswirtschaftlichen Nettoeffekten beim Einsatz arbeitsmarktpolitischer Instrumente,
4. die Analyse von Auswirkungen auf Erwerbsverläufe unter Berücksichtigung der Gleichstellung von Frauen und Männern

---

[1] Die Regelung ist am 23.12.2008 in Kraft getreten.

umfassen.

(4) Arbeitsmarktforschung soll auch die Wirkungen der Arbeitsförderung auf regionaler Ebene untersuchen.

(5) Innerhalb der Bundesagentur für die Daten aus ihrem Geschäftsbereich dem Institut für Arbeitsmarkt- und Berufsforschung zur Verfügung gestellt und dort für dessen Zwecke genutzt und verarbeitet werden. Das Institut für Arbeitsmarkt- und Berufsforschung darf ergänzend Erhebungen ohne Auskunftspflicht der zu Befragenden durchführen, wenn sich die Informationen nicht bereits aus den im Geschäftsbereich der Bundesagentur vorhandenen Daten oder aus anderen statistischen Quellen gewinnen lassen. Das Institut, das räumlich, organisatorisch und personell vom Verwaltungsbereich der Bundesagentur zu trennen ist, hat die Daten vor unbefugter Kenntnisnahme durch Dritte zu schützen. Die Daten dürfen nur für den Zweck der wissenschaftlichen Forschung genutzt werden. Die personenbezogenen Daten sind zu anonymisieren, sobald dies nach dem Forschungszweck möglich ist. Bis dahin sind die Merkmale gesondert zu speichern, mit denen Einzelangaben über persönliche oder sachliche Verhältnisse einer bestimmten oder bestimmbaren Person zugeordnet werden können. Das Statistische Bundesamt und die statistischen Ämter der Länder dürfen dem Institut für Arbeitsmarkt- und Berufsforschung Daten entsprechend § 16 Abs. 6 des Bundesstatistikgesetzes übermitteln.

(6) Das Institut hat die nach den § 28a des Vierten Buches gemeldeten und der Bundesagentur weiter übermittelten Daten der in der Bundesrepublik Deutschland Beschäftigten ohne Vor- und Zunamen nach der Versicherungsnummer langfristig in einer besonders geschützten Datei zu speichern. Die in dieser Datei gespeicherten Daten dürfen nur für Zwecke der wissenschaftlichen Forschung, der Arbeitsmarktstatistik und der nicht einzelfallbezogenen Planung verarbeitet und genutzt werden. Sie sind zu anonymisieren, sobald dies mit dem genannten Zweck vereinbar ist.

(7) Die Bundesagentur übermittelt wissenschaftlichen Einrichtungen auf Antrag oder Ersuchen anonymisierte Daten, die für Zwecke der Arbeitsmarkt- und Berufsforschung erforderlich sind. § 282a Abs. 6 gilt entsprechend. Für Sozialdaten gilt § 75 des Zehnten Buches.

§ 282a Übermittlung von Daten

(1) Die Bundesagentur für Arbeit ist berechtigt, dem Statistischen Bundesamt und den statistischen Ämtern der Länder Sozialdaten zu übermitteln, soweit dies für Zwecke eines Zensus erforderlich ist.

(2) Die Bundesagentur ist berechtigt, dem Statistischen Bundesamt und den statistischen Ämtern der Länder anonymisierte Einzeldaten zu sozialversicherungspflichtig Beschäftigten zu übermitteln, soweit diese Daten dort für die Erstellung der Erwerbstätigenstatistiken erforderlich sind.

(2a) (aufgehoben)

(2b) Die Bundesagentur darf dem Statistischen Bundesamt und den statistischen Ämtern der Länder nach Gemeinden zusammengefasste statistische Daten über die Zahl der sozialversicherungspflichtig Beschäftigten und die sozialversicherungspflichtigen Entgelte - jeweils ohne Beschäftigte von Gebietskörperschaften und Sozialversicherungen sowie deren Einrichtungen - übermitteln, soweit diese ~~für Vorschläge~~ zur Festsetzung des Verteilungsschlüssels für den Gemeindeanteil am Aufkommen der Umsatzsteuer nach § 5dc des Gemeindefinanzreformgesetzes erforderlich sind. Das Statistische Bundesamt und die statistischen Ämter der Länder dürfen die in Satz 1 genannten Daten dem Bundesministerium der Finanzen sowie den zuständigen obersten Landesbehörden übermitteln, soweit die Daten für die Festsetzung des Verteilungsschlüssels nach § 5dc des Gemeindefinanzreformgesetzes erforderlich sind. Die Daten dürfen nur auf Ersuchen übermittelt und nur für die in den Sätzen 1 und 2 genannten Zwecke verwendet werden. Sie sind vier Jahre nach Festsetzung des Verteilungsschlüssels zu löschen. Werden innerhalb dieser Frist Einwendungen gegen die Berechnung des Verteilungsschlüssels erhoben, dürfen die Daten bis zur abschließenden Klärung der Einwendungen aufbewahrt werden, soweit sie für die Klärung erforderlich sind.

(3) Das Statistische Bundesamt und die statistischen Ämter der Länder sind berechtigt, der zur Durchführung ausschließlich statistischer Aufgaben zuständigen Stelle der Bundesagentur nach Gemeinden zusammengefaßte statistische Daten über Selbständige, mithelfende Familienangehörige, Beamte und geringfügig Beschäftigte zu übermitteln, soweit sie für die Berechnung von Arbeitslosenquoten im Rahmen der Arbeitsmarktstatistik erforderlich sind. Diese Daten dürfen bei der Bundesagentur ausschließlich für statistische Zwecke durch eine von Verwaltungsaufgaben räumlich, organisatorisch und personell getrennte Einheit genutzt werden.

(4) Für die Verwendung gegenüber den gesetzgebenden Körperschaften und für Zwecke der Planung, jedoch nicht für die Regelung von Einzelfällen, dürfen den obersten Bundes- oder Landesbehörden von der Bundesagentur Tabellen der Arbeitsmarktstatistiken übermittelt werden, auch soweit Tabellenfelder nur einen einzigen Fall ausweisen.

(5) Auf die übermittelten Daten und Tabellen finden die Geheimhaltungsnormen des § 16 des Bundesstatistikgesetzes entsprechende Anwendung.

(6) Bedarf die Übermittlung einer Datenaufbereitung in erheblichem Umfang, ist über die Daten- oder Tabellenübermittlung eine schriftliche Vereinbarung zu schließen, die eine Regelung zur Erstattung der durch die Aufbereitung entstehenden Kosten vorsehen kann.

§ 282b Datenverwendung für die Ausbildungsvermittlung durch die Bundesagentur

(1) Die Bundesagentur darf die ihr von den Auskunftsstellen übermittelten Daten über eintragungsfähige oder eingetragene Ausbildungsverhältnisse ausschließlich

1. zur Verbesserung der Ausbildungsvermittlung,
2. zur Verbesserung der Zuverlässigkeit und Aktualität der Ausbildungsvermittlungsstatistik oder
3. zur Verbesserung der Feststellung von Angebot und Nachfrage auf dem Ausbildungsmarkt

verwenden.

(2) Auskunftsstellen sind die nach dem Berufsbildungsgesetz zuständigen Stellen.

(3) Die Bundesagentur hat die ihr zu den Zwecken des Absatzes 1 übermittelten Daten und Datenträger spätestens zum Ende des Kalenderjahres zu löschen.

§ 283 Arbeitsmarktberichterstattung, Weisungsrecht

(1) Die Bundesagentur hat die Arbeitsmarktstatistiken und die Ergebnisse der Arbeitsmarkt- und Berufsforschung dem Bundesministerium für Arbeit und Soziales vorzulegen und in geeigneter Form zu veröffentlichen. Die Bundesagentur hat zu gewährleisten, dass bei der Wahrnehmung der Aufgaben dieses Abschnitts neben einem eigenen kurzfristigen arbeitsmarktpolitischen Informationsbedarf auch dem des Bundesministeriums für Arbeit und Soziales entsprochen werden kann.

(2) Das Bundesministerium für Arbeit und Soziales kann Art und Umfang sowie Tatbestände und Merkmale der Statistiken und der Arbeitsmarktberichterstattung näher bestimmen und der Bundesagentur entsprechende fachliche Weisungen erteilen.

Zweiter Abschnitt: Erteilung von Genehmigungen und Erlaubnissen

Erster Unterabschnitt: Ausländerbeschäftigung

§ 284 Arbeitsgenehmigung-EU für Staatsangehörige der neuen EU-Mitgliedstaaten

(1) Staatsangehörige der Staaten, die nach dem Vertrag vom 16. April 2003 über den Beitritt der Tschechischen Republik, der Republik Estland, der Republik Zypern, der Republik Lettland, der Republik Litauen, der Republik Ungarn, der Republik Malta, der Republik Polen, der Republik Slowenien und der Slowakischen Republik zur Europäischen Union (BGBl. 2003 II S. 1408) der Europäischen Union beigetreten sind, und deren freizügigkeitsberechtigte Familienangehörige dürfen eine Beschäftigung nur mit Genehmigung der Bundesagentur für Arbeit ausüben und von Arbeitgebern nur beschäftigt werden, wenn sie eine solche Genehmigung besitzen, soweit nach Maßgabe des EU-Beitrittsvertrages abweichende Regelungen als Übergangsregelungen der Arbeitnehmerfreizügigkeit Anwendung finden. Dies gilt für die Staatsangehörigen der Staaten entsprechend, die nach dem Vertrag vom 25. April 2005 über den Beitritt der Republik Bulgarien und Rumäniens zur Europäischen Union (BGBl. 2006 II S. 1146) der Europäischen Union beigetreten sind.

(2) Die Genehmigung wird befristet als Arbeitserlaubnis-EU erteilt, wenn nicht Anspruch auf eine unbefristete Erteilung als Arbeitsberechtigung-EU besteht. Die Genehmigung ist vor Aufnahme der Beschäftigung einzuholen.

(3) Die Arbeitserlaubnis-EU kann nach Maßgabe des § 39 Abs. 2 bis 4 und 6 des Aufenthaltsgesetzes erteilt werden.

(4) Ausländern nach Absatz 1, die ihren Wohnsitz oder gewöhnlichen Aufenthalt im Ausland haben und eine Beschäftigung im Bundesgebiet aufnehmen wollen, darf eine Arbeitserlaubnis-EU für eine Beschäftigung, die keine qualifizierte Berufsausbildung voraussetzt, nur erteilt werden, wenn dies durch zwischenstaatliche Vereinbarung bestimmt ist oder aufgrund einer Rechtsverordnung zulässig ist. Für die Beschäftigungen, die durch Rechtsverordnung zugelassen werden, ist Staatsangehörigen aus den Mitgliedstaaten der Europäischen Union nach Absatz 1 gegenüber Staatsangehörigen aus Drittstaaten vorrangig eine Arbeitserlaubnis-EU zu erteilen, soweit dies der EU-Beitrittsvertrag vorsieht.

(5) Die Erteilung der Arbeitsberechtigung-EU bestimmt sich nach § 12a Arbeitsgenehmigungsverordnung.

(6) Das Aufenthaltsgesetz und die aufgrund des § 42 des Aufenthaltsgesetzes erlassenen Rechtsverordnungen zum Arbeitsmarktzugang gelten entsprechend, soweit sie für die Ausländer nach Absatz 1 günstigere Regelungen enthalten. Bei Anwendung der Vorschriften steht die Arbeitsgenehmigung-EU der Zustimmung zu einem Aufenthaltstitel nach § 4 Abs. 3 des Aufenthaltsgesetzes gleich.

(7) Ein vor dem Tag, an dem der Vertrag vom 25. April 2005 über den Beitritt der Republik Bulgarien und Rumäniens zur Europäischen Union (BGBl. 2006 II S. 1146) für die Bundesrepublik Deutschland in Kraft getreten ist, zur Ausübung der Beschäftigung eines Staatsangehörigen nach Absatz 1 Satz 2 erteilter Aufenthaltstitel zur Ausübung einer Beschäftigung gilt als Arbeitserlaubnis-EU fort, wobei Beschränkungen des Aufenthaltstitels hinsichtlich der Beschäftigungsbedingungen als Beschränkungen der Arbeitserlaubnis-EU bestehen bleiben. Ein vor diesem Zeitpunkt erteilter Aufenthaltstitel, der zur unbeschränkten Ausübung einer Beschäftigung berechtigt, gilt als Arbeitsberechtigung-EU fort.

§§ 285 bis 286 (aufgehoben)

§ 287 Gebühren für die Durchführung der Vereinbarungen über Werkvertragsarbeitnehmer
(1) Für die Aufwendungen, die der Bundesagentur und den Behörden der Zollverwaltung bei der Durchführung der zwischenstaatlichen Vereinbarungen über die Beschäftigung von Arbeitnehmern auf der Grundlage von Werkverträgen entstehen, kann vom Arbeitgeber der ausländischen Arbeitnehmer eine Gebühr erhoben werden.

(2) Die Gebühr wird für die Aufwendungen der Bundesagentur und der Behörden der Zollverwaltung erhoben, die im Zusammenhang mit dem Antragsverfahren und der Überwachung der Einhaltung der Vereinbarungen stehen, insbesondere für die

1.   Prüfung der werkvertraglichen Grundlagen,
2.   Prüfung der Voraussetzungen für die Beschäftigung der ausländischen Arbeitnehmer,

3. Zusicherung, Erteilung und Aufhebung der Zustimmung zur Erteilung einer Aufenthaltserlaubnis zum Zwecke der Beschäftigung oder der Arbeitserlaubnis-EU,
4. Überwachung der Einhaltung der für die Ausführung eine Werkvertrages festgesetzten Zahl der Arbeitnehmer,
5. Überwachung der Einhaltung der für die Arbeitgeber nach den Vereinbarungen bei der Beschäftigung ihrer Arbeitnehmer bestehenden Pflichten einschließlich der Durchführung der dafür erforderlichen Prüfungen nach § 2 Abs. 1 Nr. 4 des Schwarzarbeitsbekämpfungsgesetzes durch die Behörden der Zollverwaltung sowie
6. Durchführung von Ausschlussverfahren nach den Vereinbarungen.

Die Bundesagentur wird ermächtigt, durch Anordnung die gebührenpflichtigen Tatbestände zu bestimmen, für die Gebühr feste Sätze vorzusehen und den auf die Behörden der Zollverwaltung entfallenden Teil der Gebühren festzulegen und zu erheben.

(3) Der Arbeitgeber darf sich die Gebühr nach den Absätzen 1 und 2 von dem ausländischen Arbeitnehmer oder einem Dritten weder ganz noch teilweise erstatten lassen.

(4) Im Übrigen sind die Vorschriften des Verwaltungskostengesetzes anzuwenden.

§ 288 Verordnungsermächtigung und Weisungsrecht

(1) Das Bundesministerium für Arbeit und Soziales kann durch Rechtsverordnung
1. Ausnahmen für die Erteilung einer Arbeitserlaubnis an Ausländer, die keine Aufenthaltsgenehmigung besitzen,
2. Ausnahmen für die Erteilung einer Arbeitserlaubnis unabhängig von der Arbeitsmarktlage,
3. Ausnahmen für die Erteilung einer Arbeitserlaubnis an Ausländer mit Wohnsitz oder gewöhnlichem Aufenthalt im Ausland,
4. die Voraussetzungen für die Erteilung einer Arbeitserlaubnis sowie das Erfordernis einer ärztlichen Untersuchung von Ausländern mit Wohnsitz oder gewöhnlichem Aufenthalt im Ausland mit deren Einwilligung für eine erstmalige Beschäftigung,
5. das Nähere über Umfang und Geltungsdauer der Arbeitserlaubnis,
6. weitere Personengruppen, denen eine Arbeitsberechtigung erteilt wird, sowie die zeitliche, betriebliche, berufliche und regionale Beschränkung der Arbeitsberechtigung,
7. weitere Ausnahmen von der Genehmigungspflicht sowie
8. die Voraussetzungen für das Verfahren und die Aufhebung einer Genehmigung
näher bestimmen.

(2) Das Bundesministerium für Arbeit und Soziales kann der Bundesagentur zur Durchführung der Bestimmungen dieses Unterabschnittes und der hierzu erlassenen Rechtsverordnungen sowie der von den Organen der Europäischen Gemeinschaften erlassenen Bestimmungen über den Zugang zum Arbeits-

markt und der zwischenstaatlichen Vereinbarungen über die Beschäftigung von Arbeitnehmern Weisungen erteilen.

Zweiter Unterabschnitt: Beratung und Vermittlung durch Dritte

Erster Titel: Berufsberatung

§ 288a Untersagung der Berufsberatung
(1) Die Agentur für Arbeit hat einer natürlichen oder juristischen Person oder Personengesellschaft, die Berufsberatung betreibt (Berufsberater), die Ausübung dieser Tätigkeit ganz oder teilweise zu untersagen, sofern dies zum Schutz der Ratsuchenden erforderlich ist. Bei einer juristischen Person oder Personengesellschaft kann auch einer von ihr für die Leitung des Betriebes bestellten Person die Ausübung der Tätigkeit ganz oder teilweise untersagt werden, sofern dies zum Schutz der Ratsuchenden erforderlich ist.
(2) Im Untersagungsverfahren hat die betreffende Person auf Verlangen der Agentur für Arbeit
1. die Auskünfte zu erteilen, die zur Durchführung des Verfahrens erforderlich sind, und
2. die geschäftlichen Unterlagen vorzulegen, aus denen sich die Richtigkeit ihrer Angaben ergibt.
Sie kann die Auskunft auf solche Fragen verweigern, deren Beantwortung sie selbst oder einen in § 383 Abs. 1 Nr. 1 bis 3 der Zivilprozeßordnung bezeichneten Angehörigen der Gefahr strafrechtlicher Verfolgung oder eines Verfahrens nach dem Gesetz über Ordnungswidrigkeiten aussetzen würde.
(3) Soweit es zur Durchführung der Überprüfung erforderlich ist, sind die von der Agentur für Arbeit beauftragten Personen befugt, Geschäftsräume der betreffenden Person während der üblichen Geschäftszeiten zu betreten. Die Person hat Maßnahmen nach Satz 1 zu dulden.
(4) Untersagt die Agentur für Arbeit die Ausübung der Berufsberatung, so hat es die weitere Ausübung dieser Tätigkeit nach den Vorschriften des Verwaltungs-Vollstreckungsgesetzes zu verhindern.

§ 289 Offenbarungspflicht
Der Berufsberater, der die Interessen eines Arbeitgebers oder einer Einrichtung wahrnimmt, ist verpflichtet, dem Ratsuchenden deren Identität mitzuteilen; er hat darauf hinzuweisen, daß sich die Interessenwahrnehmung auf die Beratungstätigkeit auswirken kann. Die Pflicht zur Offenbarung besteht auch, wenn der Berufsberater zu einer Einrichtung Verbindungen unterhält, deren Kenntnis für die Ratsuchenden zur Beurteilung einer Beratung von Bedeutung sein kann.

§ 290 Vergütungen
Für eine Berufsberatung dürfen Vergütungen vom Ratsuchenden nur dann verlangt oder entgegengenommen werden, wenn der Berufsberater nicht zugleich eine Vermittlung von Ausbildungs- oder Arbeitsplätzen betreibt oder

eine entsprechende Vermittlung in damit zusammenhängenden Geschäftsräumen betrieben wird. Entgegen Satz 1 geschlossene Vereinbarungen sind unwirksam.

Zweiter Titel: Ausbildungsvermittlung und Arbeitsvermittlung

§ 291 (aufgehoben)

§ 292 Auslandsvermittlung, Anwerbung aus dem Ausland
Das Bundesministerium für Arbeit und Soziales kann durch Rechtsverordnung bestimmen, dass die Vermittlung für eine Beschäftigung im Ausland außerhalb der Europäischen Gemeinschaft oder eines anderen Vertragsstaates des Abkommens über den Europäischen Wirtschaftsraum sowie die Vermittlung und die Anwerbung aus diesem Ausland für eine Beschäftigung im Inland (Auslandsvermittlung) für bestimmte Berufe und Tätigkeiten nur von der Bundesagentur durchgeführt werden dürfen.

§§ 293 bis 295 (aufgehoben)

§ 296 Vermittlungsvertrag zwischen einem Vermittler und einem Arbeitssuchenden
(1) Ein Vertrag, nach dem sich ein Vermittler verpflichtet, einem Arbeitsuchenden eine Arbeitsstelle zu vermitteln, bedarf der schriftlichen Form. In dem Vertrag ist insbesondere die Vergütung des Vermittlers anzugeben. Zu den Leistungen der Vermittlung gehören auch alle Leistungen, die zur Vorbereitung und Durchführung der Vermittlung erforderlich sind, insbesondere die Feststellung der Kenntnisse des Arbeitsuchenden sowie die mit der Vermittlung verbundene Berufsberatung. Der Vermittler hat dem Arbeitsuchenden den Vertragsinhalt in Textform mitzuteilen.
(2) Der Arbeitsuchende ist zur Zahlung der Vergütung nach Absatz 3 nur verpflichtet, wenn infolge der Vermittlung des Vermittlers der Arbeitsvertrag zustande gekommen ist. Der Vermittler darf keine Vorschüsse auf die Vergütungen verlangen oder entgegennehmen.
(3) Die Vergütung einschließlich der darauf entfallenden gesetzlichen Umsatzsteuer darf den in § 421g Abs. 2 Satz 1 genannten Betrag nicht übersteigen, soweit nicht ein gültiger Vermittlungsgutschein in einer abweichenden Höhe nach § 421g Abs. 2 Satz 2 vorgelegt wird oder durch eine Rechtsverordnung nach § 301 für bestimmte Berufe oder Personengruppen etwas anderes bestimmt ist. Bei der Vermittlung von Personen in Au-pair-Verhältnisse darf die Vergütung 150 Euro nicht übersteigen.
(4) Ein Arbeitssuchender, der dem Vermittler einen Vermittlungsgutschein vorlegt, kann die Vergütung abweichend von § 266 des Bürgerlichen Gesetzbuchs in Teilbeträgen zahlen. Die Vergütung ist nach Vorlage des Vermittlungsgutscheins bis zu dem Zeitpunkt gestundet, in dem die Agentur für Arbeit nach Maßgabe von § 421g gezahlt hat.

§ 296a Vergütungen bei Ausbildungsvermittlung

Für die Leistungen zur Ausbildungsvermittlung dürfen nur vom Arbeitgeber Vergütungen verlangt oder entgegengenommen werden. Zu den Leistungen zur Ausbildungsvermittlung gehören auch alle Leistungen, die zur Vorbereitung und Durchführung der Vermittlung erforderlich sind, insbesondere die Feststellung der Kenntnisse des Ausbildungsuchenden sowie die mit der Ausbildungsvermittlung verbundene Berufsberatung.

§ 297 Unwirksamkeit von Vereinbarungen

Unwirksam sind

1. Vereinbarungen zwischen einem Vermittler und einem Arbeitssuchenden über die Zahlung der Vergütung, wenn deren Höhe die nach § 296 Abs. 3 zulässige Höchstgrenze überschreitet, wenn Vergütungen für Leistungen verlangt oder entgegengenommen werden, die nach § 296 Abs. 1 Satz 3 zu den Leistungen der Vermittlung gehören oder wenn die erforderliche Schriftform nicht eingehalten wird und

2. Vereinbarungen zwischen einem Vermittler und einem Ausbildungsuchenden über die Zahlung einer Vergütung,

3. Vereinbarungen zwischen einem Vermittler und einem Arbeitgeber, wenn der Vermittler eine Vergütung mit einem Ausbildungsuchenden vereinbart oder von diesem entgegennimmt, obwohl dies nicht zulässig ist, und

4. Vereinbarungen, die sicherstellen sollen, dass ein Arbeitgeber oder ein Ausbildungsuchender oder Arbeitsuchender sich ausschließlich eines bestimmten Vermittlers bedient.

§ 298 Behandlung von Daten

(1) Vermittler dürfen Daten über zu besetzende Ausbildungs- und Arbeitsplätze und über Ausbildungsuchende und Arbeitnehmer nur erheben, verarbeiten und nutzen, soweit dies für die Verrichtung ihrer Vermittlungtätigkeit erforderlich ist. Sind diese Daten personenbezogen oder Geschäfts- oder Betriebsgeheimnisse, dürfen sie nur erhoben, verarbeitet oder genutzt werden, soweit der Betroffene im Einzelfall nach Maßgabe des § 4a des Bundesdatenschutzgesetzes eingewilligt hat. Übermittelt der Vermittler diese Daten im Rahmen seiner Vermittlungtätigkeit einer weiteren Person oder Einrichtung, darf diese sie nur zu dem Zweck verarbeiten oder nutzen, zu dem sie ihr befugt übermittelt worden sind.

(2) Vom Betroffenen zur Verfügung gestellte Unterlagen sind unmittelbar nach Abschluss der Vermittlungtätigkeit zurückzugeben. Die übrigen Geschäftsunterlagen des Vermittlers sind nach Abschluss der Vermittlungtätigkeit drei Jahre aufzubewahren. Die Verwendung der Geschäftsunterlagen ist zur Kontrolle des Vermittlers durch die zuständigen Behörden sowie zur Wahrnehmung berechtigter Interessen des Vermittlers zulässig. Personenbezogene Daten sind nach Ablauf der Aufbewahrungspflicht zu löschen. Der Betroffene kann nach Abschluss der Vermittlungtätigkeit Abweichungen von den Sätzen 1, 3 und 4 gestatten; die Gestattung bedarf der Schriftform.

§§ 299 bis 300 (aufgehoben)

Dritter Titel: Verordnungsermächtigung

§ 301 Verordnungsermächtigung
(1) Das Bundesministerium für Arbeit und Soziales wird ermächtigt, durch Rechtsverordnung zu bestimmen, dass für bestimmte Berufe oder Personengruppen Vergütungen vereinbart werden dürfen, die sich nach dem dem Arbeitnehmer zustehenden Arbeitsentgelt bemessen.

§§ 302 bis 303 (aufgehoben)

Dritter Abschnitt: (aufgehoben)

§§ 304 bis 308 (aufgehoben)

Achtes Kapitel: Pflichten

Erster Abschnitt Pflichten im Leistungsverfahren

Erster Unterabschnitt: Meldepflichten

§ 309 Allgemeine Meldepflicht
(1) Der Arbeitslose hat sich während der Zeit, für die er Anspruch auf Arbeitslosengeld erhebt, bei der Agentur für Arbeit oder einer sonstigen Dienststelle der Bundesagentur persönlich zu melden oder zu einem ärztlichen oder psychologischen Untersuchungstermin zu erscheinen, wenn die Agentur für Arbeit ihn dazu auffordert (allgemeine Meldepflicht). Der Arbeitslose hat sich bei der in der Aufforderung zur Meldung bezeichneten Stelle zu melden. Die allgemeine Meldepflicht besteht auch in Zeiten, in denen der Anspruch auf Arbeitslosengeld ruht.
(2) Die Aufforderung zur Meldung kann zum Zwecke der
1.   Berufsberatung,
2.   Vermittlung in Ausbildung oder Arbeit,
3.   Vorbereitung aktiver Arbeitsförderungsleistungen,
4.   Vorbereitung von Entscheidungen im Leistungsverfahren und
5.   Prüfung des Vorliegens der Voraussetzungen für den Leistungsanspruch
erfolgen.
(3) Der Arbeitslose hat sich zu der von der Agentur für Arbeit bestimmten Zeit zu melden. Ist diese nach Tag und Tageszeit bestimmt, so ist er seiner allgemeinen Meldepflicht auch dann nachgekommen, wenn er sich zu einer anderen Zeit am selben Tag meldet und der Zweck der Meldung erreicht wird. Ist der Meldepflichtige am Meldetermin arbeitsunfähig, so wirkt die Meldeaufforderung auf den ersten Tag der Arbeitsfähigkeit fort, wenn die Agentur für Arbeit dies in der Meldeaufforderung bestimmt.

(4) Die notwendigen Reisekosten, die dem Arbeitslosen und der erforderlichen Begleitperson aus Anlaß der Meldung entstehen, können auf Antrag übernommen werden, soweit sie nicht bereits nach anderen Vorschriften oder auf Grund anderer Vorschriften dieses Buches übernommen werden können.

§ 310 Meldepflicht bei Wechsel der Zuständigkeit
Wird für den Arbeitslosen nach der Arbeitslosmeldung eine andere Agentur für Arbeit zuständig, hat er sich bei der nunmehr zuständigen Agentur für Arbeit unverzüglich zu melden.

Zweiter Unterabschnitt: Anzeige- und Bescheinigungspflichten

§ 311 Anzeige- und Bescheinigungspflicht bei Arbeitsunfähigkeit
Wer Arbeitslosengeld oder Übergangsgeld beantragt hat oder bezieht, ist verpflichtet, der Agentur für Arbeit
1. eine eingetretene Arbeitsunfähigkeit und deren voraussichtliche Dauer unverzüglich anzuzeigen und
2. spätestens vor Ablauf des dritten Kalendertages nach Eintritt der Arbeitsunfähigkeit eine ärztliche Bescheinigung über die Arbeitsunfähigkeit und deren voraussichtliche Dauer vorzulegen.

Die Agentur für Arbeit ist berechtigt, die Vorlage der ärztlichen Bescheinigung früher zu verlangen. Dauert die Arbeitsunfähigkeit länger als in der Bescheinigung angegeben, so ist der Agentur für Arbeit eine neue ärztliche Bescheinigung vorzulegen. Die Bescheinigungen müssen einen Vermerk des behandelnden Arztes darüber enthalten, daß dem Träger der Krankenversicherung unverzüglich eine Bescheinigung über die Arbeitsunfähigkeit mit Angaben über den Befund und die voraussichtliche Dauer der Arbeitsunfähigkeit übersandt wird.

§ 312 Arbeitsbescheinigung
(1) Bei Beendigung eines Beschäftigungsverhältnisses hat der Arbeitgeber alle Tatsachen zu bescheinigen, die für die Entscheidung über den Anspruch auf Arbeitslosengeld oder Übergangsgeld erheblich sein können (Arbeitsbescheinigung); dabei hat er den von der Bundesagentur hierfür vorgesehenen Vordruck zu benutzen. In der Arbeitsbescheinigung sind insbesondere
1. die Art der Tätigkeit des Arbeitnehmers,
2. Beginn, Ende, Unterbrechungen und Grund für die Beendigung des Beschäftigungsverhältnisses und
3. das Arbeitsentgelt und die sonstigen Geldleistungen, die der Arbeitnehmer erhalten oder zu beanspruchen hat,

anzugeben. Die Arbeitsbescheinigung ist dem Arbeitnehmer vom Arbeitgeber bei Beendigung des Beschäftigungsverhältnisses auszuhändigen.
(2) Macht der Arbeitgeber geltend, die Arbeitslosigkeit sei die Folge eines Arbeitskampfes, so hat er dies darzulegen, glaubhaft zu machen und eine Stellungnahme der Betriebsvertretung beizufügen. Der Arbeitgeber hat der

Betriebsvertretung die für die Stellungnahme erforderlichen Angaben zu machen.

(3) Für Zwischenmeister und andere Auftraggeber von Heimarbeitern sowie für Leistungsträger und Unternehmen, die Beiträge nach diesem Buch für Bezieher von Sozialleistungen oder Krankentagegeld zu entrichten haben, gelten die Absätze 1 und 2 entsprechend.

(4) Nach Beendigung des Vollzuges einer Untersuchungshaft, Freiheitsstrafe, Jugendstrafe oder freiheitsentziehenden Maßregel der Besserung und Sicherung oder einer einstweiligen Unterbringung nach § 126a der Strafprozeßordnung hat die Vollzugsanstalt dem Entlassenen eine Bescheinigung über die Zeiten auszustellen, in denen er innerhalb der letzten sieben Jahre vor der Entlassung als Gefangener versicherungspflichtig war.

§ 313 Nebeneinkommensbescheinigung

(1) Wer jemanden, der Berufsausbildungsbeihilfe, Ausbildungsgeld, Arbeitslosengeld oder Übergangsgeld (laufende Geldleistungen) beantragt hat oder bezieht, gegen Arbeitsentgelt beschäftigt oder gegen Vergütung eine selbständige Tätigkeit überträgt, ist verpflichtet, diesem unverzüglich Art und Dauer der Beschäftigung oder der selbständigen Tätigkeit sowie die Höhe des Arbeitsentgelts oder der Vergütung für die Zeiten zu bescheinigen, für die diese Leistung beantragt worden ist oder bezogen wird. Er hat dabei den von der Bundesagentur vorgesehenen Vordruck zu benutzen. Die Bescheinigung über das Nebeneinkommen ist dem Bezieher der Leistung vom Dienstberechtigten oder Besteller unverzüglich auszuhändigen.

(2) Wer eine laufende Geldleistung beantragt hat oder bezieht und Dienstoder Werkleistungen gegen Vergütung erbringt, ist verpflichtet, dem Dienstberechtigten oder Besteller den für die Bescheinigung des Arbeitsentgelts oder der Vergütung vorgeschriebenen Vordruck unverzüglich vorzulegen.

(3) Die Absätze 1 und 2 gelten für Personen, die Kurzarbeitergeld beziehen oder für die Kurzarbeitergeld beantragt worden ist, entsprechend.

§ 314 Insolvenzgeldbescheinigung

(1) Der Insolvenzverwalter hat auf Verlangen der Agentur für Arbeit für jeden Arbeitnehmer, für den ein Anspruch auf Insolvenzgeld in Betracht kommt, die Höhe des Arbeitsentgelts für die letzten der Eröffnung des Insolvenzverfahrens vorausgehenden drei Monate des Arbeitsverhältnisses sowie die Höhe der gesetzlichen Abzüge und der zur Erfüllung der Ansprüche auf Arbeitsentgelt erbrachten Leistungen zu bescheinigen. Das Gleiche gilt hinsichtlich der Höhe von Entgeltteilen, die gemäß § 1 Abs. 2 Nr. 3 des Betriebsrentengesetzes umgewandelt und vom Arbeitgeber nicht an den Versorgungsträger abgeführt worden sind. Dabei ist anzugeben, welcher Durchführungsweg und welcher Versorgungsträger für die betriebliche Altersversorgung gewählt worden ist. Er hat auch zu bescheinigen, inwieweit die Ansprüche auf Arbeitsentgelt gepfändet, verpfändet oder abgetreten sind. Dabei hat er den von der Bundesagentur vorgesehenen Vordruck zu benutzen. Wird die Insolvenzgeldbeschei-

nigung durch den Insolvenzverwalter nach § 36a des Ersten Buches übermittelt, sind zusätzlich die Anschrift und die Daten des Überweisungsweges mitzuteilen.

(2) In den Fällen, in denen ein Insolvenzverfahren nicht eröffnet wird oder nach § 207 der Insolvenzordnung eingestellt worden ist, sind die Pflichten des Insolvenzverwalters vom Arbeitgeber zu erfüllen.

Dritter Unterabschnitt: Auskunftspflichten

§ 315 Allgemeine Auskunftspflicht Dritter

(1) Wer jemandem, der eine laufende Geldleistung beantragt hat oder bezieht, Leistungen erbringt, die geeignet sind, die laufende Geldleistung auszuschließen oder zu mindern, hat der Agentur für Arbeit auf Verlangen hierüber Auskunft zu erteilen, soweit es zur Durchführung der Aufgaben nach diesem Buch erforderlich ist.

(2) Wer jemandem, der eine laufende Geldleistung beantragt hat oder bezieht, zu Leistungen verpflichtet ist, die geeignet sind, die laufende Geldleistung auszuschließen oder zu mindern, oder für ihn Guthaben führt oder Vermögensgegenstände verwahrt, hat der Agentur für Arbeit auf Verlangen hierüber sowie über dessen Einkommen oder Vermögen Auskunft zu erteilen, soweit es zur Durchführung der Aufgaben nach diesem Buch erforderlich ist. § 21 Abs. 3 Satz 4 des Zehnten Buches gilt entsprechend. Für die Feststellung einer Unterhaltsverpflichtung ist § 1605 Abs. 1 des Bürgerlichen Gesetzbuchs anzuwenden.

(3) Wer jemanden, der

1.   eine laufende Geldleistung beantragt hat oder bezieht, oder dessen Ehegatten oder Lebenspartner oder

2.   nach Absatz 2 zur Auskunft verpflichtet ist,

beschäftigt, hat der Agentur für Arbeit auf Verlangen über die Beschäftigung, insbesondere über das Arbeitsentgelt, Auskunft zu erteilen, soweit es zur Durchführung der Aufgaben nach diesem Buch erforderlich ist.

(4) Die Absätze 1 bis 3 gelten entsprechend, wenn jemand anstelle einer laufenden Geldleistung Kurzarbeitergeld bezieht oder für ihn Kurzarbeitergeld beantragt worden ist.

(5) Sind im Rahmen einer Bedürftigkeitsprüfung Einkommen oder Vermögen des Ehegatten, des Lebenspartners oder des Partners einer eheähnlichen Gemeinschaft zu berücksichtigen, haben

1.   dieser Ehegatte, Lebenspartner oder Partner,

2.   Dritte, die für diesen Ehegatten, Lebenspartner oder Partner Guthaben führen oder Vermögensgegenstände verwahren,

der Agentur für Arbeit auf Verlangen hierüber Auskunft zu erteilen, soweit es zur Durchführung dieses Buches erforderlich ist. § 21 Abs. 3 Satz 4 des Zehnten Buches gilt entsprechend.

§ 316 Auskunftspflicht bei Leistung von Insolvenzgeld

(1) Der Arbeitgeber, der Insolvenzverwalter, die Arbeitnehmer sowie sonstige Personen, die Einblick in die Arbeitsentgeltunterlagen hatten, sind verpflichtet, der Agentur für Arbeit auf Verlangen alle Auskünfte zu erteilen, die für die Durchführung der §§ 183 bis 189, 208, 320 Abs. 2, § 327 Abs. 3 erforderlich sind.

(2) Der Arbeitgeber und die Arbeitnehmer sowie sonstige Personen, die Einblick in die Arbeitsentgeltunterlagen hatten, sind verpflichtet, dem Insolvenzverwalter auf Verlangen alle Auskünfte zu erteilen, die er für die Insolvenzgeldbescheinigung nach § 314 benötigt.

§ 317 Auskunftspflicht für Arbeitnehmer bei Feststellung von Leistungsansprüchen

Ein Arbeitnehmer, der Kurzarbeitergeld oder Wintergeld bezieht oder für den diese Leistungen beantragt worden sind, hat dem zur Errechnung und Auszahlung der Leistungen Verpflichteten auf Verlangen die erforderlichen Auskünfte zu erteilen.

§ 318 Auskunftspflicht bei Maßnahmen der beruflichen Aus- oder Weiterbildung, Leistungen zur Teilhabe am Arbeitsleben, ~~der Eignungsfeststellung und Teilnahme an Trainingsmaßnahmen~~ *zur Aktivierung und beruflichen Eingliederung*

(1) Arbeitgeber und Träger, bei denen eine Maßnahme der beruflichen Aus- und Weiterbildung, eine Leistung zur Teilhabe am Arbeitsleben oder eine Maßnahme nach § ~~48~~ *46* durchgeführt wurde oder wird, haben der Agentur für Arbeit unverzüglich Auskünfte über Tatsachen zu erteilen, die Aufschluss darüber geben, ob und inwieweit Leistungen zu Recht erbracht worden sind oder werden. Sie haben Änderungen, die für die Leistungen erheblich sind, unverzüglich der Agentur für Arbeit mitzuteilen.

(2) Personen, die bei Teilnahme an Maßnahmen der beruflichen Aus- oder Weiterbildung oder einer Maßnahme nach § ~~48~~ *46* gefördert werden oder gefördert worden sind, sind verpflichtet,

1. der Agentur für Arbeit oder dem Träger der Maßnahme auf Verlangen Auskunft über den Eingliederungserfolg der Maßnahme sowie alle weiteren Auskünfte zu erteilen, die zur Qualitätsprüfung nach § 86 benötigt werden, und

2. eine Beurteilung ihrer Leistung und ihres Verhaltens durch den Träger zuzulassen.

Träger sind verpflichtet,

1. ihre Beurteilungen des Teilnehmers unverzüglich der Agentur für Arbeit zu übermitteln,

2. der für den einzelnen Teilnehmer zuständigen Agentur für Arbeit kalendermonatlich die Fehltage des Teilnehmers sowie die Gründe für die Fehltage mitzuteilen; dabei haben sie den von der Bundesagentur vorgesehenen Vordruck zu benutzen.

§ 319 Mitwirkungs- und Duldungspflichten

(1) Wer eine Leistung der Arbeitsförderung beantragt, bezogen hat oder bezieht oder wer jemanden, bei dem dies der Fall ist oder für den eine Leistung beantragt wurde, beschäftigt oder mit Arbeiten beauftragt, hat der Bundesagentur, soweit dies zur Durchführung der Aufgaben nach diesem Buch erforderlich ist, Einsicht in Lohn-, Meldeunterlagen, Bücher und andere Geschäftsunterlagen und Aufzeichnungen und während der Geschäftszeit Zutritt zu seinen Grundstücken und Geschäftsräumen zu gewähren. Werden die Unterlagen nach Satz 1 bei einem Dritten verwahrt, ist die Bundesagentur zur Durchführung der Aufgaben nach diesem Buch berechtigt, auch dessen Grundstücke und Geschäftsräume während der Geschäftszeit zu betreten und Einsicht in diese Unterlagen zu nehmen.

(2) In automatisierten Dateien gespeicherte Daten hat der Arbeitgeber auf Verlangen und auf Kosten der Agenturen für Arbeit auszusondern und auf maschinenverwertbaren Datenträgern oder in Listen zur Verfügung zu stellen. Der Arbeitgeber darf maschinenverwertbare Datenträger oder Datenlisten, die die erforderlichen Daten enthalten, ungesondert zur Verfügung stellen, wenn die Aussonderung mit einem unverhältnismäßigen Aufwand verbunden wäre und überwiegende schutzwürdige Interessen des Betroffenen nicht entgegenstehen. In diesem Fall haben die Agenturen für Arbeit die erforderlichen Daten auszusondern. Die übrigen Daten dürfen darüber hinaus nicht verarbeitet und genutzt werden. Sind die zur Verfügung gestellten Datenträger oder Datenlisten zur Durchführung der Aufgaben nach diesem Buch nicht mehr erforderlich, sind sie unverzüglich zu vernichten oder auf Verlangen des Arbeitgebers zurückzugeben.

Vierter Unterabschnitt: Sonstige Pflichten

§ 320 Berechnungs-, Auszahlungs-, Aufzeichnungs- und Anzeigepflichten

(1) Der Arbeitgeber hat der Agentur für Arbeit auf Verlangen die Voraussetzungen für die Erbringung von Kurzarbeitergeld und Wintergeld nachzuweisen. Er hat diese Leistungen kostenlos zu errechnen und auszuzahlen. Dabei hat er beim Kurzarbeitergeld von den Eintragungen auf der Lohnsteuerkarte in dem maßgeblichen Antragszeitraum auszugehen; auf Grund einer Bescheinigung der für den Arbeitnehmer zuständigen Agentur für Arbeit hat er den erhöhten Leistungssatz auch anzuwenden, wenn ein Kind auf der Lohnsteuerkarte des Arbeitnehmers nicht bescheinigt ist.

(2) Der Insolvenzverwalter hat auf Verlangen der Agentur für Arbeit das Insolvenzgeld zu errechnen und auszuzahlen, wenn ihm dafür geeignete Arbeitnehmer des Betriebes zur Verfügung stehen und die Agentur für Arbeit die Mittel für die Auszahlung des Insolvenzgeldes bereitstellt. Für die Abrechnung hat er den von der Bundesagentur vorgesehenen Vordruck zu benutzen. Kosten werden nicht erstattet.

(3) Arbeitgeber, in deren Betrieben Wintergeld geleistet wird, haben für jeden Arbeitstag während der Dauer der beantragten Förderung Aufzeichnungen über die im Betrieb oder auf der Baustelle geleisteten sowie die ausgefallenen

Arbeitsstunden zu führen. Arbeitgeber, in deren Betrieben Saison-Kurzarbeitergeld geleistet wird, haben diese Aufzeichnungen für jeden Arbeitstag während der Schlechtwetterzeit zu führen. Die Aufzeichnungen nach Satz 1 und 2 sind vier Jahre aufzubewahren.

(4) Arbeitgeber, in deren Betrieben Kurzarbeitergeld geleistet wird, haben der Agentur für Arbeit jeweils zum Quartalsende Auskünfte über Betriebsart, Beschäftigtenzahl, Zahl der Kurzarbeiter, Ausfall der Arbeitszeit und bisherige Dauer, Unterbrechung oder Beendigung der Kurzarbeit für die jeweiligen Kalendermonate des Quartals zu erteilen. Arbeitgeber, in deren Betrieben Saison-Kurzarbeitergeld geleistet wird, haben die Auskünfte nach Satz 1 bis zum 15. des Monats zu erteilen, der dem Monat folgt, in dem die Tage liegen, für die Saison-Kurzarbeitergeld ausgezahlt wird.

(4a) Der Arbeitgeber hat der Agentur für Arbeit die Voraussetzungen für die Erbringung von Leistungen zur Förderung der Teilnahme an Transfermaßnahmen nachzuweisen. Auf Anforderung der Agentur für Arbeit hat der Arbeitgeber das Ergebnis von Maßnahmen zur Feststellung der Eingliederungsaussichten mitzuteilen.

(5) Arbeitgeber, in deren Betrieben ein Arbeitskampf stattfindet, haben bei dessen Ausbruch und Beendigung der Agentur für Arbeit unverzüglich Anzeige zu erstatten. Die Anzeige bei Ausbruch des Arbeitskampfes muß Name und Anschrift des Betriebes, Datum des Beginns der Arbeitseinstellung und Zahl der betroffenen Arbeitnehmer enthalten. Die Anzeige bei Beendigung des Arbeitskampfes muß außer Name und Anschrift des Betriebes, Datum der Beendigung der Arbeitseinstellung, Zahl der an den einzelnen Tagen betroffenen Arbeitnehmer und Zahl der durch Arbeitseinstellung ausgefallenen Arbeitstage enthalten.

Zweiter Abschnitt: Schadensersatz bei Pflichtverletzungen

§ 321 Schadensersatz

Wer vorsätzlich oder fahrlässig

1. eine Arbeitsbescheinigung nach § 312, eine Nebeneinkommensbescheinigung nach § 313 oder eine Insolvenzgeldbescheinigung nach § 314 nicht, nicht richtig oder nicht vollständig ausfüllt,

2. eine Auskunft auf Grund der allgemeinen Auskunftspflicht Dritter nach § 315, der Auskunftspflicht bei beruflicher Aus- und Weiterbildung und bei einer Leistung zur Teilhabe am Arbeitsleben nach § 318 oder der Auskunftspflicht bei Leistung von Insolvenzgeld nach § 316 nicht, nicht richtig oder nicht vollständig erteilt,

3. als Arbeitgeber seine Berechnungs-, Auszahlungs-, Aufzeichnungs- und Mitteilungspflichten bei Kurzarbeitergeld, Wintergeld und Leistungen zur Förderung von Transfermaßnahmen nach § 320 Abs. 1 Satz 2 und 3, Abs. 3 und 4a nicht erfüllt,

4. als Insolvenzverwalter die Verpflichtung zur Errechnung und Auszahlung des Insolvenzgeldes nach § 320 Abs. 2 Satz 1 nicht erfüllt,

ist der Bundesagentur zum Ersatz des daraus entstandenen Schadens verpflichtet.

Dritter Abschnitt: Verordnungsermächtigung und Anordnungsermächtigung

§ 321a Verordnungsermächtigung

Das Bundesministerium für Arbeit und Soziales wird ermächtigt, durch Rechtsverordnung mit Zustimmung des Bundesrates das Nähere über Art und Umfang der Pflichten nach dem Zweiten bis Vierten Unterabschnitt des Ersten Abschnitts sowie dem Zweiten Abschnitt dieses Kapitels einschließlich des zu beachtenden Verfahrens und der einzuhaltenden Fristen zu bestimmen.

§ 322 Anordnungsermächtigung

Die Bundesagentur wird ermächtigt, durch Anordnung Näheres über die Meldepflicht des Arbeitslosen zu bestimmen. Sie kann auch bestimmen, inwieweit Einrichtungen außerhalb der Bundesagentur auf ihren Antrag zur Entgegennahme der Meldung zuzulassen sind.

Neuntes Kapitel: Gemeinsame Vorschriften für Leistungen

Erster Abschnitt: Antrag und Fristen

§ 323 Antragserfordernis

(1) Leistungen der Arbeitsförderung werden auf Antrag erbracht. Arbeitslosengeld gilt mit der persönlichen Arbeitslosmeldung als beantragt, wenn der Arbeitslose keine andere Erklärung abgibt. Leistungen der aktiven Arbeitsförderung können auch von Amts wegen erbracht werden, wenn die Berechtigten zustimmen. Die Zustimmung gilt insoweit als Antrag.

(2) Kurzarbeitergeld, Leistungen zur Förderung der Teilnahme an Transfermaßnahmen und ergänzende Leistungen nach § 175a sind vom Arbeitgeber schriftlich unter Beifügung einer Stellungnahme der Betriebsvertretung zu beantragen. Der Antrag kann auch von der Betriebsvertretung gestellt werden. Mit einem Antrag auf Saison-Kurzarbeitergeld oder ergänzende Leistungen nach § 175a sind die Namen, Anschriften und Sozialversicherungsnummern der Arbeitnehmer mitzuteilen, für die die Leistung beantragt wird. Saison-Kurzarbeitergeld oder ergänzende Leistungen nach § 175a sollen bis zum 15. des Monats beantragt werden, der dem Monat folgt, in dem die Tage liegen, für die die Leistungen beantragt werden.

§ 324 Antrag vor Leistung

(1) Leistungen der Arbeitsförderung werden nur erbracht, wenn sie vor Eintritt des leistungsbegründenden Ereignisses beantragt worden sind. Zur Vermeidung unbilliger Härten kann die Agentur für Arbeit eine verspätete Antragstellung zulassen.

2) Berufsausbildungsbeihilfe, Ausbildungsgeld und Arbeitslosengeld können auch nachträglich beantragt werden. Kurzarbeitergeld und ergänzende Leistungen nach § 175a sind nachträglich zu beantragen.

(3) Insolvenzgeld ist abweichend von Absatz 1 Satz 1 innerhalb einer Ausschlußfrist von zwei Monaten nach dem Insolvenzereignis zu beantragen. Hat der Arbeitnehmer die Frist aus Gründen versäumt, die er nicht zu vertreten hat, so wird Insolvenzgeld geleistet, wenn der Antrag innerhalb von zwei Monaten nach Wegfall des Hinderungsgrundes gestellt wird. Der Arbeitnehmer hat die Versäumung der Frist zu vertreten, wenn er sich nicht mit der erforderlichen Sorgfalt um die Durchsetzung seiner Ansprüche bemüht hat.

§ 325 Wirkung des Antrages

(1) Berufsausbildungsbeihilfe und Ausbildungsgeld werden rückwirkend längstens vom Beginn des Monats an geleistet, in dem die Leistungen beantragt worden sind.

(2) Arbeitslosengeld wird nicht rückwirkend geleistet. Ist die zuständige Agentur für Arbeit an einem Tag, an dem der Arbeitslose Arbeitslosengeld beantragen will, nicht dienstbereit, so wirkt ein Antrag auf Arbeitslosengeld in gleicher Weise wie eine persönliche Arbeitslosmeldung zurück.

(3) Kurzarbeitergeld und ergänzende Leistungen nach § 175a sind für den jeweiligen Kalendermonat innerhalb einer Ausschlussfrist von drei Kalendermonaten zu beantragen; die Frist beginnt mit Ablauf des Monats, in dem die Tage liegen, für die die Leistungen beantragt werden.

(4) (aufgehoben)

(5) Leistungen zur Förderung der Teilnahme an Transfermaßnahmen sind innerhalb einer Ausschlussfrist von drei Monaten nach Ende der Maßnahme zu beantragen.

§ 326 Ausschlußfrist für Gesamtabrechnung

(1) Für Leistungen an Träger hat der Träger der Maßnahme der Agentur für Arbeit innerhalb einer Ausschlußfrist von sechs Monaten die Unterlagen vorzulegen, die für eine abschließende Entscheidung über den Umfang der zu erbringenden Leistungen erforderlich sind (Gesamtabrechnung). Die Frist beginnt mit Ablauf des Kalendermonats, in dem die Maßnahme beendet worden ist.

(2) Erfolgt die Gesamtabrechnung nicht rechtzeitig, sind die erbrachten Leistungen von dem Träger in dem Umfang zu erstatten, in dem die Voraussetzungen für die Leistungen nicht nachgewiesen worden sind.

Zweiter Abschnitt: Zuständigkeit

§ 327 Grundsatz

(1) Für Leistungen an Arbeitnehmer, mit Ausnahme des Kurzarbeitergeldes, des Wintergeldes, des Insolvenzgeldes und der Leistungen zur Förderung der Teilnahme an Transfermaßnahmen, ist die Agentur für Arbeit zuständig, in deren Bezirk der Arbeitnehmer bei Eintritt der leistungsbegründenden Tatbe-

stände seinen Wohnsitz hat. Solange der Arbeitnehmer sich nicht an seinem Wohnsitz aufhält, ist die Agentur für Arbeit zuständig, in deren Bezirk der Arbeitnehmer bei Eintritt der leistungsbegründenden Tatbestände seinen gewöhnlichen Aufenthalt hat.

(2) Auf Antrag des Arbeitslosen hat die Agentur für Arbeit eine andere Agentur für Arbeit für zuständig zu erklären, wenn nach der Arbeitsmarktlage keine Bedenken entgegenstehen oder die Ablehnung für den Arbeitslosen eine unbillige Härte bedeuten würde.

(3) Für Kurzarbeitergeld, ergänzende Leistungen nach § 175a und Insolvenzgeld ist die Agentur für Arbeit zuständig, in deren Bezirk die für den Arbeitgeber zuständige Lohnabrechnungsstelle liegt. Für Insolvenzgeld ist, wenn der Arbeitgeber im Inland keine Lohnabrechnungsstelle hat, die Agentur für Arbeit zuständig, in deren Bezirk das Insolvenzgericht seinen Sitz hat. Für Leistungen zur Förderung der Teilnahme an Transfermaßnahmen ist die Agentur für Arbeit zuständig, in deren Bezirk der Betrieb des Arbeitgebers liegt.

(4) Für Leistungen an Arbeitgeber, mit Ausnahme der Erstattung von Beiträgen zur Sozialversicherung für Bezieher von Saison-Kurzarbeitergeld, ist die Agentur für Arbeit zuständig, in deren Bezirk der Betrieb des Arbeitgebers liegt.

(5) Für Leistungen an Träger ist die Agentur für Arbeit zuständig, in deren Bezirk das Projekt oder die Maßnahme durchgeführt wird.

(6) Die Bundesagentur kann die Zuständigkeit abweichend von den Absätzen 1 bis 5 auf andere Dienststellen übertragen.

Dritter Abschnitt: Leistungsverfahren in Sonderfällen

§ 328 Vorläufige Entscheidung

(1) Über die Erbringung von Geldleistungen kann vorläufig entschieden werden, wenn

1. die Vereinbarkeit einer Vorschrift dieses Buches, von der die Entscheidung über den Antrag abhängt, mit höherrangigem Recht Gegenstand eines Verfahrens bei dem Bundesverfassungsgericht oder dem Gerichtshof der Europäischen Gemeinschaften ist,

2. eine entscheidungserhebliche Rechtsfrage von grundsätzlicher Bedeutung Gegenstand eines Verfahrens beim Bundessozialgericht ist oder

3. zur Feststellung der Voraussetzungen des Anspruchs eines Arbeitnehmers auf Geldleistungen voraussichtlich längere Zeit erforderlich ist, die Voraussetzungen für den Anspruch mit hinreichender Wahrscheinlichkeit vorliegen und der Arbeitnehmer die Umstände, die einer sofortigen abschließenden Entscheidung entgegenstehen, nicht zu vertreten hat.

Umfang und Grund der Vorläufigkeit sind anzugeben. In den Fällen des Satzes 1 Nr. 3 ist auf Antrag vorläufig zu entscheiden.

(2) Eine vorläufige Entscheidung ist nur auf Antrag des Berechtigten für endgültig zu erklären, wenn sie nicht aufzuheben oder zu ändern ist.

(3) Auf Grund der vorläufigen Entscheidung erbrachte Leistungen sind auf die zustehende Leistung anzurechnen. Soweit mit der abschließenden Entscheidung ein Leistungsanspruch nicht oder nur in geringerer Höhe zuerkannt wird, sind auf Grund der vorläufigen Entscheidung erbrachte Leistungen zu erstatten; auf Grund einer vorläufigen Entscheidung erbrachtes Kurzarbeitergeld und Wintergeld ist vom Arbeitgeber zurückzuzahlen.

(4) Absatz 1 Satz 1 Nr. 3 und Satz 2 und 3, Absatz 2 sowie Absatz 3 Satz 1 und 2 sind für die Erstattung von Arbeitgeberbeiträgen zur Sozialversicherung entsprechend anwendbar.

§ 329 Einkommensberechnung in besonderen Fällen

Die Agentur für Arbeit kann das zu berücksichtigende Einkommen nach Anhörung des Leistungsberechtigten schätzen, soweit Einkommen nur für kurze Zeit zu berücksichtigen ist.

§ 330 Sonderregelungen für die Aufhebung von Verwaltungsakten

(1) Liegen die in § 44 Abs. 1 Satz 1 des Zehnten Buches genannten Voraussetzungen für die Rücknahme eines rechtswidrigen nicht begünstigenden Verwaltungsaktes vor, weil er auf einer Rechtsnorm beruht, die nach Erlass des Verwaltungsaktes für nichtig oder für unvereinbar mit dem Grundgesetz erklärt oder in ständiger Rechtsprechung anders als durch die Agentur für Arbeit ausgelegt worden ist, so ist der Verwaltungsakt, wenn er unanfechtbar geworden ist, nur mit Wirkung für die Zeit nach der Entscheidung des Bundesverfassungsgerichts oder ab dem Bestehen der ständigen Rechtsprechung zurückzunehmen.

(2) Liegen die in § 45 Abs. 2 Satz 3 des Zehnten Buches genannten Voraussetzungen für die Rücknahme eines rechtswidrigen begünstigenden Verwaltungsaktes vor, ist dieser auch mit Wirkung für die Vergangenheit zurückzunehmen.

(3) Liegen die in § 48 Abs. 1 Satz 2 des Zehnten Buches genannten Voraussetzungen für die Aufhebung eines Verwaltungsaktes mit Dauerwirkung vor, ist dieser mit Wirkung vom Zeitpunkt der Änderung der Verhältnisse aufzuheben. Abweichend von § 48 Abs. 1 Satz 1 des Zehnten Buches ist mit Wirkung vom Zeitpunkt der Änderung der Verhältnisse an ein Verwaltungsakt auch aufzuheben, soweit sich das Bemessungsentgelt auf Grund einer Absenkung nach § 200 Abs. 3 zu Ungunsten des Betroffenen ändert.

(4) Liegen die Voraussetzungen für die Rücknahme eines Verwaltungsaktes vor, mit dem ein Anspruch auf Erstattung des Arbeitslosengeldes durch Arbeitgeber geltend gemacht wird, ist dieser mit Wirkung für die Vergangenheit zurückzunehmen.

(5) (aufgehoben)

§ 331 Vorläufige Zahlungseinstellung

(1) Die Agentur für Arbeit kann die Zahlung einer laufenden Leistung ohne Erteilung eines Bescheides vorläufig einstellen, wenn es Kenntnis von Tatsachen erhält, die kraft Gesetzes zum Ruhen oder zum Wegfall des Anspruchs

führen und wenn der Bescheid, aus dem sich der Anspruch ergibt, deshalb mit Wirkung für die Vergangenheit aufzuheben ist. Soweit die Kenntnis nicht auf Angaben desjenigen beruht, der die laufende Leistung erhält, sind ihm unverzüglich die vorläufige Einstellung der Leistung sowie die dafür maßgeblichen Gründe mitzuteilen, und es ist ihm Gelegenheit zu geben, sich zu äußern.

(2) Die Agentur für Arbeit hat eine vorläufig eingestellte laufende Leistung unverzüglich nachzuzahlen, soweit der Bescheid, aus dem sich der Anspruch ergibt, zwei Monate nach der vorläufigen Einstellung der Zahlung nicht mit Wirkung für die Vergangenheit aufgehoben ist.

§ 332 Übergang von Ansprüchen

(1) Die Agentur für Arbeit kann durch schriftliche Anzeige an den Leistungspflichtigen bewirken, daß Ansprüche eines Erstattungspflichtigen auf Leistungen zur Deckung des Lebensunterhalts, insbesondere auf

1. Renten der Sozialversicherung,
2. Renten nach dem Bundesversorgungsgesetz sowie Renten, die nach anderen Gesetzen in entsprechender Anwendung des Bundesversorgungsgesetzes gewährt werden,
3. Renten nach dem Gesetz zur Regelung der Rechtsverhältnisse der unter Artikel 131 des Grundgesetzes fallenden Personen,
4. Unterhaltsbeihilfe nach dem Gesetz über die Unterhaltsbeihilfe für Angehörige von Kriegsgefangenen,
5. Unterhaltshilfe nach dem Lastenausgleichsgesetz,
6. Mutterschaftsgeld oder auf Sonderunterstützung nach dem Mutterschutzgesetz,
7. Arbeitsentgelt aus einem Arbeitsverhältnis, das während des Bezugs der zurückzuzahlenden Leistung bestanden hat,

in Höhe der zurückzuzahlenden Leistung auf die Bundesagentur übergehen, es sei denn, die Bundesagentur hat insoweit aus dem gleichen Grund einen Erstattungsanspruch nach den §§ 102 bis 105 des Zehnten Buches. Der Übergang beschränkt sich auf Ansprüche, die dem Rückzahlungspflichtigen für den Zeitraum in der Vergangenheit zustehen, für den die zurückzuzahlenden Leistungen gewährt worden sind. Hat der Rückzahlungspflichtige den unrechtmäßigen Bezug der Leistung vorsätzlich oder grob fahrlässig herbeigeführt, so geht in den Fällen nach Satz 1 Nr. 1 bis 5 auch der Anspruch auf die Hälfte der laufenden Bezüge auf die Agentur für Arbeit insoweit über, als der Rückzahlungspflichtige dieses Teils der Bezüge zur Deckung seines Lebensunterhalts und des Lebensunterhalts seiner unterhaltsberechtigten Angehörigen nicht bedarf.

(2) Der Leistungspflichtige hat seine Leistungen in Höhe des nach Absatz 1 übergegangenen Anspruchs an die Bundesagentur abzuführen.

(3) Der nach Absatz 1 Satz 1 Nr. 1 bis 5 Leistungspflichtige hat den Eingang eines Antrags auf Rente, Unterhaltsbeihilfe oder Unterhaltshilfe der Agentur für Arbeit mitzuteilen, von der der Antragsteller zuletzt Leistungen nach diesem Buch bezogen hat. Die Mitteilungspflicht entfällt, wenn der Bezug dieser Leistungen im Zeitpunkt der Antragstellung länger als drei Jahre zu-

rückliegt. Bezüge für eine zurückliegende Zeit dürfen an den Antragsteller frühestens zwei Wochen nach Abgang der Mitteilung an die Bundesagentur ausgezahlt werden, falls bis zur Auszahlung eine Anzeige der Agentur für Arbeit nach Absatz 1 nicht vorliegt.

(4) Der Rechtsübergang wird nicht dadurch ausgeschlossen, daß der Anspruch nicht übertragen, verpfändet oder gepfändet werden kann.

§ 333 Aufrechnung

(1) Hat ein Bezieher einer Entgeltersatzleistung die Leistung zu Unrecht erhalten, weil der Anspruch wegen der Anrechnung von Nebeneinkommen gemindert war oder wegen einer Sperrzeit ruhte, so kann die Agentur für Arbeit mit dem Anspruch auf Erstattung gegen einen Anspruch auf die genannten Leistungen abweichend von § 51 Abs. 2 des Ersten Buches in voller Höhe aufrechnen.

(2) Der Anspruch auf Rückzahlung von Leistungen kann gegen einen Anspruch auf Rückzahlung zu Unrecht entrichteter Beiträge zur Arbeitsförderung aufgerechnet werden.

(3) Die Bundesagentur kann mit Ansprüchen auf Winterbeschäftigungs-Umlage, auf Rückzahlung von Kurzarbeitergeld und von ergänzenden Leistungen nach § 175a, die vorläufig erbracht wurden, gegen Ansprüche auf Kurzarbeitergeld, Winterausfallgeld und Wintergeld, die vom Arbeitgeber verauslagt sind, aufrechnen; insoweit gilt der Arbeitgeber als anspruchsberechtigt.

§ 334 Pfändung von Leistungen

Bei Pfändung eines Geldleistungs- oder Erstattungsanspruchs gilt die Agentur für Arbeit, die über den Anspruch entschieden oder zu entscheiden hat, als Drittschuldner im Sinne der §§ 829 und 845 der Zivilprozeßordnung.

§ 335 Erstattung von Beiträgen zur Kranken-, Renten- und Pflegeversicherung

(1) Wurden von der Bundesagentur für einen Bezieher von Arbeitslosengeld oder Unterhaltsgeld Beiträge zur gesetzlichen Krankenversicherung gezahlt, so hat der Bezieher dieser Leistungen der Bundesagentur die Beiträge zu ersetzen, soweit die Entscheidung über die Leistung rückwirkend aufgehoben und die Leistung zurückgefordert worden ist. Hat für den Zeitraum, für den die Leistung zurückgefordert worden ist, ein weiteres Krankenversicherungsverhältnis bestanden, so erstattet die Krankenkasse, bei der der Bezieher nach § 5 Abs. 1 Nr. 2 des Fünften Buches versicherungspflichtig war, der Bundesagentur die für diesen Zeitraum entrichteten Beiträge; der Bezieher wird insoweit von der Ersatzpflicht nach Satz 1 befreit; § 5 Abs. 1 Nr. 2 zweiter Halbsatz des Fünften Buches gilt nicht. Werden die beiden Versicherungsverhältnisse bei verschiedenen Krankenkassen durchgeführt und wurden in dem Zeitraum, in dem die Versicherungsverhältnisse nebeneinander bestanden, Leistungen von der Krankenkasse erbracht, bei der der Bezieher nach § 5 Abs. 1 Nr. 2 des Fünften Buches versicherungspflichtig war, so besteht kein Bei-

tragserstattungsanspruch nach Satz 2. Die Bundesagentur und die Spitzenverbände der Krankenkassen (§ 213 des Fünften Buches) können das Nähere über die Erstattung der Beiträge nach den Sätzen 2 und 3 durch Vereinbarung regeln. Satz 1 gilt entsprechend, soweit die Bundesagentur Beiträge, die für die Dauer des Leistungsbezuges an ein privates Versicherungsunternehmen zu zahlen sind, übernommen hat.

(2) Beiträge für Versicherungspflichtige nach § 5 Abs. 1 Nr. 2 des Fünften Buches, denen eine Rente aus der gesetzlichen Rentenversicherung oder Übergangsgeld von einem nach § 251 Abs. 1 des Fünften Buches beitragspflichtigen Rehabilitationsträger gewährt worden ist, sind der Bundesagentur vom Träger der Rentenversicherung oder vom Rehabilitationsträger zu ersetzen, wenn und soweit wegen der Gewährung von Arbeitslosengeld oder Unterhaltsgeld ein Erstattungsanspruch der Bundesagentur gegen den Träger der Rentenversicherung oder den Rehabilitationsträger besteht. Satz 1 ist entsprechend anzuwenden in den Fällen, in denen dem Arbeitslosen von einem Träger der gesetzlichen Rentenversicherung wegen einer Leistung zur medizinischen Rehabilitation oder zur Teilhabe am Arbeitsleben Übergangsgeld oder eine Rente wegen verminderter Erwerbsfähigkeit zuerkannt wurde (§ 125 Abs. 3) sowie im Falle des Übergangs von Ansprüchen des Arbeitslosen auf den Bund (§ 203). Zu ersetzen sind

1. vom Rentenversicherungsträger die Beitragsanteile des versicherten Rentners und des Trägers der Rentenversicherung, die diese ohne die Regelung dieses Absatzes für dieselbe Zeit aus der Rente zu entrichten gehabt hätten,

2. vom Rehabilitationsträger der Betrag, den er als Krankenversicherungsbeitrag hätte leisten müssen, wenn der Versicherte nicht nach § 5 Abs. 1 Nr. 2 des Fünften Buches versichert gewesen wäre.

Der Träger der Rentenversicherung und der Rehabilitationsträger sind nicht verpflichtet, für dieselbe Zeit Beiträge zur Krankenversicherung zu entrichten. Der Versicherte ist abgesehen von Satz 3 Nr. 1 nicht verpflichtet, für dieselbe Zeit Beiträge aus der Rente zur Krankenversicherung zu entrichten.

(3) Der Arbeitgeber hat der Bundesagentur die im Falle des § 143 Abs. 3 geleisteten Beiträge zur Kranken- und Rentenversicherung zu ersetzen, soweit er für dieselbe Zeit Beiträge zur Kranken- und Rentenversicherung des Arbeitnehmers zu entrichten hat. Er wird insoweit von seiner Verpflichtung befreit, Beiträge an die Kranken- und Rentenversicherung zu entrichten. Die Sätze 1 und 2 gelten entsprechend für den Zuschuß nach § 257 des Fünften Buches.

(4) Hat auf Grund des Bezuges von Arbeitslosengeld oder Unterhaltsgeld nach § 143 Abs. 3 eine andere Krankenkasse die Krankenversicherung durchgeführt als diejenige Kasse, die für das Beschäftigungsverhältnis zuständig ist, aus dem der Leistungsempfänger Arbeitsentgelt bezieht oder zu beanspruchen hat, so erstatten die Krankenkassen einander Beiträge und Leistungen wechselseitig.

(5) Für die Beiträge der Bundesagentur zur sozialen Pflegeversicherung für Versicherungspflichtige nach § 20 Abs. 1 Satz 2 Nr. 2 des Elften Buches sind die Absätze 1 bis 3 entsprechend anzuwenden.

§ 336 Leistungsrechtliche Bindung
Stellt die Deutsche Rentenversicherung Bund im Verfahren nach § 7a Abs. 1 des Vierten Buches die Versicherungspflicht nach diesem Buch durch Verwaltungsakt fest, ist die Bundesagentur hinsichtlich der Zeiten, für die der die Versicherungspflicht feststellende Verwaltungsakt wirksam ist, an diese Feststellung leistungsrechtlich gebunden.

§ 336a Wirkung von Widerspruch und Klage
Die aufschiebende Wirkung von Widerspruch und Klage entfällt
1.   bei Entscheidungen auf Erstattung von Arbeitslosengeld durch Arbeitgeber nach § 147a,
2.   bei Entscheidungen, die Arbeitsgenehmigungen-EU aufheben oder ändern,
3.   bei Entscheidungen, die die Berufsberatung nach § 288a untersagen,
4.   bei Aufforderungen nach § 309, sich bei der Agentur für Arbeit oder einer sonstigen Dienststelle der Bundesagentur persönlich zu melden,
5.   (aufgehoben)
Bei Entscheidungen über die Herabsetzung oder Entziehung laufender Leistungen gelten die Vorschriften des Sozialgerichtsgesetzes (§ 86a Abs. 2 Nr. 2).

Vierter Abschnitt: Auszahlung von Geldleistungen

§ 337 Auszahlung im Regelfall
(1) Geldleistungen werden auf das von dem Leistungsberechtigten angegebene inländische Konto bei einem Geldinstitut überwiesen. Geldleistungen, die an den Wohnsitz oder gewöhnlichen Aufenthalt des Leistungsberechtigten übermittelt werden, sind unter Abzug der dadurch veranlaßten Kosten auszuzahlen. Satz 2 gilt nicht, wenn der Leistungsberechtigte nachweist, daß ihm die Einrichtung eines Kontos bei einem Geldinstitut ohne eigenes Verschulden nicht möglich ist.
(2) Laufende Geldleistungen werden regelmäßig monatlich nachträglich ausgezahlt.
(3) Andere als laufende Geldleistungen werden mit der Entscheidung über den Antrag auf Leistung oder, soweit dem Berechtigten Kosten erst danach entstehen, zum entsprechenden Zeitpunkt ausgezahlt. Insolvenzgeld wird nachträglich für den Zeitraum ausgezahlt, für den es beantragt worden ist. Weiterbildungskosten und Teilnahmekosten werden, soweit sie nicht unmittelbar an den Träger der Maßnahme erbracht werden, monatlich im voraus ausgezahlt.
(4) Zur Vermeidung unbilliger Härten können angemessene Abschlagszahlungen geleistet werden.

Fünfter Abschnitt: Berechnungsgrundsätze

§ 338 Allgemeine Berechnungsgrundsätze
(1) Berechnungen werden auf zwei Dezimalstellen durchgeführt, wenn nichts Abweichendes bestimmt ist.
(2) Bei einer auf Dezimalstellen durchgeführten Berechnung wird die letzte Dezimalstelle um 1 erhöht, wenn sich in der folgenden Dezimalstelle eine der Zahlen 5 bis 9 ergeben würde.
(3) (aufgehoben)
(4) Bei einer Berechnung wird eine Multiplikation vor einer Division durchgeführt.

§ 339 Berechnung von Zeiten
Für die Berechnung von Leistungen wird ein Monat mit 30 Tagen und eine Woche mit sieben Tagen berechnet. Bei der Anwendung der Vorschriften über die Erfüllung der für einen Anspruch auf Arbeitslosengeld erforderlichen Anwartschaftszeit sowie der Vorschriften über die Dauer eines Anspruchs auf Arbeitslosengeld nach dem Zweiten Unterabschnitt des Achten Abschnitts des Vierten Kapitels dieses Buches entspricht ein Monat 30 Kalendertagen. Satz 2 gilt entsprechend bei der Anwendung der Vorschriften über die Erfüllung der erforderlichen Vorbeschäftigungszeiten sowie der Vorschrift über die Dauer des Anspruchs auf Übergangsgeld im Anschluß an eine abgeschlossene Leistung zur Teilhabe am Arbeitsleben.

Zehntes Kapitel: Finanzierung

Erster Abschnitt: Finanzierungsgrundsatz

§ 340 Aufbringung der Mittel
Die Leistungen der Arbeitsförderung und die sonstigen Ausgaben der Bundesagentur werden durch Beiträge der Versicherungspflichtigen, der Arbeitgeber und Dritter (Beitrag zur Arbeitsförderung), Umlagen, Mittel des Bundes und sonstige Einnahmen finanziert.

Zweiter Abschnitt: Beiträge und Verfahren

Erster Unterabschnitt: Beiträge

§ 341 Beitragssatz und Beitragsbemessung
(1) Die Beiträge werden nach einem Prozentsatz (Beitragssatz) von der Beitragsbemessungsgrundlage erhoben.

(2) Der Beitragssatz beträgt ~~3,3~~ *3,0* Prozent.[1]

(3) Beitragsbemessungsgrundlage sind die beitragspflichtigen Einnahmen, die bis zur Beitragsbemessungsgrenze berücksichtigt werden. Für die Berechnung der Beiträge ist die Woche zu sieben, der Monat zu dreißig und das Jahr zu dreihundertsechzig Tagen anzusetzen, soweit dieses Buch nichts anderes bestimmt. Beitragspflichtige Einnahmen sind bis zu einem Betrag von einem Dreihundertsechzigstel der Beitragsbemessungsgrenze für den Kalendertag zu berücksichtigen. Einnahmen, die diesen Betrag übersteigen, bleiben außer Ansatz, soweit dieses Buch nichts Abweichendes bestimmt.

(4) Beitragsbemessungsgrenze ist die Beitragsbemessungsgrenze der allgemeinen Rentenversicherung.

§ 342 Beitragspflichtige Einnahmen Beschäftigter

Beitragspflichtige Einnahme ist bei Personen, die beschäftigt sind, das Arbeitsentgelt, bei Personen, die zur Berufsausbildung beschäftigt sind, jedoch mindestens ein Arbeitsentgelt in Höhe von einem Prozent der Bezugsgröße.

§ 343 (aufgehoben)

§ 344 Sonderregelungen für beitragspflichtige Einnahmen Beschäftigter

(1)[2] Für ~~beschäftigte~~ Seeleute gilt als beitragspflichtige Einnahme ~~das amtlich festgesetzte monatliche Durchschnittsentgelt nach dem Siebten Buch der einzelnen Klassen der Schiffsbesatzung und Schiffsgattungen~~ *der Betrag, der nach dem Recht der gesetzlichen Unfallversicherung für die Beitragsberechnung maßgebend ist.* ~~Die beitragspflichtige Einnahme erhöht sich für Seeleute, die auf Seeschiffen beköstigt werden, um den amtlich festgesetzten Durchschnittssatz für Beköstigung. Ist für Seeleute ein monatliches Durchschnittsentgelt amtlich nicht festgesetzt, bestimmt die Satzung der See-Krankenkasse die beitragspflichtige Einnahme. Die Regelung für einmalig gezahltes Arbeitsentgelt findet keine Anwendung.~~

(2) Für Personen, die unmittelbar nach einem Versicherungspflichtverhältnis ein freiwilliges soziales Jahr oder ein freiwilliges ökologisches Jahr im Sinne des Jugendfreiwilligendienstegesetzes leisten, gilt als beitragspflichtige Einnahme ein Arbeitsentgelt in Höhe der monatlichen Bezugsgröße. Dies gilt auch, wenn der Jugendfreiwilligendienst nach einer Unterbrechung, die sechs Monate nicht überschreitet, fortgesetzt wird.

(3) Für behinderte Menschen, die in einer anerkannten Werkstatt für behinderte Menschen oder Blindenwerkstätte beschäftigt sind, ist als beitragspflichtige Einnahme das tatsächlich erzielte Arbeitsentgelt, mindestens jedoch ein Betrag in Höhe von 20 Prozent der monatlichen Bezugsgröße zugrunde zu legen.

---

[1] Vgl. Achtes Gesetz zur Änderung des SGB III und anderer Gesetze v. 20.12.2008. Durch die Beitragssatzverordnung 2009 v. 20.12.2008 wird der Beitragssatz vom 01.01.2009 bis 30.06.2010 auf 2,8 Prozent festgelegt.

[2] Änderung erfolgt durch Art. 4 des Gesetzes zur Änderung des Vierten Buches Sozialgesetzbuch und anderer Gesetze v. 19.12.2007 (BGBl I. S. 3024).

(4) Bei Arbeitnehmern, die gegen ein monatliches Arbeitsentgelt bis zum oberen Grenzbetrag der Gleitzone (§ 20 Abs. 2 Viertes Buch) mehr als geringfügig beschäftigt sind, ist beitragspflichtige Einnahme der Betrag, der sich aus folgender Formel ergibt:

$$F \times 400 + (2 - F) \times (AE - 400).$$

Dabei ist AE das Arbeitsentgelt und F der Faktor, der sich ergibt, wenn der Wert 30 vom Hundert durch den durchschnittlichen Gesamtsozialversicherungsbeitragssatz (§ 163 Abs. 10 Sechstes Buch) des Kalenderjahres, in dem der Anspruch auf das Arbeitsentgelt entstanden ist, geteilt wird. Dies gilt nicht für Personen, die zu ihrer Berufsausbildung beschäftigt sind.

§ 345 Beitragspflichtige Einnahmen sonstiger Versicherungspflichtiger

Als beitragspflichtige Einnahme gilt bei Personen,

1. die in Einrichtungen der beruflichen Rehabilitation Leistungen erhalten, die ihnen eine Erwerbstätigkeit ermöglichen sollen, oder die in Einrichtungen der Jugendhilfe für eine Erwerbstätigkeit befähigt werden sollen, ein Arbeitsentgelt in Höhe von einem Fünftel der monatlichen Bezugsgröße,

2. die als Wehrdienstleistende oder als Zivildienstleistende versicherungspflichtig sind (§ 25 Abs. 2 Satz 2, § 26 Abs. 1 Nr. 2), ein Betrag in Höhe von 40 Prozent der monatlichen Bezugsgröße,

3. die als Gefangene versicherungspflichtig sind, ein Arbeitsentgelt in Höhe von 90 Prozent der Bezugsgröße,

4. die als nicht satzungsmäßige Mitglieder geistlicher Genossenschaften oder ähnlicher religiöser Gemeinschaften für den Dienst in einer solchen Genossenschaft oder ähnlichen religiösen Gemeinschaft außerschulisch ausgebildet werden, ein Entgelt in Höhe der gewährten Geld- und Sachbezüge,

5. die als Bezieher von Krankengeld, Versorgungskrankengeld, Verletztengeld oder Übergangsgeld versicherungspflichtig sind, 80 Prozent des der Leistung zugrunde liegenden Arbeitsentgelts oder Arbeitseinkommens, wobei 80 Prozent des beitragspflichtigen Arbeitsentgelts aus einem versicherungspflichtigen Beschäftigungsverhältnis abzuziehen sind; bei gleichzeitigem Bezug von Krankengeld neben einer anderen Leistung ist das dem Krankengeld zugrunde liegende Einkommen nicht zu berücksichtigen,

6. die als Bezieher von Krankentagegeld versicherungspflichtig sind, ein Arbeitsentgelt in Höhe von 70 Prozent der für die Erhebung der Beiträge zur gesetzlichen Krankenversicherung maßgeblichen Beitragsbemessungsgrenze (§ 223 Abs. 3 Satz 1 des Fünften Buches). Für den Kalendermonat ist ein Zwölftel und für den Kalendertag ein Dreihundertsechzigstel des Arbeitsentgelts zugrunde zu legen,

7. die als Bezieherinnen von Mutterschaftsgeld versicherungspflichtig sind, ein Arbeitsentgelt in Höhe des Mutterschaftsgeldes,

8. die als Pflegende während einer Pflegezeit versicherungspflichtig sind (§ 26 Abs. 2b), ein Arbeitsentgelt in Höhe von 10 Prozent der monatlichen

Bezugsgröße; dabei ist die Bezugsgröße für das Beitrittsgebiet maßgebend, wenn der Tätigkeitsort im Beitrittsgebiet liegt.

§ 345a Pauschalierung der Beiträge

(1) Für die Personen, die als Bezieher einer Rente wegen voller Erwerbsminderung versicherungspflichtig sind (§ 26 Abs. 2 Nr. 3) wird für jedes Kalenderjahr ein Gesamtbeitrag festgesetzt. Der Gesamtbeitrag beträgt

1. für das Jahr 2003   5 Millionen Euro,
2. für das Jahr 2004   18 Millionen Euro,
3. für das Jahr 2005   36 Millionen Euro,
4. für das Jahr 2006   19 Millionen Euro und
5. für das Jahr 2007   26 Millionen Euro.

Der jährliche Gesamtbeitrag verändert sich im jeweils folgenden Kalenderjahr in dem Verhältnis, in dem

1. die Bezugsgröße der Sozialversicherung,
2. die Zahl der Zugänge an Arbeitslosengeldbeziehern aus dem Bezug einer Rente wegen voller Erwerbsminderung und
3. die durchschnittlich durch Zeiten des Bezugs einer Rente wegen voller Erwerbsminderung erworbene Anspruchsdauer

des vergangenen Kalenderjahres zu den entsprechenden Werten des vorvergangenen Kalenderjahres stehen. Das Bundesministerium für Arbeit und Soziales macht den Gesamtbeitrag eines Kalenderjahres bis zum 1. Juli desselben Jahres im Bundesanzeiger bekannt.

(2)[1] ~~Die Höhe der Beiträge für Personen, die als Erziehende versicherungspflichtig sind, wird ab dem Jahr 2007 pauschal auf 290 Millionen Euro pro Jahr festgesetzt. Die Beiträge sind jeweils am 15. Januar des Folgejahres zu zahlen.~~

§ 345b Beitragspflichtige Einnahmen bei freiwilliger Weiterversicherung

Für Personen, die ein Versicherungspflichtverhältnis auf Antrag begründen, gilt als beitragspflichtige Einnahme

1. in Fällen des § 28a Abs.1 Satz 1 Nr. 1 ein Arbeitsentgelt in Höhe von 10 Prozent der monatlichen Bezugsgröße,
2. in Fällen des § 28a Abs.1 Satz 1 Nr. 2 und 3 ein Arbeitsentgelt in Höhe von 25 Prozent der monatlichen Bezugsgröße.

Dabei ist die Bezugsgröße für das Beitrittsgebiet maßgebend, wenn der Tätigkeitsort im Beitrittsgebiet liegt.

---

[1] Die Änderung erfolgt durch das Achte Gesetz zur Änderung des Dritten Buches Sozialgesetzbuch und anderer Gesetze v. 20.12.2008 rückwirkend zum 01.01.2008.

Zweiter Unterabschnitt: Verfahren

§ 346 Beitragstragung bei Beschäftigten

(1) Die Beiträge werden von den versicherungspflichtig Beschäftigten und den Arbeitgebern je zur Hälfte getragen. Arbeitgeber im Sinne der Vorschriften dieses Titels sind auch die Auftraggeber von Heimarbeitern sowie Träger außerbetrieblicher Ausbildung.

(1a) Bei versicherungspflichtig Beschäftigten, deren beitragspflichtige Einnahme sich nach § 344 Abs. 4 bestimmt, werden die Beiträge abweichend von Absatz 1 Satz 1 getragen

1. von den Arbeitgebern in Höhe der Hälfte des Betrages, der sich ergibt, wenn der Beitragssatz auf das der Beschäftigung zugrunde liegende Arbeitsentgelt angewendet wird,

2. im Übrigen von den versicherungspflichtig Beschäftigten.

(1b) Abweichend von Absatz 1 Satz 1 trägt für Auszubildende, die in einer außerbetrieblichen Einrichtung im Rahmen eines Berufsausbildungsvertrages nach dem Berufsbildungsgesetz ausgebildet werden, der Arbeitgeber die Beiträge allein.

(2) Der Arbeitgeber trägt die Beiträge allein für behinderte Menschen, die in einer anerkannten Werkstatt für behinderte Menschen oder in einer Blindenwerkstätte im Sinne des § 143 des Neunten Buches beschäftigt sind und deren monatliches Bruttoarbeitsentgelt ein Fünftel der monatlichen Bezugsgröße nicht übersteigt.

(3) Für Beschäftigte, die wegen Vollendung des für die Regelaltersrente im Sinne des Sechsten Buches erforderlichen Lebensjahres versicherungsfrei sind, tragen die Arbeitgeber die Hälfte des Beitrages, der zu zahlen wäre, wenn die Beschäftigten versicherungspflichtig wären. Für den Beitragsanteil gelten die Vorschriften des Dritten Abschnitts des Vierten Buches und die Bußgeldvorschriften des § 111 Abs. 1 Nr. 2 bis 4, 8 und Abs. 4 des Vierten Buches entsprechend.

§ 347 Beitragstragung bei sonstigen Versicherten

Die Beiträge werden getragen

1. für Personen, die in Einrichtungen der beruflichen Rehabilitation Leistungen erhalten, die eine Erwerbstätigkeit ermöglichen sollen, oder die in Einrichtungen der Jugendhilfe für eine Erwerbstätigkeit befähigt werden sollen, vom Träger der Einrichtung,

2. für Wehrdienstleistende oder für Zivildienstleistende nach der Hälfte des Beitragssatzes vom Bund,

3. für Gefangene von dem für die Vollzugsanstalt zuständigen Land,

4. für nicht satzungsmäßige Mitglieder geistlicher Genossenschaften oder ähnlicher religiöser Gemeinschaften während der Zeit der außerschulischen Ausbildung für den Dienst in einer solchen Genossenschaft oder ähnlichen religiösen Gemeinschaft von der geistlichen Genossenschaft oder ähnlichen religiösen Gemeinschaft,

5. für Personen, die Krankengeld oder Verletztengeld beziehen, von den Beziehern der Leistung und den Leistungsträgern je zur Hälfte, soweit sie auf die Leistung entfallen, im übrigen von den Leistungsträgern; die Leistungsträger tragen die Beiträge auch allein, soweit sie folgende Leistungen zahlen:
    a) Versorgungskrankengeld oder Übergangsgeld,
    b) Krankengeld oder Verletztengeld in Höhe der Entgeltersatzleistungen nach diesem Buch oder
    c) eine Leistung, die nach einem monatlichen Arbeitsentgelt bemessen wird, das 400 Euro nicht übersteigt,
6. für Personen, die Krankentagegeld beziehen, von privaten Krankenversicherungsunternehmen,
7. für Personen, die als Bezieher einer Rente wegen voller Erwerbsminderung versicherungspflichtig sind, von den Leistungsträgern,
8. für Personen, die als Bezieherinnen von Mutterschaftsgeld versicherungspflichtig sind, von den Leistungsträgern,
9. ~~für Personen, die als Erziehende versicherungspflichtig sind, vom Bund,~~[1]
10. für Personen, die als Pflegende während einer Pflegezeit versicherungspflichtig sind (§ 26 Abs. 2b) und einen
    a) in der sozialen Pflegeversicherung versicherten Pflegebedürftigen pflegen, von der Pflegekasse,
    b) in der privaten Pflege-Pflichtversicherung versicherten Pflegebedürftigen pflegen, von dem privaten Versicherungsunternehmen,
    c) Pflegebedürftigen pflegen, der wegen Pflegebedürftigkeit Beihilfeleistungen oder Leistungen der Heilfürsorge und Leistungen einer Pflegekasse oder eines privaten Versicherungsunternehmens erhält, von der Festsetzungsstelle für die Beihilfe oder vom Dienstherrn und der Pflegekasse oder dem privaten Versicherungsunternehmen anteilig.

§ 348 Beitragszahlung für Beschäftigte

(1) Die Beiträge sind, soweit nichts Abweichendes bestimmt ist, von demjenigen zu zahlen, der sie zu tragen hat.

(2) Für die Zahlung der Beiträge aus Arbeitsentgelt bei einer versicherungspflichtigen Beschäftigung gelten die Vorschriften des Vierten Buches über den Gesamtsozialversicherungsbeitrag.

§ 349 Beitragszahlung für sonstige Versicherungspflichtige

(1) Für die Zahlung der Beiträge für Personen, die in Einrichtungen der beruflichen Rehabilitation Leistungen erhalten, die ihnen eine Erwerbstätigkeit ermöglichen soll, oder die in Einrichtungen der Jugendhilfe für eine Erwerbs-

---

[1] Die Änderung erfolgt durch das Achte Gesetz zur Änderung des Dritten Buches Sozialgesetzbuch und anderer Gesetze rückwirkend zum 01.01.2008.

tätigkeit befähigt werden sollen, gelten die Vorschriften über die Beitragszahlung aus Arbeitsentgelt entsprechend.

(2) Die Beiträge für Wehrdienstleistende, für Zivildienstleistende, ~~für Personen, die als Erziehende versicherungspflichtig sind,~~[1] und für Gefangene sind an die Bundesagentur zu zahlen.

(3) Die Beiträge für Bezieher von Sozialleistungen sind von den Leistungsträgern an die Bundesagentur zu zahlen. Die Bundesagentur und die Leistungsträger regeln das Nähere über Zahlung und Abrechnung der Beiträge durch Vereinbarung.

(4) Die Beiträge für Bezieher von Krankentagegeld sind von den privaten Krankenversicherungsunternehmen an die Bundesagentur zu zahlen. Die Beiträge können durch eine Einrichtung dieses Wirtschaftszweiges gezahlt werden. Mit dieser Einrichtung kann die Bundesagentur Näheres über Zahlung, Einziehung und Abrechnung vereinbaren; sie kann auch vereinbaren, daß der Beitragsabrechnung statistische Durchschnittswerte über die Zahl der Arbeitnehmer, für die Beiträge zu zahlen sind, und über Zeiten der Arbeitsunfähigkeit zugrunde gelegt werden. Der Bundesagentur sind Verwaltungskosten für den Einzug der Beiträge in Höhe von zehn Prozent der Beiträge pauschal zu erstatten, wenn die Beiträge nicht nach Satz 2 gezahlt werden.

(4a) Die Beiträge für Personen, die als Pflegende während einer Pflegezeit versicherungspflichtig sind (§ 26 Abs. 2b), sind von den Stellen, die die Beiträge zu tragen haben, an die Bundesagentur zu zahlen. Das Nähere über das Verfahren der Beitragszahlung und Abrechnung der Beiträge können der Spitzenverband Bund der Pflegekassen, der Verband der privaten Krankenversicherung e. V., die Festsetzungsstellen für die Beihilfe, das Bundesversicherungsamt und die Bundesagentur durch Vereinbarung regeln.

(5) Für die Zahlung der Beiträge nach den Absätzen 3 bis 4a sowie für die Zahlung der Beiträge für Gefangene gelten die Vorschriften für den Einzug der Beiträge, die an die Einzugsstellen zu zahlen sind, entsprechend, soweit die Besonderheiten der Beiträge nicht entgegenstehen; die Bundesagentur ist zur Prüfung der Beitragszahlung berechtigt. Die Zahlung der Beiträge nach Absatz 4a erfolgt in Form eines Gesamtbeitrags für das Kalenderjahr, in dem die Pflegezeit in Anspruch genommen wurde (Beitragsjahr). Abweichend von § 23 Abs. 1 Satz 4 des Vierten Buches ist der Gesamtbeitrag spätestens im März des Jahres fällig, das dem Beitragsjahr folgt.

§ 349a Beitragstragung und Beitragszahlung bei freiwilliger Weiterversicherung

Personen, die ein Versicherungspflichtverhältnis auf Antrag begründen, tragen die Beiträge allein. Die Beiträge sind an die Bundesagentur zu zahlen.

---

[1] Die Änderung erfolgt durch das Achte Gesetz zur Änderung des Dritten Buches Sozialgesetzbuch und anderer Gesetze v. 20.12.2008 rückwirkend zum 01.01.2008.

§ 350 Meldungen der Sozialversicherungsträger

(1) Die Einzugsstellen (§ 28i Viertes Buch) haben monatlich der Bundesagentur die Zahl der nach diesem Buch versicherungspflichtigen Personen mitzuteilen. Die Bundesagentur kann in die Geschäftsunterlagen und Statistiken der Einzugsstellen Einsicht nehmen, soweit dies zur Erfüllung ihrer Aufgaben erforderlich ist.

(2) Die Träger der Sozialversicherung haben der Bundesagentur auf Verlangen bei ihnen vorhandene Geschäftsunterlagen und Statistiken vorzulegen, soweit dies zur Erfüllung der Aufgaben der Bundesagentur erforderlich ist.

§ 351 Beitragserstattung

(1) Für die Erstattung zu Unrecht gezahlter Beiträge gilt abweichend von § 26 Abs. 2 des Vierten Buches, daß sich der zu erstattende Betrag um den Betrag der Leistung mindert, der in irrtümlicher Annahme der Versicherungspflicht gezahlt worden ist. § 27 Abs. 2 Satz 2 des Vierten Buches gilt nicht.

(2) Die Beiträge werden erstattet durch

1. die Agentur für Arbeit, in deren Bezirk die Stelle ihren Sitz hat, an welche die Beiträge entrichtet worden sind,

2. die ~~Agentur für Arbeit~~ *Regionaldirektion*, wenn die Beitragszahlung wegen des Bezuges von Sozialleistungen oder Krankentagegeld erfolgte,

3. die zuständige Einzugsstelle oder den Leistungsträger, soweit die Bundesagentur dies mit den Einzugsstellen oder den Leistungsträgern vereinbart hat.

Dritter Unterabschnitt: Verordnungsermächtigung, Anordnungsermächtigung und Ermächtigung zum Erlass von Verwaltungsvorschriften

§ 352 Verordnungsermächtigung

(1) Die Bundesregierung wird ermächtigt, durch Rechtsverordnung nach Maßgabe der Finanzlage der Bundesagentur sowie unter Berücksichtigung der Beschäftigungs- und Wirtschaftslage sowie deren voraussichtlicher Entwicklung zu bestimmen, daß die Beiträge zeitweise nach einem niedrigeren Beitragssatz erhoben werden.

(2) Das Bundesministerium für Arbeit und Soziales wird ermächtigt, durch Rechtsverordnung

1. im Einvernehmen mit dem Bundesministerium der Finanzen, dem Bundesministerium der Verteidigung und dem Bundesministerium für Familie, Senioren, Frauen und Jugend eine Pauschalberechnung sowie die Fälligkeit, Zahlung und Abrechnung für einen Gesamtbeitrag der Wehrdienstleistenden und für einen Gesamtbeitrag der Zivildienstleistenden vorzuschreiben; es kann dabei eine geschätzte Durchschnittszahl der beitragspflichtigen Dienstleistenden zugrunde legen sowie die Besonderheiten berücksichtigen, die sich aus der Zusammensetzung dieses Personenkreises hinsichtlich der Bemessungsgrundlage und der Regelungen zur Anwartschaftszeit für das Arbeitslosengeld ergeben,

2. das Nähere über die Zahlung, Einziehung und Abrechnung der Beiträge, die von privaten Krankenversicherungsunternehmen zu zahlen sind, zu regeln.

(3) Das Bundesministerium für Arbeit und Soziales wird ermächtigt, durch Rechtsverordnung mit Zustimmung des Bundesrates eine Pauschalberechnung für die Beiträge der Gefangenen und der für die Vollzugsanstalten zuständigen Länder vorzuschreiben und die Zahlungsweise zu regeln.

§ 352a Anordnungsermächtigung

Die Bundesagentur wird ermächtigt, durch Anordnung das Nähere zum Antragsverfahren, zur Fälligkeit, Zahlung und Abrechnung der Beiträge bei freiwilliger Weiterversicherung zu bestimmen.

§ 353 Ermächtigung zum Erlaß von Verwaltungsvorschriften

Das Bundesministerium für Arbeit und Sozialordnung kann mit Zustimmung des Bundesrates zur Durchführung der Meldungen der Sozialversicherungsträger Verwaltungsvorschriften erlassen.

Dritter Abschnitt: Umlagen

Erster Unterabschnitt: Winterbeschäftigungs-Umlage

§ 354 Grundsatz

Die Mittel für die ergänzenden Leistungen nach § 175a werden einschließlich der Verwaltungskosten und der sonstigen Kosten, die mit der Gewährung dieser Leistungen zusammenhängen, in den durch Verordnung nach § 182 Abs. 3 bestimmten Wirtschaftszweigen durch Umlage aufgebracht. Die Umlage wird unter Berücksichtigung von Vereinbarungen der Tarifvertragsparteien der Wirtschaftszweige von Arbeitgebern oder gemeinsam von Arbeitgebern und Arbeitnehmern aufgebracht und getrennt nach Zweigen des Baugewerbes und weiteren Wirtschaftszweigen abgerechnet.

§ 355 Höhe der Umlage

Die Umlage ist in den einzelnen Zweigen des Baugewerbes und in weiteren Wirtschaftszweigen, die von saisonbedingtem Arbeitsausfall betroffen sind, monatlich nach einem Prozentsatz der Bruttoarbeitsentgelte der dort beschäftigten Arbeitnehmer, die ergänzende Leistungen nach § 175a erhalten können, zu erheben. Die Verwaltungskosten und die sonstigen Kosten können pauschaliert und für die einzelnen Wirtschaftszweige im Verhältnis der Anteile an den Ausgaben berücksichtigt werden.

§ 356 Umlageabführung

(1) Die Arbeitgeber führen die Umlagebeträge über die gemeinsame Einrichtung ihres Wirtschaftszweiges oder über eine Ausgleichskasse ab. Dies gilt auch, wenn die Umlage gemeinsam von Arbeitgebern und Arbeitnehmern aufgebracht wird; in diesen Fällen gelten § 28e Abs. 1 Satz 1 und § 28g des

Vierten Buches entsprechend. Kosten werden der gemeinsamen Einrichtung oder der Ausgleichskasse nicht erstattet. Die Bundesagentur kann mit der gemeinsamen Einrichtung oder der Ausgleichskasse ein vereinfachtes Abrechnungsverfahren vereinbaren und dabei auf Einzelnachweise verzichten.

(2) Umlagepflichtige Arbeitgeber, auf die die Tarifverträge über die gemeinsamen Einrichtungen oder Ausgleichskassen keine Anwendung finden, führen die Umlagebeträge unmittelbar an die Bundesagentur ab. Sie haben der Bundesagentur die Mehraufwendungen für die Einziehung pauschal zu erstatten.

§ 357 Verordnungsermächtigung

(1) Das Bundesministerium für Arbeit und Soziales wird ermächtigt, durch Rechtsverordnung

1. die Höhe der pauschalierten Verwaltungskosten, die von der Umlage in einzelnen Wirtschaftszweigen aufzubringen sind,

2. den jeweiligen Prozentsatz zur Berechnung der Umlage, eine gemeinsame Tragung der Umlage durch Arbeitgeber und Arbeitnehmer und, bei gemeinsamer Tragung, die jeweiligen Anteile,

3. zur Berechnung der Umlage die umlagepflichtigen Bestandteile der Bruttoarbeitsentgelte in den einzelnen Zweigen des Baugewerbes und weiterer Wirtschaftszweige, die von saisonbedingtem Arbeitsausfall betroffen sind,

4. die Höhe der Pauschale für die Mehraufwendungen in Fällen, in denen die Arbeitgeber ihre Umlagebeträge nicht über eine gemeinsame Einrichtung oder Ausgleichskasse abführen,

5. die Voraussetzungen zur Entrichtung der Umlagebeträge in längeren Abrechnungsintervallen und

6. das Nähere über die Zahlung und Einziehung der Umlage

festzulegen.

(2) Bei der Festsetzung des jeweiligen Prozentsatzes ist zu berücksichtigen, welche ergänzenden Leistungen nach § 175a in Anspruch genommen werden können. Der jeweilige Prozentsatz ist so festzusetzen, dass das Aufkommen aus der Umlage unter Berücksichtigung von eventuell bestehenden Fehlbeträgen oder Überschüssen für die einzelnen Wirtschaftszweige ausreicht, um den voraussichtlichen Bedarf der Bundesagentur für die Aufwendungen nach § 354 Satz 1 zu decken.

Zweiter Unterabschnitt: Umlage für das Insolvenzgeld[1]

§ 358 Grundsatz

(1) Die Unfallversicherungsträger erstatten der Bundesagentur die Aufwendungen für das Insolvenzgeld jeweils bis zum 30. Juni des nachfolgenden Jahres. Erstattungspflichtige Unfallversicherungsträger sind

---

[1] Die §§ 358 ff. wurden durch das Gesetz zur Modernisierung der gesetzlichen Unfallversicherung geändert.

1. ~~die Berufsgenossenschaften,~~
2. ~~die Eisenbahn-Unfallkasse,~~
3. ~~die Unfallkasse Post und Telekom,~~
4. ~~die Unfallkasse des Bundes für die nach § 125 Abs. 3 des Siebten Buches übernommenen Unternehmen und~~
5. ~~die nach den §§ 128 und 129 des Siebten Buches zuständigen Unfallversicherungsträger für Unternehmen des Landes oder der Gemeinden und Gemeindeverbände, die in selbstständiger Rechtsform betrieben werden.~~
~~(2) Zu den Aufwendungen gehören~~
1. ~~das Insolvenzgeld einschließlich des von der Agentur für Arbeit entrichteten Gesamtsozialversicherungsbeitrags,~~
2. ~~die Verwaltungskosten und die sonstigen Kosten, die mit der Erbringung des Insolvenzgeldes zusammenhängen.~~
~~Die sonstigen Kosten werden pauschaliert.~~

§ 359~~8~~ Aufbringung der Mittel

(1) Die Mittel für die ~~Erstattung der Aufwendungen für das~~ *Zahlung des* Insolvenzgeld*es* ~~bringen die Unfallversicherungsträger (§ 358 Abs. 1)~~ *werden* durch eine *monatliche* Umlage ~~der Unternehmer in ihrem Zuständigkeitsbereich auf~~ *von den Arbeitgebern aufgebracht.*

~~(2) Der Anteil jeder gewerblichen Berufsgenossenschaft und der in § 358 Abs. 1 Satz 2 Nr. 2 bis 5 genannten Unfallversicherungsträger entspricht dem Verhältnis ihrer Entgeltsumme zu der Gesamtentgeltsumme der Unfallversicherungsträger (§ 358 Abs. 1). Hierbei werden die Entgeltsummen des~~ *Der* Bundes, de~~r~~*ie* Länder, de~~r~~*ie* Gemeinden sowie Körperschaften, Stiftungen und Anstalten des öffentlichen Rechts, über deren Vermögen ein Insolvenzverfahren nicht zulässig ist, und solche~~r~~ juristische~~r~~*n* Personen des öffentlichen Rechts, bei denen der Bund, ein Land oder eine Gemeinde kraft Gesetzes die Zahlungsfähigkeit sichert, *und private Haushalte werden* nicht ~~berücksichtigt~~ *in die Umlage einbezogen.*

~~(3) Die landwirtschaftlichen Berufsgenossenschaften bringen anteilig die Aufwendungen für das Insolvenzgeld auf, das den bei ihnen versicherten Arbeitnehmern gezahlt worden ist. Der Anteil jeder landwirtschaftlichen Berufsgenossenschaft entspricht dem Verhältnis der Summe der von ihr im abgelaufenen Geschäftsjahr gezahlten Renten zu der Summe der von allen landwirtschaftlichen Berufsgenossenschaften gezahlten Renten. Hierbei werden nur die Summen der Renten zugrunde gelegt, die nicht nach Durchschnittssätzen berechnet worden sind. Die Vertreterversammlungen können durch übereinstimmenden Beschluß einen anderen angemessenen Maßstab für die Ermittlung der Anteile bestimmen.~~

(2) Die Umlage ist nach einem Prozentsatz des Arbeitentgelts (Umlagesatz) zu erheben. Maßgebend ist das Arbeitsentgelt, nach dem die Beiträge zur gesetzlichen Rentenversicherung für die im Betrieb beschäftigten Arbeitnehmerinnen, Arbeitnehmer und Auszubildenden bemessen werden oder im Fall einer Versicherungspflicht in der gesetzlichen Rentenversicherung zu bemessen wäre. Für die Zeit des Bezugs von Kurzarbeitergeld, Saisonkurzarbeitergeld

oder Transferkurzarbeitergeld bemessen sich die Umlagebeträge nach dem tatsächlich erzielten Arbeitsentgelt bis zur Beitragsbemessungsgrenze der gesetzlichen Rentenversicherung.
(3) Zu den durch die Umlage zu deckenden Aufwendungen gehören
1. *das Insolvenzgeld einschließlich des von der Bundesagentur für Arbeit gezahlten Gesamtsozialversicherungsbeitrages,*
2. *die Verwaltungskosten und*
3. *die Kosten für den Einzug der Umlage und der Prüfung der Arbeitgeber.*
Die Kosten für den Einzug der Umlage und der Prüfung der Arbeitgeber werden pauschaliert.

§ 359 Einzug und Weiterleitung der Umlage
(1) Die Umlage ist zusammen mit dem Gesamtsozialversicherungsbeitrag an die Einzugsstelle zu zahlen. Die für den Gesamtsozialversicherungsbeitrag geltenden Vorschriften des Vierten Buches finden entsprechende Anwendung, soweit dieses Gesetz nichts anderes bestimmt.
(2) Die Einzugsstelle leitet die Umlage einschließlich der Zinsen und Säumniszuschläge arbeitstäglich an die Bundesagentur für Arbeit weiter.

§ 360 ~~Anteile der Unternehmer~~ *Umlagesatz*
~~(1) Die gewerblichen Berufsgenossenschaften sowie die Eisenbahn-Unfallkasse und die Unfallkasse Post und Telekom legen den jeweils von ihnen aufzubringenden Anteil nach dem Entgelt der Versicherten auf die Unternehmer in ihrem Zuständigkeitsbereich. Das Gleiche gilt für die in § 358 Abs. 1 Satz 2 Nr. 4 und 5 genannten Unfallversicherungsträger hinsichtlich der Unternehmen, für die sie nach diesen Vorschriften erstattungspflichtig sind. Der auf den einzelnen Unternehmer umzulegende Anteil entspricht dem Verhältnis der Entgeltsumme bei diesem Unternehmer zur Gesamtentgeltsumme aller Unternehmer. Unternehmer, über deren Vermögen ein Insolvenzverfahren nicht zulässig ist oder deren Zahlungsfähigkeit gesetzlich gesichert ist, werden nicht berücksichtigt.~~
~~(2) Die Satzung kann bestimmen, daß~~
~~1. der Anteil nach der Zahl der Versicherten statt nach Entgelten umgelegt wird,~~
~~2. die durch die Umlage auf die Unternehmer entstehenden Verwaltungskosten und Kreditzinsen mit umgelegt werden,~~
~~3. von einer besonderen Umlage abgesehen wird.~~
~~Im übrigen gelten die Vorschriften über den Beitrag zur gesetzlichen Unfallversicherung entsprechend.~~
~~(3) Die landwirtschaftlichen Berufsgenossenschaften legen den von ihnen aufzubringenden Anteil nach ihrer Satzung auf ihre Beitragsschuldner um. Absatz 2 Satz 1 Nr. 2 und 3 und Satz 2 gelten entsprechend.~~
Der Umlagesatz ist so zu bemessen, dass das Aufkommen aus der Umlage zusammen mit den sonstigen Einnahmen unter Berücksichtigung der voraussichtlichen Entwicklung der Insolvenzereignisse ausreicht, um die voraussichtlichen Aufwendungen in dem auf die Festsetzung folgenden Kalenderjahr

zu decken. Fehlbestände und Überschüsse sind bei der Festsetzung des Umlagesatzes für das folgende Kalenderjahr einzubeziehen.

§ 361 Verfahren

~~(1) Die Unfallversicherungsträger (§ 358 Abs. 1) entrichten zum 25. April, 25. Juli und 25. Oktober eines jeden Jahres Abschlagszahlungen in Höhe der Aufwendungen der Bundesagentur für das Insolvenzgeld in dem jeweils vorausgegangenen Kalenderquartal. Zum 31. Dezember entrichten sie eine weitere Abschlagszahlung in Höhe der im vierten Kalenderquartal nach einvernehmlicher Schätzung der Bundesagentur, des Hauptverbandes der gewerblichen Berufsgenossenschaften e. V. und des Bundesverbandes der landwirtschaftlichen Berufsgenossenschaften e. V. zu erwartenden Aufwendungen der Bundesagentur.~~

~~(2) Für die Verwaltungskosten entrichten die Unfallversicherungsträger (§ 358 Abs. 1) zu den genannten Zeitpunkten Abschlagszahlungen in Höhe von jeweils einem Viertel der Aufwendungen der Bundesagentur für die Verwaltungskosten im vorvergangenen Kalenderjahr.~~

~~(3) Zur Berechnung der Abschlagszahlungen übermittelt die Bundesagentur dem Hauptverband der gewerblichen Berufsgenossenschaften e. V. und dem Bundesverband der landwirtschaftlichen Berufsgenossenschaften e. V. bis zum 5. April, 5. Juli, 5. Oktober und 11. Dezember die erforderlichen Angaben.~~

~~(4) Bis zum 31. Mai eines jeden Jahres übermitteln die Unfallversicherungsträger (§ 358 Abs. 1) und die Bundesagentur dem Hauptverband der gewerblichen Berufsgenossenschaften e. V. und dem Bundesverband der landwirtschaftlichen Berufsgenossenschaften e. V. die Angaben, die für die Berechnung der Anteile der Unfallversicherungsträger (§ 358 Abs. 1) an den für das Vorjahr aufzubringenden Mitteln erforderlich sind. Die Verbände ermitteln die Anteile der Unfallversicherungsträger (§ 358 Abs. 1) und teilen sie diesen und der Bundesagentur mit. Die Verbände und die Bundesagentur können ein anderes Verfahren vereinbaren.~~

§ 362*1* Verordnungsermächtigung

Das Bundesministerium für Arbeit und Soziales ~~bestimmt die Höhe der Pauschale für die sonstigen Kosten nach Anhörung der Bundesagentur und der Verbände der Unfallversicherungsträger~~ *wird ermächtigt,* durch Rechtsverordnung mit Zustimmung des Bundesrates~~.~~

1. den Umlagesatz nach § 360 für jedes Kalenderjahr festzusetzen,

2. die Höhe der Pauschale für die Kosten des Einzugs der Umlage und der Prüfung der Arbeitgeber nach Anhörung der Bundesagentur für Arbeit, der Deutschen Rentenversicherung Bund, des Spitzenverbandes Bund der Krankenkassen und des Spitzenverbandes des landwirtschaftlichen Sozialversicherung sowie der Deutschen Rentenversicherung Knappschaft-Bahn-See festzusetzen.

Es kann durch Rechtsverordnung mit Zustimmung des Bundesrates die Befugnis nach Satz 1 Nr. 1 auf den Vorstand der Bundesagentur übertragen.

Rechtsverordnungen, die aufgrund von Satz 2 vom Vorstand der Bundesagentur erlassen werden, bedürfen des Einvernehmens mit dem Bundesministerium für Arbeit und Soziales.

§ 362 Übergangsregelung
Für die Aufbringung der Mittel für das Insolvenzgeld für das Jahr 2008 gelten die §§ 358 bis 362 in der am 31. Dezember 2008 geltenden Fassung. Die Höhe der Verwaltungskostenabschläge im Jahr 2008 wird jeweils nach einvernehmlicher Schätzung der Bundesagentur für Arbeit und der Verbände der Unfallversicherungsträger festgesetzt.

Vierter Abschnitt: Beteiligung des Bundes

§ 363 Finanzierung aus Bundesmitteln
(1) Der Bund beteiligt sich an den Kosten der Arbeitsförderung. Er zahlt an die Bundesagentur für das Jahr 2007 6,468 Milliarden Euro, für das Jahr 2008 7,583 Milliarden Euro und für das Jahr 2009 7,777 Milliarden Euro. Für die Kalenderjahre ab 2010 verändert sich der Beitrag des Bundes jährlich entsprechend der Veränderungsrate der Steuern vom Umsatz; hierbei bleiben Änderungen der Steuersätze im Jahr ihres Wirksamwerdens unberücksichtigt. *Die Beteiligung ist jährlich fällig am drittletzten Bankarbeitstag des Monats Dezember.*[1]
(2) Der Bund trägt die Ausgaben für die Aufgaben, deren Durchführung die Bundesregierung auf Grund dieses Buches der Bundesagentur übertragen hat. Verwaltungskosten der Bundesagentur werden nicht erstattet.
(3) Der Bund trägt die Ausgaben für die weiteren Aufgaben, die er der Bundesagentur durch Gesetz übertragen hat. Hierfür werden der Bundesagentur die Verwaltungskosten erstattet, soweit in dem jeweiligen Gesetz nichts Abweichendes bestimmt ist.

§ 364 Liquiditätshilfen
(1) Der Bund leistet die zur Aufrechterhaltung einer ordnungsgemäßen Kassenwirtschaft notwendigen Liquiditätshilfen als zinslose Darlehen, wenn die Mittel der Bundesagentur zur Erfüllung der Zahlungsverpflichtungen nicht ausreichen.
(2) Die Darlehen sind zurückzuzahlen, sobald und soweit am Ende eines Tages die Einnahmen die Ausgaben übersteigen.

---

[1] Vgl. Achtes Gesetz zur Änderung des SGB III und anderer Gesetze.

§ 365 (aufgehoben)

Fünfter Abschnitt: Rücklage und Versorgungsfonds

§ 366 Bildung und Anlage der Rücklage

(1) Die Bundesagentur hat aus den Überschüssen der Einnahmen über die Ausgaben eine Rücklage zu bilden.

(2) Die Rücklage ist nach wirtschaftlichen Grundsätzen so anzulegen, daß bis zur vollen Höhe der Rücklage die jederzeitige Zahlungsfähigkeit der Bundesagentur gewährleistet ist. Die Bundesagentur kann mit Zustimmung des Bundesministeriums für Arbeit und Soziales sowie des Bundesministeriums der Finanzen Verwaltungsvorschriften über die Anlage der Rücklage erlassen.

§ 366a Versorgungsfonds

(1) Zur Finanzierung der Versorgungsausgaben (Versorgungsaufwendungen und Beihilfen) für

1. Versorgungsempfängerinnen und Versorgungsempfänger,
2. Beamtinnen und Beamte und
3. Beschäftigte, denen eine Anwartschaft auf Versorgung nach beamtenrechtlichen Vorschriften oder Grundsätzen gewährleistet wird,

wird ein Sondervermögen der Bundesagentur unter dem Namen „Versorgungsfonds der Bundesagentur für Arbeit" errichtet. Dies gilt nicht für Personen im Beamtenverhältnis auf Widerruf.

(2) Das Sondervermögen „Versorgungsfonds der Bundesagentur für Arbeit" wird gebildet aus

1. einer einmaligen Zuweisung der Bundesagentur,
2. der Entnahme der von der Bundesagentur in die Versorgungsrücklage des Bundes und in den Versorgungsfonds des Bundes nach dem Versorgungsrücklagegesetz eingezahlten Mittel einschließlich der Zinsen,
3. aus regelmäßigen Zuweisungen der Bundesagentur,
4. den sich nach § 14a Abs. 2 bis 3 des Bundesbesoldungsgesetzes ergebenden Beträgen und
5. den Erträgen des Versorgungsfonds.

(3) Die einmalige Zuweisung nach Absatz 2 Nr. 1 dient der Finanzierung der Versorgungsansprüche aller Versorgungsempfängerinnen und Versorgungsempfänger der Bundesagentur zum Zeitpunkt der Errichtung des Versorgungsfonds der Bundesagentur für Arbeit und beträgt 2,5 Milliarden Euro. Sie wird aus der Rücklage der Bundesagentur nach § 366 dem Versorgungsfonds zum Zeitpunkt seiner Errichtung zugeführt.

(4) Die regelmäßigen Zuweisungen nach Absatz 2 Nr. 3 dienen dazu, die Versorgungsanwartschaften des in Absatz 1 Nr. 2 und 3 genannten Personenkreises der Bundesagentur abzudecken. Die Höhe der monatlich für jede Person abzuführenden Zuweisung bestimmt sich nach Prozentsätzen der jeweiligen ruhegehaltfähigen Dienstbezüge oder Entgeltzahlungen auf der Grundlage versicherungsmathematischer Berechnungen und ist regelmäßig zu überprüfen. Die Höhe und das Verfahren der Zuweisungen sowie das Verfah-

ren der Überprüfung legt das Bundesministerium für Arbeit und Soziales unter Beachtung der Liquidität des Sondervermögens durch Rechtsverordnung im Einvernehmen mit dem Bundesministerium der Finanzen fest. Unter Berücksichtigung der Abflüsse ist die Zahlungsfähigkeit des Sondervermögens jederzeit sicherzustellen. Das Bundesministerium für Arbeit und Soziales kann die Befugnis nach Satz 3 im Einvernehmen mit dem Bundesministerium der Finanzen durch Rechtsverordnung auf den Vorstand der Bundesagentur übertragen. Für Beamtinnen und Beamte, die nach § 387 Abs. 3 bis 6 beurlaubt sind oder denen die Zeit ihrer Beurlaubung als ruhegehaltfähig anerkannt worden ist, sind regelmäßige Zuweisungen auf der Grundlage der ihnen ohne die Beurlaubung jeweils zustehenden ruhegehaltfähigen Dienstbezüge zu leisten.

(5) Der Versorgungsfonds ist ein nicht rechtsfähiges Sondervermögen der Bundesagentur. Die Bundesagentur hat den Versorgungsfonds getrennt von ihrem sonstigen Vermögen zu verwalten. Sie hat einen jährlichen Wirtschaftsplan zu erstellen, der der Genehmigung durch die Bundesregierung bedarf. Für jedes Rechnungsjahr ist auf der Grundlage des Wirtschaftsplanes eine Jahresrechnung aufzustellen, in der der Bestand des Versorgungsfonds, die Einnahmen und Ausgaben sowie die Forderungen und Verbindlichkeiten nachzuweisen sind. Die Jahresrechnung ist dem Bundesministerium für Arbeit und Soziales zum Ende des zweiten Monats eines Haushaltsjahres vorzulegen.

(6) Die Verwaltung der Mittel des Versorgungsfonds der Bundesagentur wird der Deutschen Bundesbank übertragen. Die Mittel des Versorgungsfonds sind einschließlich der Erträge entsprechend der für den Versorgungsfonds des Bundes nach dem Versorgungsrücklagegesetz geltenden Grundsätze und Richtlinien auf der Grundlage einer von der Bundesagentur jährlich aufzustellenden langfristigen Planung der Nettozuweisungen und Abflüsse zu verwalten und anzulegen. Über die Terminierung der Anlage der einmaligen Zuweisung nach Absatz 2 Nr. 1 schließen die Bundesagentur und die Deutsche Bundesbank eine Vereinbarung.

(7) Mit Errichtung des Versorgungsfonds werden alle Versorgungsausgaben der Bundesagentur aus diesem geleistet.

Elftes Kapitel: Organisation und Datenschutz

Erster Abschnitt: Bundesagentur für Arbeit

§ 367 Bundesagentur für Arbeit

(1) Die Bundesagentur für Arbeit (Bundesagentur) ist eine rechtsfähige bundesunmittelbare Körperschaft des öffentlichen Rechts mit Selbstverwaltung.

(2) Die Bundesagentur gliedert sich in eine Zentrale auf der oberen Verwaltungsebene, Regionaldirektionen auf der mittleren Verwaltungsebene und Agenturen für Arbeit auf der örtlichen Verwaltungsebene. Die Bundesagentur kann besondere Dienststellen errichten.

(3) Die Regionaldirektionen tragen Verantwortung für den Erfolg der regionalen Arbeitsmarktpolitik. Zur Abstimmung der Leistungen der Arbeitsförderung mit der Arbeitsmarkt-, Struktur- und Wirtschaftspolitik der Länder arbeiten sie mit den Landesregierungen zusammen.

(4) Die Bundesagentur hat ihren Sitz in Nürnberg.

§ 368 Aufgaben der Bundesagentur

(1) Die Bundesagentur ist der für die Durchführung der Aufgaben nach diesem Buch zuständige Verwaltungsträger. Sie darf ihre Mittel nur für die gesetzlich vorgeschriebenen oder zugelassenen Zwecke verwenden.

(2) Die Bundesregierung kann der Bundesagentur durch Rechtsverordnung mit Zustimmung des Bundesrates weitere Aufgaben übertragen, die im Zusammenhang mit deren Aufgaben nach diesem Buch stehen. Die Durchführung befristeter Arbeitsmarktprogramme kann sie der Bundesagentur durch Verwaltungsvereinbarung übertragen.

(3) Die Regionaldirektionen können mit Zustimmung der Zentrale durch Verwaltungsvereinbarung die Durchführung befristeter Arbeitsmarktprogramme der Länder übernehmen.

(4) Die Agenturen für Arbeit können die Zusammenarbeit mit Kreisen und Gemeinden in Verwaltungsvereinbarungen regeln.

§ 368a (aufgehoben)

§ 369 Besonderheiten zum Gerichtsstand

Hat eine Klage gegen die Bundesagentur Bezug auf den Aufgabenbereich einer Regionaldirektion oder einer Agentur für Arbeit, und ist der Sitz der Bundesagentur maßgebend für die örtliche Zuständigkeit des Gerichts, so kann die Klage auch bei dem Gericht erhoben werden, in dessen Bezirk die Regionaldirektion oder die Agentur für Arbeit ihren Sitz hat.

§ 370 Beteiligung an Gesellschaften

Die Bundesagentur kann die Mitgliedschaft in Vereinen erwerben und mit Zustimmung des Bundesministeriums für Arbeit und Soziales sowie des Bundesministeriums der Finanzen Gesellschaften gründen oder sich an Gesellschaften beteiligen, wenn dies zur Erfüllung ihrer Aufgaben nach diesem Buch zweckmäßig ist.

Zweiter Abschnitt: Selbstverwaltung

Erster Unterabschnitt: Verfassung

§ 371 Selbstverwaltungsorgane

(1) Als Selbstverwaltungsorgane der Bundesagentur werden der Verwaltungsrat und die Verwaltungsausschüsse bei den Agenturen für Arbeit gebildet.

(2) Die Selbstverwaltungsorgane haben die Verwaltung zu überwachen und in allen aktuellen Fragen des Arbeitsmarktes zu beraten. Sie erhalten die für die Wahrnehmung ihrer Aufgaben erforderlichen Informationen.

(3) Jedes Selbstverwaltungsorgan gibt sich eine Geschäftsordnung. Die Geschäftsordnung ist von mindestens drei Vierteln der Mitglieder zu beschließen.

(4) Die Bundesagentur wird ohne Selbstverwaltung tätig, soweit sie der Fachaufsicht unterliegt.

(5) Die Selbstverwaltungsorgane setzen sich zu gleichen Teilen aus Vertretern der Arbeitnehmer, der Arbeitgeber und der öffentlichen Körperschaften zusammen. Eine Stellvertretung ist nur bei Abwesenheit des Mitglieds zulässig. Vertreter der öffentlichen Körperschaften können einem Selbstverwaltungsorgan nicht vorsitzen.

(6) Die Mitglieder der Selbstverwaltungsorgane üben ihre Tätigkeit ehrenamtlich aus. Sie dürfen in der Übernahme oder Ausübung des Ehrenamtes nicht behindert oder wegen der Übernahme oder Ausübung eines solchen Amtes nicht benachteiligt werden.

(7) Stellvertreter haben für die Zeit, in der sie Mitglieder vertreten, die Rechte und Pflichten eines Mitglieds.

(8) § 42 des Vierten Buches gilt entsprechend.

§ 372 Satzung und Anordnungen

(1) Die Bundesagentur gibt sich eine Satzung.

(2) Die Satzung und die Anordnungen des Verwaltungsrats bedürfen der Genehmigung des Bundesministeriums für Arbeit und Soziales.

(3) Die Satzung und die Anordnungen sind öffentlich bekannt zu machen. Sie treten, wenn ein anderer Zeitpunkt nicht bestimmt ist, am Tag nach ihrer Bekanntmachung in Kraft. Die Art der Bekanntmachung wird durch die Satzung geregelt.

(4) Das Bundesministerium für Arbeit und Soziales kann anstelle der nach diesem Gesetz vorgesehenen Anordnungen Rechtsverordnungen erlassen, wenn die Bundesagentur nicht innerhalb von vier Monaten, nachdem das Bundesministerium für Arbeit und Soziales sie dazu aufgefordert hat, eine Anordnung erlässt oder veränderten Verhältnissen anpasst.

§ 373 Verwaltungsrat

(1) Der Verwaltungsrat überwacht den Vorstand und die Verwaltung. Er kann vom Vorstand die Durchführung von Prüfungen durch die Innenrevision verlangen und Sachverständige mit einzelnen Aufgaben der Überwachung beauftragen.

(2) Der Verwaltungsrat kann jederzeit vom Vorstand Auskunft über die Geschäftsführung verlangen. Auch ein einzelnes Mitglied des Verwaltungsrats kann einen Bericht, jedoch nur an den Verwaltungsrat, verlangen; lehnt der Vorstand die Berichterstattung ab, so kann der Bericht nur verlangt werden, wenn die Mehrheit der Gruppe, der das Antrag stellende Mitglied angehört, das Verlangen unterstützt.

(3) Die Satzung kann bestimmen, dass bestimmte Arten von Geschäften nur mit Zustimmung des Verwaltungsrats vorgenommen werden dürfen. Verweigert der Verwaltungsrat die Zustimmung, so kann der Vorstand verlangen, dass das Bundesministerium für Arbeit und Soziales entscheidet.

(4) Ist der Verwaltungsrat der Auffassung, dass der Vorstand seine Pflichten verletzt hat, kann er die Angelegenheit dem Bundesministerium für Arbeit und Soziales vortragen.

(5) Der Verwaltungsrat beschließt die Satzung und erlässt die Anordnungen nach diesem Gesetz.

(6) Der Verwaltungsrat besteht aus 21 Mitgliedern. Jede Gruppe kann bis zu drei Stellvertreter benennen.

§ 374 Verwaltungsausschüsse

(1) Bei jeder Agentur für Arbeit besteht ein Verwaltungsausschuss.

(2) Der Verwaltungsausschuss überwacht und berät die Agentur für Arbeit bei der Erfüllung ihrer Aufgaben. § 373 Abs. 2 gilt entsprechend.

(3) Ist der Verwaltungsausschuss der Auffassung, dass die Geschäftsführung ihre Pflichten verletzt hat, kann er die Angelegenheit dem Verwaltungsrat vortragen.

(4) Die Zahl der Mitglieder der Verwaltungsausschüsse setzt der Verwaltungsrat fest; die Mitgliederzahl darf höchstens 15 betragen. Jede Gruppe kann bis zu zwei Stellvertreter benennen.

§ 374a (aufgehoben)

§ 375 Amtsdauer

(1) Die Amtsdauer der Mitglieder der Selbstverwaltungsorgane beträgt sechs Jahre.

(2) Die Mitglieder der Selbstverwaltungsorgane bleiben nach Ablauf ihrer Amtsdauer im Amt, bis ihre Nachfolger berufen sind.

(3) Scheidet ein Mitglied vor Ablauf der Amtsdauer aus, so ist für den Rest der Amtsdauer ein neues Mitglied zu berufen.

(4) Die Amtsdauer der Stellvertreter endet mit der Amtsdauer der Mitglieder der Selbstverwaltungsorgane.

§ 376 Entschädigung der ehrenamtlich Tätigen

Die Bundesagentur erstattet den Mitgliedern der Selbstverwaltungsorgane und den Stellvertretern ihre baren Auslagen und gewährt eine Entschädigung. Der Verwaltungsrat kann feste Sätze beschließen.

Zweiter Unterabschnitt: Berufung und Abberufung

§ 377 Berufung und Abberufung der Mitglieder

(1) Die Mitglieder der Selbstverwaltung und die Stellvertreter werden berufen.

(2) Die Berufung erfolgt bei Mitgliedern des Verwaltungsrats durch das Bundesministerium für Arbeit und Soziales und bei Mitgliedern der Verwaltungs-

ausschüsse durch den Verwaltungsrat. Die berufende Stelle hat Frauen und Männer mit dem Ziel ihrer gleichberechtigten Teilhabe in den Gruppen zu berücksichtigen. Liegen Vorschläge mehrerer Vorschlagsberechtigter vor, so sind die Sitze anteilsmäßig unter billiger Berücksichtigung der Minderheiten zu verteilen.

(3) Ein Mitglied ist abzuberufen, wenn

1. eine Voraussetzung für seine Berufung entfällt oder sich nachträglich herausstellt, dass sie nicht vorgelegen hat,
2. das Mitglied seine Amtspflicht grob verletzt,
3. die vorschlagende Stelle es beantragt oder
4. das Mitglied es beantragt.

Eine Abberufung auf Antrag der vorschlagsberechtigten Gruppe hat bei den Gruppen der Arbeitnehmer oder der Arbeitgeber nur zu erfolgen, wenn die Mitglieder aus ihren Organisationen ausgeschlossen worden oder ausgetreten sind oder die Vorschlagsberechtigung der Stelle, die das Mitglied vorgeschlagen hat, entfallen ist.

(4) Für die Berufung der Stellvertreter gelten Absatz 2 Satz 1 und 2, Absatz 3 Satz 1 Nr. 1, 2 und 4 sowie § 378 entsprechend. Ein Stellvertreter ist abzuberufen, wenn die benennende Gruppe dies beantragt.

§ 378 Berufungsfähigkeit

(1) Als Mitglieder der Selbstverwaltungsorgane können nur Deutsche, die das passive Wahlrecht zum Deutschen Bundestag besitzen, und Ausländer, die ihren gewöhnlichen Aufenthalt rechtmäßig im Bundesgebiet haben und die die Voraussetzungen des § 15 des Bundeswahlgesetzes mit Ausnahme der von der Staatsangehörigkeit abhängigen Voraussetzungen erfüllen, berufen werden.

(2) Arbeitnehmer und Beamte der Bundesagentur können nicht Mitglieder von Selbstverwaltungsorganen der Bundesagentur sein.

§ 379 Vorschlagsberechtigte Stellen

Vorschlagsberechtigt sind für die Mitglieder der Gruppen

1. der Arbeitnehmer die Gewerkschaften, die Tarifverträge abgeschlossen haben, sowie ihre Verbände,
2. der Arbeitgeber die Arbeitgeberverbände, die Tarifverträge abgeschlossen haben, sowie ihre Vereinigungen,

die für die Vertretung von Arbeitnehmer- oder Arbeitgeberinteressen wesentliche Bedeutung haben. Für die Verwaltungsausschüsse der Agenturen für Arbeit sind nur die für den Bezirk zuständigen Gewerkschaften und ihre Verbände sowie die Arbeitgeberverbände und ihre Vereinigungen vorschlagsberechtigt.

(2) Vorschlagsberechtigt für die Mitglieder der Gruppe der öffentlichen Körperschaften im Verwaltungsrat sind

1. die Bundesregierung für drei Mitglieder,
2. der Bundesrat für drei Mitglieder und

3. die Spitzenvereinigungen der kommunalen Selbstverwaltungskörperschaften für ein Mitglied.

(2a) (aufgehoben)

(3) Vorschlagsberechtigt für die Mitglieder der Gruppe der öffentlichen Körperschaften in den Verwaltungsausschüssen sind die gemeinsamen Rechtsaufsichtsbehörden der zum Bezirk der Agentur für Arbeit gehörenden Gemeinden und Gemeindeverbände oder, soweit es sich um oberste Landesbehörden handelt, die von ihnen bestimmten Behörden. Die zum Bezirk der Agentur für Arbeit gehörenden Gemeinden und Gemeindeverbände sind berechtigt, der zuständigen Behörde Personen vorzuschlagen. Einigen sie sich auf einen Vorschlag, ist die zuständige Behörde an diesen gebunden; im anderen Fall schlägt sie von sich aus Personen vor, die für die beteiligten Gemeinden oder Gemeindeverbände oder für sie tätig sein müssen. Ist eine gemeinsame Gemeindeaufsichtsbehörde nicht vorhanden und einigen sich die beteiligten Gemeindeaufsichtsbehörden nicht, so steht das Vorschlagsrecht der obersten Landesbehörde oder der von ihr bezeichneten Stelle zu. Mitglieder der öffentlichen Körperschaften können nur Vertreterinnen oder Vertreter der Gemeinden, der Gemeindeverbände oder der gemeinsamen Gemeindeaufsichtsbehörde sein, in deren Gebiet sich der Bezirk der Agentur für Arbeit befindet, und die bei diesen hauptamtlich oder ehrenamtlich tätig sind.

(4) Die vorschlagsberechtigten Stellen haben unter den Voraussetzungen des § 4 des Bundesgremienbesetzungsgesetzes für jeden auf sie entfallenden Sitz jeweils eine Frau und einen Mann vorzuschlagen.

Dritter Unterabschnitt: Neutralitätsausschuss

§ 380 Neutralitätsausschuss

(1) Der Neutralitätsausschuss, der Feststellungen über bestimmte Voraussetzungen über das Ruhen des Arbeitslosengeldes bei Arbeitskämpfen trifft, besteht aus jeweils drei Vertretern der Gruppen der Arbeitnehmer und der Arbeitgeber im Verwaltungsrat sowie der oder dem Vorsitzenden des Vorstands. Die Gruppen der Arbeitnehmer und der Arbeitgeber bestimmen ihre Vertreter mit einfacher Mehrheit. Vorsitzende oder Vorsitzender ist die oder der Vorsitzende des Vorstands. Sie oder er vertritt den Neutralitätsausschuss vor dem Bundessozialgericht.

(2) Die Vorschriften, die die Organe der Bundesagentur betreffen, gelten entsprechend, soweit Besonderheiten des Neutralitätsausschusses nicht entgegenstehen.

Dritter Abschnitt: Vorstand und Verwaltung

§ 381 Vorstand der Bundesagentur

(1) Der Vorstand leitet die Bundesagentur und führt deren Geschäfte. Er vertritt die Bundesagentur gerichtlich und außergerichtlich.

(2) Der Vorstand besteht aus einer oder einem Vorsitzenden und zwei weiteren Mitgliedern. Die oder der Vorsitzende führt die Amtsbezeichnung "Vor-

sitzende des Vorstands der Bundesagentur für Arbeit" oder "Vorsitzender des Vorstands der Bundesagentur für Arbeit", die übrigen Mitglieder führen die Amtsbezeichnung "Mitglied des Vorstands der Bundesagentur für Arbeit".

(3) Die oder der Vorsitzende des Vorstands bestimmt die Richtlinien der Geschäftsführung und ist bei der Benennung der übrigen Vorstandsmitglieder zu hören. Innerhalb dieser Richtlinien nimmt jedes Vorstandsmitglied die Aufgaben seines Geschäftsbereiches selbständig wahr.

(4) Der Vorstand gibt sich eine Geschäftsordnung, die der Zustimmung des Verwaltungsrats bedarf. Die Geschäftsordnung hat insbesondere die Geschäftsverteilung im Vorstand festzulegen sowie die Stellvertretung und die Voraussetzungen für die Beschlussfassung zu regeln.

(5) Die Vorstandsmitglieder dürfen dem Verwaltungsrat nicht angehören. Sie sind berechtigt, an den Sitzungen des Verwaltungsrats teilzunehmen. Sie können jederzeit das Wort ergreifen.

(6) Der Vorstand hat dem Verwaltungsrat regelmäßig und aus wichtigem Anlass zu berichten und ihm auf Verlangen jederzeit Auskunft über die Geschäftsführung der Bundesagentur zu erteilen.

§ 382 Rechtsstellung der Vorstandsmitglieder

(1) Die oder der Vorsitzende und die übrigen Mitglieder des Vorstands werden auf Vorschlag des Verwaltungsrats von der Bundesregierung benannt. Erfolgt trotz Aufforderung durch die Bundesregierung innerhalb von vier Wochen kein Vorschlag des Verwaltungsrats, erlischt das Vorschlagsrecht. Findet der Vorschlag des Verwaltungsrats nicht die Zustimmung der Bundesregierung, kann der Verwaltungsrat innerhalb von vier Wochen einen neuen Vorschlag unterbreiten. Das Letztentscheidungsrecht der Bundesregierung bleibt von diesem Verfahren unberührt.

(2) Die oder der Vorsitzende und die übrigen Mitglieder des Vorstands stehen in einem öffentlich-rechtlichen Amtsverhältnis. Sie werden von der Bundespräsidentin oder dem Bundespräsidenten ernannt. Die Amtszeit der Mitglieder des Vorstands soll fünf Jahre betragen. Mehrere Amtszeiten sind zulässig.

(3) Das Amtsverhältnis der Vorstandsmitglieder beginnt mit der Aushändigung der Ernennungsurkunde, wenn nicht in der Urkunde ein späterer Tag bestimmt ist. Es endet mit Ablauf der Amtszeit, Erreichen der Altersgrenze nach § 41 Abs. 1 des Bundesbeamtengesetzes oder Entlassung. Die Bundespräsidentin oder der Bundespräsident entlässt ein Vorstandsmitglied auf dessen Verlangen. Eine Entlassung erfolgt auch auf Beschluss der Bundesregierung oder des Verwaltungsrats mit Zustimmung der Bundesregierung, wenn das Vertrauensverhältnis gestört ist oder ein wichtiger Grund vorliegt. Im Falle der Beendigung des Amtsverhältnisses erhält das Vorstandsmitglied eine von der Bundespräsidentin oder dem Bundespräsidenten vollzogene Urkunde. Eine Entlassung wird mit der Aushändigung der Urkunde wirksam. Auf Verlangen des Verwaltungsrats mit Zustimmung des Bundesministeriums für Arbeit und Soziales ist ein Vorstandsmitglied verpflichtet, die Geschäfte bis zur Ernennung einer Nachfolgerin oder eines Nachfolgers weiterzuführen.

(4) Die Mitglieder des Vorstands haben, auch nach Beendigung ihres Amtsverhältnisses, über die ihnen amtlich bekannt gewordenen Angelegenheiten Verschwiegenheit zu bewahren. Dies gilt nicht für Mitteilungen im dienstlichen Verkehr oder über Tatsachen, die offenkundig sind oder ihrer Bedeutung nach keiner Geheimhaltung bedürfen.

(5) Die Vorstandsmitglieder dürfen neben ihrem Amt kein anderes besoldetes Amt, kein Gewerbe und keinen Beruf ausüben und weder der Leitung eines auf Erwerb gerichteten Unternehmens noch einer Regierung oder einer gesetzgebenden Körperschaft des Bundes oder eines Landes angehören. Sie dürfen nicht gegen Entgelt außergerichtliche Gutachten abgeben. Für die Zugehörigkeit zu einem Aufsichtsrat, Verwaltungsrat, Beirat oder einem anderen Gremium eines öffentlichen oder privaten Unternehmens oder einer sonstigen Einrichtung ist die Einwilligung des Bundesministeriums für Arbeit und Soziales erforderlich; dieses entscheidet, inwieweit eine Vergütung abzuführen ist.

(6) Im Übrigen werden die Rechtsverhältnisse der Vorstandsmitglieder, insbesondere die Gehalts- und Versorgungsansprüche und die Haftung, durch Verträge geregelt, die das Bundesministerium für Arbeit und Soziales mit den Mitgliedern des Vorstands schließt. Die Verträge bedürfen der Zustimmung der Bundesregierung. Der Vollzug der vertraglichen Regelung obliegt der Bundesagentur.

(7) Wird eine Bundesbeamtin oder ein Bundesbeamter zum Mitglied des Vorstands ernannt, ruhen für die Dauer des Amtsverhältnisses die in dem Beamtenverhältnis begründeten Rechte und Pflichten mit Ausnahme der Pflicht zur Amtsverschwiegenheit und des Verbots der Annahme von Belohnungen oder Geschenken. Satz 1 gilt längstens bis zum Eintritt oder bis zur Versetzung in den Ruhestand.

(8) Endet das Amtsverhältnis nach Absatz 2 und wird die oder der Betroffene nicht anschließend in ein anderes öffentlich-rechtliches Amtsverhältnis zum Bund berufen, treten Beamtinnen und Beamte, wenn ihnen nicht innerhalb von drei Monaten unter den Voraussetzungen des § 26 Abs. 1 Satz 2 des Bundesbeamtengesetzes oder vergleichbarer landesrechtlicher Regelungen ein anderes Amt übertragen wird, mit Ablauf dieser Frist aus ihrem Dienstverhältnis als Beamtinnen oder Beamte in den einstweiligen Ruhestand, sofern sie zu diesem Zeitpunkt noch nicht die gesetzliche Altersgrenze erreicht haben.

§ 383 Geschäftsführung der Agenturen für Arbeit

(1) Die Agenturen für Arbeit werden von einer Geschäftsführerin, einem Geschäftsführer oder einer Geschäftsführung geleitet. Eine Geschäftsführung besteht aus einer oder einem Vorsitzenden und bis zu zwei weiteren Mitgliedern.

(2) Die Geschäftsführerin, der Geschäftsführer oder die Mitglieder der Geschäftsführung werden vom Vorstand bestellt. Der Vorstand hört die Verwaltungsausschüsse zu den von ihm ausgewählten Bewerberinnen und Bewerbern.

(3) Die Geschäftsführerin, der Geschäftsführer oder die Mitglieder der Geschäftsführung sind berechtigt, an den Sitzungen des Verwaltungsausschusses teilzunehmen. Sie können jederzeit das Wort ergreifen.

(4) Die Geschäftsführerin, der Geschäftsführer oder die Geschäftsführung haben dem Verwaltungsausschuss regelmäßig und aus wichtigem Anlass zu berichten und ihm auf Verlangen jederzeit Auskunft über die Geschäfte der Agentur für Arbeit zu erteilen.

§ 384 Geschäftsführung der Regionaldirektionen

(1) Die Regionaldirektionen werden von einer Geschäftsführung geleitet. Die Geschäftsführung besteht aus einer oder einem Vorsitzenden und zwei weiteren Mitgliedern.

(2) Die Mitglieder werden vom Vorstand bestellt; vor der Bestellung der vorsitzenden Mitglieder der Geschäftsführung hat der Vorstand den Verwaltungsrat und die beteiligten Landesregierungen anzuhören.

§ 385 Beauftragte für Chancengleichheit am Arbeitsmarkt

(1) Bei den Agenturen für Arbeit, bei den Regionaldirektionen und bei der Zentrale sind hauptamtliche Beauftragte für Chancengleichheit am Arbeitsmarkt zu bestellen. Sie sind unmittelbar der jeweiligen Dienststellenleitung zugeordnet.

(2) Die Beauftragten für Chancengleichheit am Arbeitsmarkt unterstützen und beraten Arbeitgeber und Arbeitnehmer sowie deren Organisationen in übergeordneten Fragen der Frauenförderung, der Gleichstellung von Frauen und Männern am Arbeitsmarkt sowie der Vereinbarkeit von Familie und Beruf bei beiden Geschlechtern. Hierzu zählen insbesondere Fragen der beruflichen Ausbildung, des beruflichen Einstiegs und Fortkommens von Frauen und Männern nach einer Familienphase sowie hinsichtlich einer flexiblen Arbeitszeitgestaltung. Zur Sicherung der gleichberechtigten Teilhabe von Frauen am Arbeitsmarkt arbeiten sie mit den in Fragen der Frauenerwerbsarbeit tätigen Stellen ihres Bezirks zusammen.

(3) Die Beauftragten für Chancengleichheit am Arbeitsmarkt sind bei der frauen- und familiengerechten fachlichen Aufgabenerledigung ihrer Dienststellen zu beteiligen. Sie haben ein Informations-, Beratungs- und Vorschlagsrecht in Fragen, die Auswirkungen auf die Chancengleichheit von Frauen und Männern am Arbeitsmarkt haben.

(4) Die Beauftragten für Chancengleichheit am Arbeitsmarkt bei den Agenturen für Arbeit können mit weiteren Aufgaben beauftragt werden, soweit die Aufgabenerledigung als Beauftragte für Chancengleichheit am Arbeitsmarkt dies zulässt. In Konfliktfällen entscheidet der Verwaltungsausschuss.

§ 386 Innenrevision

(1) Die Bundesagentur stellt durch organisatorische Maßnahmen sicher, dass in allen Dienststellen durch eigenes nicht der Dienststelle angehörendes Personal geprüft wird, ob Leistungen unter Beachtung der gesetzlichen Bestimmungen nicht hätten erbracht werden dürfen oder zweckmäßiger oder wirt-

schaftlicher hätten eingesetzt werden können. Mit der Durchführung der Prüfungen können Dritte beauftragt werden.

(2) Das Prüfpersonal der Bundesagentur ist für die Zeit seiner Prüftätigkeit fachlich unmittelbar der Leitung der Dienststelle unterstellt, in der es beschäftigt ist.

(3) Der Vorstand legt die Berichte der Innenrevision unverzüglich dem Verwaltungsrat vor. Vertreterinnen oder Vertreter der Innenrevision sind berechtigt, an den Sitzungen des Verwaltungsrats teilzunehmen, wenn ihre Berichte Gegenstand der Beratung sind. Sie können jederzeit das Wort ergreifen.

§ 387 Personal der Bundesagentur

(1) Das Personal der Bundesagentur besteht vorrangig aus Arbeitnehmerinnen und Arbeitnehmern. Die Beamtinnen und Beamten der Bundesagentur sind mittelbare Bundesbeamte.

(2) Oberste Dienstbehörde für die Beamtinnen und Beamten der Bundesagentur ist der Vorstand. Soweit beamtenrechtliche Vorschriften die Übertragung der Befugnisse von obersten Dienstbehörden auf nachgeordnete Behörden zulassen, kann der Vorstand seine Befugnisse im Rahmen dieser Vorschriften auf die Geschäftsführerinnen, Geschäftsführer oder Vorsitzenden der Geschäftsführungen der Agenturen für Arbeit, auf die Vorsitzenden der Geschäftsführungen der Regionaldirektionen und die Leiter der besonderen Dienststellen übertragen. § 187 Abs. 1 des Bundesbeamtengesetzes und § 83 Abs. 1 des Bundesdisziplinargesetzes bleiben unberührt.

(3) Beamtinnen und Beamte der Bundesagentur können auf Antrag zur Wahrnehmung einer hauptberuflichen Tätigkeit in einem befristeten Arbeitsverhältnis bei der Bundesagentur unter Wegfall der Besoldung beurlaubt werden, soweit dienstliche Gründe nicht entgegenstehen. Die Bewilligung der Beurlaubung dient dienstlichen Interessen und ist auf längstens zehn Jahre zu befristen. Verlängerungen sind zulässig. Die Bewilligung der Beurlaubung kann aus zwingenden dienstlichen Gründen widerrufen werden. Bei Beendigung oder Ruhen des Arbeitsverhältnisses ist die Bewilligung der Beurlaubung grundsätzlich zu widerrufen. Sie kann auf Antrag der beurlaubten Beamtin oder dem beurlaubten Beamten auch widerrufen werden, wenn ihr oder ihm eine Fortsetzung der Beurlaubung nicht zumutbar ist und dienstliche Belange nicht entgegenstehen.

(4) Die beurlaubten Beamtinnen und Beamten sind im Rahmen ihrer hauptberuflichen Tätigkeit nach Absatz 3 Satz 1 nicht versicherungspflichtig im Anwendungsbereich dieses Buches, in der gesetzlichen Kranken- und Rentenversicherung sowie in der sozialen Pflegeversicherung.

(5) Die Zeit der hauptberuflichen Tätigkeit der nach Absatz 3 Satz 1 beurlaubten Beamtinnen und Beamten ist ruhegehaltfähig. Die Voraussetzungen des § 28 Abs. 2 Satz 4 des Bundesbesoldungsgesetzes gelten für die Zeit der Beurlaubung als erfüllt. Ein Versorgungszuschlag wird nicht erhoben. Die Anwartschaft der beurlaubten Beamtinnen und Beamten auf Versorgung bei verminderter Erwerbsfähigkeit und im Alter sowie auf Hinterbliebenenversor-

gung nach beamtenrechtlichen Vorschriften und Grundsätzen ist gewährleistet.

(6) Während der hauptberuflichen Tätigkeit nach Absatz 3 Satz 1 besteht im Krankheitsfall ein zeitlich unbegrenzter Anspruch auf Entgeltfortzahlung in Höhe der Besoldung, die der beurlaubten Beamtin oder dem beurlaubten Beamten vor der Beurlaubung zugestanden hat, mindestens jedoch in Höhe des Krankengeldes, das der beurlaubten Beamtin oder dem beurlaubten Beamten nach den §§ 44 ff. des Fünften Buches zustehen würde. Entgeltansprüche, die der beurlaubten Beamtin oder dem beurlaubten Beamten im Krankheitsfall nach dem Entgeltfortzahlungsgesetz, einem Tarifvertrag oder dem Arbeitsvertrag zustehen, bleiben unberührt und werden auf den Entgeltfortzahlungsanspruch nach Satz 1 angerechnet. Darüber hinaus besteht bei Krankheit und Pflegebedürftigkeit ein Anspruch auf Beihilfe in entsprechender Anwendung der Beihilferegelungen für Beamtinnen und Beamte mit Dienstbezügen.

§ 388 Ernennung der Beamtinnen und Beamten
(1) Der Vorstand ernennt die Beamtinnen und Beamten.
(2) Der Vorstand kann seine Befugnisse auf Bedienstete der Bundesagentur übertragen. Er bestimmt im Einzelnen, auf wen die Ernennungsbefugnisse übertragen werden.

§ 389 Übertragung von Führungsfunktionen auf Zeit
(1) Sofern die Ämter
1. der Geschäftsführerin, des Geschäftsführers oder der oder des Vorsitzenden der Geschäftsführungen der Agenturen für Arbeit,
2. der Mitglieder der Geschäftsführungen der Regionaldirektionen,
3. der Oberdirektorinnen oder Oberdirektoren, der Direktorinnen oder Direktoren, der Leitenden Verwaltungsdirektorinnen oder Leitenden Verwaltungsdirektoren und der Verwaltungsdirektorinnen oder Verwaltungsdirektoren der Zentrale der Bundesagentur mit leitender Funktion,
4. der Oberdirektorinnen oder Oberdirektoren, der Direktorinnen oder Direktoren und der Leitenden Verwaltungsdirektorinnen oder Leitenden Verwaltungsdirektoren, als Leiterinnen oder Leiter einer besonderen Dienststelle oder eines Geschäftsbereichs einer besonderen Dienststelle und
5. der Vizedirektorin oder des Vizedirektors des Instituts für Arbeitsmarkt- und Berufforschung
Beamtinnen oder Beamten übertragen werden, werden sie zunächst im Beamtenverhältnis auf Zeit übertragen.
(2) Das Amt ist sogleich im Beamtenverhältnis auf Lebenszeit zu übertragen, wenn die Beamtin oder der Beamte
1. bereits ein Amt mit mindestens demselben Endgrundgehalt im Beamten- oder Richterverhältnis auf Lebenszeit innehat oder innehatte oder
2. innerhalb von fünf Jahren nach der erstmaligen Übertragung des Amtes die gesetzliche Altersgrenze erreicht.

(3) In das Beamtenverhältnis auf Zeit nach Absatz 1 darf nur berufen werden, wer sich in einem Beamten- oder Richterverhältnis auf Lebenszeit befindet und in dieses Amt auch als Beamtin oder Beamter auf Lebenszeit berufen werden könnte. Der Bundespersonalausschuss kann Ausnahmen von Satz 1 zulassen.

(4) Für die Dauer des Beamtenverhältnisses auf Zeit ruhen die Rechte und Pflichten aus dem zuletzt im Beamtenverhältnis auf Lebenszeit übertragenen Amt, mit Ausnahme der Pflicht zur Amtsverschwiegenheit und des Verbotes der Annahme von Belohnungen und Geschenken; das Beamtenverhältnis auf Lebenszeit besteht fort. Während dieser Zeit darf die Beamtin oder der Beamte auch außerhalb des Dienstes nur die Amtsbezeichnung des ihm im Beamtenverhältnis auf Zeit übertragenen Amtes führen.

(5) Die Beamtin oder der Beamte auf Zeit darf ohne seine Zustimmung nur in ein anderes Amt mit demselben Endgrundgehalt und mit vergleichbarer leitender Funktion versetzt werden.

(6) Mit der Entlassung aus dem Beamtenverhältnis auf Zeit enden der Anspruch auf Besoldung und, soweit gesetzlich nicht etwas anderes bestimmt ist, alle sonstigen Ansprüche aus dem in diesem Beamtenverhältnis übertragenen Amt.

(7) Für die vorsitzenden Mitglieder der Geschäftsführung einer Agentur für Arbeit und die vorsitzenden Mitglieder und Mitglieder der Geschäftsführung einer Regionaldirektion und die Oberdirektoren und Direktoren bei der Zentrale der Bundesagentur kann durch den Vorstand der Bundesagentur eine zeitlich befristete, nicht ruhegehaltfähige Stellenzulage gewährt werden. Die Zulage wird in Höhe des Unterschiedsbetrages zwischen dem Grundgehalt seiner Besoldungsgruppe und dem Grundgehalt der nächsthöheren Besoldungsgruppe gewährt. Eine Stellenzulage kann den Amtsinhaberinnen und Amtsinhabern gewährt werden, die bereits bei Übernahme eines Amtes nach Satz 1 das dafür vorgesehene Endgrundgehalt erreicht hatten oder für die Übernahme dieses Amtes besonders geeignet und befähigt sind. Die Kriterien zur Vergabe der Stellenzulage legt der Vorstand der Bundesagentur fest. Über die Vergabe oder Beibehaltung von Stellenzulagen hat der Vorstand jährlich erneut Beschluss zu fassen.

(8) Soweit in diesem Gesetz nicht etwas anderes geregelt ist, gelten mit Ausnahme des § 42 Abs. 3 und des § 42a des Bundesbeamtengesetzes die Vorschriften des Bundesbeamtengesetzes für die Inhaberinnen und Inhaber der in Absatz 1 genannten Ämter entsprechend.

§ 390 Beamtenverhältnis auf Zeit

(1) Die in § 389 Abs. 1 genannten Ämter werden im Beamtenverhältnis auf Zeit für längstens zwei Amtszeiten übertragen. Eine Amtszeit beträgt fünf Jahre. Nach Ablauf der ersten Amtszeit kann der Beamtin oder dem Beamten dasselbe oder ein anderes Amt mit demselben Endgrundgehalt im Beamtenverhältnis auf Zeit nur für eine weitere Amtszeit übertragen werden. § 389 Abs. 2 Nr. 2 ist entsprechend anzuwenden.

(2) Mit Ablauf der ersten Amtszeit kann der Beamtin oder dem Beamten das Amt im Beamtenverhältnis auf Lebenszeit übertragen werden. Mit Ablauf der zweiten Amtszeit soll der Beamtin oder dem Beamten das Amt im Beamtenverhältnis auf Lebenszeit übertragen werden. Es kann auch ein anderes Amt mit demselben Endgrundgehalt im Beamtenverhältnis auf Lebenszeit übertragen werden.

(3) Wird die Beamtin oder der Beamte in ein anderes Amt nach Absatz 1 versetzt, das in dieselbe Besoldungsgruppe eingestuft ist wie das ihr oder ihm zuletzt übertragene Amt nach Absatz 1, läuft die Amtszeit weiter. Wird der Beamtin oder dem Beamten ein höheres Amt nach Absatz 1 übertragen, ist ihr oder ihm zugleich das auf Zeit übertragene Amt im Beamtenverhältnis auf Lebenszeit zu übertragen, wenn die Amtszeit in Ämtern nach Absatz 1 mindestens ein Jahr betragen hat.

(4) Die Beamtin oder der Beamte ist mit Ablauf der Amtszeit aus dem Beamtenverhältnis auf Zeit entlassen, sofern sie oder er nicht im Anschluss an die Amtszeit erneut in dasselbe Amt für eine weitere Amtszeit berufen wird. Die Beamtin oder der Beamte ist ferner mit

1.   der Übertragung eines höheren Amtes,
2.   der Beendigung ihres oder seines Beamtenverhältnisses auf Lebenszeit,
3.   der Versetzung zu einem anderen Dienstherrn oder
4.   der Zurückstufung in seinem Richterverhältnis auf Lebenszeit

aus dem Beamtenverhältnis auf Zeit entlassen. Die §§ 28 bis 30 des Bundesbeamtengesetzes bleiben unberührt.

§ 391 (aufgehoben)

§ 392 Obergrenzen für Beförderungsämter
Bei der Bundesagentur können die nach § 26 Abs. 1 des Bundesbesoldungsgesetzes zulässigen Obergrenzen für Beförderungsämter nach Maßgabe sachgerechter Bewertung überschritten werden, soweit dies zur Vermeidung von Verschlechterungen der Beförderungsverhältnisse infolge einer Verminderung von Planstellen erforderlich ist.

Vierter Abschnitt: Aufsicht

§ 393 Aufsicht
(1) Die Aufsicht über die Bundesagentur führt das Bundesministerium für Arbeit und Soziales. Sie erstreckt sich darauf, dass Gesetze und sonstiges Recht beachtet werden.
(2) Dem Bundesministerium für Arbeit und Soziales ist jährlich ein Geschäftsbericht vorzulegen, der vom Vorstand zu erstatten und vom Verwaltungsrat zu genehmigen ist.

Fünfter Abschnitt: Datenschutz

§ 394 Erhebung, Verarbeitung und Nutzung von Daten durch die Bundesagentur

(1) Die Bundesagentur darf Sozialdaten nur erheben, verarbeiten und nutzen, soweit dies zur Erfüllung ihrer gesetzlich vorgeschriebenen oder zugelassenen Aufgaben erforderlich ist. Ihre Aufgaben nach diesem Buch sind

1. die Feststellung eines Versicherungspflichtverhältnisses einschließlich einer Versicherungsfreiheit,
2. die Erbringung von Leistungen der Arbeitsförderung an Arbeitnehmer, Arbeitgeber und Träger von Arbeitsförderungsmaßnahmen,
3. die Erstellung von Statistiken, Arbeitsmarkt- und Berufsforschung, Berichterstattung,
4. die Überwachung der Beratung und Vermittlung durch Dritte,
5. die Zustimmung zur Zulassung der Beschäftigung nach dem Aufenthaltsgesetz, die Zustimmung zur Anwerbung aus dem Ausland sowie die Erteilung einer Arbeitsgenehmigung-EU,
6. die Bekämpfung von Leistungsmissbrauch und illegaler Beschäftigung,
7. die Unterrichtung der zuständigen Behörden über Anhaltspunkte von Schwarzarbeit, Nichtentrichtung von Sozialversicherungsbeiträgen oder Steuern und Verstößen gegen das Aufenthaltsgesetz,
8. die Überwachung der Melde-, Anzeige-, Bescheinigungs- und sonstiger Pflichten nach dem Achten Kapitel sowie die Erteilung von Auskünften,
9. der Nachweis von Beiträgen sowie die Erhebung von Umlagen für die ergänzenden Leistungen nach § 175a und das Insolvenzgeld,
10. die Durchführung von Erstattungs- und Ersatzansprüchen.

(2) Eine Verwendung für andere als die in Absatz 1 genannten Zwecke ist nur zulässig, soweit dies durch Rechtsvorschriften des Sozialgesetzbuches angeordnet oder erlaubt ist.

§ 395 Datenübermittlung an Dritte; Erhebung, Verarbeitung und Nutzung von Sozialdaten durch nichtöffentliche Stellen

(1) Die Bundesagentur darf Dritten, die mit der Erfüllung von Aufgaben nach diesem Buch beauftragt sind, Sozialdaten übermitteln, soweit dies zur Erfüllung dieser Aufgaben erforderlich ist.

(2) Die Bundesagentur darf abweichend von § 80 Abs. 5 des Zehnten Buches zur Erfüllung ihrer Aufgaben nach diesem Buch nichtöffentliche Stellen mit der Erhebung, Verarbeitung und Nutzung von Sozialdaten beauftragen, auch soweit die Speicherung der Daten den gesamten Datenbestand umfasst.

§ 396 Kennzeichnungs- und Maßregelungsverbot

Die Bundesagentur und von ihr beauftragte Dritte dürfen Berechtigte und Arbeitgeber bei der Speicherung oder Übermittlung von Daten nicht in einer aus dem Wortlaut nicht verständlichen oder in einer Weise kennzeichnen, die nicht zur Erfüllung ihrer Aufgaben erforderlich ist. Die Bundesagentur darf an einer Maßregelung von Berechtigten oder an entsprechenden Maßnahmen gegen Arbeitgeber nicht mitwirken.

§ 397 Automatisierter Datenabgleich

(1) Die Bundesagentur darf Angaben zu Personen, die Leistungen nach diesem Buch beantragt haben, beziehen oder innerhalb der letzten neun Monate bezogen haben, regelmäßig automatisiert mit den von der Datenstelle der Träger der Rentenversicherung nach § 36 Abs. 3 der Datenerfassungs- und Übermittlungsverordnung übermittelten Daten nach § 28a Abs. 3 Satz 1 Nr. 1 bis 3, 5, 6 und 8, Satz 2 Nr. 1 Buchstabe b und Nr. 2 Buchstabe c sowie Abs. 8 Nr. 1, 2, 4 Buchstabe a und d des Vierten Buches, jeweils auch in Verbindung mit § 28a Abs. 9 des Vierten Buches, abgleichen, soweit dies für die Entscheidung über die Erbringung oder die Erstattung von Leistungen nach diesem Buch erforderlich ist.

(2) Nach Durchführung des Abgleichs hat die Bundesagentur die Daten, die für die in Absatz 1 genannten Zwecke nicht erforderlich sind, unverzüglich zu löschen. Die übrigen Daten dürfen nur für die in Absatz 1 genannten Zwecke und für die Verfolgung von Straftaten und Ordnungswidrigkeiten verwendet werden, die im Zusammenhang mit der Beantragung oder dem Bezug von Leistungen stehen.

§§ 398 bis 403 (aufgehoben)

Zwölftes Kapitel: Bußgeldvorschriften

Erster Abschnitt: Bußgeldvorschriften

§ 404 Bußgeldvorschriften

(1) Ordnungswidrig handelt, wer als Unternehmer Dienst- oder Werkleistungen in erheblichem Umfang ausführen lässt, indem er einen anderen Unternehmer beauftragt, von dem er weiß oder fahrlässig nicht weiß, dass dieser zur Erfüllung dieses Auftrags

1. entgegen § 284 Abs. 1 oder § 4 Abs. 3 Satz 2 des Aufenthaltsgesetzes einen Ausländer beschäftigt oder

2. einen Nachunternehmer einsetzt oder zulässt, dass ein Nachunternehmer tätig wird, der entgegen § 284 Abs. 1 oder § 4 Abs. 3 Satz 2 des Aufenthaltsgesetzes einen Ausländer beschäftigt.

(2) Ordnungswidrig handelt, wer vorsätzlich oder fahrlässig

1. entgegen § 43 Abs. 4 oder § 287 Abs. 3 sich die dort genannte Gebühr oder den genannten Aufwendungsersatz erstatten lässt,

2. entgegen § 183 Abs. 4 einen dort genannten Beschluß nicht oder nicht rechtzeitig bekanntgibt,

3. entgegen § 284 Abs. 1 oder § 4 Abs. 3 Satz 2 des Aufenthaltsgesetzes einen Ausländer beschäftigt,

4. entgegen § 284 Abs. 1 oder § 4 Abs. 3 Satz 1 des Aufenthaltsgesetzes eine Beschäftigung ausübt,
5. entgegen § 39 Abs. 2 Satz 3 des Aufenthaltsgesetzes eine Auskunft nicht richtig erteilt,
6. einer vollziehbaren Anordnung nach § 288a Abs. 1 zuwiderhandelt,
7. entgegen § 288a Abs. 2 Satz 1 eine Auskunft nicht, nicht richtig, nicht vollständig oder nicht rechtzeitig erteilt oder eine Unterlage nicht, nicht richtig, nicht vollständig oder nicht rechtzeitig vorlegt,
8. entgegen § 288a Abs. 3 Satz 2 eine Maßnahme nicht duldet,
9. einer Rechtsverordnung nach § 292 zuwiderhandelt, soweit sie für einen bestimmten Tatbestand auf diese Bußgeldvorschrift verweist,
10. (aufgehoben)
11. entgegen § 296 Abs. 2 oder § 296a eine Vergütung oder einen Vorschuss entgegennimmt,
12. entgegen § 298 Abs. 1 als privater Vermittler Daten erhebt, verarbeitet oder nutzt,
13. entgegen § 298 Abs. 2 Satz 1 oder 4 eine Unterlage nicht, nicht richtig, nicht vollständig oder nicht rechtzeitig zurückgibt oder Daten nicht oder nicht rechtzeitig löscht,
14. (aufgehoben)
15. (aufgehoben)
16. einer Rechtsverordnung nach § 352 Abs. 2 Nr. 2 oder § 357 Satz 1 zuwiderhandelt, soweit sie für einen bestimmten Tatbestand auf diese Bußgeldvorschrift verweist,
17. u. 18. (aufgehoben)
19. entgegen § 312 Abs. 1 Satz 1 oder 3, jeweils auch in Verbindung mit Absatz 3, eine Tatsache nicht, nicht richtig, nicht vollständig oder nicht rechtzeitig bescheinigt oder eine Arbeitsbescheinigung nicht oder nicht rechtzeitig aushändigt,
20. entgegen § 313 Abs. 1, auch in Verbindung mit Absatz 3, Art oder Dauer der Beschäftigung oder der selbständigen Tätigkeit oder die Höhe des Arbeitsentgelts oder der Vergütung nicht, nicht richtig, nicht vollständig oder nicht rechtzeitig bescheinigt oder eine Bescheinigung nicht oder nicht rechtzeitig aushändigt,
21. entgegen § 313 Abs. 2, auch in Verbindung mit Absatz 3, einen Vordruck nicht oder nicht rechtzeitig vorlegt,
22. entgegen § 314 eine Bescheinigung nicht, nicht richtig, nicht vollständig oder nicht rechtzeitig ausstellt,
23. entgegen § 315 Abs. 1, 2 Satz 1 oder Abs. 3, jeweils auch in Verbindung mit Absatz 4, § 315 Abs. 5 Satz 1, § 316, § 317 oder als privater Arbeitgeber oder Träger entgegen § 318 Abs. 1 Satz 1 eine Auskunft nicht, nicht richtig, nicht vollständig oder nicht rechtzeitig erteilt oder entgegen § 318 Abs. 2 Satz 2 Nr. 2 eine Mitteilung an die Agentur für Arbeit nicht oder nicht rechtzeitig erteilt,
24. entgegen § 319 Abs. 1 Satz 1 Einsicht oder Zutritt nicht gewährt,

25. entgegen § 320 Abs. 1 Satz 1, Abs. 3 Satz 1 oder 2 oder Abs. 5 einen Nachweis nicht, nicht richtig oder nicht vollständig oder nicht rechtzeitig erbringt, eine Aufzeichnung nicht, nicht richtig oder nicht vollständig führt oder eine Anzeige nicht, nicht richtig, nicht vollständig oder nicht rechtzeitig erstattet oder

26. entgegen § 60 Abs. 1 Satz 1 Nr. 2 des Ersten Buches eine Änderung in den Verhältnissen, die für einen Anspruch auf eine laufende Leistung erheblich ist, nicht, nicht richtig, nicht vollständig oder nicht rechtzeitig mitteilt.

(3) Die Ordnungswidrigkeit kann in den Fällen der Absätze 1 und 2 Nr. 3 mit einer Geldbuße bis zu fünfhunderttausend Euro, in den Fällen des Absatzes 2 Nr. 1, 5 bis 9 und 11 bis 13 mit einer Geldbuße bis zu dreißigtausend Euro, in den Fällen des Absatzes 2 Nr. 2, 4, 16 und 26 mit einer Geldbuße bis zu fünftausend Euro, in den übrigen Fällen mit einer Geldbuße bis zu zweitausend Euro geahndet werden.

§ 405 Zuständigkeit, Vollstreckung und Unterrichtung

(1) Verwaltungsbehörden im Sinne des § 36 Abs. 1 Nr. 1 des Gesetzes über Ordnungswidrigkeiten sind in den Fällen

1. des § 404 Abs. 1 sowie des § 404 Abs. 2 Nr. 3 und 4 die Behörden der Zollverwaltung,
2. des § 404 Abs. 2 Nr. 1, 2, 5 bis 16 und 19 bis 25 die Bundesagentur,
3. des § 404 Abs. 2 Nr. 26 die Behörden der Zollverwaltung und die Bundesagentur jeweils für ihren Geschäftsbereich.

(2) Die Geldbußen fließen in die Kasse der Verwaltungsbehörde, die den Bußgeldbescheid erlassen hat. § 66 des Zehnten Buches gilt entsprechend.

(3) Die nach Absatz 2 Satz 1 zuständige Kasse trägt abweichend von § 105 Abs. 2 des Gesetzes über Ordnungswidrigkeiten die notwendigen Auslagen. Sie ist auch ersatzpflichtig im Sinne des § 110 Abs. 4 des Gesetzes über Ordnungswidrigkeiten.

(4) Bei der Verfolgung und Ahndung der Beschäftigung oder Tätigkeit von Ausländern ohne Genehmigung nach § 284 Abs. 1 oder ohne Aufenthaltstitel nach § 4 Abs. 3 Satz 1 des Aufenthaltsgesetzes sowie der Verstöße gegen die Mitwirkungspflicht gegenüber der Bundesagentur nach § 60 Abs. 1 Satz 1 Nr. 2 des Ersten Buches arbeiten die Behörden nach Absatz 1 mit den in § 2 Abs. 2 des Schwarzarbeitsbekämpfungsgesetzes genannten Behörden zusammen.

(5) Die Bundesagentur unterrichtet das Gewerbezentralregister über rechtskräftige Bußgeldbescheide nach § 404 Abs. 2 Nr. 1, 5 bis 16, 19 und 20. Die Behörden der Zollverwaltung unterrichten das Gewerbezentralregister über rechtskräftige Bußgeldbescheide nach § 404 Abs. 1 und 2 Nr. 3. Dies gilt nur, sofern die Geldbuße mehr als 200 Euro beträgt.

(6) Gerichte, Strafverfolgungs- oder Strafvollstreckungsbehörden sollen den Behörden der Zollverwaltung Erkenntnisse aus sonstigen Verfahren, die aus ihrer Sicht zur Verfolgung von Ordnungswidrigkeiten nach § 404 Abs. 1 oder 2 Nr. 3 erforderlich sind, übermitteln, soweit nicht für die übermittelnde Stelle erkennbar ist, dass schutzwürdige Interessen des Betroffenen oder anderer

Verfahrensbeteiligter an dem Ausschluss der Übermittlung überwiegen. Dabei ist zu berücksichtigen, wie gesichert die zu übermittelnden Erkenntnisse sind.

Zweiter Abschnitt: (aufgehoben)

§§ 406 bis 407 (aufgehoben)

Dreizehntes Kapitel: Sonderregelungen

Erster Abschnitt: Sonderregelungen im Zusammenhang mit der Herstellung der Einheit Deutschlands

§ 408 Besondere Bezugsgröße und Beitragsbemessungsgrenze
Soweit Vorschriften dieses Buches bei Entgelten oder Beitragsbemessungsgrundlagen
1. an die Bezugsgröße anknüpfen, ist die Bezugsgröße für das in Artikel 3 des Einigungsvertrages genannte Gebiet (Beitrittsgebiet),
2. an die Beitragsbemessungsgrenze anknüpfen, ist die Beitragsbemessungsgrenze für das Beitrittsgebiet

maßgebend, wenn der Beschäftigungsort im Beitrittsgebiet liegt.

§§ 409 bis 415 (aufgehoben)

§ 416 ~~Besonderheiten bei der Förderung von Arbeitsbeschaffungsmaßnahmen~~ *(aufgehoben)*
~~(1) Der Zuschuß kann den Zuschuß nach § 264 Abs. 2 übersteigen, wenn~~
1. ~~die Bewilligung der Maßnahme und die Arbeitsaufnahme in der Zeit bis zum 31. Dezember 2003 erfolgen,~~
2. ~~die Maßnahme in einem Bezirk einer Agentur für Arbeit durchgeführt wird, dessen Arbeitslosenquote im Durchschnitt der letzten sechs Monate vor der Bewilligung der Förderung mindestens 30 Prozent über der Arbeitslosenquote des Bundesgebietes ohne das Beitrittsgebiet gelegen hat, und~~
3. ~~der Träger finanziell nicht in der Lage ist, einen höheren Teil des berücksichtigungsfähigen Arbeitsentgelts zu übernehmen.~~
~~(2) In den Fällen nach Absatz 1 beträgt der Zuschuß bei Bewilligung der Maßnahme und Arbeitsaufnahme nach dem 31. Dezember 1997 höchstens 90 Prozent des berücksichtigungsfähigen Arbeitsentgelts.~~
~~(3) Der Zuschuß kann in den Fällen nach Absatz 1 bis zu 100 Prozent des berücksichtigungsfähigen Arbeitsentgelts betragen, wenn~~
1. ~~die Bewilligung der Maßnahme und die Arbeitsaufnahme bis zum 31. Dezember 2003 erfolgen, die besondere finanzielle Situation eines Trägers, insbesondere bei Maßnahmen aus dem Bereich der Kinder- und Jugendhilfe oder der sozialen Dienste, dies erfordert und hiervon höchstens~~

~~15 Prozent und im Beitrittsgebiet höchstens 30 Prozent aller in einem Kalenderjahr zugewiesenen Arbeitnehmer betroffen sind oder~~

~~2. die Bewilligung der Maßnahme und die Arbeitsaufnahme im Beitrittsgebiet bis zum 31. Dezember 2003 erfolgen und die regelmäßige wöchentliche Arbeitszeit der zugewiesenen Arbeitnehmer 90 Prozent der Arbeitszeit einer vergleichbaren Vollzeitbeschäftigung nicht überschreitet.~~

~~Das Arbeitsentgelt eines nach Satz 1 Nr. 2 zugewiesenen Arbeitnehmers, dessen regelmäßige wöchentliche Arbeitszeit 90 Prozent der Arbeitszeit einer vergleichbaren Vollzeitbeschäftigung beträgt, ist bis zu 100 Prozent des Arbeitsentgelts für eine gleiche oder vergleichbare ungeförderte Tätigkeit, höchstens jedoch 100 Prozent des tariflichen Arbeitsentgelts berücksichtigungsfähig, soweit das nach § 265 Abs. 1 Satz 1 bis 3 berücksichtigungsfähige Arbeitsentgelt 50 Prozent der Bezugsgröße nach § 18 des Vierten Buches für eine Vollzeitbeschäftigung unterschreitet.~~

§ 416a Besonderheiten bei der Bemessung des Arbeitslosengeldes
Zeiten einer Beschäftigung im Beitrittsgebiet, die die Agentur für Arbeit als Arbeitsbeschaffungsmaßnahme, Strukturanpassungsmaßnahme oder Maßnahme, für die nach Maßgabe des § 426 die Vorschrift des § 249h des Arbeitsförderungsgesetzes weiter anzuwenden ist, gefördert hat, bleiben bei der Ermittlung des Bemessungszeitraumes außer Betracht, wenn der Arbeitnehmer

1. diese Beschäftigung nahtlos im Anschluß an eine versicherungspflichtige Beschäftigung aufgenommen hat und

2. bis zum 31. Dezember 2003 in die Maßnahme eingetreten ist.

Zweiter Abschnitt: Ergänzungen für übergangsweise mögliche Leistungen und zeitweilige Aufgaben

§ 417 Förderung beschäftigter Arbeitnehmer
~~(1)~~ Arbeitnehmer können bei beruflicher Weiterbildung durch Übernahme der Weiterbildungskosten gefördert werden, wenn

1. sie bei Beginn der Teilnahme das 45. Lebensjahr vollendet haben,

2. sie im Rahmen eines bestehenden Arbeitsverhältnisses für die Zeit der Teilnahme an der Maßnahme weiterhin Anspruch auf Arbeitsentgelt haben,

3. der Betrieb, dem sie angehören, weniger als 250 Arbeitnehmer beschäftigt,

4. die Maßnahme außerhalb des Betriebes, dem sie angehören, durchgeführt wird und Kenntnisse und Fertigkeiten vermittelt werden, die über ausschließlich arbeitsplatzbezogene kurzfristige Anpassungsfortbildungen hinausgehen,

5. der Träger und die Maßnahme für die Förderung nach den §§ 84 und 85 zugelassen sind und

6. die Maßnahme bis zum 31. Dezember 2010 begonnen hat.

Es gilt § 77 Abs. ~~3~~4. Bei der Feststellung der Zahl der beschäftigten Arbeitnehmer sind teilzeitbeschäftigte Arbeitnehmer mit einer regelmäßigen wöchentlichen Arbeitszeit von nicht mehr als zehn Stunden mit 0,25, nicht mehr als 20 Stunden mit 0,5 und nicht mehr als 30 Stunden mit 0,75 zu berücksichtigen.

~~(2) Nimmt ein von Arbeitslosigkeit bedrohter Arbeitnehmer im Rahmen eines bestehenden Arbeitsverhältnisses unter Fortzahlung des Arbeitsentgelts an einer Maßnahme der Eignungsfeststellung, Trainingsmaßnahme oder an einer beruflichen Weiterbildungsmaßnahme, die für die Weiterbildungsförderung anerkannt ist, teil, kann bis zur Beendigung des Arbeitsverhältnisses ein Zuschuss zum Arbeitsentgelt an den Arbeitgeber erbracht werden, wenn die Maßnahme bis zum 31. Dezember 2006 begonnen hat. Der Zuschuss kann bis zur Höhe des Betrages erbracht werden, der sich als anteiliges Arbeitsentgelt einschließlich des darauf entfallenden Arbeitgeberanteils am Gesamtsozialversicherungsbeitrag für Zeiten ohne Arbeitsleistung während der Teilnahme an der Maßnahme errechnet.~~

§ 418 bis § 421 (aufgehoben)

§ 421a Übernahme von Beiträgen bei Befreiung von der Versicherungspflicht in der Kranken- und Pflegeversicherung in Sonderfällen

Die Vorschriften über die Übernahme von Beiträgen bei Befreiung von der Versicherungspflicht in der Kranken- und Pflegeversicherung und § 8 Abs. 1 Nr. 1a des Fünften Buches sind auch auf Bezieher von Arbeitslosengeld oder Unterhaltsgeld anzuwenden, deren Anspruch vor dem 1. April 1998 entstanden ist. Der Antrag auf Befreiung von der Versicherungspflicht nach § 8 Abs. 1 Nr. 1a des Fünften Buches ist innerhalb von drei Monaten nach Inkrafttreten dieser Regelung bei der Krankenkasse zu stellen. Die Befreiung wirkt von dem Beginn des Kalendermonats an, der auf die Antragstellung folgt.

§ 421b (aufgehoben)

§ 421c Sonderregelungen zur Finanzierung befristeter Arbeitsmarktprogramme

Abweichend von § 363 Abs. 2 Satz 1 trägt die Bundesagentur die Ausgaben für das ihr übertragene Sofortprogramm zum Abbau der Jugendarbeitslosigkeit sowie für das Sonderprogramm Aktion Beschäftigungshilfen für Langzeitarbeitslose.

§ 421d (aufgehoben)

§ 421e Förderung der Weiterbildung in besonderen Fällen

Die Agentur für Arbeit soll bei der Prüfung einer Förderung nach § 77 Abs. 1 berücksichtigen, dass ein Antragsteller innerhalb eines Jahres vor dem Antrag Arbeitslosengeld bezogen hat und einen Anspruch auf Arbeitslosengeld II nach dem Zweiten Buch nicht hat, weil er nicht bedürftig ist.

§ 421f Eingliederungszuschuss für Ältere

(1) Arbeitgeber können zur Eingliederung von Arbeitnehmern, die das 50. Lebensjahr vollendet haben, Zuschüsse zu den Arbeitsentgelten erhalten, wenn

1. diese vor Aufnahme der Beschäftigung mindestens sechs Monate arbeitslos (§ 119) waren oder Arbeitslosengeld unter erleichterten Voraussetzungen oder Transferkurzarbeitergeld bezogen haben oder an einer Maßnahme der beruflichen Weiterbildung oder der öffentlich geförderten Beschäftigung nach diesem Buch teilgenommen haben oder

2. deren Vermittlung wegen in ihrer Person liegender Umstände erschwert ist

und das aufgenommene Beschäftigungsverhältnis für mindestens ein Jahr begründet wird.

(2) Die Förderhöhe und die Förderdauer richten sich nach den jeweiligen Eingliederungserfordernissen. Die Förderhöhe darf 30 Prozent des berücksichtigungsfähigen Arbeitsentgelts nicht unterschreiten und 50 Prozent nicht überschreiten. Die Förderdauer beträgt mindestens zwölf Monate. Sie darf 36 Monate nicht überschreiten. Nach Ablauf von zwölf Monaten ist der Eingliederungszuschuss um mindestens 10 Prozentpunkte jährlich zu vermindern. Für schwerbehinderte, sonstige behinderte und besonders betroffene schwerbehinderte Menschen darf die Förderhöhe bis zu 70 Prozent des berücksichtigungsfähigen Arbeitsentgelts betragen. Die Förderdauer darf für besonders betroffene schwerbehinderte Menschen bis zu 60 Monate und ab Vollendung des 55. Lebensjahres bis zu 96 Monate betragen. Der Eingliederungszuschuss ist für besonders betroffene schwerbehinderte Menschen erst nach Ablauf von 24 Monaten zu kürzen. Er darf für besonders betroffene schwerbehinderte Menschen 30 Prozent des berücksichtigungsfähigen Arbeitsentgelts nicht unterschreiten.

(3) Das berücksichtigungsfähige Arbeitsentgelt bestimmt sich nach § 220.

(4) Eine Förderung ist ausgeschlossen, wenn

1. zu vermuten ist, dass der Arbeitgeber die Beendigung eines Beschäftigungsverhältnisses veranlasst hat, um einen Eingliederungszuschuss zu erhalten, oder

2. die Einstellung bei einem früheren Arbeitgeber erfolgt, bei dem der Arbeitnehmer während der letzten zwei Jahre vor Förderungsbeginn mehr als drei Monate versicherungspflichtig beschäftigt war.

(5) Die Absätze 1 bis 4 gelten für Förderungen, die bis zum 31. Dezember ~~2009~~ *2010* begonnen haben.

§ 421g Vermittlungsgutschein

(1) Arbeitnehmer, die Anspruch auf Arbeitslosengeld haben und nach einer Arbeitslosigkeit von zwei Monaten innerhalb einer Frist von drei Monaten noch nicht vermittelt sind, oder die eine Beschäftigung ausüben oder zuletzt ausgeübt haben, die als Arbeitsbeschaffungsmaßnahme oder als Strukturanpassungsmaßnahme nach dem Sechsten Abschnitt des Sechsten Kapitels gefördert wird oder wurde, haben Anspruch auf einen Vermittlungsgutschein.

Die Frist geht dem Tag der Antragstellung auf einen Vermittlungsgutschein unmittelbar voraus. In die Frist werden Zeiten nicht eingerechnet, in denen der Arbeitnehmer an Maßnahmen ~~der Eignungsfeststellung und Trainingsmaß-nahmen nach dem Zweiten Abschnitt des Vierten Kapitels~~ *nach § 46* sowie an Maßnahmen der beruflichen Weiterbildung nach dem Sechsten Abschnitt des Vierten Kapitels teilgenommen hat. Mit dem Vermittlungsgutschein verpflichtet sich die Agentur für Arbeit, den Vergütungsanspruch eines vom Arbeitnehmer eingeschalteten Vermittlers, der den Arbeitnehmer in eine ~~sozial~~versicherungspflichtige Beschäftigung mit einer Arbeitszeit von mindestens 15 Stunden wöchentlich vermittelt hat, nach Maßgabe der folgenden Bestimmungen zu erfüllen. *Versicherungspflichtige Beschäftigungen mit einer Arbeitszeit von mindestens 15 Stunden wöchentlich in einem anderen Mitgliedstaat der Europäischen Union oder einem anderen Vertragsstaat des Abkommens über den Europäischen Wirtschaftsraum sind den versicherungspflichtigen Beschäftigungen nach Satz 4 gleichgestellt.* Der Vermittlungsgutschein gilt für einen Zeitraum von jeweils drei Monaten.

(2) Der Vermittlungsgutschein, einschließlich der darauf entfallenden gesetzlichen Umsatzsteuer, wird in Höhe von 2.000 Euro ausgestellt. Bei Langzeitarbeitslosen und behinderten Menschen nach § 2 Abs. 1 des Neunten Buches kann der Vermittlungsgutschein bis zu einer Höhe von 2.500 Euro ausgestellt werden. Die Vergütung wird in Höhe von 1.000 Euro nach einer sechswöchigen und der Restbetrag nach einer sechsmonatigen Dauer des Beschäftigungsverhältnisses gezahlt. Die Leistung wird unmittelbar an den Vermittler gezahlt.

(3) Die Zahlung der Vergütung ist ausgeschlossen, wenn

1. der Vermittler von der Agentur für Arbeit mit der Vermittlung des Arbeitnehmers beauftragt ist,
2. die Einstellung bei einem früheren Arbeitgeber erfolgt ist, bei dem der Arbeitnehmer während der letzten vier Jahre vor der Arbeitslosmeldung mehr als drei Monate lang versicherungspflichtig beschäftigt war; dies gilt nicht, wenn es sich um die befristete Beschäftigung besonders betroffener schwerbehinderter Menschen handelt,
3. das Beschäftigungsverhältnis von vornherein auf eine Dauer von weniger als drei Monaten begrenzt ist oder
4. der Vermittler nicht nachweist, dass er die Arbeitsvermittlung als Gegenstand seines Gewerbes angezeigt hat oder nach den gesetzlichen Regelungen zur Teilhabe schwerbehinderter Menschen am Arbeitsleben beteiligt worden ist.

(4) Anspruch auf einen Vermittlungsgutschein besteht längstens bis zum 31. Dezember 2010. Das Bundesministerium für Arbeit und Soziales wird ermächtigt, im Einvernehmen mit dem Bundesministerium der Finanzen durch Rechtsverordnung die Dauer der Arbeitslosigkeit, die für den Anspruch maßgeblich ist, heraufzusetzen und die Höhe des Vermittlungsgutscheines abweichend festzulegen.

§ 421h ~~(aufgehoben)~~ *Erprobung innovativer Ansätze*

(1) Die Zentrale der Bundesagentur kann bis zu 1 Prozent der im Eingliederungstitel für Ermessensleistungen der aktiven Arbeitsförderung enthaltenen Mittel einsetzen, um innovative Ansätze der aktiven Arbeitsförderung zu erproben. Die einzelnen Projekte dürfen den Höchstbetrag von 2 Millionen Euro jährlich und eine Dauer von 24 Monaten nicht übersteigen. Die Regelung gilt für Förderungen, die bis zum 31. Dezember 2013 begonnen haben. (2) Die Umsetzung und die Wirkung der Projekte sind zu beobachten und auszuwerten. Über die Ergebnisse ist dem Verwaltungsrat nach Beendigung der Maßnahme ein Bericht vorzulegen. Zu Beginn eines jeden Jahres übermittelt die Bundesagentur dem Verwaltungsrat eine Übersicht über die laufenden Projekte.

§ 421i ~~Beauftragung von Trägern mit Eingliederungsmaßnahmen~~ *(aufgehoben)*

~~(1) Die Agentur für Arbeit kann Träger nach einem wettbewerbsrechtlichen Vergabeverfahren mit der Durchführung von Maßnahmen beauftragen, wenn die Maßnahme~~

~~1.~~ ~~nach ihrer Gestaltung geeignet ist, arbeitslose oder von Arbeitslosigkeit bedrohte Arbeitnehmer einzugliedern oder Auszubildende, die zu ihrer Berufsvorbereitung oder Ausbildung zusätzlicher Hilfen bedürfen, einzugliedern oder eine berufliche Ausbildung zu ermöglichen und~~

~~2.~~ ~~bis zum 31. Dezember 2007 begonnen hat.~~

~~(2) Die Maßnahme muss den Grundsätzen der sonstigen gesetzlichen Leistungen entsprechen, insbesondere darf sie nicht zu Wettbewerbsverfälschungen führen.~~

~~(3) Die Höhe des vertraglich vereinbarten Entgelts bemisst sich nach den Aufwendungen des Trägers für die Durchführung der Maßnahme und dem Eingliederungserfolg. Für eine erfolgreiche Eingliederung kann ein Honorar vereinbart werden.~~

~~(4) Die Bundesagentur wird ermächtigt, durch Anordnung das Nähere über Voraussetzungen, Art, Umfang und Verfahren der Förderung zu bestimmen.~~

§ 421j Entgeltsicherung für ältere Arbeitnehmer

(1) Arbeitnehmer, die das 50. Lebensjahr vollendet haben und ihre Arbeitslosigkeit durch Aufnahme einer versicherungspflichtigen Beschäftigung beenden oder vermeiden, haben Anspruch auf Leistungen der Entgeltsicherung, wenn sie

1. einen Anspruch auf Arbeitslosengeld von mindestens 120 Tagen haben oder geltend machen könnten,

2. ein Arbeitsentgelt beanspruchen können, das den tariflichen oder, wenn eine tarifliche Bindung der Vertragsparteien nicht besteht, den ortsüblichen Bedingungen entspricht und

3. eine monatliche Nettoentgeltdifferenz von mindestens 50 Euro besteht.

Die Nettoentgeltdifferenz entspricht dem Unterschiedsbetrag zwischen dem pauschalierten Nettoentgelt, das sich aus dem der Bemessung des Arbeitslosengeldes zu Grunde liegenden Arbeitsentgelt ergibt, und dem niedrigeren pauschalierten Nettoentgelt der aufgenommenen Beschäftigung.

(2) Die Entgeltsicherung wird für die Dauer von zwei Jahren gewährt. Kann die Entgeltsicherung nur für eine kürzere Dauer als nach Satz 1 erbracht werden, so ist innerhalb von zwei Jahren nach Aufnahme dieser Beschäftigung die Entgeltsicherung für die Dauer des noch verbleibenden Anspruchs erneut zu gewähren, wenn die Voraussetzungen nach Absatz 1 Satz 1 Nr. 2 und 3 vorliegen, soweit ein neuer Anspruch nach Absatz 1 nicht entstanden ist. Zeiten der Beschäftigung, in denen Leistungen der Entgeltsicherung bezogen werden, begründen keinen Anspruch nach Absatz 1.

(3) Die Entgeltsicherung wird geleistet als Zuschuss zum Arbeitsentgelt und als zusätzlicher Beitrag zur gesetzlichen Rentenversicherung. Der Zuschuss zum Arbeitsentgelt beträgt im ersten Jahr nach Aufnahme der Beschäftigung 50 Prozent und im zweiten Jahr 30 Prozent der monatlichen Nettoentgeltdifferenz. Der zusätzliche Beitrag zur gesetzlichen Rentenversicherung wird nach § 163 Abs. 9 des Sechsten Buches bemessen und von der Bundesagentur entrichtet; § 207 gilt entsprechend. Bei der Feststellung der für die Leistungen der Entgeltsicherung maßgeblichen Tatsachen gilt § 313 entsprechend. Wesentliche Änderungen des Arbeitsentgelts während des Bezugs der Leistungen der Entgeltsicherung werden berücksichtigt.

(4) Weicht die regelmäßige vereinbarte Arbeitszeit der Beschäftigung während des Bezugs der Leistungen der Entgeltsicherung von der regelmäßigen vereinbarten Arbeitszeit der Beschäftigung vor Eintritt der Arbeitslosigkeit ab, ist das Verhältnis der Abweichung auf die Höhe der Leistungen anzuwenden. Wird durch die Aufnahme einer mit Entgeltsicherung geförderten Beschäftigung Arbeitslosigkeit vermieden, so wird für das Verhältnis der Abweichung die regelmäßige vereinbarte Arbeitszeit aus der vorangegangenen Beschäftigung zu Grunde gelegt.

(5) Die Entgeltsicherung ist ausgeschlossen, wenn

1. ~~die Aufnahme der Beschäftigung bei einem früheren Arbeitgeber erfolgt, bei dem der Arbeitnehmer während der letzten zwei Jahre vor Antragstellung mehr als drei Monate versicherungspflichtig beschäftigt war; dies gilt nicht, wenn es sich um eine befristete Beschäftigung schwerbehinderter Menschen im Sinne des § 104 Abs. 1 Nr. 3 Buchstabe a bis d des Neunten Buches gehandelt hat,~~

1.~~2.~~ bei einem Wechsel in eine betriebsorganisatorisch eigenständige Einheit nach § 216b ein geringeres Arbeitsentgelt als bisher vereinbart wurde,

2.~~3.~~ die Beschäftigung in einer Maßnahme nach dem Sechsten Kapitel dieses Buches ~~oder in einer Personal-Service-Agentur~~ erfolgt oder

3.~~4.~~ der Arbeitnehmer eine Rente wegen Alters aus der gesetzlichen Rentenversicherung oder eine ähnliche Leistung öffentlich-rechtlicher Art bezieht.

(6) In Zeiten, in denen der Arbeitnehmer Kurzarbeitergeld, Krankengeld, Versorgungskrankengeld, Verletztengeld, Übergangsgeld oder Krankentagegeld von einem privaten Krankenversicherungsunternehmen bezieht, werden die Leistungen der Entgeltsicherung unverändert erbracht.

(7) Vom 1. Januar ~~2010~~ *2011* an finden diese Regelungen nur noch Anwendung, wenn der Anspruch auf Entgeltsicherung vor diesem Tag entstanden ist. Bei erneuter Antragstellung werden die Leistungen längstens bis zum 31. Dezember ~~2011~~ *2012* gewährt.

§ 421k Tragung der Beiträge zur Arbeitsförderung bei Beschäftigung älterer Arbeitnehmer

(1) Arbeitgeber, die ein Beschäftigungsverhältnis mit einem zuvor Arbeitslosen, der das 55. Lebensjahr vollendet hat, erstmalig begründen, werden von der Beitragstragung befreit. Der versicherungspflichtig Beschäftigte trägt die Hälfte des Beitrages, der ohne die Regelung des Satzes 1 zu zahlen wäre.

(2) Vom 1. Januar 2008 an ist Absatz 1 nur noch für Beschäftigungsverhältnisse anzuwenden, die vor dem 1. Januar 2008 begründet worden sind.

§ 421l Existenzgründungszuschuss

(1) Arbeitnehmer, die durch Aufnahme einer selbständigen, hauptberuflichen Tätigkeit die Arbeitslosigkeit beenden, haben Anspruch auf einen monatlichen Existenzgründungszuschuss. Der Zuschuss wird geleistet, wenn der Existenzgründer

1. in einem engen Zusammenhang mit der Aufnahme der selbständigen Tätigkeit Entgeltersatzleistungen nach diesem Buch bezogen hat oder eine Beschäftigung ausgeübt hat, die als Arbeitsbeschaffungsmaßnahme nach diesem Buch gefördert worden ist,

2. nach Aufnahme der selbständigen Tätigkeit Arbeitseinkommen nach § 15 des Vierten Buches erzielen wird, das voraussichtlich 25.000 Euro im Jahr nicht überschreiten wird, und

3. eine Stellungnahme einer fachkundigen Stelle über die Tragfähigkeit der Existenzgründung vorgelegt hat; fachkundige Stellen sind insbesondere die Industrie- und Handelskammern, Handwerkskammern, berufsständische Kammern, Fachverbände und Kreditinstitute.

(2) Der Zuschuss wird bis zu drei Jahre erbracht und wird jeweils längstens für ein Jahr bewilligt. Er beträgt im ersten Jahr nach Beendigung der Arbeitslosigkeit monatlich 600 Euro, im zweiten Jahr monatlich 360 Euro und im dritten Jahr monatlich 240 Euro. Vor einer erneuten Bewilligung des Zuschusses hat der Existenzgründer das Vorliegen der Voraussetzungen nach Absatz 1 darzulegen. Liegen die Voraussetzungen für ein Ruhen des Anspruchs bei Sperrzeit nach § 144 vor, verkürzt sich die Dauer der Förderung entsprechend der Dauer der Sperrzeit unter Berücksichtigung der bereits verstrichenen Dauer der Sperrzeiten. Geförderte Personen, die das 65. Lebensjahr vollendet haben, haben vom Beginn des folgenden Monats an keinen Anspruch auf Existenzgründungszuschuss.

(3) Überschreitet das Arbeitseinkommen im Jahr 25.000 Euro, so kann nach Ablauf des bewilligten Zeitraums der Zuschuss nicht mehr erbracht werden. Arbeitsentgelt nach § 14 des Vierten Buches, das im gleichen Zeitraum erzielt wird, wird bei der Ermittlung der für die Förderung maßgeblichen Obergrenze einbezogen.

(4) Die Förderung ist ausgeschlossen, wenn
1. die Aufnahme einer selbständigen Tätigkeit durch Überbrückungsgeld nach § 57 gefördert wird,
2. nach Beendigung einer Förderung der Aufnahme einer selbständigen Tätigkeit nach diesem Buch noch nicht 24 Monate vergangen sind; von dieser Frist kann wegen besonderer in der Person des Arbeitnehmers liegender Gründe abgesehen werden. Die Frist gilt nicht für Bewilligungen für das zweite und das dritte Jahr.

(5) Vom 1. Juli 2006 an finden diese Regelungen nur noch Anwendung, wenn der Anspruch auf Förderung vor diesem Tag bestanden hat.

(6) Die Bundesagentur für Arbeit wird ermächtigt, durch Anordnung das Nähere über Voraussetzungen, Umfang und Verfahren der Förderung zu bestimmen.

§ 421m ~~Sozialpädagogische Begleitung bei Berufsausbildungsvorberei-tung nach dem Berufsbildungsgesetz~~ *(aufgehoben)*
~~(1) Arbeitgeber können bis 31. Dezember 2007 durch Übernahme der Kosten für eine notwendige sozialpädagogische Begleitung während einer Berufsaus-bildungsvorbereitung nach dem Berufsbildungsgesetz gefördert werden, so-weit diese nicht nach § 61 oder im Rahmen anderer vergleichbarer, öffentlich geförderter Maßnahmen durchgeführt wird.~~
~~(2) Die Bundesagentur für Arbeit wird ermächtigt, durch Anordnung das Nähere über Voraussetzungen, Art, Umfang und Verfahren der Förderung zu bestimmen.~~

§ 421n ~~Berufsausbildung in außerbetrieblichen Einrichtungen~~ *(aufgeho-ben)*
~~Abweichend von § 241 Abs. 2 Satz 1 Nr. 2 kann in begründeten Ausnahme-fällen zugunsten von sozial benachteiligten Auszubildenden bis zum 31. Dezember 2007 vom Erfordernis der vorherigen Teilnahme an einer berufs-vorbereitenden Bildungsmaßnahme mit einer Dauer von mindestens sechs Monaten abgesehen werden.~~

§ 421o Qualifizierungszuschuss für jüngere Arbeitnehmer
(1) Arbeitgeber können zur Eingliederung von jüngeren Arbeitnehmern, die bei Aufnahme der Beschäftigung das 25. Lebensjahr noch nicht vollendet haben, Zuschüsse erhalten, wenn diese
1. vor Aufnahme der Beschäftigung mindestens sechs Monate arbeitslos (§ 119) waren,
2. nicht über einen Berufsabschluss verfügen und
3. im Rahmen des Arbeitsverhältnisses qualifiziert werden.

Bei der Feststellung der sechsmonatigen Arbeitslosigkeit vor Aufnahme der Beschäftigung bleiben innerhalb eines Zeitraums von zwei Jahren folgende Unterbrechungen der Arbeitslosigkeit unberücksichtigt:
1. Zeiten einer Maßnahme nach § 46 oder § 16d Satz 2 des Zweiten Buches,

2. *Zeiten einer Krankheit, einer Pflegebedürftigkeit oder eines Beschäfti-gungsverbots nach dem Mutterschutzgesetz,*
3. *Zeiten der Betreuung und Erziehung aufsichtsbedürftiger Kinder oder der Betreuung pflegebedürftiger Angehöriger,*
4. *Zeiten, in denen eine Beschäftigung rechtlich nicht möglich war, und*
5. *kurze Unterbrechungen der Arbeitslosigkeit ohne Nachweis.*
§ 18 Abs. 3 gilt entsprechend.

(2) Die Förderdauer richtet sich nach den jeweiligen Eingliederungserfordernissen und darf zwölf Monate nicht überschreiten. Die Förderhöhe beträgt 50 Prozent des berücksichtigungsfähigen Arbeitsentgelts. Davon werden in der Regel 35 Prozentpunkte als Zuschuss zum Arbeitsentgelt und mindestens 15 Prozentpunkte für die Qualifizierung des Arbeitnehmers geleistet.

(3) Das berücksichtigungsfähige Arbeitsentgelt und die Auszahlung des Zuschusses bestimmen sich nach § 220. Soweit das regelmäßig gezahlte Arbeitsentgelt 1.000 Euro überschreitet, bleibt der 1.000 Euro übersteigende Teil bei der Berechnung des Zuschusses unberücksichtigt.

(4) Inhalt der Qualifizierung nach Absatz 1 Nr. 3 soll die betriebsnahe Vermittlung von arbeitsmarktverwertbaren Kenntnissen, Fertigkeiten und Fähigkeiten sein, die die Chancen auf dem Arbeitsmarkt verbessern und auf einen beruflichen Abschluss vorbereiten können. Der Arbeitgeber hat die vermittelten Kenntnisse, Fertigkeiten und Fähigkeiten zu bescheinigen. Die Qualifizierung kann auch durch einen Träger durchgeführt werden, wenn eine Qualifizierung im Betrieb nicht möglich ist.

(Abs. 5 in der Fassung ab 01.08.2009)

(5) Während der Förderdauer sind notwendige Maßnahmen zur sozialpädagogischen Begleitung im Sinne des § 243 Abs. 1 förderungsfähig.

(6) ~~(5)~~[1] Leistungen nach diesem Buch, die auf einen beruflichen Abschluss zielen, haben Vorrang vor dieser Leistung.

(7) ~~(6)~~ Eine Förderung ist ausgeschlossen, wenn
1. zu vermuten ist, dass der Arbeitgeber die Beendigung eines Beschäftigungsverhältnisses veranlasst hat, um einen ~~Eingliederungszuschuss~~ *Qualifizierungszuschuss* zu erhalten,
2. die Einstellung bei einem früheren Arbeitgeber erfolgt, bei dem der Arbeitnehmer während der letzten zwei Jahre vor Förderungsbeginn mehr als drei Monate versicherungspflichtig beschäftigt war oder
3. es sich nicht um eine Vollzeitbeschäftigung handelt.

(8) ~~(7)~~ Der Qualifizierungszuschuss ist teilweise zurückzuzahlen, wenn das Beschäftigungsverhältnis während des ~~Beschäftigungs~~*Förder*zeitraums beendet wird. Dies gilt nicht, wenn
1. der Arbeitgeber berechtigt war, das Arbeitsverhältnis aus Gründen, die in der Person oder dem Verhalten des Arbeitnehmers liegen, zu kündigen,

---

[1] Die Nummerierung der Absätze 5 bis 10 ändert sich mit der Einfügung des neuen Absatzes 5 zum 01.08.2009 in die Absätze 6 bis 11.

2. eine Kündigung aus dringenden betrieblichen Erfordernissen, die einer Weiterbeschäftigung im Betrieb entgegenstehen, berechtigt war oder

3. die Beendigung des Arbeitsverhältnisses auf das Bestreben des Arbeitnehmers hin erfolgt, ohne dass der Arbeitgeber den Grund hierfür zu vertreten hat.

Die Rückzahlung ist auf die Hälfte des Förderungsbetrages begrenzt.

(9) ~~(8)~~ Wird die Vermittlung der Kenntnisse, Fertigkeiten und Fähigkeiten nach Absatz 4 nicht bescheinigt, ist der Qualifizierungszuschuss teilweise zurückzuzahlen. Die Rückzahlung ist auf ein Fünftel des Förderungsbetrages begrenzt.

(In der Fassung ab 01.08.2009)
(10) ~~(9)~~ Die Absätze 1 bis ~~8~~9 gelten für Förderungen, die bis zum 31. Dezember 2010 begonnen haben.

(11) ~~(10)~~ Die Bundesagentur wird ermächtigt, durch Anordnung das Nähere über Voraussetzungen, Art, Umfang und Verfahren der Qualifizierung zu bestimmen.

§ 421p Eingliederungszuschuss für jüngere Arbeitnehmer

(1) Arbeitgeber können zur Eingliederung von jüngeren Arbeitnehmern mit Berufsabschluss, die bei Aufnahme der Beschäftigung das 25. Lebensjahr noch nicht vollendet haben, Zuschüsse zum Arbeitsentgelt erhalten, wenn diese vor Aufnahme der Beschäftigung mindestens sechs Monate arbeitslos (§ 119) waren. *§ 421o Abs. 1 Satz 2 und 3 gilt entsprechend.*

(2) Förderhöhe und Förderdauer richten sich nach den jeweiligen Eingliederungserfordernissen. Die Förderhöhe darf 25 Prozent des berücksichtigungsfähigen Arbeitsentgelts nicht unterschreiten und 50 Prozent nicht überschreiten. Die Förderdauer beträgt längstens zwölf Monate.

(3) Die Regelungen des § 421o zum berücksichtigungsfähigen Arbeitsentgelt, zur Auszahlung des Zuschusses, zum Förderungsausschluss und zur Rückzahlung des Zuschusses sowie zur Befristung der Leistung gelten entsprechend.

§ 421q Erweiterte Berufsorientierung

Abweichend von § 33 Satz 4 können bis zum 31. Dezember 2010 Berufsorientierungsmaßnahmen über einen Zeitraum von vier Wochen hinaus und außerhalb der unterrichtsfreien Zeit durchgeführt werden.

§ 421r Ausbildungsbonus

(1) Arbeitgeber erhalten einen Zuschuss für die zusätzliche betriebliche Ausbildung besonders förderungsbedürftiger Auszubildender (Ausbildungsbonus). Besonders förderungsbedürftig sind Auszubildende, die bereits im Vorjahr oder früher die allgemein bildende Schule verlassen haben und die

1. sich bereits für das Vorjahr oder früher erfolglos um eine berufliche Ausbildung im Sinne von Absatz 3 bemüht haben und einen Hauptschulabschluss, einen Sonderschulabschluss oder keinen Schulabschluss haben oder

2. lernbeeinträchtigt oder sozial benachteiligt sind.

Der Ausbildungsbonus kann auch an Arbeitgeber geleistet werden, die förderungsbedürftige Auszubildende zusätzlich betrieblich ausbilden. Förderungsbedürftig sind Auszubildende,

1. die bereits im Vorjahr oder früher die allgemein bildende Schule verlassen haben und die
    a) sich bereits für die beiden vorhergehenden Jahre und früher erfolglos um eine berufliche Ausbildung im Sinne von Absatz 3 bemüht haben oder
    b) sich bereits für das Vorjahr oder früher erfolglos um eine berufliche Ausbildung im Sinne von Absatz 3 bemüht haben und einen mittleren Schulabschluss haben
    oder
2. deren Ausbildungsvertrag über eine Ausbildung im Sinne von Absatz 3 wegen einer Insolvenz, Stilllegung oder Schließung des ausbildenden Betriebes vorzeitig beendet worden ist, wenn deren Vermittlung in ein die Ausbildung fortführendes Ausbildungsverhältnis wegen in ihrer Person liegenden Umständen erschwert ist,

soweit sie nicht unter Satz 2 fallen.

(2) Ein Auszubildender hat sich um eine berufliche Ausbildung bemüht, wenn er bei der Agentur für Arbeit oder bei dem Träger der Grundsicherung für Arbeitsuchende Ausbildung suchend gemeldet war oder den Nachweis von mindestens fünf abgelehnten Bewerbungen je Kalenderjahr für ein Ausbildungsverhältnis erbringt.

(3) Förderungsfähig ist eine betriebliche Ausbildung, die in einem staatlich anerkannten Ausbildungsberuf nach dem Berufsbildungsgesetz, der Handwerksordnung, ~~oder~~ dem Seemannsgesetz *oder dem Altenpflegegesetz* durchgeführt wird und für die der dafür vorgeschriebene Berufsausbildungsvertrag abgeschlossen worden ist.

(4) Die Ausbildung erfolgt zusätzlich, wenn bei Ausbildungsbeginn die Zahl der Ausbildungsverhältnisse im Sinne von Absatz 3 in dem Betrieb aufgrund des mit dem Auszubildenden abgeschlossenen Ausbildungsvertrages höher ist, als sie es im Durchschnitt der drei vorhergehenden Jahre jeweils am 31. Dezember war. Bei der Berechnung werden Auszubildende, deren Ausbildungszeit abgelaufen ist und die wegen Nichtbestehens der Abschlussprüfung weiterbeschäftigt werden, und Auszubildende, deren Ausbildungszeit vor dem 31. Dezember desselben Jahres endet, nicht mitgezählt. Es ist auf ganze Zahlen zu runden. § 338 Abs. 2 ist entsprechend anzuwenden. Der Arbeitgeber hat die Zusätzlichkeit durch eine Bescheinigung der nach dem Berufsbildungsgesetz zuständigen Stelle nachzuweisen. *Im Falle der Altenpflegeausbildung tritt an die Stelle der nach dem Berufsbildungsgesetz zuständigen Stelle nach Satz 4 die nach Landesrecht zuständige Stelle.*

(5) Eine Förderung ist ausgeschlossen, wenn

1. zu vermuten ist, dass der Arbeitgeber die Beendigung eines Ausbildungsverhältnisses veranlasst hat, um einen Ausbildungsbonus zu erhalten,

2. zu vermuten ist, dass der Arbeitgeber den Auszubildenden im Vorjahr oder früher nicht zur Ausbildung eingestellt hat, um den Ausbildungsbonus zu erhalten, oder

3. die Ausbildung im Betrieb des Ehegatten, des Lebenspartners, der Eltern oder eines Elternteils durchgeführt wird.

(6) Die Höhe des Ausbildungsbonus bestimmt sich nach der für das erste Ausbildungsjahr tariflich vereinbarten monatlichen Ausbildungsvergütung oder, wenn eine tarifliche Regelung nicht besteht, nach der für vergleichbare Ausbildungen ortsüblichen Ausbildungsvergütung. Einmalig gezahltes Entgelt wird nicht berücksichtigt. Der Ausbildungsbonus beträgt für jedes zusätzliche Ausbildungsverhältnis

1. 4 000 Euro, wenn die maßgebliche Vergütung 500 Euro unterschreitet,

2. 5 000 Euro, wenn die maßgebliche Vergütung mindestens 500 Euro und weniger als 750 Euro beträgt, und

3. 6 000 Euro, wenn die maßgebliche Vergütung mindestens 750 Euro beträgt.

Er reduziert sich anteilig, soweit die in der Ausbildungsordnung festgelegte Ausbildungsdauer unterschritten wird, weil der Auszubildende bereits bei Abschluss des Ausbildungsvertrages Teile der Ausbildung erfolgreich absolviert hat oder eine Anrechnung von Zeiten beruflicher Vorbildung auf die Ausbildung erfolgt.

(7) Der Ausbildungsbonus nach Absatz 6 erhöht sich zugunsten von schwerbehinderten Auszubildenden im Sinne des § 2 Abs. 2 des Neunten Buches und behinderten Auszubildenden um 30 Prozent. Eine Förderung ist ausgeschlossen, wenn das Ausbildungsverhältnis nach § 235a oder § 236 gefördert wird.

(8) Hat der Auszubildende bei dem Arbeitgeber eine geförderte betriebliche Einstiegsqualifizierung durchlaufen, ist die dafür erbrachte Leistung auf den Ausbildungsbonus anzurechnen. Eine Reduzierung des Ausbildungsbonus nach Absatz 6 Satz 4 erfolgt nicht.

(9) Die Leistung wird nur erbracht, soweit sie nicht für den gleichen Zweck durch Dritte erbracht wird. Leistungen Dritter zur Aufstockung der Leistung bleiben anrechnungsfrei.

(10) 50 Prozent der Leistung werden nach Ablauf der Probezeit, 50 Prozent der Leistung werden nach Anmeldung des Auszubildenden zur Abschlussprüfung ausgezahlt, wenn das Ausbildungsverhältnis jeweils fortbesteht.

(11) Förderungsfähig sind Ausbildungen, die frühestens am 1. Juli 2008 und spätestens am 31. Dezember 2010 begonnen werden.

(12) Die Bundesagentur wird ermächtigt, durch Anordnung das Nähere zum Verfahren der Förderung zu bestimmen.

(13) Das Bundesministerium für Arbeit und Soziales untersucht die Auswirkungen des Ausbildungsbonus auf den Ausbildungsmarkt und die öffentlichen Haushalte in den Jahren 2008 bis 2013 und berichtet dem Deutschen Bundestag hierüber erstmals bis zum 31. Juli 2010 und abschließend bis zum 31. Dezember 2013.

§ 421s Berufseinstiegsbegleitung

(1) Träger von Maßnahmen der Berufseinstiegsbegleitung für Jugendliche können durch Übernahme der Maßnahmekosten gefördert werden, um Jugendliche beim Übergang von der allgemein bildenden Schule in eine berufliche Ausbildung zu unterstützen.

(2) Förderungsfähig sind Maßnahmen zur individuellen Begleitung und Unterstützung förderungsbedürftiger Jugendlicher durch Berufseinstiegsbegleiter, um die Eingliederung des Jugendlichen in eine berufliche Ausbildung zu erreichen (Berufseinstiegsbegleitung). Unterstützt werden sollen insbesondere das Erreichen des Abschlusses einer allgemein bildenden Schule, die Berufsorientierung und -wahl, die Suche nach einem Ausbildungsplatz und die Stabilisierung des Ausbildungsverhältnisses. Die Begleitung beginnt in der Regel mit dem Besuch der Vorabgangsklasse der allgemein bildenden Schule und endet ein halbes Jahr nach Beginn einer beruflichen Ausbildung. Sie endet spätestens 24 Monate nach Beendigung der allgemein bildenden Schule. Der Träger hat mit Dritten, die Schüler derselben Schule bei der Berufsorientierung und -wahl unterstützen, und mit den Arbeitgebern in der Region eng zusammenzuarbeiten.

(3) Förderungsbedürftig sind Jugendliche, die voraussichtlich Schwierigkeiten haben, den Abschluss der allgemein bildenden Schule zu erreichen und den Übergang in eine berufliche Ausbildung zu bewältigen.

(4) Berufseinstiegsbegleiter sind Personen, die aufgrund ihrer Berufs- und Lebenserfahrung für die Begleitung besonders geeignet sind. Dem Jugendlichen ist ein Berufseinstiegsbegleiter zuzuordnen. Ein Wechsel des Berufseinstiegsbegleiters während der Begleitung eines Jugendlichen ist nur aus wichtigem Grund zulässig. Einem Berufseinstiegsbegleiter sollen in der Regel höchstens 20 Jugendliche gleichzeitig zugeordnet sein.

(5) Als Maßnahmekosten können die angemessenen Aufwendungen des Trägers für die Durchführung der Maßnahme einschließlich der erforderlichen Kosten für die Berufseinstiegsbegleiter übernommen werden.

(6) Die Maßnahmen sind nur förderungsfähig, wenn sie nach den Grundsätzen der Wirtschaftlichkeit und Sparsamkeit geplant, im Auftrag der Agentur für Arbeit durchgeführt werden und die Kosten angemessen sind. Die vergaberechtlichen Vorschriften sind anzuwenden.

(7) Es können Maßnahmen gefördert werden, die bis zum 31. Dezember 2011 beginnen.

(8) Die Maßnahmen werden zum Zweck der Erprobung nur zugunsten von Schülern an 1 000 ausgewählten allgemein bildenden Schulen gefördert. Die Bundesagentur bestimmt bis zum 31. Dezember 2008 die Schulen durch Anordnung. Die Bundesländer sind entsprechend ihrem Anteil an allen zwischen dem 1. Oktober 2006 und dem 30. September 2007 bei der Bundesagentur gemeldeten Bewerbern für Berufsausbildungsstellen zu berücksichtigen. Die Bundesagentur hat die Schulträger und die örtlichen Träger der öffentlichen Jugendhilfe bei der Auswahl der Schulen einzubeziehen.

(9) Die Bundesagentur wird ermächtigt, durch Anordnung das Nähere über Voraussetzungen, Art, Umfang und Verfahren der Förderung zu bestimmen.

(10) Das Bundesministerium für Arbeit und Soziales untersucht die Auswirkungen der Berufseinstiegsbegleitung auf das Erreichen des Abschlusses der allgemein bildenden Schule und den Erfolg insbesondere beim Übergang in eine betriebliche Berufsausbildung und die Förderleistungen des Bundes, der Bundesagentur, der Länder und Kommunen in den Jahren 2008 bis 2013 und berichtet dem Deutschen Bundestag hierüber erstmals bis zum 31. Dezember 2010 und abschließend bis zum 31. Dezember 2014.

Dritter Abschnitt: Grundsätze bei Rechtsänderungen

§ 422 Leistungen der aktiven Arbeitsförderung
(1) Wird dieses Gesetzbuch geändert, so sind, soweit nichts Abweichendes bestimmt ist, auf Leistungen der aktiven Arbeitsförderung bis zum Ende der Leistungen oder der Maßnahme die Vorschriften in der vor dem Tag des Inkrafttretens der Änderung geltenden Fassung weiter anzuwenden, wenn vor diesem Tag
1. der Anspruch entstanden ist,
2. die Leistung zuerkannt worden ist oder
3. die Maßnahme begonnen hat, wenn die Leistung bis zum Beginn der Maßnahme beantragt worden ist.
(2) Ist eine Leistung nur für einen begrenzten Zeitraum zuerkannt worden, richtet sich eine Verlängerung nach den zum Zeitpunkt der Entscheidung über die Verlängerung geltenden Vorschriften.

§ 423 bis § 424 (aufgehoben)

Vierter Abschnitt: Sonderregelungen im Zusammenhang mit der Einordnung des Arbeitsförderungsrechts in das Sozialgesetzbuch

§ 425 Übergang von der Beitrags- zur Versicherungspflicht
Zeiten einer die Beitragspflicht begründenden Beschäftigung sowie sonstige Zeiten der Beitragspflicht nach dem Arbeitsförderungsgesetz in der zuletzt geltenden Fassung gelten als Zeiten eines Versicherungspflichtverhältnisses.

§ 426 Grundsätze für einzelne Leistungen nach dem Arbeitsförderungsgesetz
(1) Auf Leistungen nach dem Vierten bis Achten Unterabschnitt des Zweiten Abschnitts des Arbeitsförderungsgesetzes, auf Leistungen nach dem Dritten Abschnitt des Arbeitsförderungsgesetzes sowie auf Leistungen nach § 242s, § 249h des Arbeitsförderungsgesetzes sind, soweit nachfolgend nichts Abweichendes bestimmt ist, bis zum Ende der Leistungen oder der Maßnahme die jeweils maßgeblichen Vorschriften des Arbeitsförderungsgesetzes weiter anzuwenden, wenn vor dem 1. Januar 1998
1. der Anspruch entstanden ist,
2. die Leistung zuerkannt worden ist oder

3. die Maßnahme begonnen hat, wenn die Leistung bis zum Beginn der Maßnahme beantragt worden ist.

(2) Ist eine Leistung nur für einen begrenzten Zeitraum zuerkannt worden, richtet sich eine Verlängerung nach den zum Zeitpunkt der Entscheidung über die Verlängerung geltenden Vorschriften.

§ 427 Arbeitslosengeld

(1) Bei Arbeitslosen, deren Anspruch auf Arbeitslosengeld vor dem 1. Januar 1998 entstanden ist, tritt an die Stelle der letzten persönlichen Arbeitslosmeldung nach § 122 Abs. 2 Nr. 3 der Tag, an dem sich der Arbeitslose auf Verlangen der Agentur für Arbeit erstmals nach dem 1. Januar 1998 arbeitslos zu melden hatte.

(2) Bei der Anwendung der Regelungen zur Berechnung der Rahmenfrist nach § 124 Abs. 3 Satz 1 Nr. 2, 4 und 5 und der Vorfrist nach § 192 Satz 2 Nr. 3 bis 5 bleiben entsprechende Zeiten, die nach dem Arbeitsförderungsgesetz in der zuletzt geltenden Fassung einer die Beitragspflicht begründenden Beschäftigung gleichstanden, unberücksichtigt.

(3) Bei der Anwendung der Regelungen über die für einen Anspruch auf Arbeitslosengeld erforderliche Anwartschaftszeit und die Dauer des Anspruches auf Arbeitslosengeld stehen Zeiten, die nach dem Arbeitsförderungsgesetz in der zuletzt geltenden Fassung den Zeiten einer die Beitragspflicht begründenden Beschäftigung ohne Beitragsleistung gleichstanden, den Zeiten eines Versicherungspflichtverhältnisses gleich.

(3a) Ist ein Anspruch auf Arbeitslosengeld unter den Voraussetzungen des § 105a des Arbeitsförderungsgesetzes in der bis zum 31. Dezember 1997 geltenden Fassung entstanden, gelten die Voraussetzungen des § 125 Abs. 1 bis

1. zur Feststellung des Trägers der gesetzlichen Rentenversicherung, ob Berufsunfähigkeit oder Erwerbsunfähigkeit vorliegt, oder

2. zur Aufnahme einer versicherungspflichtigen Beschäftigung

als erfüllt.

(4) Die Dauer eines Anspruches auf Arbeitslosengeld der vor dem 1. Januar 1998 entstanden ist und am 1. Januar 1998 noch nicht erschöpft oder nach § 147 Abs. 1 Nr. 1 erloschen ist, erhöht sich um jeweils einen Tag für jeweils sechs Tage. Bruchteile von Tagen sind auf volle Tage aufzurunden.

(5) Ist ein Anspruch auf Arbeitslosengeld vor dem 1. Januar 1998 entstanden, ist das Bemessungsentgelt nur dann neu festzusetzen, wenn die Festsetzung auf Grund eines Sachverhaltes erforderlich ist, der nach dem 31. Dezember 1997 eingetreten ist. Satz 1 gilt für die Zuordnung zu einer Leistungsgruppe entsprechend. Ist ein Anspruch auf Arbeitslosengeld vor dem 1. Januar 1998 entstanden, ist bei der ersten Anpassung nach dem 31. Dezember 1997 an die Entwicklung der Bruttoarbeitsentgelte abweichend von den §§ 138, 201 von dem gerundeten Bemessungsentgelt auszugehen.

(6) § 242x Abs. 3 und 4 des Arbeitsförderungsgesetzes in der bis zum 31. Dezember 1997 geltenden Fassung ist weiterhin anzuwenden, soweit es um die Anwendung des § 106 des Arbeitsförderungsgesetzes in der bis zum 31. März 1997 geltenden Fassung geht. Insofern ist § 127 nicht anzuwenden. Ist

auf einen Anspruch auf Arbeitslosengeld, der in der Zeit vom 1. April 1997 bis 31. März 1999 entstanden ist, die Vorschrift des § 115a des Arbeitsförderungsgesetzes in der bis zum 31. Dezember 1997 geltenden Fassung oder des § 140 in der bis zum 31. März 1999 geltenden Fassung angewendet worden, so ist auf Antrag des Arbeitnehmers über den Anspruch insoweit rückwirkend neu zu entscheiden. Dabei ist anstelle des § 115a des Arbeitsförderungsgesetzes in der bis zum 31. Dezember 1997 geltenden Fassung oder des § 140 in der bis zum 31. März 1999 geltenden Fassung § 143a in der ab dem 1. April 1999 geltenden Fassung anzuwenden.

(7) § 242x Abs. 7 des Arbeitsförderungsgesetzes in der bis zum 31. Dezember 1997 geltenden Fassung ist weiterhin anzuwenden. Insoweit ist § 194 Abs. 3 Nr. 5 nicht anzuwenden.

§ 427a Gleichstellung von Mutterschaftszeiten

(1) Für Personen, die in der Zeit vom 1. Januar 1998 bis zum 31. Dezember 2002 Sonderunterstützung nach dem Mutterschutzgesetz oder Mutterschaftsgeld bezogen haben, gilt für die Erfüllung der für einen Anspruch auf Arbeitslosengeld erforderlichen Anwartschaftszeit und für die Dauer des Anspruchs § 107 Satz 1 Nr. 5 Buchstabe b des Arbeitsförderungsgesetzes in der bis zum 31. Dezember 1997 geltenden Fassung entsprechend.

(2) Die Agentur für Arbeit entscheidet
1. von Amts wegen
   a) über Ansprüche auf Arbeitslosengeld neu, die allein deshalb abgelehnt worden sind, weil Zeiten nach § 107 Satz 1 Nr. 5 Buchstabe b des Arbeitsförderungsgesetzes in der bis zum 31. Dezember 1997 geltenden Fassung nicht berücksichtigt worden sind, wenn die Entscheidung am 28. März 2006 noch nicht unanfechtbar war,
   b) über Ansprüche auf Arbeitslosengeld, über die wegen des Bezugs einer der in Absatz 1 genannten Mutterschaftsleistungen bisher nicht oder nur vorläufig entschieden worden ist;
2. im Übrigen auf Antrag.

§ 428 Arbeitslosengeld unter erleichterten Voraussetzungen

(1) Anspruch auf Arbeitslosengeld nach den Vorschriften des Zweiten Unterabschnitts des Achten Abschnitts des Vierten Kapitels haben auch Arbeitnehmer, die das 58. Lebensjahr vollendet haben und die Regelvoraussetzungen des Anspruchs auf Arbeitslosengeld allein deshalb nicht erfüllen, weil sie nicht arbeitsbereit sind und nicht alle Möglichkeiten nutzen und nutzen wollen, um ihre Beschäftigungslosigkeit zu beenden. Der Anspruch besteht auch während der Zeit eines Studiums an einer Hochschule oder einer der fachlichen Ausbildung dienenden Schule. Vom 1. Januar 2008 an gilt Satz 1 nur noch, wenn der Anspruch vor dem 1. Januar 2008 entstanden ist und der Arbeitslose vor diesem Tag das 58. Lebensjahr vollendet hat.

(2) Die Agentur für Arbeit soll den Arbeitslosen, der nach Unterrichtung über die Regelung des Satzes 2 drei Monate Arbeitslosengeld nach Absatz 1 bezogen hat und in absehbarer Zeit die Voraussetzungen für den Anspruch auf

Altersrente voraussichtlich erfüllt, auffordern, innerhalb eines Monats Altersrente zu beantragen; dies gilt nicht für Altersrenten, die vor dem für den Versicherten maßgebenden Rentenalter in Anspruch genommen werden können. Stellt der Arbeitslose den Antrag nicht, ruht der Anspruch auf Arbeitslosengeld vom Tage nach Ablauf der Frist an bis zu dem Tage, an dem der Arbeitslose Altersrente beantragt.

(3) Der Anspruch nach Absatz 1 ist ausgeschlossen, wenn dem Arbeitslosen eine Teilrente wegen Alters aus der gesetzlichen Rentenversicherung oder eine ähnliche Leistung öffentlich-rechtlicher Art zuerkannt ist.

(4) (aufgehoben)

§ 429 (aufgehoben)

§ 430 Sonstige Entgeltersatzleistungen

(1) Auf das Unterhaltsgeld, das Übergangsgeld, die Eingliederungshilfe nach § 62a Abs. 1 und 2 des Arbeitsförderungsgesetzes ist § 426 nicht anzuwenden.

(2) Bei der Anwendung der Regelungen über die für Leistungen zur Förderung der beruflichen Weiterbildung und für Leistungen zur Teilhabe am Arbeitsleben erforderliche Vorbeschäftigungszeit stehen Zeiten, die nach dem Arbeitsförderungsgesetz in der zuletzt geltenden Fassung den Zeiten einer die Beitragspflicht begründenden Beschäftigung ohne Beitragsleistung gleichstanden, den Zeiten eines Versicherungspflichtverhältnisses gleich.

(3) Ist ein Anspruch auf Unterhaltsgeld vor dem 1. Januar 1998 entstanden, sind das Bemessungsentgelt und der Leistungssatz nicht neu festzusetzen. Satz 1 gilt für die Zuordnung zu einer Leistungsgruppe entsprechend.

(4) Die Dauer eines Anspruchs auf Eingliederungshilfe für Spätaussiedler nach § 62a Abs. 1 und 2 des Arbeitsförderungsgesetzes, der vor dem 1. Januar 1998 entstanden und am 1. Januar 1998 noch nicht erloschen ist, erhöht sich um jeweils einen Tag für jeweils sechs Tage. Bruchteile von Tagen sind auf volle Tage aufzurunden.

(5) Die Vorschriften des Arbeitsförderungsgesetzes über das Konkursausfallgeld in der bis zum 31. Dezember 1998 geltenden Fassung sind weiterhin anzuwenden, wenn das Insolvenzereignis vor dem 1. Januar 1999 eingetreten ist.

(6) Ist ein Anspruch auf Kurzarbeitergeld von Arbeitnehmern, die zur Vermeidung von anzeigepflichtigen Entlassungen im Sinne des § 17 Abs. 1 des Kündigungsschutzgesetzes in einer betriebsorganisatorisch eigenständigen Einheit zusammengefaßt sind, vor dem 1. Januar 1998 entstanden, sind bei der Anwendung der Regelungen über die Dauer eines Anspruchs auf Kurzarbeitergeld in einer betriebsorganisatorisch eigenständigen Einheit Bezugszeiten, die nach einer auf Grundlage des § 67 Abs. 2 Nr. 3 des Arbeitsförderungsgesetzes erlassenen Rechtsverordnung bis zum 1. Januar 1998 nicht ausgeschöpft sind, verbleibende Bezugszeiten eines Anspruchs auf Kurzarbeitergeld in einer betriebsorganisatorisch eigenständigen Einheit.

§ 431 Erstattungsansprüche

(1) § 242x Abs. 6 des Arbeitsförderungsgesetzes ist auf die dort genannten Fälle weiterhin anzuwenden. Soweit in diesen Fällen eine Erstattungspflicht für Zeiten nach dem 31. Dezember 1997 besteht, verlängert sich der Erstattungszeitraum für jeweils sechs Tage um einen Tag.

(2) Die Anwendung des § 147a in der ab dem 1. April 1999 geltenden Fassung ist ausgeschlossen, wenn der Anspruch auf Arbeitslosengeld vor dem 1. April 1999 entstanden ist oder das Arbeitsverhältnis vor dem 10. Februar 1999 gekündigt oder die Auflösung des Arbeitsverhältnisses vor diesem Tag vereinbart worden ist.

§ 432 Weitergeltung von Arbeitserlaubnissen

Vor dem 1. Januar 1998 erteilte Arbeitserlaubnisse behalten ihre Gültigkeit bis zum Ablauf ihrer Geltungsdauer. Die Arbeitserlaubnisse, die unabhängig von Lage und Entwicklung des Arbeitsmarktes erteilt worden sind, gelten für ihre Geltungsdauer als Arbeitsberechtigung weiter.

§ 433 (aufgehoben)

Fünfter Abschnitt: Übergangsregelungen aufgrund von Änderungsgesetzen

§ 434 Zweites SGB III-Änderungsgesetz

(1) § 130 Abs. 1, §§ 131, 133 Abs. 1 sowie die §§ 134 bis 135 und § 141 Abs. 2 und 3 in der vor dem 1. August 1999 geltenden Fassung sind auf Ansprüche auf Arbeitslosengeld, die vor dem 1. August 1999 entstanden sind, weiterhin anzuwenden; insoweit sind die genannten Vorschriften in der vom 1. August 1999 an geltenden Fassung nicht anzuwenden.

(2) (aufgehoben)

(3) § 80 Abs. 1 und § 275 Abs. 1 Satz 2 sind abweichend von § 422 Abs. 1 ab dem 1. August 1999 anzuwenden; dies gilt nicht für die Anpassung des Förderungsbetrages bei Strukturanpassungsmaßnahmen für das Kalenderjahr 1999.

(4) (aufgehoben)

§ 434a Haushaltssanierungsgesetz

§ 138 ist in der Zeit vom 1. Juli 2000 bis zum 30. Juni 2001 mit der Maßgabe anzuwenden, dass für die Anpassung des Bemessungsentgelts das Verhältnis maßgeblich ist, in dem der Preisindex für die Lebenshaltung aller privaten Haushalte im Bundesgebiet des jeweils vergangenen Kalenderjahres von dem Preisindex für die Lebenshaltung aller privaten Haushalte im Bundesgebiet im jeweils vorvergangenen Kalenderjahr abweicht. Für die Errechnung des Anpassungsfaktors gilt § 255c Abs. 2 des Sechsten Buches in der bis zum 30. Juni 2001 geltenden Fassung entsprechend.

§ 434b (aufgehoben)

§ 434c Einmalzahlungs-Neuregelungsgesetz

(1) Soweit sich die Höhe eines Anspruchs auf Arbeitslosengeld, der vor dem 1. Januar 2001 entstanden ist, nach § 112 des Arbeitsförderungsgesetzes in der bis zum 31. Dezember 1997 geltenden Fassung oder nach § 134 Abs. 1 in der vor dem 1. Januar 2001 geltenden Fassung richtet, sind diese Vorschriften mit der Maßgabe anzuwenden, dass sich das Bemessungsentgelt, das sich vor der Rundung ergibt, ab dem 1. Januar 1997 um 10 Prozent, höchstens bis zur jeweiligen Leistungsbemessungsgrenze, erhöht. Die Erhöhung gilt für Ansprüche, über die am 21. Juni 2000 bereits unanfechtbar entschieden war, vom 22. Juni 2000 an.

(2) § 135 Nr. 2 ist für Ansprüche auf Arbeitslosengeld, die in der Zeit vom 1. Januar 2001 bis zum 1. Juli 2001 entstehen, mit der Maßgabe anzuwenden, dass sich das in der Zeit vom 1. Januar 2001 bis zum 1. Juli 2001 entstehen, mit der Maßgabe anzuwenden, dass sich das durchschnittliche Bemessungsentgelt aller Bezieher von Arbeitslosengeld um 10 Prozent erhöht.

(3) Für Ansprüche auf Unterhaltsgeld, die vor dem 1. Januar 2001 entstanden sind, sind § 134 Abs. 1 in der vor dem 1. Januar 2001 geltenden Fassung und § 158 Abs. 1 Satz 1 mit der Maßgabe anzuwenden, dass sich das Bemessungsentgelt, das sich vor der Rundung ergibt, ab dem 1. Januar 1997 um 10 Prozent, höchstens bis zur jeweiligen Leistungsbemessungsgrenze, erhöht. Die Erhöhung gilt für Ansprüche, über die am 21. Juni 2000 bereits unanfechtbar entschieden war, vom 22. Juni 2000 an. Für Ansprüche auf Unterhaltsgeld, die nach dem 1. Januar 2001 entstanden sind, ist Satz 1 entsprechend anzuwenden, wenn das nach § 158 Abs. 1 Satz 1 zugrunde zu legende Bemessungsentgelt nach § 134 Abs. 1 in der bis zum 31. Dezember 2000 geltenden Fassung bemessen worden ist und sich nicht bereits nach Absatz 1 Satz 2 erhöht hat.

(4) u. (5) (aufgehoben)

(6) Für die Ermittlung der Berechnungsgrundlage für Ansprüche auf Übergangsgeld, die vor dem 1. Januar 2001 entstanden sind und über die am 21. Juni 2000 noch nicht unanfechtbar entschieden war, ist § 47 Abs. 1 und 2 des Fünften Buches in der vor dem 22. Juni 2000 jeweils geltenden Fassung für Zeiten nach dem 31. Dezember 1996 mit der Maßgabe entsprechend anzuwenden, dass sich das Regelentgelt um 10 vom Hundert, höchstens aber bis zur Höhe des Betrages der kalendertäglichen Beitragsbemessungsgrenze, erhöht. Das regelmäßige Nettoarbeitsentgelt ist um denselben Vomhundertsatz zu erhöhen. Satz 1 und 2 gilt für Ansprüche, über die vor dem 22. Juni 2000 bereits unanfechtbar entschieden war, nur für Zeiten vom 22. Juni 2000 an bis zum Ende der Leistungsdauer.

(7) § 128a des Arbeitsförderungsgesetzes in der jeweils geltenden Fassung ist für die Zeit vom 1. Januar 1982 bis zum 31. Dezember 1997 mit der Maßgabe anzuwenden, dass der Arbeitgeber der Bundesagentur vierteljährlich 30 Prozent des Arbeitslosengeldes einschließlich der anteilig darauf entfallenden Beiträge zur gesetzlichen Krankenversicherung, Rentenversicherung sowie der sozialen Pflegeversicherung zu erstatten hat.

§ 434d Gesetz zur Reform der arbeitsmarktpolitischen Instrumente

(1) Die Dauer einer Vollzeitmaßnahme der beruflichen Weiterbildung, die bis zum 31. Dezember 2005 beginnt, ist auch dann angemessen, wenn sie auf Grund bundes- oder landesgesetzlicher Regelungen nicht um mindestens ein Drittel der Ausbildungszeit verkürzt ist. Insoweit ist § 85 Abs. 2 Satz 3 in der seit dem 1. Januar 2003 geltenden Fassung nicht anzuwenden.

(2) § 124 Abs. 3 Satz 1 Nr. 2, § 192 Satz 2 Nr. 3 und § 196 Satz 2 Nr. 3 in der bis zum 31. Dezember 2002 geltenden Fassung sind für Zeiten der Betreuung und Erziehung eines Kindes vor dem 1. Januar 2003 weiterhin anzuwenden.

(3) § 131 Abs. 2 in der bis zum 31. Dezember 2001 geltenden Fassung ist für Ansprüche auf Arbeitslosengeld, die vor dem 1. Januar 2002 entstanden sind, weiterhin anzuwenden; insoweit ist § 131 Abs. 2 in der vom 1. Januar 2002 an geltenden Fassung nicht anzuwenden.

(4) (aufgehoben)

§ 434e Bundeswehrneuausrichtungsgesetz

Die §§ 26 und 127 in der vor dem 1. Januar 2002 geltenden Fassung sind auf Ansprüche auf Arbeitslosengeld weiterhin anzuwenden, wenn der Wehrdienst oder der Zivildienst vor dem 1. Januar 2002 begonnen hat.

§ 434f Gesetz zur Vereinfachung der Wahl der Arbeitnehmervertreter in den Aufsichtsrat

Zum 27. März 2002 treten der Präsident der Bundesanstalt für Arbeit und der Vizepräsident der Bundesanstalt für Arbeit in den Ruhestand. Für die in Satz 1 genannten Beamten sind § 4 des Bundesbesoldungsgesetzes sowie die Vorschriften des § 7 Nr. 2 und des § 14 Abs. 6 des Beamtenversorgungsgesetzes in der bis zum 31. Dezember 1998 geltenden Fassung entsprechend anzuwenden mit der Maßgabe, dass dem einstweiligen Ruhestand die Zeit von dem Eintritt in den Ruhestand bis zu dem § 399 Abs. 4 Satz 2 in der bis zum 26. März 2002 geltenden Fassung genannten Zeitpunkt gleichsteht.

§ 434g Erstes Gesetz für moderne Dienstleistungen am Arbeitsmarkt

(1) § 128 Abs. 1 Nr. 8 und Abs. 2 in der bis zum 31. Dezember 2002 geltenden Fassung ist weiterhin anzuwenden, wenn die Maßnahme, für die das Unterhaltsgeld geleistet wird, vor dem 1. Januar 2003 begonnen hat oder das Unterhaltsgeld vor dem 1. Januar 2003 zuerkannt worden ist.

(2) § 144 Abs. 1 in der bis zum 31. Dezember 2002 geltenden Fassung ist weiterhin anzuwenden, wenn das Ereignis, das die Sperrzeit begründet, vor dem 1. Januar 2003 liegt.

(3) §§ 156, 157 Abs. 2, § 158 Abs. 4, § 198 Satz 1, § 274 Satz 1 Nr. 2 und § 339 Satz 3 Nr. 1 in der bis zum 31. Dezember 2002 geltenden Fassung sind weiterhin anzuwenden, wenn der Anspruch auf Anschlussunterhaltsgeld vor dem 1. Januar 2003 entstanden ist.

(4) (aufgehoben)

(5) Die Agentur für Arbeit darf einen Vertrag zur Einrichtung einer Personal-Service-Agentur nur schließen, wenn sich die Arbeitsbedingungen einschließ-

lich des Arbeitsentgelts der in der Personal-Service-Agentur beschäftigten Arbeitnehmer bis zum 31. Dezember 2003 nach einem Tarifvertrag für Arbeitnehmerüberlassung richten.

(6) (aufgehoben)

§ 434h Zuwanderungsgesetz

Die §§ 419 und 421 Abs. 3 sind in der bis zum 31. Dezember 2004 geltenden Fassung bis zum Ende des Deutsch-Sprachlehrgangs weiterhin anzuwenden, wenn der Anspruch vor dem 1. Januar 2005 entstanden ist und der Deutsch-Sprachlehrgang begonnen hat. In diesen Fällen trägt der Bund die Ausgaben der Sprachförderung; Verwaltungskosten der Bundesagentur für Arbeit werden nicht erstattet.

§ 434i Zweites Gesetz für moderne Dienstleistungen am Arbeitsmarkt

Personen, die am 31. März 2003 in einer mehr als geringfügigen Beschäftigung versicherungspflichtig waren, die die Merkmale einer geringfügigen Beschäftigung in der ab 1. April 2003 geltenden Fassung von § 8 des Vierten Buches erfüllt, bleiben in dieser Beschäftigung versicherungspflichtig. Sie werden auf ihren Antrag von der Versicherungspflicht befreit. Die Befreiung wirkt vom 1. April 2003 an. Sie ist auf diese Beschäftigung beschränkt.

§ 434j Drittes Gesetz für moderne Dienstleistungen am Arbeitsmarkt

(1) Arbeitnehmer, die am 31. Dezember 2003 in einer Arbeitsbeschaffungsmaßnahme versicherungspflichtig beschäftigt waren, bleiben abweichend von § 27 Abs. 3 Nr. 5 in dieser Beschäftigung versicherungspflichtig.

(2) § 28a Abs. 2 gilt mit der Maßgabe, dass ein Antrag auf freiwillige Weiterversicherung ungeachtet der Voraussetzungen des Satzes 2 bis zum 31. Dezember 2006 gestellt werden kann. Stellt eine Person, deren Tätigkeit oder Beschäftigung gemäß § 28a Abs. 1 Satz 1 Nr. 2 oder Nr. 3 zur freiwilligen Weiterversicherung berechtigt, den Antrag nach dem 31. Mai 2006, gilt Satz 1 mit der Einschränkung, dass die Tätigkeit oder Beschäftigung nach dem 31. Dezember 2003 aufgenommen worden sein muss.

(3) Die §§ 123, 124, 127 Abs. 2a und 3, § 133 Abs. 1 und § 147 sowie die Anwartschaftszeit-Verordnung in der bis zum 31. Dezember 2003 geltenden Fassung sind weiterhin anzuwenden für Personen, deren Anspruch auf Arbeitslosengeld bis zum 31. Januar 2006 entstanden ist. Insoweit sind die §§ 123, 124, 127, 131 Abs. 4 und § 147 in der vom 1. Januar 2004 an geltenden Fassung nicht anzuwenden.

(3a) § 124 Abs. 3 in der bis zum 31. Dezember 2003 geltenden Fassung ist für Personen, die innerhalb der Zeit vom 1. Februar 2006 bis 31. Januar 2007 eine Pflegetätigkeit oder eine selbständige Tätigkeit im Sinne des § 28a Abs. 1 Nr. 1 und 2 ausgeübt haben und deren Anspruch auf Arbeitslosengeld nach dem 31. Januar 2006 entstanden ist, bis zum 31. Januar 2007 weiterhin anzuwenden. Insoweit ist § 124 Abs. 3 in der vom 1. Januar 2004 an geltenden Fassung nicht anzuwenden.

(4) § 128 Abs. 1 Nr. 5 und § 145 in der bis zum 31. Dezember 2004 geltenden Fassung sind weiterhin anzuwenden für Säumniszeiten, die vor dem 1. Januar 2005 eingetreten sind.

(5) Ist ein Anspruch auf Arbeitslosengeld vor dem 1. Januar 2005 entstanden, ist das Bemessungsentgelt nach dem vom 1. Januar 2005 an geltenden Recht nur neu festzusetzen, soweit dies auf Grund eines Sachverhaltes erforderlich ist, der nach dem 31. Dezember 2004 eingetreten ist.

(5a) Ist ein Anspruch auf Arbeitslosengeld vor dem 1. Januar 2005 entstanden, so gilt § 133 Abs. 1 mit der Maßgabe, dass als Lohnsteuer die Lohnsteuer nach der Lohnsteuertabelle des Jahres 2004 zu berücksichtigen ist.

(6) Ist ein Anspruch auf Arbeitslosengeld vor dem 1. Januar 2005 entstanden, ist das Recht über die Anrechnung von Nebeneinkommen (§ 141) in der vom 1. Januar 2005 an geltenden Fassung nur dann anzuwenden, wenn dies auf Grund einer Änderung der Verhältnisse erforderlich ist, die nach dem 31. Dezember 2004 eingetreten ist und sich auf den Anrechnungsbetrag auswirkt.

(7) Die Erstattungspflicht nach den §§ 147b, 148 entfällt für Zeiten ab dem 1. Januar 2004.

(8) Ist ein Anspruch auf Unterhaltsgeld vor dem 1. Januar 2005 zuerkannt worden, wird dieser für Zeiten ab dem 1. Januar 2005 ohne Neuberechnung als Anspruch auf Arbeitslosengeld bei beruflicher Weiterbildung erfüllt; insoweit ist § 422 Abs. 1 nicht anzuwenden.

(9) Für Zeiten bis zum 31. Dezember 2004 tritt in § 61 Abs. 4 Satz 3, § 77 Abs. 1 Nr. 3, § 117 Abs. 1 Nr. 2, § 119 Abs. 1 Nr. 2, Abs. 2 und 3 Nr. 3, Abs. 5 Satz 1 und 2, § 133 Abs. 4, § 134 Abs. 2 Nr. 2, § 135 Nr. 3 und 7, § 144 Abs. 1 Nr. 2, § 145 Abs. 1 und 2, § 152 Nr. 2, § 155 Nr. 3 und § 158 Abs. 2 an die Stelle des Arbeitsamtes die Agentur für Arbeit.

(10) Die §§ 77, 78, 153 bis 159, auch in Verbindung mit § 172 Abs. 2 Nr. 1, § 207 Abs. 1 Satz 1, § 207a Abs. 1, § 311 Satz 1, § 313 Satz 1 und § 328 Abs. 3 Satz 3 in der bis zum 31. Dezember 2004 geltenden Fassung sind über den 31. Dezember 2004 hinaus anzuwenden für Teilnehmer an einer Maßnahme der beruflichen Weiterbildung, die die Voraussetzungen für einen Anspruch auf Arbeitslosenhilfe erfüllt haben. In diesen Fällen

1.   gilt Absatz 8 nicht und
2.   ist § 20 Abs. 1 Nr. 2 des Elften Buches in der am 31. Dezember 2004 geltenden Fassung weiter anzuwenden.

(11) Ist ein Anspruch auf Kurzarbeitergeld in einer betriebsorganisatorisch eigenständigen Einheit bis zum 31. Dezember 2003 entstanden, so richtet sich die Entscheidung über eine Verlängerung nach den bis zum 31. Dezember 2003 geltenden Vorschriften.

(12) Folgende Vorschriften sind in der bis zum 31. Dezember 2003 geltenden Fassung weiter anzuwenden:

1.   § 37a Abs. 3, § 38 Abs. 4 Satz 1 Nr. 2, solange Arbeitnehmer in einer Strukturanpassungsmaßnahme gefördert werden;
2.   § 57 Abs. 2 Nr. 1 Buchstabe b, § 226 Abs. 1 Nr. 1 Buchstabe b, und § 421 Abs. 1 Nr. 1, wenn der Arbeitnehmer eine Beschäftigung ausgeübt hat, die als Strukturanpassungsmaßnahme gefördert worden ist;

3. § 226 Abs. 1 Nr. 1 Buchstabe a, wenn der Arbeitnehmer Kurzarbeiter-geld in einer betriebsorganisatorisch eigenständigen Einheit bezogen hat;
4. §§ 272 bis 279, wenn das Arbeitsamt oder die Agentur für Arbeit vor dem 31. Dezember 2003 oder unter den Voraussetzungen des § 422 ei-nen förderungsbedürftigen Arbeitnehmer in eine Strukturanpassungs-maßnahme zugewiesen hatte oder zuweist und das Arbeitsamt oder die Agentur für Arbeit mit dem Träger über die ursprüngliche Zuweisung hinaus eine Zuweisung oder mehrere Zuweisungen des geförderten Ar-beitnehmers vereinbart hat;
5. §§ 185 und 208, wenn das Insolvenzereignis vor dem 1. Januar 2004 liegt.

(13) Die Präsidentinnen und Präsidenten der Landesarbeitsämter im Sinne des § 395 Abs. 1 Satz 1 in der am 31. Dezember 2003 geltenden Fassung führen ab 1. Januar 2004 die Amtsbezeichnung "vorsitzendes Mitglied der Geschäfts-führung der Regionaldirektion"; die Vizepräsidentinnen und Vizepräsidenten der Landesarbeitsämter im Sinne des des § 395 Abs. 1 Satz 2 in der am 31. Dezember 2003 geltenden Fassung führen ab dem 1. Januar 2004 die Amtsbe-zeichnung "Mitglied der Geschäftsführung der Regionaldirektion". Die Direk-torinnen und Direktoren im Sinne des § 396 Abs. 1 in der am 31. Dezember 2003 geltenden Fassung führen ab dem 1. Januar 2004 die Amtsbezeichnung "vorsitzendes Mitglied der Geschäftsführung der Agentur für Arbeit".

(14) Die Amtszeit der Mitglieder und der stellvertretenden Mitglieder der Verwaltungsausschüsse der Landesarbeitsämter endet am 31. Dezember 2003. Die Amtszeit der Mitglieder und der stellvertretenden Mitglieder des Verwal-tungsrates und der Verwaltungsausschüsse der Arbeitsämter endet am 30. Juni 2004.

§ 434k Viertes Gesetz für moderne Dienstleistungen am Arbeitsmarkt

Die §§ 419, 420 Abs. 3 und § 421 Abs. 3 sind in der bis zum 31. Dezember 2004 geltenden Fassung bis zum Ende des Deutsch-Sprachlehrgangs weiterhin anzuwenden, wenn vor dem 1. Januar 2005 der Anspruch entstanden ist und der Deutsch-Sprachlehrgang begonnen hat. In diesen Fällen trägt der Bund die Ausgaben der Sprachförderung; Verwaltungskosten der Bundesagentur für Arbeit werden nicht erstattet.

§ 434l Gesetz zu Reformen am Arbeitsmarkt

(1) § 127 in der bis zum 31. Dezember 2003 geltenden Fassung ist weiterhin anzuwenden für Personen, deren Anspruch auf Arbeitslosengeld bis zum 31. Januar 2006 entstanden ist. Insoweit ist § 127 in der vom 1. Januar 2004 an geltenden Fassung nicht anzuwenden.

(2) § 127 Abs. 4 in der vom 1. Januar 2004 an geltenden Fassung ist bis zum 31. Januar 2010 mit der Maßgabe anzuwenden, dass als Höchstdauer des Anspruches mindestens die Restdauer des erloschenen Anspruches zugrunde zu legen ist.

(3) § 147a in der am 31. Dezember 2003 geltenden Fassung ist weiterhin anzuwenden, wenn der Anspruch auf Arbeitslosengeld bis zu diesem Tag

entstanden ist oder wenn der Arbeitgeber das Arbeitsverhältnis bis zum 26. September 2003 beendet hat.

(4) § 147a ist nicht anzuwenden für Ansprüche auf Arbeitslosengeld, deren Dauer sich nach § 127 Abs. 2 in der vom 1. Januar 2004 an geltenden Fassung richtet.

§ 434m Fünftes Gesetz zur Änderung des Dritten Buches Sozialgesetzbuch und anderer Gesetze

§ 57 Abs. 3 Satz 3 und § 140 in der bis zum 30. Dezember 2005 geltenden Fassung sind weiterhin anzuwenden, wenn sich die Pflicht zur frühzeitigen Arbeitsuchendmeldung nach der bis zum 30. Dezember 2005 geltenden Rechtslage richtet.

§ 434n Gesetz zur Förderung ganzjähriger Beschäftigung

(1) Bei Ansprüchen auf Arbeitslosengeld, die nach dem 31. März 2006 entstehen, ist § 131 Abs. 3 Nr. 1 in der bis zum 31. März 2006 geltenden Fassung weiterhin anzuwenden, soweit in den Bemessungszeitraum Zeiten des Bezugs von Winterausfallgeld oder einer Winterausfallgeld-Vorausleistung fallen.

(2) In Betrieben des Gerüstbauerhandwerks (§ 1 Abs. 3 Nr. 1 der Baubetriebe-Verordnung) werden bis zum 31. März 2010 Leistungen nach den §§ 175 und 175a nach Maßgabe der folgenden Regelungen erbracht.

(3) Die Schlechtwetterzeit beginnt am 1. November und endet am 31. März.

(4) Ergänzende Leistungen nach § 175a Abs. 2 und 4 werden ausschließlich zur Vermeidung oder Überbrückung witterungsbedingter Arbeitsausfälle gewährt. Zuschuss-Wintergeld wird in Höhe von 1,03 Euro je Ausfallstunde erbracht.

(5) Anspruch auf Zuschuss-Wintergeld nach § 175a Abs. 2 haben auch Arbeitnehmer, die zur Vermeidung witterungsbedingter Arbeitsausfälle eine Vorausleistung erbringen, die das Arbeitsentgelt bei witterungsbedingtem Arbeitsausfall in der Schlechtwetterzeit für mindestens 120 Stunden ersetzt, in angemessener Höhe im Verhältnis zum Saison-Kurzarbeitergeld steht und durch Tarifvertrag, Betriebsvereinbarung oder Arbeitsvertrag geregelt ist. Der Anspruch auf Zuschuss-Wintergeld besteht für Zeiten des Bezugs der Vorausleistung, wenn diese niedriger ist als das ohne den witterungsbedingten Arbeitsausfall erzielte Arbeitsentgelt.

§ 434o Gesetz zur Fortentwicklung der Grundsicherung für Arbeitsuchende

Für Personen, die ausschließlich auf Grund der Voraussetzung in § 57 Abs. 2 Nr. 2 keinen Anspruch auf einen Gründungszuschuss haben, ist § 57 in der bis zum 31. Juli 2006 geltenden Fassung bis zum 1. November 2006 anzuwenden.

§ 434p Gesetz zur Verbesserung der Beschäftigungschancen älterer Menschen

Besteht am 1. Mai 2007 oder zu einem späteren Zeitpunkt noch Anspruch auf Leistungen der Entgeltsicherung für ältere Arbeitnehmer, die erstmals nach

§ 421j in der bis zum 30. April 2007 geltenden Fassung bewilligt worden sind, so gilt für eine erneute Bewilligung § 421j Abs. 2 Satz 2 entsprechend.

§ 434q Zweiundzwanzigstes Gesetz zur Änderung des Bundesausbildungsförderungsgesetzes

Abweichend von § 422 finden die §§ 65, 66, 68, 71, 101 Abs. 3 und die §§ 105 bis 108 ab dem 1. August 2008 Anwendung. Satz 1 gilt auch für die Fälle des § ~~244~~ *246 Abs. 2.*

§ 434r Siebtes Gesetz zur Änderung des Dritten Buches Sozialgesetzbuch und anderer Gesetze

(1) Ist ein Anspruch auf Arbeitslosengeld mit einer dem Lebensalter des Arbeitslosen entsprechenden Höchstanspruchsdauer nach § 127 Abs. 2 in der bis zum 31. Dezember 2007 geltenden Fassung am 31. Dezember 2007 noch nicht erschöpft, erhöht sich die Anspruchsdauer bei Arbeitslosen, die vor dem 1. Januar 2008

das 50. Lebensjahr vollendet haben, auf 15 Monate,

das 58. Lebensjahr vollendet haben, auf 24 Monate.

(2) Abweichend von § 345a Abs. 2 Satz 2 sind die Beiträge für das Jahr 2007 am 15. Mai 2008 zu zahlen.

(3) Für Personen, deren Anspruch auf Arbeitslosengeld sich nach Absatz 1 verlängert hat und deren Anspruch auf Arbeitslosengeld zwischen dem 1. Januar 2008 und dem 11. April 2008 nach der bis zum 31. Dezember 2007 geltenden Rechtslage erschöpft gewesen wäre und die nach dem 11. April 2008 ihre Arbeitslosigkeit durch die Aufnahme einer Beschäftigung beenden, verkürzt sich die in § 421j Abs. 1 Nr. 1 genannte Dauer des Restanspruchs auf Arbeitslosengeld auf 60 Tage. Beenden sie ihre Arbeitslosigkeit durch die Aufnahme einer selbständigen hauptberuflichen Tätigkeit, verkürzt sich die in § 57 Abs. 2 Satz 1 Nr. 2 genannte Dauer des Restanspruchs auf Arbeitslosengeld auf 30 Tage.

(4) Personen, deren Anspruch auf Arbeitslosengeld sich durch Absatz 1 verlängert hat, haben rückwirkend Anspruch auf

1. Leistungen der Entgeltsicherung für Ältere nach § 421j, wenn sie nach dem 31. Dezember 2007 und vor dem 11. April 2008 ihre Arbeitslosigkeit durch Aufnahme einer Beschäftigung beenden und einen Antrag auf Entgeltsicherung gestellt haben, der nur wegen der zum Zeitpunkt der Antragstellung nicht vorliegenden Voraussetzungen des § 421j Abs. 1 Nr. 1 abgelehnt wurde, oder

2. einen Gründungszuschuss nach § 57, wenn sie nach dem 31. Dezember 2007 und vor dem 11. April 2008 ihre Arbeitslosigkeit durch Aufnahme einer selbständigen hauptberuflichen Tätigkeit beenden und einen Antrag auf einen Gründungszuschuss gestellt haben, der nur wegen der zum Zeitpunkt der Antragstellung nicht vorliegenden Voraussetzung des § 57 Abs. 2 Satz 1 Nr. 2 abgelehnt wurde.

§ 434s Gesetz zur Neuausrichtung der arbeitsmarktpolitischen Instrumente
(1) Arbeitnehmer, die am 31. Dezember 2008 in einer Arbeitsgelegenheit in der Entgeltvariante versicherungspflichtig beschäftigt waren, bleiben abweichend von § 27 Abs. 3 Nr. 5 Buchstabe b in dieser Beschäftigung versicherungspflichtig.
(2) § 38 Abs. 4 in der bis zum 31. Dezember 2008 geltenden Fassung ist weiterhin anzuwenden für den von § 237 Abs. 5 des Sechsten Buches erfassten Personenkreis. In diesen Fällen ist § 38 Abs. 3 in der vom 1. Januar 2009 an geltenden Fassung nicht anzuwenden.
(3) Soweit Zeiten der Teilnahme an einer Maßnahme nach § 46 bei der Berechnung von Fristen oder als Fördertatbestand berücksichtigt werden, sind ihnen Zeiten der Teilnahme an einer Maßnahme nach den §§ 37, 37c, 48 und 421i in der bis zum 31. Dezember 2008 geltenden Fassung und einer Maßnahme nach § 241 Abs. 3a in der bis zum 31. Juli 2009 geltenden Fassung gleichgestellt.
(4) § 144 Abs. 4 in der bis zum 31. Dezember 2008 geltenden Fassung ist weiterhin anzuwenden auf Ansprüche auf Arbeitslosengeld, die vor dem 1. Januar 2009 entstanden sind. In diesen Fällen ist § 144 Abs. 4 in der vom 1. Januar 2009 an geltenden Fassung nicht anzuwenden.
(5) Die §§ 248 und 249 in der bis zum 31. Dezember 2008 geltenden Fassung sind weiterhin anzuwenden für Träger von Einrichtungen der beruflichen Rehabilitation.

§ 435 Gesetz zur Reform der Renten wegen verminderter Erwerbsfähigkeit

(1) Bei der Anwendung des § 26 Abs. 2 Nr. 3 und des § 345a gilt die Rente wegen Erwerbsunfähigkeit, deren Beginn vor dem 1. Januar 2001 liegt, als Rente wegen voller Erwerbsminderung; dies gilt auch dann, wenn die Rente wegen Erwerbsunfähigkeit wegen eines mehr als geringfügigen Hinzuverdienstes als Rente wegen Berufsunfähigkeit gezahlt wird.

(1a) Bei Anwendung des § 28 gilt

1. eine Rente wegen Erwerbsunfähigkeit, deren Beginn vor dem 1. Januar 2001 liegt, als eine Rente wegen voller Erwerbsminderung,
2. eine mit der Rente wegen Erwerbsunfähigkeit vergleichbare Leistung eines ausländischen Leistungsträgers, deren Beginn vor dem 1. Januar 2001 liegt, als eine mit der Rente wegen voller Erwerbsminderung vergleichbare Leistung eines ausländischen Leistungsträgers.

(2) Bei der Anwendung des § 28 Nr. 3 gilt die Feststellung der Berufsunfähigkeit oder Erwerbsunfähigkeit als Feststellung voller Erwerbsminderung.

(3) Bei der Anwendung des § 125 gilt die Feststellung der verminderten Berufsfähigkeit im Bergbau nach § 45 des Sechsten Buches als Feststellung der Erwerbsminderung.

(4) Bei der Anwendung des § 142 Abs. 1 Nr. 3 gilt die Rente wegen Erwerbsunfähigkeit, deren Beginn vor dem 1. Januar 2001 liegt, als Rente wegen voller Erwerbsminderung.

(5) § 142 Abs. 4 in der vor dem 1. Januar 2001 geltenden Fassung ist weiterhin auf Invalidenrenten, Bergmannsinvalidenrenten oder Invalidenrenten für Behinderte nach Artikel 2 des Renten-Überleitungsgesetzes, deren Beginn vor dem 1. Januar 1997 liegt, mit der Maßgabe anzuwenden, daß

1. diese dem Anspruch auf Rente wegen voller Erwerbsminderung gleichstehen und

2. an die Stelle der Feststellung der Erwerbsunfähigkeit oder Berufsunfähigkeit die Feststellung der Erwerbsminderung tritt.

§ 436 Überleitung von Beschäftigten der Bundesanstalt in den Dienst des Bundes

(1) Die Beamtinnen und Beamten der Bundesanstalt, die vor dem 2. Juli 2003 ganz oder überwiegend Aufgaben der Arbeitsmarktinspektion wahrgenommen haben und diese am 31. Dezember 2003 noch wahrnehmen, sind mit Wirkung vom 1. Januar 2004 unmittelbare Bundesbeamtinnen und Bundesbeamte im Dienst der Zollverwaltung. § 130 Abs. 1 des Beamtenrechtsrahmengesetzes in der Fassung der Bekanntmachung vom 31. März 1999 (BGBl. I S. 654) findet entsprechend Anwendung. Von der Überleitung nach Satz 1 ausgenommen sind Beamtinnen und Beamte, die am 2. Juli 2003 die Antragsaltersgrenze des § 42 Abs. 4 des Bundesbeamtengesetzes erreicht haben oder sich zu diesem Zeitpunkt in Altersteilzeit befanden.

(2) Die Angestellten der Bundesanstalt, die vor dem 2. Juli 2003 ganz oder überwiegend Aufgaben der Arbeitsmarktinspektion wahrgenommen haben und diese am 31. Dezember 2003 noch wahrnehmen, sind mit Wirkung vom 1. Januar 2004 Angestellte des Bundes und in den Dienst der Zollverwaltung übergeleitet. Die Bundesrepublik Deutschland tritt unbeschadet der nachfolgenden Absätze in die arbeitsvertraglichen Rechte und Pflichten der im Zeitpunkt der Überleitung bestehenden Arbeitsverhältnisse ein. Von der Überleitung nach den Sätzen 1 und 2 ausgenommen sind Angestellte, die am 2. Juli 2003 die Anspruchsvoraussetzungen für eine gesetzliche Rente wegen Alters erfüllt haben oder sich zu diesem Zeitpunkt in einem Altersteilzeitarbeitsverhältnis befanden.

(3) Vom Zeitpunkt der Überleitung an gelten die für Angestellte des Bundes bei der Zollverwaltung jeweils geltenden Tarifverträge und sonstigen Bestimmungen, soweit sich aus den Sätzen 2 bis 4 nicht etwas anderes ergibt. Die Eingruppierung in die im Zeitpunkt der Überleitung erreichte Vergütungsgruppe besteht fort, solange überwiegend Aufgaben der Arbeitsmarktinspektion wahrgenommen und keine neuen Aufgaben, die nach dem Tarifrecht des Bundes zu einer Eingruppierung in eine höhere Vergütungsgruppe führen, übertragen werden. Soweit in den Fällen einer fortbestehenden Eingruppierung nach Satz 2 in der bisherigen Tätigkeit ein Bewährungsaufstieg oder sonstiger Aufstieg vorgesehen war, sind Angestellte nach Ablauf der bei Überleitung geltenden Aufstiegsfrist in diejenige Vergütungsgruppe eingruppiert, die sich nach dem bei Inkrafttreten dieses Gesetzes geltenden Tarifrecht der Bundesanstalt ergeben hätte. Eine Eingruppierung nach den Sätzen 2 und

3 entfällt mit dem Ende des Kalendermonats, in dem sich Angestellte schriftlich für eine Eingruppierung nach dem Tarifrecht des Bundes entscheiden.

(4) Die bei der Bundesanstalt anerkannten Beschäftigungszeiten werden auf die Beschäftigungszeit im Sinne des Tarifrechts des Bundes angerechnet; Entsprechendes gilt für Zeiten in der Zusatzversorgung. Nehmen die übergeleiteten Angestellten Vollzugsaufgaben wahr, die ansonsten Beamten obliegen, wird eine Zulage nach Vorbemerkung Nummer 9 zu den Besoldungsordnungen A und B des Bundesbesoldungsgesetzes nach Maßgabe der für vergleichbare Beamtinnen und Beamte der Zollverwaltung jeweils geltenden Vorschriften gewährt. Soweit es darüber hinaus im Zusammenhang mit dem überleitungsbedingten Wechsel des Arbeitgebers angemessen ist, kann das Bundesministerium der Finanzen im Einvernehmen mit dem Bundesministerium des Innern außer- und übertariflich ergänzende Regelungen treffen.

(5) Die Absätze 3 und 4 gelten entsprechend für Angestellte, die im Zusammenhang mit der Übertragung von Aufgaben der Arbeitsmarktinspektion von der Bundesagentur in sonstiger Weise als Angestellte des Bundes in den Dienst der Zollverwaltung wechseln.

(6) Die Bundesagentur trägt die Versorgungsbezüge der gemäß Absatz 1 in den Dienst des Bundes übernommenen Beamtinnen und Beamten für die bis zur Übernahme zurückgelegten Dienstzeiten. Der Bund trägt die Versorgungsbezüge für die seit der Übernahme in den Dienst des Bundes zurückgelegten Dienstzeiten der in Absatz 1 genannten Beamtinnen und Beamten. Im Übrigen gilt § 107b des Beamtenversorgungsgesetzes entsprechend.

(7) § 15 Abs. 1 des Bundespersonalvertretungsgesetzes gilt für die nach den Absätzen 1 und 2 übergeleiteten Beamtinnen und Beamten sowie Angestellten entsprechend.

III. Stellungnahme des Deutschen Caritasverbandes

Stellungnahme

**des Deutschen Caritasverbandes (DCV)
zum Referentenentwurf eines Gesetzes zur
Neuausrichtung der arbeitsmarktpolitischen
Instrumente vom 29.05.2008**

Gliederung:

0. Zusammenfassung

I. Vorbemerkung

II. Anforderungen des Deutschen Caritasverbandes an eine zukunftsfähige Lösung

III. Praxisbeispiele für die Folgen des Wegfalls des § 16 Absatz 2 Satz 1 SGB II („sonstige weitere Leistungen")

IV. Plädoyer für eine neue Steuerung durch Transparenz und Vorgaben von Zielen

0. Zusammenfassung

1. Der Artikel 2 des Referentenentwurfes hat eine praxisferne Grundausrichtung

Die Neuausrichtung des Referentenentwurfs geht aus drei Gründen in die falsche Richtung:

I. Der Referentenentwurf nimmt die zentralistische Feinregulierung des bisherigen SGB III auf. Es ist hingegen in den letzten Jahren offenkundig geworden, dass Instrumente sich

    1. flexibel den Besonderheiten von Zielgruppen und regionalen Strukturen des Arbeitsmarktes anpassen müssen („Strukturflexibilität"),

    2. zeitnah sich verändernden Erkenntnissen über ihre Wirksamkeit (Kosten-Nutzen-Verhältnis) und veränderten arbeitsmarktbezogenen Entwicklungen anpassen müssen.

Daher muss das Gesetz Instrumente offener und allgemeiner als Handlungsrahmen umschreiben. Untergesetzlich können dann eine Verordnung oder Zielvereinbarungen Konkretisierungen vornehmen.

II. Einem Gesetz der Fürsorge (SGB II) wird ein Instrumentenkasten eines Sozialversicherungsgesetzes (SGB III) verordnet. Dies führt faktisch zu einer Ungleichbehandlung der Arbeitslosen, da Personenkreisen mit unterschiedlicher Ausgangslage (durch kurze und lange Dauer der Arbeitslosigkeit) gleiche normierte Standardinstrumente angeboten werden. So lässt der Entwurf die Regelungen im SGB III zur Fort- und Weiterbildung unverändert. Dies bedeutet, dass berufsabschlussorientierte Qualifizierung weiterhin in einem für die Zielgruppe der langzeitarbeitslosen Menschen untauglichen Rahmen ablaufen soll. Bildungsgutscheine und Verkürzung von Qualifizierung wirken für diese Zielgruppe nachgewiesenermaßen stark ausgrenzend. Das Ziel „Bildung für alle" wird so nicht erreicht.

III. Die Abschaffung des jetzigen § 16 Absatz 2 Satz 1 SGB II („sonstige weitere Leistungen") führt zur ersatzlosen Beendigung vieler sinnvoller und notwendiger Hilfen. Der geplante neue § 16 f SGB II („Experimentiertopf zu Erprobung innovativer Ansätze") ist weder vom Volumen noch von den dadurch eröffneten Handlungsspielräumen geeignet, den heutigen § 16 Absatz 2 Satz 1 SGB II zu kompensieren.

2. Die Fragen der Steuerung im SGB II hängen mit der Frage der Trägerschaft der Grundsicherungsstellen zusammen

Es ist heute politisch noch völlig offen, wie die Neuorganisation des SGB II künftig geregelt wird. Mit Ausnahme des BMAS sprechen sich alle Akteure für eine Stärkung der Dezentralität aus. Hingegen nimmt der Entwurf eine Entscheidung für eine bundeszentrale Feinregulierung der Arbeitsmarktintegration vorweg und fördert den Weg zum „Bundessozialamt". Die Organisationsfrage muss aber noch politisch entschieden werden.

3. SGB II und SGB III /benötigen für ihre unterschiedlichen Zielgruppen jeweils eigenständige Instrumente

Dies schließt nicht aus, dass in beiden Gesetzen ähnliche oder gleichartige Elemente aufgenommen werden können. Da sich aber die Zielgruppen hinsichtlich ihrer jeweiligen Ausgangslage deutlich unterscheiden, braucht insbesondere das SGB II einen originären, eigenständigen Instrumentensatz.

4. Der vorliegende Referentenentwurf bedarf einer grundlegenden Überarbeitung

Dazu ist mehr Zeit als vorgesehen erforderlich. Eine Gesetzesänderung noch in 2008 ist aber durchaus möglich. Der DCV wird gemeinsam mit anderen Verbänden bis Mitte September alternative Regelungen vorschlagen, die den Bedarfen der Zielgruppe des SGB II und dem Bedürfnis des Bundes nach einer wirksamen Steuerung Rechnung tragen.

I. Vorbemerkung:

Die Entscheidung des Gesetzgebers aus dem Jahr 2004, das Nebeneinander von kommunal verwalteter Sozialhilfe und gesamtstaatlich verwalteter Arbeitslosenhilfe in eine einheitliche Aufgabenwahrnehmung zu überführen, war richtig. Erschreckend ist aber, dass auch mehr als drei Jahre nach Einführung der Grundsicherung für Arbeitsuchende noch erhebliche Schwierigkeiten bei der Umsetzung vor Ort bestehen, die zu Lasten der Betroffenen gehen und ihre Rechte beeinträchtigen. Dies belegt eine aktuelle Umfrage bei den Beratungsstellen und Einrichtungen der Caritas.

Problematisch gestaltet sich auch immer noch die Integration von arbeitsmarktfernen Personen in den Arbeitsmarkt. Die Erfahrungen zeigen, dass der aus dem Bundessozialhilfegesetz in das SGB II eingeflossene Auftrag der sozialen Integration der Leistungsberechtigten und deren Teilhabe am gesellschaftlichen Leben für diese Gruppe nicht hinreichend umgesetzt worden ist. Die gezielte Nachfrage nach arbeitsmarktnahen Personen (Creaming-Effekt) geht zu Lasten der Integrations-Chancen arbeitsmarktferner Personen. Zur Erreichung besserer Integrationserfolge müssen Arbeitsmarktinstrumente mit sozialpädagogischen Hilfen kombiniert werden können, die eine individuelle und passgenaue Förderung ermöglichen.

Zu Recht wird in der Gesetzesbegründung zum heutigen § 16 a SGB II festgestellt: „Im deutschen Sozialrecht sind die Anforderungen an die Erwerbsfähigkeit im Vergleich zu anderen europäischen Staaten niederschwellig ausgestaltet. ... Deshalb stellt sich gerade in Deutschland mit einem umfassenden und einheitlichen System der Leistungsgewährung und Betreuung von Menschen, deren Beschäftigungsfähigkeit sehr unterschiedlich ausgeprägt ist, die Frage, mit welchen neuen Wegen die arbeitsmarktferneren und deutlich leistungsgeminderten Erwerbslosen wieder in Erwerbsarbeit integriert werden können. ...“

Deutschland hat sich politisch mit dem SGB II für eine weite Definition der „Erwerbsfähigkeit" entschieden. Dem ist bei der Ausgestaltung der Integrationsinstrumente des SGB II Rechnung zu tragen.

II. Anforderungen des Deutschen Caritasverbandes an eine zukunftsfähige Lösung:

Alle SGB II-Reformen müssen sich an den Erfordernissen der erwerbsfähigen Menschen und an der Erhaltung der Funktionsfähigkeit des Hilfesystems orientieren. Aus dieser Perspektive sieht der Deutsche Caritasverband folgende Anforderungen:

1. Der Deutsche Caritasverband fordert, dem Fürsorgegedanken des SGB II stärker Rechnung zu tragen.

Gemäß § 1 des durch das SGB II abgelösten Bundessozialhilfegesetzes war es die Aufgabe der Sozialhilfe, dem Empfänger der Hilfe die Führung eines Lebens zu ermöglichen, das der Würde des Menschen entspricht. Die Hilfe sollte soweit wie möglich befähigen, unabhängig von ihr zu leben. Der Kernbereich der hiermit angesprochenen Befähigung zur Selbsthilfe war die Herstellung oder Wiederherstellung der Arbeitsfähigkeit. Art, Form und Maß der Sozialhilfe musste sich nach der Besonderheit des Einzelfalles, der Art seines Bedarfs und den örtlichen Verhältnissen richten. Diesen bewährten fürsorgerechtlichen Grundsätzen gilt es auch bei der Organisation des SGB II und der Neuausrichtung der Arbeitsmarktinstrumente Rechnung zu tragen.

Auf den Punkt gebracht: Die langzeitarbeitslosen Menschen müssen nicht dem Gesetz angepasst werden. Das Gesetz muss Handlungsspielräume eröffnen, die den Bedarfen der langzeitarbeitslosen Menschen möglichst gerecht werden.

Es braucht also jenseits der Arbeitsmarktausrichtung und Aktivierung eine unbedingte Anerkennung des Ziels der sozialen Teilhabe als „Wert an sich" und als gestärktes Ziel des SGB II. Da sich der Arbeitsmarkt durch seine dynamisch wachsenden Anforderungen seinerseits permanent von den Erwerbspersonen ohne Ausbildung, mit Vermittlungshemmnissen etc. weiter entfernt, muss es auch Angebote für Menschen geben, bei denen eine Integration in reguläre nicht unmittelbar gelingen wird.

2. Der Deutsche Caritasverband fordert, die das Gesetz vor Ort vollziehenden Behörden mit einem angemessenen Personalkörper auszustatten.

Die teilweise mangelhafte Umsetzung des SGB II hat ihre Hauptursache nicht in handwerklichen Fehlern des Gesetzes. Vielmehr fehlt es häufig an der Qualität und Quantität des Personals, welches für die Umsetzung dieses komplexen Gesetzes notwendig wäre. So lange an diesem Missstand nichts geändert wird, werden sich die Beteiligten, insbesondere die ARGE-Geschäftsführer, bei Nichterreichung der Ziele immer wieder, und das auch mit Recht, darauf berufen und Vollzugsmängel damit entschuldigen.

3. Der Deutsche Caritasverband lehnt ein faktisches „Bundessozialamt" ab.

Der Gesetzentwurf setzt die Tradition der zentralen Feinregulierung des SGB III fort. In vielen Regelungen fehlen notwendige Freiräume der Gestaltung. Art, Umfang, Kosten, Zeiträume sind klar definiert. Die Instrumente können nur wenig kombiniert und kaum individuell angepasst werden. Damit reagiert auch dieser Entwurf nicht auf die individuellen Bedarfe langzeitarbeitsloser Menschen. Im Ergebnis entstünde so ein ordnungspolitisch verfehltes „Bundessozialamt".

Wie ein geeignetes System der Steuerung im SGB II aussehen kann, lässt sich an dem Bundesförderprogramm „50-Plus" exemplarisch darstellen. Die hier entstandenen und vom BMAS selbst positiv bewerteten Projekte im gesamten Bundesgebiet sind nach dem Prinzip der dezentralen Konzeption und Umsetzung entstanden. Sie werden aber durch eine Wirkungsanalyse zentral überwacht und hinsichtlich ihres Erfolges betrachtet. Einerseits stellt ein solches Verfahren sicher, dass im gesamten Bundesgebiet mit dem gebotenen Engagement Hilfekonzepte entwickelt werden, also die Hilfe überall ankommt. Andererseits sind diese Konzepte den jeweiligen regionalen Besonderheiten und Bedürfnissen der unterschiedlichen Zielgruppen angepasst.

4. Der Deutsche Caritasverband fordert eine Ausgestaltung der Arbeitsmarktinstrumente, die den Lebensraum, Wirtschaftsraum, Kulturraum und Sozialraum der Menschen berücksichtigt.

Vor Ort gibt es die besten Kenntnisse über den Lebensraum, Wirtschaftsraum, Kulturraum und Sozialraum. Bei den Kommunen sind die Kompetenzen und infrastrukturellen Voraussetzungen auf dem Gebiet der sozialen Integration vorhanden (Kinderbetreuung, Suchtkrankenhilfe, Schuldnerberatung, Wohnungshilfen etc.). Vor Ort ist man mit der Lebenssituation des oft schwer zu integrierenden Klientels Langzeitarbeitsloser - jedenfalls bislang – besser vertraut als die BA. Vor Ort muss die Kompetenz aufgebaut und gestärkt werden, gerade auf Arbeitslose mit individuellen Vermittlungshindernissen und vielfachen sozialen Problemen einzugehen. Vor Ort besteht ein vielfältiges Netz von Diensten und Einrichtungen in freier Trägerschaft. Dem entsprechend flexibel, passgenau und wertvoll sind die Eingliederungsleistungen. Hier gibt es verlässliche Partnerschaften und ein aus der unmittelbaren Betroffenheit resultierendes Verantwortungsbewusstsein für ein funktionierendes Gemeinwesen.

5. Der Deutsche Caritasverband fordert, in der politischen Diskussion den engen Zusammenhang zwischen Neuorganisation des SGB II und Neuausrichtung der SGB II-Instrumente herzustellen.

Der vorliegende Referentenentwurf zur Neuausrichtung der arbeitsmarktpolitischen Instrumente hängt auf das engste zusammen mit aktuellen Diskussionen zur Neuorganisation des SGB II und dem Streit um die Durchführung der sonstigen weiteren Leistungen gem. § 16 Abs. 2 Satz 1 SGB II.

Wie zentral bzw. dezentral die Aufgabenwahrnehmung erfolgen soll, ist derzeit eine der Kernfragen bei der anstehenden Neuorganisation des SGB II. Ziel einer Neuregelung muss es sein, das SGB II so einfach, bürgerfreundlich, unbürokratisch und effektiv wie möglich zu gestalten. Dies ist nur möglich, wenn die Leistungen „aus einer Hand" gewährt werden. Der DCV hat sich für eine Lösung ausgesprochen, bei der beide Leistungsträger, die BA einerseits und die Kommunen andererseits, eine gemeinsame Verantwortung für die Grundsicherung für Arbeitsuchende erhalten. Die Vorteile einer zentralen Steuerung und Finanzierung sollten intelligent mit der Schaffung dezentraler Gestaltungsräume und Mitfinanzierungen verbunden werden. Der DCV fordert, die Möglichkeiten einer Änderung des Grundgesetzes zu prüfen, um diese Zusammenarbeit verfassungsrechtlich abzusichern und begrüßt, dass die

ASMK den Auftrag für eine entsprechende Prüfung erteilt hat. Unabdingbar ist dabei eine Schärfung des sozialen Auftrags der BA, entsprechend dem Fürsorge- und Teilhabe-Auftrag des SGB II.

Diese Ausführungen gelten uneingeschränkt auch für die Neuordnung der arbeitsmarktpolitischen Instrumente im SGB II. Getreu dem Subsidiaritätsgrundsatz soll das, was die ortsnähere Behörde tun kann, ihr nicht von einer übergeordneten Instanz entzogen werden. So bleibt die Kompetenz und Verantwortung der jeweils personennäheren Handlungsebene erhalten.

6. Der Deutsche Caritasverband fordert die Beibehaltung des § 16 Absatz 2 Satz 1 SGB II („sonstige weitere Leistungen").

Mittels des § 16 Absatz 2 Satz 1 SGB II werden über die Förderinstrumente des SGB III hinaus weitere Leistungen zur Eingliederung in das Erwerbsleben erbracht. In den letzten Jahren wurde über diese Norm eine Vielzahl von effektiven Maßnahmen entwickelt und durchgeführt. Diese einzelfallorientierten innovativen Ansätze sind besonders wichtig für die Integration von Personen mit erheblichen Vermittlungshemmnissen.

Der DCV fordert die Rücknahme der Geschäftsanweisung Nr. 13 der BA. Die Rechtsposition des BMAS zur engen Auslegung des § 16 Absatz 2 Satz 1 SGB II ist rechtlich wenig überzeugend. Das detaillierte „Positionspapier der Bundesländer zur Anwendung des § 16 Absatz 2 Satz 1 Zweites Buch Sozialgesetzbuch - weitere Leistungen" vertritt mit guten Gründen die gegenteilige Auffassung.

Die Erfahrungen der Grundsicherungsträger und der Träger der Integrationsbetriebe und Jugendsozialarbeit bei der Umsetzung des SGB II zeigen überdeutlich, dass die Grundsicherungsträger die Möglichkeit haben müssen, von den Regelinstrumenten des SGB III abzuweichen, wenn sie für bestimmte Zielgruppen – insbesondere auch für benachteiligte Jugendliche – Integrationserfolge erzielen wollen (unter Punkt III. dieser Stellungnahme sind Praxisbeispiele aufgeführt, die verdeutlichen, welche negativen Auswirkungen ein Streichen der „sonstigen weiteren Leistungen" im SGB II nach sich ziehen wird).

Der im neuen § 16 f SGB II vorgesehene Experimentiertopf wird nur einen kleinen Teil der bisherigen Förderleistungen auf der Basis der sonstigen weiteren Leistungen auffangen können. Denn hierunter sollen nur modellhafte, innovative Maßnahmen gefasst werden und zudem ist der Experimentiertopf in völlig unzureichender Weise auf 2 % der Eingliederungsmittel begrenzt.

7. Steuerung durch Vergaberecht ungeeignet

Nach dem Referentenentwurf soll sowohl im SGB III wie auch im SGB II verstärkt das Vergaberecht zur Anwendung kommen. Eine wirkliche Begründung hierfür gibt der Referentenentwurf nicht an. Ausgehend von dem Ansatz einer zentralistischen Steuerung des Leistungsgeschehens durch die BA ist die

Anwendung des Vergaberechts allerdings konsequent. Werden die Arbeitsmarktinstrumente in der Weise konstruiert, dass die Bundesagentur den Inhalt der Leistungen definiert, die Leistungen einkauft und so dann nach ihrem Ermessen an die Arbeitsuchenden verteilt, dann handelt es sich in der Regel um öffentliche Aufträge, auf die das Vergaberecht Anwendung findet.

Ein solches System der Leistungsbeschaffung dient dem Steuerungsinteresse der Behörde, dem arbeitsuchenden Bürger dient es nicht. Der Bürger hat die von der Behörde als erfolgversprechend eingekauften Maßnahmen zu akzeptieren. Er wird nicht in die Gestaltung des Hilfeangebotes einbezogen; ein wirkliches Wunsch- und Wahlrecht besteht nicht. Darüber hinaus führt ein solches System regelmäßig zu Fehlallokationen. Die Bundesagentur plant zentral das Leistungsgeschehen und tritt als einziger Nachfrager am Markt auf. Dies hat einen Wettbewerb um den Markt, und damit um den Zuschlag des Kostenträgers, und nicht einen Wettbewerb im Markt, und damit um den Nutzer, zur Folge. Innovative Konzepte, wie dies z.B. auch in dem neuen § 16 f SGB II vorgesehen ist, werden auf diese Weise nicht gefördert.

Notwendig ist eine stärker subjektbezogene Ausgestaltung der Arbeitsmarktinstrumente, verbunden mit einem System, welches alle geeigneten Maßnahmeträger zur Leistungserbringung zulässt. Auf diese Weise erhalten die arbeitsuchenden Bürger Wahlmöglichkeiten. Sie können – ggf. mit Beratung – zwischen unterschiedlichen Angeboten wählen und üben so Einfluss auf die Angebotsstrukturen aus. Die Leistungserbringer stehen in einem permanenten Wettbewerb zueinander. Die Interessen der Bundesagentur sind dadurch gesichert, da sie die Leistungsberechtigung des Bürgers prüft und durch Verwaltungsakt feststellt.

Dieser Ansatz lässt sich problemlos mit dem europäischen Recht vereinbaren. Das Europarecht will lediglich einen verzerrungsfreien Wettbewerb gewährleistet sehen.

Die Erfahrungen aus der sozialen Arbeit zeigen deutlich, dass gerade für die Durchführung von niedrigschwelligen Maßnahmen für Benachteiligte, insbesondere auch junge Menschen, Alternativen zur öffentlichen Ausschreibung nötig sind, so z.B. die Zuwendungsfinanzierung oder der Abschluss von Leistungserbringungsverträgen entsprechend der Regelung des § 17 SGB II. Leistungserbringer haben in der Förderung der Berufsausbildung zuletzt vor allem negative Erfahrungen gemacht mit den öffentlichen Ausschreibungen von ausbildungsbegleitenden Hilfen. Ausschreibungen haben zu einem starken Qualitätsverlust dieser Hilfen und zu vielen Trägerwechseln geführt. Die Löhne der Mitarbeiter/innen sind zum ausschlaggebenden Wettbewerbskriterium geworden, da über 80 % der Maßnahmekosten bei den Personalkosten liegen. Häufig haben Anbieter den Zuschlag erhalten, die ihre Mitarbeitenden auf einem Niveau vergütet haben, dass nicht ermöglichte, qualifiziertes Personal anzuwerben und dauerhaft zu beschäftigen. Benachteiligte brauchen kontinuierliche Ansprechpartner. Die von den freien Trägern initiierten regionalen Netzwerke zur beruflichen Förderung von Jugendlichen mit Betrieben, Schulen, Agenturen für Arbeit etc. werden durch häufig wechselnde Trägerschaft zerstört. Eine kontinuierliche Zusammenarbeit auf regionaler Ebene mit dem Ziel der bestmöglichen Förderung benachteiligter Jugendlicher sowie der Erschließung zusätzlicher Ausbildungskapazitäten ist dadurch nicht mehr gewährleistet. Für die Unternehmen ist die Zusammenarbeit bei Fehlen eines verlässlichen Partners mit pädagogischer Qualität wenig attraktiv.

Im Grunde gilt hier dasselbe wie bei der Qualität der Beschäftigten in den das SGB II bearbeitenden Behörden: Befristet eingestellte junge Mitarbeiter/innen, die dazu noch schlecht bezahlt sind, werden jede geeignete Gelegenheit nutzen, um den Arbeitsplatz zu wechseln. Der Erfolg der Maßnahmen für schwierige Zielgruppen steht und fällt mit der Qualität und Kontinuität des sie begleitenden Fachpersonals.

8. Ausschreibungspflicht gefährdet die ESF-Mittel
Durch die Ausschreibungspflicht ist eine Anerkennung der Leistungen des SGB III als Kofinanzierung im Rahmen von Mitfinanzierung durch den Europäischen Sozialfonds (ESF) ausgeschlossen. SGB II-Maßnahmen sind heute in allen Bundesländern zu einem erheblichen Teil durch den ESF mitfinanziert. Dies ist künftig nicht mehr möglich. Damit verweigert sich die öffentliche Arbeitsmarktpolitik einer Verknüpfung durch die europäische Sozial- und Arbeitsmarktpolitik. Mittel in Höhe von mehreren hundert Millionen Euro werden so nicht genutzt. Auch verzichtet man auf die Umsetzung der Innovationsimpulse aus der europäischen Beschäftigungspolitik.

III. Praxisbeispiele für die Folgen des Wegfalls des § 16 Absatz 2 Satz 1 SGB II („sonstige weitere Leistungen")

1. BvB-Maßnahmen des SGB III werden ausschließlich für nicht mehr berufsschulpflichtige Jugendliche mit positiven Eingliederungsprognosen angeboten
Viele Jugendliche sind bildungsfern, haben bereits eine ungünstige Eingliederungsprognose und erfüllen so die Voraussetzungen für diese standarisierte Leistung aus dem SGB III nicht. Bisher konnten über das Instrument der „sonstigen weiteren Leistungen" in einem Mix von arbeitsmarknahen praktischen Ansätzen, Pädagogik und Bildung diesen Jugendlichen eine Perspektive ermöglicht werden. Alle standardisierten Angebote der BA erfordern eine Lernkompetenz, die bei vielen SGB II-Empfängern so (noch) nicht gegeben ist. Wenn das SGB II -Instrumentarium keine adäquaten Angebote mehr machen kann, so droht hier für einen Teil der Jugendlichen jegliche Perspektive wegzubrechen.

Dieser Entwurf gefährdet niederschwellige Angebote. Die arbeitsmarktfernsten Personen benötigen häufig ganz niederschwellige Angebote. Hierzu gehören z.B. tagesstrukturierende Angebote, Kunstprojekte zur Motivation und Hinführung und reguläre Förderleistungen. Es erscheint ausgeschlossen, alle derartigen besonderen Projekte zukünftig alleine auf der Grundlage der neuen Maßnahmen zur Aktivierung und beruflichen Eingliederung (§ 46 SGB III – neu) fort- bzw. umzusetzen.

Diese Beispiele zeigen, dass es auch künftig einer gesetzlichen Grundlage bedarf, die rechtskreisübergreifende Projekte mitfinanziert. Gerade auch die Schnittstelle zum SGB VIII darf nicht verschlossen werden.

Fazit:
Für die Zielgruppe besonders benachteiligter Jugendlicher mit Bildungsdefizten sind Maßnahmen des SGB III zumeist nicht geeignet, weil die Zugangsvoraussetzung zu hoch sind, die Dauer oft zu kurz ist und die Inhalte der Zielgruppe nicht angepasst sind. Damit droht der Ausschluss einer großen Zielgruppe von Jugendlichen.

2. (Jugendliche) Migranten benötigen vielfach die Förderung beruflicher Kompetenzen kombiniert mit der Förderung der berufsspezifischen Sprachkompetenz
Migranten benötigen Maßnahmen zum Erwerb von beruflichen Sprachkompetenzen mit einem hohen Praxisbezug. Diese Maßnahmen sieht der Entwurf unter Hinweis auf die Angebote des Bundesamtes für Migration und Flüchtlinge (BAMF) nicht vor. Diese Angebote des BAMF sind weder flächendeckend vorhanden, noch entsprechen sie den Anforderungen zur beruflichen Eingliederung von Migranten. Als erfolgreich in der Praxis haben sich integrierte Angebote mit einer Förderung von beruflichen Kompetenzen und darauf bezogenen Sprachkompetenzen erwiesen. Die Durchführung dieser Angebote ist künftig nicht mehr möglich.

3. Standardisierung kombiniert mit Vergabeverfahren führt zu Wartezeiten
Durch im Wege der Standardisierung und dem Vergabeverfahren von der BA zentral eingekauften Maßnahmen entstehen Wartezeiten von mehreren Monaten, die oft zu negativen Wirkungen und Motivationsproblemen bei Jugendlichen führen. Durch die standardisierten Lernzeiten ist es nicht möglich auf unterschiedliche Lerngeschwindigkeiten anzugehen.

4. Lohnkostenzuschüsse des SGB III verhindern erfolgreiche Kombilohnprogramme
Eine Umsetzung erfolgreicher Kombilohnprogramme in Kooperation mit vielen Bundesländern und Kommunen ist mit den Lohnkostenzuschüssen des SGB III nicht möglich. Diese sind zeitlich begrenzt, es müssen durch die Arbeitgeber zu viele bürokratische Auflagen erfüllt werden. Die geringe

Inanspruchnahme der derzeitigen Instrumente und die hohe Akzeptanz innovativer Kombilohnmodelle, beispielsweise in Nordrhein-Westfalen und in Baden-Württemberg zeigen, wie mit flexiblen und auf die regionalen Beschäftigungssituation ausgerichteten Ansätze erhebliche Erfolge erzielt werden konnten.

5. Ältere bekommen keine speziellen Qualifizierungsangebote, eine Verknüpfung mit Angeboten der Gesundheitsförderung ist ausgeschlossen
Ältere Arbeitslose vor allem mit Gesundheitsproblemen sind oft vom Zugang zu Maßnahmen des SGB III ausgeschlossen, eine Aktivierung lohnt sich nicht mehr und sie brauchen spezifische Lernangebote oder Angebote zur Gesundheitsförderung. Dies ist in allen SGB III-Maßnahmen so nicht vorgesehen. Auch hier sind auf die Bedarfe dieser Menschen zugeschnittene integrierte Maßnahmen der Qualifizierung und Gesundheitsförderung notwendig.

6. Sonstige weitere Leistungen können ESF-kofinanziert werden
Im Rahmen der sonstigen weiteren Leistungen sind Kofinanzierungen über das Förderprogramm des Bundes, der Bundesländer (vor allem aus dem ESF-Fonds) und anderer Kostenträger zu realisieren. Insbesondere Jugendliche aus dem Rechtskreis des SGB II drohen von diesen Förderprogrammen ausgeschlossen zu werden. Das Problem verdeutlicht u.a. das aktuelle Beispiel des Programms „Kompetenz-Agenturen" des Bundesfamilienministeriums. Dieses Programm soll ab September in einer neuen Förderphase an 200 Standorten fortgesetzt werden. Ohne die notwendige Kofinanzierung über die sonstigen weiteren Leistungen ist die weitere Finanzierung und Durchführung dieser Förderangebote nicht gesichert.

IV. Plädoyer für eine neue Steuerung durch Transparenz und Vorgaben von Zielen

1. In einem modernen arbeitsmarktpolitischen System braucht es lediglich vier grundsätzliche Maßnahmekategorien:

A) **Aktivierung** für die Förderung der Zielgruppe, Angebote der Hilfe annehmen zu können und annehmen zu wollen
B) **Qualifizierung und Berufsausbildung**, die sich an den spezifischen Anforderungen eines jeden Einzelnen ausrichtet
C) **Eingliederung** in den Arbeitsmarkt durch Bewerbungsförderung und Vermittlung mit nachhaltigen Strategien
D) **Geförderte Beschäftigung** die Merkmale der Aktivierung, der Qualifizierung aber auch eines Ersatzarbeitsmarktes beinhaltet

Ergänzt werden diese „Generalinstrumente" durch eine Experimentierregelung die die Offenheit des § 16 Absatz 2 Satz 1 SGB II zum Vorbild hat. Eine Deckelung in der Verwendung der Eingliederungsmittel bezüglich eines solchen Experimentiertopfs ist dann möglich, wenn die vorgenannten Generalinstrumente so offene Handlungsmöglichkeiten bieten, dass auch wirklich rd. 90 % der notwendigen Maßnahmen und Hilfen hierüber abgedeckt werden können.

Die Regeln für ein schlankes und wirksames System sehen in etwa wie folgt aus:

- Ein offener Gesetzesrahmen setzt weite Spielräume der Maßnahmegestaltung.
- Vorgaben für die Ausführungen konzentrieren sich auf die Wirksamkeitsanalyse. Es wird nicht bestimmt, wie genau eine Maßnahme auszusehen hat, wie viel sie kosten darf etc. sondern es wird lediglich festgelegt, dass nach fachlich nachvollziehbaren Regeln evaluiert wird.
- Wenn nun solche Evaluationsergebnisse auch noch veröffentlicht werden, entsteht Transparenz.
- So werden regional und überregional die Praxis des Fallmanagements der Grundsicherungsstellen, aber auch die der Maßnahmeträger miteinander vergleichbar.
- Hierdurch wird dann eine zentrale Steuerung möglich, in dem Ziele benannt werden und deren Erreichen evaluiert wird. Dies wiederum ermöglicht es aufgrund dieser Bewertung, ggf. strukturelle bzw. personelle Konsequenzen abzuleiten.

2. Zentrale fachliche und wirtschaftliche Steuerung - aber keine Feinregulierung!

Es ist unstrittig, dass der Bundesgesetzgeber und Hauptfinanzier des SGB II sowohl in fachlicher wie in fiskalischer Hinsicht eine zentrale Steuerungsfunktion hat. Mit § 48 SGB II hat der Gesetzgeber hierfür eine Zielsteuerung vorgesehen. Zentrale Steuerung bedeutet nicht zentrale Feinregulierung und instrumentelle Gleichschaltung, Zielsteuerung bedeutet nach allgemeiner unstrittiger Erkenntnis vielmehr:

- Klare Vereinbarung von so wenig als möglichen Zielen
- Freiheit zur Zielerreichung für die Organisationseinheit vor Ort im gegebenen Rahmen („Generalinstrumente") der Mittel
- Transparenz und laufende Berichterstattung über die Umsetzung - sofortige und flexible Verbesserung der Praxis bei erkennbarer Unwirksamkeit
- Öffentliche und nachvollziehbare Nachweise über Zielreichung und Qualitätsstandards (z. B. mehr Nachhaltigkeit bei der Arbeitsvermittlung)
- Mechanismen was passiert, wenn die Ziele nicht erreicht werden

Ein Gesetz muss „Generalinstrumente" enthalten, ihre Feinjustierung erfolgt:
- Durch eine Verordnung, die nach Rücksprache mit Praktikern und Wissenschaftlern den laufenden Erkenntnissen der Maßnahmengestaltung Rechung tragen,
- Durch Zielvereinbarungen, die zum Beispiel bewusst regionale oder zielgruppenbezogene Unterschiede zulassen können. Es ist nicht nachvollziehbar, dass z. B. ein Eingliederungszuschuss für Arbeitgeber in einem süddeutschen Landkreis ohne nennenswerte Arbeitslosigkeit den gleichen Feinregulierungen wie in einem Kreis in Nordostdeutschland mit hoher struktureller Arbeitslosigkeit unterworfen ist.

Zusammenfassend ist eine Steuerung des „Ergebnisses" („outcome" und „output"), und nicht primär der einzusetenden Mittel („Input") erforderlich, um Wirksamkeit und Wirtschaftlichkeit zu sichern.

Deutscher Caritasverband e.V.
Vorstandsbereich Sozial- und Fachpolitik
Prof. Dr. Georg Cremer
Generalsekretär

IV. Stellungnahme der Bundesarbeitsgemeinschaft der Freien Wohlfahrtspflege e.V.

Stellungnahme

der Bundesarbeitsgemeinschaft der Freien Wohlfahrtspflege e. V. zum Entwurf eines Gesetzes zur Neuausrichtung der arbeitsmarktpolitischen Instrumente

A. Zusammenfassung der wesentlichen Aussagen

I. Die BAGFW befürchtet, dass durch die Reform der arbeitsmarktpolitischen Instrumente die Eingliederungschancen gerade von benachteiligten Menschen nicht steigen. Vielmehr besteht die Gefahr, dass Maßnahmen, die sich in der Vergangenheit als passgenau erwiesen haben, nach den Neuregelungen nicht wie bisher erbracht werden können.

II. Das in § 45 SGB III-neu vorgesehene Aufstockungs- und Umgehungsverbot ist aufzuheben, da ansonsten Arbeitsuchende bei der Anbahnung und Aufnahme einer Beschäftigung nicht in dem Maße wie bisher unterstützt werden können.

III. Die BAGFW fordert, dass die für die Integration in den Arbeitsmarkt gerade von Benachteiligten wesentlichen Maßnahmen zur Aktivierung und beruflichen Eingliederung (§ 46 SGB III-neu) keine zeitliche Befristung aufweisen, damit die im Einzelfall erforderliche Maßnahme geleistet werden kann. Zur vorgesehenen Anwendung des Vergaberechts sind Alternativen in der Beschaffung vorzusehen.

IV. Die BAGFW fordert, den Rechtsanspruch auf Maßnahmen zum nachträglichen Erwerb des Hauptschulabschlusses nicht allein an die berufsvorbereitenden Bildungsmaßnahmen zu koppeln, sondern maßnahmeoffen zu gestalten.

V. Die institutionelle Förderung des Jugendwohnens ist beizubehalten.

VI. Anstelle der vorgesehenen Verpflichtung zur Teilnahme an einem Integrationskurs nach AufenthG soll berufsspezifische Sprachförderung als Leistung zur Eingliederung in Arbeit im SGB II aufgenommen werden.

VII. Der Vorrang der Vermittlung von Jugendlichen unter 25 Jahren in eine Ausbildung ist ausdrücklich im Gesetz klarzustellen.

VIII. Die BAGFW fordert die Ausgestaltung des § 16 f SGB II-neu als Generalklausel. Zumindest muss das in § 16 f SGB II vorgesehene Budget auf mindestens 30 % erhöht werden und das Aufstockungs- und Umgehungsverbot gestrichen werden.

IX. Die BAGFW fordert die Beibehaltung der Arbeitsbeschaffungsmaßnahmen auch für Leistungsberechtigte im SGB II.

X. Die vorgesehene Einschränkung der aufschiebenden Wirkung von Widerspruch gegen Verwaltungsakt und Klage schränkt den Rechtsschutz der Betroffenen unverhältnismäßig ein und ist daher nicht einzuführen.

B. Im Einzelnen

I. Generelle Bewertung

Die BAGFW unterstützt die Intention des Gesetzgebers, durch eine Zusammenführung und Neuordnung der arbeitsmarktpolitischen Instrumente im SGB II und SGB III eine zielgenauere und effektivere Förderung zu erreichen. Erforderlich ist aus Sicht der BAGFW überdies ein höheres Maß an Flexibilität, das eine individuellere, an den Integrationsbedarfen der Arbeitsuchenden ausgerichtete Förderung ermöglicht. Dies ist insbesondere durch eine dezentrale Ausrichtung der arbeitsmarktpolitischen Instrumente zu erreichen. Obwohl der Gesetzentwurf in § 16 f SGB II, §§ 45, 46 SGB III inhaltlich entsprechend weit gefasste Regelungen vorsieht, werden diese durch eine Budgetierung in § 16 f SGB II, das Aufstockungs- und Umgehungsverbot in §§ 16 Abs. 2 S. 3, 16 f SGB II, 45 SGB III sowie durch die Möglichkeit der Begrenzung des § 46 durch eine Verordnung zugleich wieder in erheblichem Maße eingeschränkt. Dies ist insbesondere für den Personenkreis des SGB II nicht zielführend (o.ä.), der lange Zeit in besonderem Maße von einer individuellen Förderung auf der Grundlage von § 16 Abs. 2 S.1 SGB II profitiert hat.

Die BAGFW fordert, den Spezifika und besonderen Förderbedarfen der Personen im Rechtskreis des SGB II in besonderer Weise Rechnung zu tragen. Der Gesetzentwurf verfolgt indes die Tendenz, die Personen des SGB II stärker an die – aus Gründen der Beitragsfinanzierung oftmals nur unter engen Voraussetzungen bestehenden - arbeitsmarktpolitischen Instrumente des SGB III zu binden. Diese werden den Bedarfen von SGB II-Berechtigten nicht gerecht. Vielmehr ist es erforderlich, (diese) arbeitsmarktpolitische(n) Instrumente für SGB II-Berechtigte offener zu gestalten.
Dies ist insbesondere im Hinblick auf die Unterschiede in den Personengruppen – langzeitarbeitslose Arbeitsuchende mit häufigem Bedarf an individuellen Förderinstrumenten zzgl. sozialintegrativen Leistungen einerseits und vorwiegend arbeitsmarktnahe Personen im SGB III andererseits – erforderlich. Die Orientierung am SGB III darf nicht zu einer noch stärkeren einheitlichen inhaltlichen, zentralistischen Steuerung zu Lasten der Gestaltungsfreiheit der örtlichen Träger führen. Diese Frage der Steuerung von Leistungen für SGB II-Berechtigte wird auch erst im Rahmen der Neuorganisation des SGB II entschieden werden.

Die BAGFW empfiehlt daher, die Instrumentenreform erst nach der Klärung der Neuorganisation der Trägerstrukturen im SGB II in Angriff zu nehmen und die sonstigen weiteren Leistungen gemäß § 16 Abs. 2 S. 1 SGB II vorübergehend in einem budgetierten Umfang weiterzuführen.

Gerade für arbeitsmarktferne Personen müssen Möglichkeiten erhalten bleiben, um Förderansätze rechtskreisübergreifend – etwa durch gemeinsame Projekte von Jugendhilfe und Grundsicherungsträgern zur Förderung benachteiligter Jugendlicher – zu realisieren. Der vorliegende Gesetzentwurf ist eher dazu geeignet, das SGB II von den Leistungsgesetzen SGB VIII und SGB XII abzugrenzen und Kooperationen zu behindern.

Nach dem Gesetzentwurf soll bei der Umsetzung von Förderleistungen weitgehend die Anwendung des Vergaberechts festgeschrieben werden. Die BAGFW fordert, mehr dezentralen Handlungsspielraum auch bei der Art der Beschaffung von Förderleistungen zu ermöglichen. So müssten die Voraussetzungen erhalten bzw. gestärkt werden, um Leistungserbringungsverträge abzuschließen.

Zu den einzelnen Regelungen nimmt die BAGFW im Folgenden detailliert Stellung:

II. Änderungen im SGB III

1. Förderung aus dem Vermittlungsbudget § 45 SGB III

Der Gesetzentwurf führt in § 45 SGB III ein sog. Vermittlungsbudget ein, das für Fördermaßnahmen im Rahmen der Anbahnung oder Aufnahme einer versicherungspflichtigen Beschäftigung eingesetzt werden soll. Hierdurch sollen die ehemaligen Leistungen zur Unterstützung der Beratung und Vermittlung sowie die Mobilitätshilfen zusammengefasst werden und sich die Förderung individueller an den Vermittlungshemmnissen ausrichten können. Die Regelung findet über den Verweis des § 16 SGB II auch in der Grundsicherung für Arbeitsuchende Anwendung.

Bewertung

Die BAGFW unterstützt das Anliegen, durch eine Generalklausel von Maßnahmen zur Förderung der Anbahnung oder Aufnahme einer sozialversicherungspflichtigen Tätigkeit den zuständigen öffentlichen Trägern die Flexibilität einzuräumen, die im Einzelfall notwendige Fördermaßnahme zu gewähren. Die Träger der Grundsicherung für Arbeitsuchende haben schon bisher erfolgreich die Generalklausel des § 16 Abs. 2 S. 1 SGB II für spezifische Fördermaßnahmen genutzt. Allerdings wird der Anwendungsbereich durch die geplante Regelung dadurch stark eingeschränkt, dass hier das Verbot der Aufstockung, Ersetzung und Umgehung von Leistungen nach dem SGB II und SGB III gelten soll. Insofern wird die Regelung nicht in dem Umfang und in der Zielgerichtetheit Arbeitsuchende bei der Anbahnung und Aufnahme einer Beschäftigung unterstützen können, wie das bisher erfolgte.

Gleichzeitig fehlt eine beispielhafte Aufzählung möglicher Unterstützungs-
leistungen, was im Einzelfall die Rechtsschutzmöglichkeiten einschränken
kann.

Vorschlag

§ 45 Abs. 3 S. 2 SGB III und § 16 Abs. 2 S. 2 SGB II werden aufgehoben.

Im Rahmen einer „Unter-anderem"-Aufzählung werden die zusammengefassten Leistungen Mobilitätshilfe, Übernahme von Kosten für Bewerbungsge-
spräche und Bewerbungsunterlagen usw., beispielhaft aufgenommen, ohne
dass sie jedoch als Regelbeispiele gefasst werden und dann sämtliche weitere
Leistungen sich in ihrem Inhalt an ihnen ausrichten müssen.

2. Maßnahmen zur Aktivierung und beruflichen Eingliederung

Der neue § 46 SGB III fasst die bisherigen Maßnahmen der Beauftragung
Dritter mit der Vermittlung (§ 37), die Personalserviceagenturen (§ 37 c), die
Trainingsmaßnahmen (§ 48), die Beauftragung von Trägern mit Eingliederungsmaßnahmen
(§ 421) und die Aktivierungshilfen (§ 241 Abs. 3 a) zu einem Instrument
zusammen. Die Regelung findet über den Verweis des § 16 SGB II auch in
der Grundsicherung für Arbeitsuchende Anwendung.

Bewertung

§ 46 SGB III fasst bereits bestehende Maßnahmen zusammen und umfasst
insbesondere auch ausdrücklich Maßnahmen der Heranführung an den Arbeitsmarkt und zur Stabilisierung einer Beschäftigungsmaßnahme. Die
BAGFW begrüßt, dass in der Begründung auch ausdrücklich das Instrument
der sozialpädagogischen Begleitung genannt wird.

Allerdings ermächtigt § 47 SGB III den Verordnungsgeber, den derzeit vorgesehenen Anwendungsbereich und Handlungsspielraum Grenzen zu setzen.
Auch wenn die Verordnung unmittelbar nur für den Bereich des SGB III
gelten wird, ist zu erwarten, dass sie über Weisungen der BA auch im Rahmen
des SGB II zur Anwendung kommen wird. Insofern werden die §§ 16 f SGB
II, 46 SGB III nicht die Flexibilität herstellen, die bislang über § 16 Abs. 2 S.
1 SGB II ermöglicht wurde.

Um Flexibilität für eine passgenaue Förderung sicherzustellen, ist zudem eine
hohe Qualifikation der Mitarbeitenden der Grundsicherungsträger erforderlich. Entsprechende Konzepte sind unerlässlich und nicht erkennbar.

Die BAGFW sieht die Gefahr, dass das Instrument der Aktivierungshilfen
(§ 241 Abs. 3 a SGB III) in Zukunft im Rahmen des § 46 SGB III nicht in der

Weise in der Praxis angewandt werden kann, wie bisher. Durch die Aktivierungshilfen konnten die Arbeitsagenturen und die Grundsicherungsträger bisher unter Finanzierungsbeteiligung der Jugendhilfe niedrigschwellige Hilfen für Jugendliche bereitstellen, die ansonsten nicht für eine Ausbildung oder Arbeit motiviert werden können. Im Rahmen des § 241 Abs. 3a SGB III wurden mit der Jugendhilfe sinnvolle Kooperationen eingegangen, die auch überwiegend von der Jugendhilfe finanziert wurden.

Schließlich sieht die BAGFW auch die starre zeitliche Befristung der Maßnahmen zur Aktivierung und beruflichen Eingliederung gemäß § 46 Abs. 2 SGB III als nachteilig an. Sie grenzt die mit § 46 verfolgte Flexibilität deutlich ein: Die Befristung der auf eine individuelle Förderung ausgerichteten Maßnahmen zur Aktivierung und beruflichen Eingliederung kann insbesondere bei fehlender Anschlussförderung und auch bei Personen mit besonderen Vermittlungshemmnissen und individuellen Förderbedarfen eher schaden als nutzen.

Als nicht zielführend erachtet die BAGFW überdies die Vorgabe des § 46 Abs. 7 SGB III-neu, dass das Vergaberecht zwingend anzuwenden ist. Die Maßnahmen gem. § 46 SGB III sollen niedrigschwellige Projekte fortführen helfen, die bislang auf Grundlage § 16 Abs. 2 S. 1 SGB II finanziert worden sind. Die Anwendung des Vergaberechts wird hier zu öffentlichen Ausschreibungen führen, die eine Fortführung der bisherigen Projekte in ihrer bisherigen Qualität und Ausstattung de facto unmöglich macht.

Vorschlag

Die Länge der Maßnahmen nach § 46 SGB III sollte sich nach den Förderbedarfen im Einzelfall richten. Die starre zeitliche Befristung in § 46 Abs. 2 SGB III ist aufzuheben.

Die BAGFW befürwortet eine Beibehaltung der Aktivierungshilfen, mindestens jedoch eine Klarstellung in der Begründung des § 46 SGB III, dass die Neuregelung die bisherige Praxis unverändert aufnehmen und weiterführen soll.

Die BAGFW fordert die Streichung der Verordnungsermächtigung des § 47 SGB III.
Weisungen zur Ausgestaltung des SGB II sind im Interesse einer individuellen und flexiblen Maßnahmegewährung auszuschließen.

Darüber hinaus ist durch eine gesetzliche Regelung sicherzustellen, dass die Leistungen mit allen anderen Leistungen des SGB II und des SGB VIII und XII zu kombinieren sind.

3. Rechtsanspruch auf Maßnahmen zur Vorbereitung des Hauptschulabschlusses nach § 61a SGB III im Rahmen einer berufsvorbereitenden Bildungsmaßnahme

Der Gesetzentwurf sieht vor, dass Jugendlichen aus dem Rechtskreis des SGB II und SGB III in § 61a SGB III ein Rechtsanspruch auf berufsvorbereitende Bildungsmaßnahmen zum Erwerb des Hauptschulabschlusses eingeräumt werden soll. Derzeit verfügt ¼ der arbeitslos gemeldeten Jugendlichen im Rechtskreis SGB II nicht über einen Schulabschluss. Sie haben daher nur sehr geringe Chancen auf eine betriebliche Ausbildung und sind in besonderem Maße dem Risiko von dauerhafter Arbeitslosigkeit und Armut ausgesetzt.

Bewertung

Die Einführung eines Rechtsanspruchs auf die Vorbereitung für einen Hauptschulabschluss wird grundsätzlich begrüßt. Durch die in § 61a S. 2 SGB III aufgenommene Nachrangigkeit ist aber nicht ausgeschlossen, dass sich die Grundsicherungsträger in Zukunft mit den Ländern auf Kosten der Berechtigten um die Finanzierung streiten werden und die Leistungen deswegen nicht bei den Menschen ankommen.

Die bisherigen Erfahrungen haben überdies gezeigt, dass der nachträgliche Hauptschulabschluss nicht bei allen Jugendlichen über eine Förderung über berufsvorbereitende Bildungsmaßnahmen (BvB) erreicht werden kann. Vielmehr zeigt sich, dass vor allem junge Menschen mit multiplen Problemlagen nicht in der Lage sind, die von der Bundesagentur für Arbeit vorgegebenen Fördersequenzen erfolgreich zu durchlaufen. Die Fördersequenzen erweisen sich sowohl inhaltlich als auch zeitlich als zu starr. Die Möglichkeit, 20 % der BvBs abweichend vom Fachkonzept zu gestalten, reicht nicht aus, um den Besonderheiten einer Vielzahl von benachteiligten Jugendlichen im SGB II und SGB III Rechnung zu tragen.

Demgegenüber hat die bisherige Praxis gezeigt, dass auf Grundlage des § 16 Abs. 2 S. 1 SGB II individuell auf die Förderbedarfe von Jugendlichen ausgerichtete Angebote geschaffen werden konnten, die außerhalb des Fachkonzepts der BvB zielgerichtet auf den Hauptschulabschluss vorbereiten konnten.

Vorschlag

Die BAGFW fordert, den Rechtsanspruch auf Maßnahmen zum nachträglichen Erwerb des Hauptschulabschlusses nicht allein an die berufsvorbereitenden Bildungsmaßnahmen zu koppeln, sondern maßnahmeoffen zu gestalten. Mindestens muss es entweder die Möglichkeit geben, mehr als 20 % der berufsvorbereitenden Bildungsmaßnahmen außerhalb des Fachkonzepts durchzuführen oder letzteres für Jugendliche mit multiplen Problemlagen zu flexibilisieren. Dies erfordert, dass die Förderdauer zur Vorbereitung auf einen Hauptschulabschluss 18 Monate bis 24 Monate betragen soll. Ferner muss der sozialpädagogischen Begleitung zur persönlichen Stabilisierung und zur Bearbeitung von Problemlagen im Konzept mehr Raum gegeben werden.

Ferner fordern wir, dass die beabsichtigten Leistungen für die Berechtigten nicht durch Zuständigkeitskonflikte verhindert werden. Satz 2 ist daher zu streichen.

4. Unterstützung und Förderung der Berufsausbildung § 240 SGB III

Der Gesetzentwurf sieht für die Förderung der Berufsausbildung von benachteiligten Jugendlichen zukünftig gemäß § 241 Abs. 3 SGB III allein die Anwendung des Vergaberechts vor.

Bewertung

Die BAGFW lehnt die zwingende Anwendung des Vergaberechts ab. Die Ausschreibungen haben zu einem starken Preis- und Qualitätsverlust dieser Hilfen und insbesondere zu vielen Trägerwechseln geführt. Infolgedessen verlieren diese Leistungen sowohl für die Unternehmen als auch die Jugendlichen, die alle auf verlässliche Partner angewiesen sind, deutlich an Attraktivität. Die pädagogische Qualität und somit auch der Erfolg der Maßnahme für schwierige Zielgruppen werden beeinträchtigt.

Vorschlag

Die BAGFW fordert, dass Alternativen zur öffentlichen Ausschreibung für Maßnahmen zu Gunsten von benachteiligten Jugendlichen, so z.B. der Abschluss von Leistungserbringungsverträgen entsprechend der Regelung des § 17 SGB II, eröffnet werden. Im Rahmen der Vergabe müssen die Spielräume bei der Anwendung der VOL A unbedingt erweitert werden, die Möglichkeiten z.B. zur freihändigen Vergabe sind offen zu halten.

5. Außerbetriebliche Berufsausbildung § 242 SGB III neu

In den neu gefassten Regelungen zur außerbetrieblichen Ausbildung ist u.a. vorgesehen, dass die Träger bei Abbruch der außerbetrieblichen Ausbildung dem betreffenden Jugendlichen Bescheinigungen für absolvierte Teile der Ausbildung ausstellen. Ferner sollen während des gesamten Verlaufs einer außerbetrieblichen Ausbildung alle Möglichkeiten wahrgenommen werden, um einen Wechsel in eine reguläre betriebliche Ausbildung zu erreichen. Außerdem sollen Jugendliche nach Abbruch einer betrieblichen Ausbildung dieselbe in einer außerbetrieblichen Einrichtung fortsetzen können.

Bewertung

Die BAGFW begrüßt diese Neuregelungen.
Bei den Trägern der Jugendberufshilfe ist die Erteilung von Bescheinigungen für absolvierte Teile der Ausbildung schon Praxis. Der Wechsel in eine reguläre betriebliche Ausbildung sollte ausdrücklich auch durch ausbildungsbegleitende Hilfen möglich sein.

Vorschlag

Die bisher im Gesetz enthaltende Aussage, dass bei einem Wechsel von einer außerbetrieblichen in eine betriebliche Ausbildung auch außerbetriebliche Berufsausbildung genutzt werden soll, ist beizubehalten.

6. Wegfall der Beschäftigung begleitenden Eingliederungshilfen gem. §§ 246 a SGB III

Der Gesetzentwurf sieht vor, bei der Förderung benachteiligter Jugendlicher die Beschäftigung begleitenden Eingliederungshilfen zu streichen, weil sie kaum genutzt werden.

Bewertung

Es gibt nach unseren Erfahrungen eindeutig Bedarfe, Jugendliche nicht nur mit Kombilöhnen, sondern auch mit begleitenden Hilfen in eine Arbeitsstelle zu vermitteln und dort zu halten. Dabei geht es z.B. um Angebote zum Konfliktmanagement am Arbeitsplatz. Aus diesem Grund haben z.B. Grundsicherungsträger über § 16 Abs. 2 S. 1. SGB II Angebote des Job Coachings finanziert. Die Förderinhalte der Beschäftigung begleitenden Eingliederungshilfen gehen zudem über die Förderinhalte der geplanten sozialpädagogischen Begleitung beim Qualifizierungszuschuss hinaus.

Vorschlag

Die BAGFW fordert, die Eingliederungshilfen des § 246 SGB III beizubehalten.

7. Wegfall Förderung für das Jugendwohnen gem. §§ 252 ff. SGB III

Der Gesetzentwurf sieht vor, die institutionelle Förderung des Jugendwohnheimbaus wegen geringer Nutzung zu streichen.

Bewertung

Die BAGFW hält die institutionelle Förderung des Jugendwohnens weiterhin für notwendig. Jugendwohnheime unterstützen in idealer Weise die berufliche

Mobilität junger Menschen. Die Bedeutung der beruflichen Mobilität wird im Gesetzentwurf auch in den Zielen der Arbeitsförderung unterstrichen (§ 1 SGB III neu). Die fortschreitende Entvölkerung ländlicher Gebiete insbesondere in Ostdeutschland zwingt junge Menschen zur Mobilität. Die Jugendwohnheime werden dringend benötigt. Die bestehenden Jugendwohnheime haben auf Grund ihres Alters (viele Häuser stammen aus den 1960er und 1970er Jahren) und der geänderten Wohnbedürfnisse junger Menschen heute bei Bau, Einrichtung und Ersatzbeschaffung großen Investitionsbedarf. Nach den Erfahrungen der Jugendsozialarbeit auf Bundesebene steigt das Interesse bei Jugendlichen, ihren Eltern, Betrieben, Berufsschulen und v.a. auch den Trägern der Grundsicherung für Arbeitsuchende außerdem weiter an. Besonders für individuell benachteiligte Jugendliche bieten die Jugendwohnheime wertvolle Unterstützung bei der beruflichen Integration. Es ist sicherzustellen, dass die veranschlagten Kosten für eine notwendige Individualförderung für Jugendliche im Rechtskreis SGB III und SGB II auch die sozialpädagogische Begleitung enthalten, entsprechend der Leistungsentgelte der Länder.

Vorschlag

Die BAGFW fordert, die institutionelle Förderung von Jugendwohnen beizubehalten. Erforderlich ist hierzu eine Klarstellung in § 65 Abs. 3 SGB III. Zum einen soll das Wort „Wohnheim" durch „Jugendwohnheim" ersetzt werden, damit klargestellt wird, dass es sich um eine Einrichtung der Jugendhilfe mit einem differenzierten Angebot an Unterkunft, Verpflegung, sozialpädagogischer Begleitung und individueller Förderung handelt. Zum anderen sollte die Formulierung „amtlich festgesetzte Kosten für Unterkunft und Verpflegung" ersetzt werden durch „das gem. § 78 a -g SGB VIII vereinbarte Leistungsentgelt."

III. Änderungen im SGB II

Insgesamt fällt auf, dass die Rechtsstellungen der ALG II-Berechtigten durch die Änderungen weiter geschwächt werden. Das betrifft zunächst die Verfahrensrechte (§ 39 SGB II). Aber auch die strukturelle Schlechterstellung gegenüber den weitreichenden Befugnissen der Grundsicherungsträger, die zu einem erheblichen Umfang rechtswidriger Bescheide führt (40% Erfolgsquote bei Klagen), wird nicht gelöst. Es wird daher angeregt, die Rechtsstellung der SGB II-Berechtigten durch einen Rechtsanspruch auf Vermittlung und Eingliederungsleistungen zu verbessern.

1. Neuregelung der Sprachförderung (§ 3 Abs. 2a)

Die Agentur für Arbeit soll künftig darauf hinwirken, dass Personen, die nicht über ausreichende Kenntnisse der deutschen Sprache verfügen (Sprachniveau unter B1) und damit teilnahmeberechtigt bzw. –verpflichtet sind, an einem

Integrationskurs nach Aufenthaltsgesetz an diesem Kurs teilnehmen. Dies soll als eine vorrangige Maßnahme in die Eingliederungsvereinbarung aufgenommen werden.

Bewertung

Mit dieser Neuregelung soll ausweislich der Gesetzesbegründung keine neue Pflicht zur Teilnahme an einem Sprachkurs geschaffen werden. Weiter heißt es in der Gesetzesbegründung: „Kommt der persönliche Ansprechpartner unter Beachtung des individuellen Sprachniveaus des Betroffenen und seiner Chancen am Arbeitsmarkt zu dem Ergebnis, dass die Vermittlung berufsbezogener Deutschkenntnisse zweckmäßiger ist, soll er darauf hinwirken, dass Betroffene an entsprechenden Kursen teilnehmen; Maßnahmen mit berufsbezogener Sprachförderung anstelle eines Integrationskurses werden durch die Neuregelung nicht ausgeschlossen".

Die bisher gemachten Erfahrungen zeigen, dass die Integrationskurse nach Aufenthaltsgesetz nicht geeignet sind, die Chancen zur Integration in den Arbeitsmarkt signifikant zu erhöhen. Wesentlich besser geeignet ist die berufsbezogene Sprachförderung. Derartige Angebote wie etwa das „ESF-BAMF-Programm" stehen bislang aber nicht flächendeckend und als Regelangebot zur Verfügung. Die Gesetzesbegründung steht im Widerspruch zum Gesetzeswortlaut, ist nicht bindend und wird in der Praxis wohl kaum Wirkung entfalten. Es ist nicht nachvollziehbar, warum der gesetzgeberische Wille sich nicht in einer unmissverständlichen Gesetzesformulierung niederschlägt.

Vorschlag

In den letzten Jahren wurden in Projekten ausreichend Erfahrungen zur Sprachförderung gesammelt. Die erfolgreichen Angebote berufsspezifischer Sprachförderung, die den Erwerb von Sprachkenntnissen mit Praxisbezug, Berufsorientierung und qualifizierenden Bausteinen verbindet, werden ausgebaut (so auch eine Selbstverpflichtung des Bundes im Nationalen Integrationsplan, dort S. 80).

Eine Verpflichtung von Langzeitarbeitslosen, vorrangig an Integrationskursen nach AufenthG teilzunehmen, wird nicht in § 3 Abs.2a SGB II aufgenommen.

Berufsspezifische Sprachförderung wird als Angebot des Bundes in die Leistungspalette des SGB II aufgenommen (sollte systemkonform als § 16 h SGB II und nicht in
§ 3 SGB II eingefügt werden).

Formulierungsvorschlag:
Für erwerbsfähige Hilfebedürftige, für die unzureichende deutsche Sprachkenntnisse ein Vermittlungshemmnis darstellen, werden Maßnahmen zur sprachlichen Qualifizierung angeboten. Die Agentur für Arbeit wirkt auf die Teilnahme an einer derartigen Maßnahme hin, sofern der Hilfebedürftige nicht unmittelbar in eine Ausbildung oder qualifizierte Arbeit vermittelt werden kann und ihm eine Teilnahme an der Maßnahme daneben nicht zumutbar ist. Eine Verpflichtung zur Teilnahme ist in die Eingliederungsvereinbarung als vorrangige Maßnahme aufzunehmen."

2. Vermittlung von unter 25-Jährigen

Nach § 3 Abs. 2 SGB II sind „erwerbsfähige Hilfebedürftige unter 25 Jahren unverzüglich nach Antragstellung in eine Arbeit, eine Ausbildung oder eine Arbeitsgelegenheit zu vermitteln".

Derzeit werden für Jugendliche im SGB II- Bezug jedoch vornehmlich Arbeitsgelegenheiten eingesetzt. Hier fehlen häufig Anschlussperspektiven für die Hinführung zu einer Ausbildung.

Bewertung

Die BAGFW schließt sich der Begründung zum Gesetzentwurf an, „dass eine gute Ausbildung der beste Schutz gegen Arbeitslosigkeit ist; Aus- und Weiterbildung Schlüssel für eine erfolgreiche Integration in Beschäftigung ist". In den Detailregelungen kommt der Gesetzentwurf diesen Zielen jedoch nicht nach. Statt Jugendlichen, bei denen eine Vermittlung in eine Ausbildung nicht sofort gelingt – wie bislang in der Praxis üblich – in erster Linie eine Arbeitsgelegenheit zuzuweisen, ist zu gewährleisten, dass sie Zugang zu bedarfsgerechten, weiterführenden Eingliederungsleistungen erhalten.

Vorschlag

Es sollte für das SGB II eine rechtliche Klarstellung erfolgen, wonach Jugendliche ohne Berufsabschluss vorrangig in eine Ausbildung zu vermitteln sind. Der Vorrang einer Ausbildung sollte im § 3 SGB II aufgenommen werden mit der Ergänzung: „Dabei hat die Vermittlung in Ausbildung oder in ausbildungsfördernde Maßnahmen Vorrang vor der Vermittlung in andere Maßnahmen."

3. Neuregelung der freien Förderung (§ 16 f SGB II), Streichung von § 16 Abs. 2 S. 1 SGB II, § 10 SGB III

§ 16 f SGB II gibt den Agenturen für Arbeit und den Grundsicherungsträgern die Möglichkeit, die gesetzlich geregelten Leistungen zur Eingliederung in Arbeit im Umfang von bis zu 2 % ihrer Eingliederungsmittel durch freie

Leistungen zu erweitern. Zugleich werden § 16 Abs. 2 S. 1 SGB II und § 10 SGB III gestrichen. Nach Abs. 2 dürfen die Maßnahmen andere gesetzliche Leistungen nicht aufstocken oder umgehen.

Bewertung

Die bisherige Praxis hat gezeigt, dass gerade für benachteiligte Jugendliche, besonders arbeitsmarktferne Personen und unter ihnen insbesondere Menschen mit Migrationshintergrund eine ausschließliche Förderung über die Regelinstrumente des SGB III oft nicht zielführend ist. Die Grundsicherungsträger haben vor diesem Hintergrund die sonstigen weiteren Leistungen nach § 16 Abs. 2 S. 1 SGB II genutzt, um zielgruppenspezifische Förderangebote umzusetzen. Die sonstigen weiteren Leistungen wurden darüber hinaus für die rechtskreisübergreifende Zusammenarbeit, z.B. die Finanzierung gemeinsamer Förderprojekte für Jugendliche durch Jugendamt und Grundsicherungsträger genutzt. Des Weiteren gab es mit den sonstigen weiteren Leistungen breite Möglichkeiten zur Kofinanzierung von Landes- und Bundesprogrammen. Die Regelung des § 16 f SGB II ist wegen des Umgehungs- und Aufstockungsverbotes sowie des geringen Umfangs des Budgets nicht geeignet, eine taugliche Rechtsgrundlage für entsprechende Fördermaßnahmen zu bilden. Etwas anderes ergibt sich aus oben aufgezeigten Gründen auch nicht, wenn man die Einführung von §§ 45, 46 SGB III mit einbezieht. Darüber hinaus wird die Anwendung des Haushaltsrechts die vermeintliche Flexibilität einschränken, weil die darin vorgesehene Vergabepraxis zur Einschränkung der Flexibilität genutzt werden kann.

Vorschlag

Die BAGFW fordert daher, die freie Förderung eindeutig als Generalklausel auszugestalten und das Budget auf 30 % zu erhöhen. Ferner ist zu bestimmen, dass das Aufstockungs- und Umgehungsverbot keine Anwendung findet. Ansonsten würde der Wegfall der sonstigen weiteren Leistungen (§ 16 Abs. 2 S. 1 SGB II) und die damit verbundene schwerwiegende Förderlücke durch den Gesetzentwurf weder finanziell noch konzeptionell geschlossen.

4. Streichung der Arbeitsbeschaffungsmaßnahmen im SGB II

Der Gesetzentwurf sieht vor, die Arbeitsbeschaffungsmaßnahmen als Leistung zur Eingliederung in Arbeit im SGB II abzuschaffen.

Bewertung

Die BAGFW spricht sich für eine Beibehaltung der Arbeitsbeschaffungsmaßnahmen aus, da sie gerade in der Jugendberufshilfe und in strukturschwachen Gebieten gute Erfahrungen damit gemacht hat. Öffentlich geförderte Beschäftigung ist dort notwendig, wo Arbeitsplätze strukturell fehlen und/oder der reguläre Arbeitsmarkt bestimmte Erwerbsgruppen ausschließt. Alle Möglichkeiten, sozialversicherungspflichtige Beschäftigung für unterschiedliche arbeitsmarktpolitische Zielgruppen zu fördern, sollten daher vor allem auch für Arbeitslosengeld-II-Empfänger/innen erhalten bleiben. Allein die insgesamt niedrigen Fallzahlen bei ABM sind kein fachlich schlagendes Argument dafür, ihre Förderung für Bezieherinnen und Bezieher von Arbeitslosengeld II einzustellen, zumal fünfmal so viele Arbeitslosengeld-II- wie Arbeitslosengeld- Empfänger/innen in einer ABM beschäftigt werden.

Vorschlag

In § 16 SGB II wird der Verweis auf die Arbeitsbeschaffungsmaßnahmen im SGB III beibehalten.

5. Zumutbarkeit der Aufnahme einer Arbeit trotz Notwendigkeit der Beendigung einer anderen Arbeit

Der neue § 10 Abs. 2 Nr. 4 SGB II stellt klar, dass eine Arbeit nicht deshalb unzumutbar ist, weil sie mit der Beendigung einer Erwerbstätigkeit verbunden ist.

Bewertung

Die BAGFW lehnt diese Regelung ab. Sie führt die im SGB II normierte Bedarfsgemeinschaft weiter, deren Abschaffung die Freie Wohlfahrtspflege zusammen mit dem Deutschen Verein fordert. Die Bedarfsgemeinschaft führt mit der Neuregelung in
§ 10 Abs. 2 Nr. 4 SGB II z. B. dazu, dass Hilfebedürftige, die Vollzeit arbeiten und einen unbefristeten Arbeitsvertrag haben, aufgefordert werden können, eine höher
bezahlte aber befristete Arbeitsstelle anzutreten, wenn dadurch die Hilfebedürftigkeit ihrer Bedarfsgemeinschaft verringert wird. Die BAGFW befürwortet demgegenüber die sog. Einsatzgemeinschaft, bei der nur derjenige hilfebedürftig ist und dem Grundsatz des Forderns unterliegt, der seinen eigenen Lebensunterhalt nicht sicherstellen kann.

Vorschlag

Die BAGFW fordert, die für § 10 Abs. 2 Nr. 4 SGB II vorgesehene Neuregelung zu streichen.

6. Weitere Einschränkung der aufschiebenden Wirkungen von Widerspruch und Anfechtungsklage (§ 39 SGB II)

Durch eine Änderung von § 39 SGB II wird die aufschiebende Wirkung von Widerspruch und Klage gegen Verwaltungsakte im SGB II weiter eingeschränkt. Dies betrifft insbesondere die Erweiterung auf Rechtsmittel gegen Aufhebungsbescheide, Bescheide über Pflichten bei der Eingliederung in Arbeit und gegen Meldeaufforderungen.

Bewertung

Die BAGFW lehnt diese weitergehende Einschränkung der aufschiebenden Wirkung von Widersprüchen und Anfechtungsklagen und damit des Rechtsschutzes der Betroffenen ab. Für ALG II-Berechtigte werden damit die Wirkungen von Rechtsmitteln und die allen Bürgern der Bundesrepublik Deutschland zustehenden Bürgerrechte massiv eingeschränkt. Die von belastenden Entscheidungen betroffenen Menschen müssen diesen zunächst ohne weiteres Folge leisten, auch wenn sie berechtigte Gründe vortragen, die die Rechtswidrigkeit der Entscheidung belegen. Weigert sich ein Betroffener aus zutreffenden Gründen, eine ihm vorgelegte Eingliederungsvereinbarung abzuschließen, zieht dies nicht nur unmittelbar eine Sanktion nach sich, sondern die Eingliederungsvereinbarung wird als Verwaltungsakt erlassen. Erhebt der Betroffene Widerspruch, muss er mangels aufschiebender Wirkung dennoch die Auflagen in der Vereinbarung erfüllen. Betroffene werden in diesen Situationen allein auf den aufwändigen gerichtlichen Eilrechtsschutz verwiesen.

Die Möglichkeit des einstweiligen Rechtsschutzes schützt die Rechte der Menschen nicht ausreichend. Dort wird nur in einer summarischen Prüfung auf Grund der Aktenlage entschieden. Eine Pflicht zur mündlichen Anhörung besteht nicht. Das Ergebnis der summarischen Prüfung im einstweiligen Rechtsschutz kann auch Auswirkungen auf die summarische Prüfung im Prozesskostenhilfeverfahren für die Hauptsache haben. Wird die Prozesskostenhilfe abgelehnt, ist ALG II-Berechtigten der Rechtsweg versperrt. Bei einer Fehlerquote der Bescheide der Grundsicherungsträger von aktuell rd. 40% ist das inakzeptabel. Die systematische Schlechterstellung von unterstützungsbedürftigen Bürgern stört das Gleichgewicht zwischen Bürger und Staat erheblich. Es stellt sich die Frage, ob die angedachte Regelung mit dem Rechtsstaatsprinzip und der Rechtswegsgarantie des Grundgesetzes vereinbar ist.

Vorschlag

Auf die Neuregelung des § 39 SGB II wird verzichtet.

Berlin, 27.10.2008

Gesetzestexte mit gekennzeichneten Änderungen

Zum 1. Juli 2008 ist die Reform der Pflegeversicherung in Kraft getreten. Das Pflege-Weiterentwicklungsgesetz (PfWG) bringt zahlreiche Änderungen des SGB XI sowie das neue Pflegezeitgesetz mit. In der vorliegenden aktuellen Fassung des SGB XI sind alle Änderungen farblich hervorgehoben. Diese Darstellungsweise sowie der vorangestellte Überblick über die wesentlichen Neuerungen erleichtern dem Praktiker den Übergang vom alten zum neuen Recht. Die Stellungnahme des Deutschen Caritasverbandes zu den Gesetzesänderungen bietet hilfreiche Hintergrundinformationen zur Entstehungsgeschichte der neuen Regelungen. Das Buch eignet sich für alle, die sich schnell in die neue Rechtslage einarbeiten müssen.

Deutscher Caritasverband (Hrsg.)
SGB XI –
Soziale Pflegeversicherung
Gesetzestext mit gekennzeichneten Änderungen durch die Pflegereform
Stand 1. Juli 2008
2008, 248 Seiten,
€ 14,50
Staffelpreis ab 3 Expl. € 11,00
ISBN 978-3-7841-1808-6

Lambertus-Verlag GmbH | Postfach 1026
D-79010 Freiburg | Telefon 0761/368 25 0
Telefax 0761/368 25 33 | info@lambertus.de
www.lambertus.de

LAMBERTUS

SOZIAL | RECHT | CARITAS

Gesetzestexte mit gekennzeichneten Änderungen

Obwohl das Sozialgesetzbuch (SGB) XII erst durch die Hartz IV-Reform eingeführt wurde, hat die Bundesregierung die notwendige Änderung der Regelsatzverordnung zum Anlass für weitere Neuregelungen in der Sozialhilfe genommen.

In dieser aktuellen Fassung des SGB XII werden alle Änderungen durch das SGB XII-Änderungsgesetz im SGB XII und der Regelsatzverordnung im Text farblich hervorgehoben. Der alphabetische Überblick erleichtert das Auffinden der Gesetzesänderung und sorgt damit für ein schnelles Erfassen der neuen Rechtslage. Die Stellungnahme des DCV zu den Gesetzesänderungen bietet hilfreiche Hintergrundinformationen zu den Auswirkungen der neuen Regelungen.

Deutscher Caritasverband (Hrsg.)

**SGB XII – Sozialhilfe
und Regelsatzverordnung**
Einführung, Gesetzestext
mit gekennzeichneten
Änderungen,
Stellungnahme
Stand 1. Dezember 2006
2007, 108 Seiten, € 9,90
ISBN 978-3-7841-1683-9

Deutscher Caritasverband (Hrsg.)

SGB XII – Sozialhilfe und Regelsatzverordnung

Einführung, Gesetzestext
mit gekennzeichneten Änderungen,
Stellungnahme

Stand 1. Dezember 2006

Lambertus

Lambertus-Verlag GmbH | Postfach 1026
D-79010 Freiburg | Telefon 0761/368 25 0
Telefax 0761/368 25 33 | info@lambertus.de
www.lambertus.de

LAMBERTUS

SOZIAL | RECHT | CARITAS

Draußen – Leben mit Hartz IV

„Das Buch versammelt eindrucksvolle Porträts, skizziert die kirchlich-caritative Hartz IV-Unterstützungsarbeit und bietet gleichzeitig eine kritische Analyse der sozialen Entsicherung und wachsenden Armut in Deutschland."

aus „Offene Spielräume. Eine Zeitschrift für die offene Arbeit mit Kindern und Jugendlichen" (1/2008)

Thomas Wagner
**Draußen –
Leben mit Hartz IV**
Eine Herausforderung
für die Kirche und ihre Caritas
Mit einem Vorwort
von Bischof Kamphaus
2. Auflage 2009, 183 Seiten,
€ 9,90
ISBN 978-3-7841-1822-2

Lambertus-Verlag GmbH | Postfach 1026
D-79010 Freiburg | Telefon 0761/368 25 0
Telefax 0761/368 25 33 | info@lambertus.de
www.lambertus.de

LAMBERTUS

SOZIAL | RECHT | CARITAS